Eisted

GENEDLAETH

CAERDYDD A'R CYLCH
2008

CYFANSODDIADAU
a
BEIRNIADAETHAU

Golygydd:
J. ELWYN HUGHES

Cyhoeddir gan Lys yr Eisteddfod

ISBN 978 0 9553901 0 4

Argraffwyd gan Wasg Gomer,
Llandysul, Ceredigion SA44 4JL

CYNGOR YR EISTEDDFOD GENEDLAETHOL 2008

Cymrodyr
Aled Lloyd Davies
R. Alun Evans
Gwilym E. Humphreys
James Nicholas
Alwyn Roberts

SWYDDOGION Y LLYS

Llywydd
D. Hugh Thomas

Is-Lywyddion
Dic yr Hendre (Archdderwydd)
Huw Llywelyn Davies (Cadeirydd Pwyllgor Gwaith Caerdydd a'r Cylch)
Elfyn Llwyd (Cadeirydd Pwyllgor Gwaith Meirion a'r Cyffiniau)

Cadeirydd y Cyngor
Prydwen Elfed-Owens

Is-Gadeirydd y Cyngor
Garry Nicholas

Cyfreithwyr Mygedol
Philip George
Emyr Lewis

Trysorydd
Eric Davies

Cofiadur yr Orsedd
John Gwilym Jones

Ysgrifennydd
Geraint R. Jones, Gwern Eithin, Glan Beuno, Bontnewydd, Caernarfon, Gwynedd

Prif Weithredwr
Elfed Roberts, 40 Parc Tŷ Glas, Llanisien, Caerdydd, CF14 5DU (029 20763777)

Trefnydd
Hywel Wyn Edwards

Dirprwy Drefnydd
Alwyn M. Roberts

RHAGAIR

Mae'n dda gennyf gyflwyno i'ch sylw gyfrol *Cyfansoddiadau a Beirniadaethau Eisteddfod Genedlaethol Caerdydd a'r Cylch, 2008*.

Gosodwyd 54 o gystadlaethau eleni yn y gwahanol feysydd (Barddoniaeth, Rhyddiaith, Drama, Dysgwyr, Cerddoriaeth, Gwyddoniaeth, etc.) ac, fel y llynedd, denwyd yn agos i chwe chant o gystadleuwyr. Pedair cystadleuaeth a fethodd ddenu'r un ymgeisydd (o gymharu â dwy yn 2007) ond ataliwyd y wobr ar saith achlysur (o gymharu ag un yn 2007 a naw yn 2006).

Mae pethau'n graddol wella o safbwynt derbyn y beirniadaethau erbyn y dyddiad cau a'r rhan fwyaf o'r beirniaid yn llwyr ddeall y gofynion golygyddol. Derbyniais un feirniadaeth eleni (a hynny ar un o'r prif gystadlaethau) mor gynnar â Mawrth 27. Er i un fy nghyrraedd y llynedd ar Fawrth 13, yr un sy'n 'dal y record' o hyd yw'r feirniadaeth a ddaeth i law ar Fawrth 6, 2006. Wrth gwrs, mae sawl beirniad yn ymrafael am fod yr *olaf* i gyflwyno'i feirniadaeth o flwyddyn i flwyddyn ac ni fu 2008 ddim gwahanol. Dau yn unig oedd yn y ras honno eleni, gan ennill eu lle ymhlith y beirniaid hynny sy'n credu eu bod uwchlaw unrhyw reol ac yn meddu ar ryw ddwyfol hawl i anwybyddu'r bygythiad clir a gynhwysir, mewn print trwm, yn y Cyfarwyddiadau i Feirniaid, sef mai Mai 15 yw'r dyddiad cau ar gyfer derbyn beirniadaethau. Fel y dywedais yn fy Rhagair y llynedd: 'Pwy a ŵyr nad y flwyddyn nesaf y gwireddir y bygythiad i hepgor beirniadaethau hwyr. Gair i gall, feirniaid!'

Ond gellid gofyn pa le sydd gen i i gwyno o gymharu â'r sefyllfa hanner can mlynedd yn ôl yn Eisteddfod Genedlaethol Glynebwy 1958. Cyn i mi fanylu, fodd bynnag, dylwn bwysleisio mai 185 o dudalennau oedd yng nghyfrol *Cyfansoddiadau a Beirniadaethau* 1958, yn cynnwys oddeutu pum mil ar hugain o eiriau (ac yn costio 'Pum Swllt', gyda llaw) o gymharu â'r gyfrol y dyddiau hyn sy'n cynnwys rhwng 260 a 300 o dudalennau a thua can mil o eiriau ar gyfartaledd. Ond gwrandewch ar beth a ysgrifennodd y Golygydd, Eurys I. Rowlands, yn ei Ragair yn 1958: 'Ni ddaeth dim o'r cyfansoddiadau na'r beirniadaethau imi tan ddiwedd Mehefin . . . ni ddaeth y rhai llenyddol, sef corff mawr y gyfrol, tan Orffennaf 4ydd'. (Caf fy nhemtio i ddweud bod ambell feirniad cyfoes yn dal i feddwl yn nhermau 1958!) Ond roedd gwaeth! Roedd y cerddorion yn creu mwy o boendod fyth i'r Golygydd. O safbwynt yr wyth cystadleuaeth a osodwyd (gyda Grace Williams yn beirniadu saith ohonynt ac Alun Hoddinott yr un arall), meddai Eurys Rowlands: '. . . rhaid oedd cyfieithu'r beirniadaethau cerddoriaeth i gyd ond un'. Wel! Wel! Rhyfedd o fyd!

Ac o fod wedi cyfeirio at Eisteddfod 1958, mae'n werth tynnu sylw at ddigwyddiad pwysig yn Eisteddfod Genedlaethol Caerdydd ddeng mlynedd ar hugain cyn hynny. Yn yr Ŵyl honno yn 1938, trefnwyd i gyfrol dan y teitl *Barddoniaeth a Beirniadaethau* fod ar gael, am y tro cyntaf erioed, yn ystod wythnos yr Eisteddfod ei hun. Newidiwyd teitl y gyfrol yn *Cyfansoddiadau a Beirniadaethau* yn Eisteddfod Aberpennar ddwy flynedd yn ddiweddarach a dyna a fu byth er hynny (ac eithrio yn Aberystwyth yn 1952 pan gafwyd cyfrol dan y teitl *Beirniadaethau a Barddoniaeth*).

Wrth gloi, mae'n ddyledus arnaf i gofnodi pa mor ffodus y bûm eleni eto, fel yn y gorffennol, i gael cymorth parod ac effeithiol Hywel Wyn Edwards, Trefnydd yr Eisteddfod, a chydweithrediad amhrisiadwy Lois Jones yn Swyddfa'r Eisteddfod yn yr Wyddgrug. Bu eu cyfraniad yn sylweddol o ran hwyluso'r gwaith golygu.

Diolchir i Dylan Jones, Cyhoeddiadau Nereus, Y Bala, am gysodi'r emyn-dôn fuddugol yn ei ddull graenus arferol, i Wasg Gomer am gyflawni'r gwaith argraffu ac i Gari Lloyd, y cysodydd, am ei waith cymen a glân.

J. Elwyn Hughes

CYNNWYS

(Nodir rhif y gystadleuaeth yn ôl y *Rhestr Testunau* ar ochr chwith y dudalen)

* * *

ADRAN LLENYDDIAETH

BARDDONIAETH

TESTUNAU A GWOBRAU ARBENNIG

LLYS YR EISTEDDFOD GENEDLAETHOL

ADRAN LLENYDDIAETH

BARDDONIAETH

Cerdd neu gasgliad o gerddi mewn cynghanedd gyflawn heb fod dros 300 llinell: Tir Newydd

---

BEIRNIADAETH EMYR LEWIS

'Crych a llyfn' yw un o feiau gwaharddedig cerdd dafod. Mae cystadleuwyr eleni'n disgyn yn daclus i ddau ddosbarth, y beirdd llyfn a'r beirdd crych. Nodweddion y beirdd crych yw tuedd i herio disgwyliadau a chonfensiynau cystadleuaeth y gadair. Mae cerddi ardderchog a theilwng yn y ddau ddosbarth.

DOSBARTH Y CERDDI LLYFN

Madryn: Casgliad o dair cerdd. Mae'r gyntaf yn sôn am gaethiwo a rhyddhau duon America, yr ail yn sôn am Ben Llŷn ac am y grymoedd newydd sy'n cadw'r hen ffordd o fyw yno, a'r drydedd yn sôn am chwarelwyr yn ymfudo i Batagonia. Mae yma undod thematig, sef y weledigaeth obeithlon sy'n hanfodol i gymuned fedru goroesi. Ar y cyfan, mae *Madryn* yn cynganeddu'n gywir, er bod ambell wall yma ac acw. Mae ganddo linellau unigol cofiadwy, megis 'poeri'r gwawd fel pry ar gig'. Weithiau, fodd bynnag, mae'r llinellau, er yn wreiddiol, yn taro'n chwithig: disgrifir y chwarelwyr, er enghraifft, yn cerdded tuag at 'eu gwael swydd a'u gwelw sied'. Mae angen i *Madryn* roi sylw manylach i'w ganiadau unigol, yn englynion, yn bytiau cywydd ac yn doddeidiau.

Dafydd: Awdl sydd gan Dafydd am brofiad dyn sydd wedi gwahanu oddi wrth ei gymar a'i deulu. Wedi cyfnod o chwerwder, mae'n canfod hapusrwydd a boddhad wrth adfer y berthynas efo'i blant. 'Bydd wastad yn dad, er ei wendidau' yw neges y gerdd, ac fe gyflwynir y neges honno mewn modd didwyll ac agos-atoch; er enghraifft, mae'n crybwyll ei dristwch am ei fod 'Heb allu mwytho bellach/ Y gwallt am ben bachgen bach'. Ond gall yr arddull ffwrdd-â-hi yma greu dryswch ystyr a disgynebau anffodus: 'O hyd yn fyd gofidiau/ Arno'n dreth, fe aeth pethau'n/ Waeth, pan symudodd hithau'. Efallai fod *Dafydd* wedi ymgolli gymaint yn ei destun, fel nad yw'n effro i'r brychau hyn. Mae angen iddo gamu'n ôl o'i gerdd, ac edrych a gwrando arni'n wrthrychol, gan newid a chwynnu.

Mabon: Thema'r awdl hon yw'r danchwa yng Nglofa *Six Bells*, Abertyleri, ym 1960, pan laddwyd 45 o lowyr. Mae'n agor yn gryf: 'Daeth hunllef i Fehefin', ac mae yna ddisgrifiadau dramatig a dirdynnol o'r ddamwain a'r dioddefaint :

> Cwymp cerrig, claddedigaeth
> A gwŷr yn y fagddu'n gaeth.
> Yn nhagfa'r llaca a'r llaid
> fesul un, fesul enaid.

Ond mae yma ddarnau nad ydynt yn llifo mor rhwydd, ac mae'n anodd dilyn union drywydd y gerdd ar adegau. Hefyd, dylai Mabon ystyried hepgor ambell gwpled neu linell wannach na'i gilydd. Serch hynny, hoffais yr awdl yma am ei bod yn mynd i'r afael â thestun sy'n rhy hawdd ei anghofio wrth i orffennol glofaol de Cymru droi'n hen hanes.

Bronallt: Casgliad o bedair cerdd yn ymwneud â heneiddio. Mae gan *Bronallt* y gallu i ganu'n hyfryd o delynegol. Dyma fo'n sylweddoli'n sydyn ei fod wedi mynd yn hen:

> O un i un ciliodd holl deganau
> Ddoe fy mhlentyndod, aeth rhyfeddodau
> I dawelwch y pellter llwyd olau,
> A threigliad amser ddaeth â blinderau
> Anodd, a'm gadael innau ar glogwyn
> Yn ofni dirwyn tua'r dyfnderau.

Mae'n gorffen yn bwerus hefyd:

> Dirwyn trwy goridorau
> Fy hwyr, a'r mynych drofâu
> Yn obaith, ond pa ddiben
> Sydd mewn byd, a'r byd ar ben.

Anodd, felly, yw deall sut y mae cystal bardd yn gallu bodloni ar gwpled fel hwn: 'Daeth ing i'm llygaid, a thân/ O dyllau'n byrstio allan'. Ac mae ambell lithriad arall cyffelyb yn torri ar naws casgliad llyfn a chymen.

Swllt: Mae'r awdl hon yn adrodd hanes oesol mam yn hiraethu am fab sy'n mynd i'r fyddin. Wrth ddisgrifio teimladau'r fam, mae'n hudolus o delynegol: 'eiliad fach rhwng cromfachau'n/ dala dim ond anadl dau'.

Ysgubol hefyd yw'r disgrifiad ohoni'n ceisio ymdopi ag absenoldeb ei mab drwy ymroi i dasgau bob dydd. Mae *Swllt* yn dewis a dethol geiriau er mwyn eu llwytho ag ystyr a synnwyr. Dyna i chi enghraifft o'r cwpledi a'r llinellau bachog a chynnil sy'n britho'r gerdd:

er mai pellter pob erw
yw'r modfeddi rhyngom ni a nhw.

mi wela' i bopeth yn gymhleth i gyd
mi wela' i ofal mor syml hefyd.

Mae *Swllt* yn arbrofi cryn dipyn â mesurau. Weithiau mae'n rheolaidd ac weithiau'n afreolaidd o ran hyd llinellau ac odlau. Eto mae rhythm naturiol, cyson, fel calon y fam, yn curo drwy'r gerdd. Ac efallai mai'r cyfryw gysondeb rhythm a thôn yw'r rheswm pam nad wyf yn gwbl fodlon â'r awdl hon. Mewn cerdd fyrrach, byddai'n llai o broblem, ond manteisiodd *Swllt* yn llwyr ar y 300 llinell o derfyn a roddwyd ar gystadleuaeth eleni. Hyd yn oed yng ngeiriau'r mab wrth ddisgrifio'i brofiadau yn y rhyfel, er bod yno ddelweddu a darlunio erchyll, mae rhywun yn clywed yr un llais â llais y fam, a llais yr awdur hefyd. 'Roeddwn yn sychedu braidd am ychydig grychni ac amrywiaeth tôn. Er hynny, edmygais lawer ar ddawn a dyfnder awdl *Swllt*, heb sôn am ei hadeiladwaith gofalus.

Pedr: Awdl yn dweud hanes merch o Romania'n dod i weithio am gyflog isel mewn gwlad gyfoethog. Hi yw'r un a anwybyddir, ond y mae ei gwaith distadl yn hanfodol:

Ond fi yw'r awel ar lwyd foreau
A ddaw yn ddistaw, lle bu gloddestau,
I sgubo'r trachwant oddi ar balmantau.

Mae'n uniongyrchol a dealladwy, a'i chynganeddu'n llyfn a chrefftus. Mae'r mesurau'n byrlymu wrth adrodd y stori, gan atgoffa dyn o waith Twm o'r Nant neu Bertholt Brecht:

Rwyf yn slaf i'ch cyfalafiaeth
A sofraniaeth eich sofrenni:
Aed, gormesed y grymusaf,
Boed i wannaf y byd weini.

Dyma ddangos mor glasurol yw arddull ac ieithwedd y gerdd. Yn aml, ceir cystrawennau a ystyrir yn hen ffasiwn bellach. Mae yma 'ffug afrlladau', 'llwyd foreau', 'dall eneidiau', 'llom ystafell' ac yn y blaen. Eto, yn eu cyd-destun, maent yn ennill eu lle, gan ychwanegu rhyw awdurdod moesol i'r gerdd. Mae *Pedr* yn rhethregwr o argyhoeddiad, ac yn falch o hynny, wrth fwrw ei lach ar 'greulon sadyddion busnesau didduw'. Ym myd *Pedr*, dylai awdl *swnio* fel awdl, nid fel sgwrs ar ben stryd neu delyneg bert, bert. Felly, er mai *Pedr* a gyflwynodd yr awdl fwyaf traddodiadol, fe ellid dadlau bod gwneud hynny yn 2008 yn ei osod yn nes at y crych na'r llyfn. Tair bloedd i *Pedr* am gadw'r fflam ynghýn, ac am awdl uniongyrchol, onest a chofiadwy.

DOSBARTH Y CERDDI CRYCH

Pisa: Casgliad a gafwyd gan *Pisa*. Nid oes undod thematig amlwg i'r casgliad ac, o dro i dro, mae'n anodd gweld yn hollol lle mae'r 'Tir Newydd'. Am y rheswm hwn yn unig, byddai yn y dosbarth crych, ond fe geir hefyd arbrofi ar fesurau, megis y tri chaniad cyfochrog yn 'Rhyddid'. Hon yw'r fwyaf llwyddiannus o'r cerddi arbrofol. Sôn y mae am y profiad o wrando ar jazz mewn clwb nos yn Budapest. Mae'n gerdd serch hiraethus ac, ar yr un pryd, yn fyfyrdod eironig ar natur y dyhead am ryddid cenedlaethol. Mae'r cerddi sydd ar fesurau mwy traddodiadol ar y cyfan yn fwy llwyddiannus. Mae *Pisa* ar ei orau yn dangos amrywiaeth tôn ac amseru a gallu cynganeddol arbennig, megis yn yr awdl fer 'Cerfluniau' sy'n ymwneud ag olion coedwig hynafol ar draeth Ynys Las:

> daw atom o'r coed eto
> hen frigau sy'n cynnau'r co',
> yn y goelcerth o chwerthin
> rhwng caniau a gwydrau gwin ...

Mae'r gerdd 'Dulce et decorum est pro patria mori' yn dangos *Pisa* ar ei gryfaf ac ar ei wannaf. Mae yma ganu cryf, uniongyrchol, a chwpled olaf meistrolgar:

> A gwelwn yr Hen Gelwydd
> ym Magdad ym mwg y dydd.

Ond mae llinell gyntaf yr englyn hwn ('Ac ynghanol y lonydd') yn wallus. Nid oes disgwyl llyfnder o ran crefft gan fardd crych, nac efallai gysondeb. Eto mae diffyg cysondeb *Pisa* yn golygu ei fod yn cwympo'n fyr o fod yn deilwng eleni, er cystal llawer o'r deunydd crai.

Cuawg: Pum cerdd weddol hir sydd gan *Cuawg*, ac mae pob un yn herio'r darllenydd mewn gwahanol ffyrdd; er enghraifft, yn 'Uwch Nofa', mae yna gwpledi wythsill sy'n proestio yn hytrach nag yn odli. Mae hynny, rhythm anwastad y gerdd, ei thôn ffeithiol a chystrawen gymhleth y brawddegau, oll yn ei gwneud hi'n anodd treiddio i ysbryd (ac weithiau ystyr) y gerdd. Ond mae'n werth dyfalbarhau gan fod yma fyfyrdod Waldoaidd gan gyfrinydd o anffyddiwr: 'Onid yr hyn a drywana/ yw rhyfeddod bod rhyfeddu'. Fel Waldo Williams, gall *Cuawg* daro geiriau yn erbyn ei gilydd er mwyn creu haenau cymhleth o gyfeiriadaeth, weithiau'n eglur ond weithiau'n anhygyrch. Mae hefyd yn rhannu pryder Williams am ddiflaniad cynefinoedd naturiol, a'r diwylliannau sy'n rhan ohonynt. Ond nid yw pob dim yn golledig. Yn y gerdd olaf orfoleddus, 'Fy Mab', mae'n dathlu'r genhedlaeth nesaf:

> Fy mab, wyt fy myd,
> ei haul a'i olud
> a euro fywyd drwy ei feiau.
> Wyt elwch teulu,
> yn Fai er a fu
> yn hir aeafu her yr hafau.

Mae *Cuawg* yn un o'r beirdd cyfrin prin hynny sydd yn cynnig digon o oleuni nes llwyddo i dynnu'r darllenydd i mewn i'w fyd.

Eco: Casgliad o chwe cherdd sydd gan Eco, pob un am ryw fan gwahanol sydd, yn ei ffordd, yn dir newydd. Mae'r cerddi *vers libre*, ar y cyfan, yn fwy llwyddiannus na'r canu mwy caeth. Myfyrdod yw'r casgliad ar sut na all ein cymdeithas amgyffred pethau a phrofiadau cyntefig. Cyfrinach i ni yw ffurfiau 'creulon, llawn haelioni' delwau cerfiedig Ynys y Pasg. Yn 'Tuvalu', personolir grym dinistriol natur fel duw cyntefig, y 'Llanw-Frenin/ ar dramp ym mhoethder y drin'. Mae 'Rheged' yn cipio deuoliaeth Cymro gwladgarol, wrth iddo freuddwydio'n rhamantus am yr arglwyddiaeth goll honno, ac ar yr un pryd wingo rhag ei realiti ffyrnig a gwaedlyd. Mae'r ddwy gerdd olaf yn dod â ni'n ôl i'r presennol ac ymlaen i'r dyfodol, gan bwysleisio ein heiddilwch. O'r geiriau cyntaf, mae'n amlwg fod gan *Eco* ddawn i greu darlun a chyfleu awyrgylch. Mae ambell groesgyfeiriad a gwrthbwynt rhwng ei gerddi, sy'n ddifyr iawn. Gwaetha'r modd, mae gwallau yn ei gynghanedd o dro i dro, ac i mi y mae gormod o linellau lle ceir gofod rhy hir rhwng y curiadau naturiol a ddylai fod yn cario'r gynghanedd. Gellir weithiau gyfiawnhau hyn mewn *vers libre* cynganeddol ond nid mewn penillion lle mae yna guriadau rheolaidd. Ond dyna ni, mae *Eco*, felly, wedi herio fy nisgwyliadau innau, sy'n beth cymwys i fardd crych ei wneud. Dyma gasgliad sy'n cynnig peth o farddoniaeth fwyaf trawiadol, pwerus a chofiadwy'r gystadleuaeth.

Kong: Casgliad o gerddi am Efrog Newydd sydd gan *Kong*. Un o gerddi mwyaf enigmatig ein traddodiad yw *Preiddeu Annwn*. Mae ynddi sôn am Gaer Siddi ac am bair hudol sydd, efallai, yn rhoi awen i fardd. Yng ngherdd gyntaf y casgliad, 'Atlasau Taliesin', mae *Kong* yn adleisio'r gerdd honno, gan gymharu Efrog Newydd â Chaer Siddi, a sôn am ddychwelyd oddi yno gyda phair awen. Cerdd enigmatig yw hon hefyd ond mae hi'n hawdd gweld bod yma dalent a llais gwirioneddol wreiddiol, onid athrylithgar. Mae'r geiriau a'r cynganeddion yn ffrwydro o'r tudalen:

> Pori ar fap yr wyf i'n
> Atlasau mawr Taliesin,
> Troi pob dalen felen fawr
> Fesul cynfas lac, enfawr.

Golwg ar y ddinas drwy lygaid Cymro modern a geir yn y cerddi eraill. Eto nid rhyw neoffilia benchwiban yw hyn. Mae *Kong* yn cyfosod traddodiadau a chonfensiynau Cymreig â thirlun, pobl a phrysurdeb Efrog Newydd. Yn ei gerdd olaf feistrolgar, 'America Times Square', gofynna, ac eglura, *Kong*:

> Felly pam yr holl ddrama? Pam aros
> Campau mawr fan yma
> Yn dy wylio di'n dala
> Hanes ei hun, hynny sydd – gennyt ti'n
> Ddau gant oed? Oherwydd,
> Yn fras, fod dinas Caerdydd
> Yn iau nag Efrog Newydd.

Er hynafed hanes a thraddodiad Cymru, mae ei thraddodiad dinesig (neu efallai fod 'sifig' yn well gair yn y cyd-destun hwn) yn ifanc. Gallwn ddysgu llawer – da a drwg – oddi wrth Efrog Newydd, ei hanes a'i phobl.

Mae'r cerddi i gyd bron wedi eu hysgrifennu mewn arddull fyrlymus, a'r ystyr yn goferu dros nifer o linellau, a thros y ffiniau rhwng penillion. Er mwyn pwysleisio hyn, mae *Kong* weithiau'n ymadael â chonfensiynau ysgrifennu cerddi caeth ar bapur. Yn 'Wylan Deg', er enghraifft (sy'n rhyw fath o gywydd llatai eironig i'r Statue of Liberty), mae'n gosod cwpled neu hanner llinell lle byddai llinell fel arfer.

Lle mae camp, mae rhemp, ac mae gwaith *Kong* yn llawn chwarae ar eiriau, ar syniadau ac ar gyfeiriadaeth lenyddol. Mae clyfrwch eofn yma, megis yn ei gerdd 'Déjà vu' sydd wedi ei hysgrifennu fel darn o brôs sgwâr. Mae'r teitl yn cyfeirio at destun y gerdd; at gerdd gan Dic Jones am yr un man (sef Ellis Island) sydd ar yr un fformat; ac at y ffaith fod yr un llinell yn cael ei hailadrodd dair gwaith yn y gerdd. I mi, mae'r bwrlwm geiriol a syniadol yma (hyd yn oed y strôcs a'r jôcs) yn ychwanegu at wreiddioldeb a chyfrwystra'r casgliad ond hefyd yn tanlinellu difrifoldeb pwrpas *Kong*, na ddaw'n gwbl amlwg hyd nes y gerdd olaf yn y casgliad.

Ffin denau sydd rhwng bod yn fyrlymus a bod yn fyrbwyll. Mae yma ambell wall gramadegol a chynganeddol, ond prif effaith byrbwylltra *Kong* yw creu amheuaeth a yw wedi myfyrio'n ddigon hir cyn dewis y geiriau cywir. Eto, rwy'n credu y gallwn faddau hyn i *Kong* ac, yn wir, efallai weld rhyw fath o gryfder yn y gwendidau ymddangosiadol hyn. Er enghraifft: (1) Mae'r llinell 'dynion llwyd eu hennill wir' yn groes o gyswllt drawiadol ond beth yn hollol yw ystyr 'llwyd eu hennill'? Gallwn led-amgyffred yr ystyr, heb lwyr afael ynddo. Ond beth sydd o'i le ar hynny? Pe na bai'r gerdd yn gywydd, 'fyddai neb yn cwyno nad yw'r llinellau'n ildio'u hystyr yn syth. Pam na all cerdd gaeth ar fesur traddodiadol weithiau gynnwys ymadrodd newydd awgrymog fel hwn? (2) Yn 'Atlasau Taliesin', mae'n cyfeirio at 'cwarteri/ Urban ein Manhattan ni'. Pam dewis y gair Saesneg 'urban' yma? Nid crefftwr gwael mo *Kong*. Mae *-an* yn odl gyffredin. Felly, rhaid ei fod yn ymwybodol ddefnyddio gair Saesneg. Ai er mwyn pwysleisio dieithrwch y Gaer Siddi hud a lledrith hon? Ai am mai tras Lladin sydd i'r gair, gan fod 'Preiddeu Annwn' hithau yn cynnwys geiriau Lladin yng nghanol ei Chymraeg? Ai ynteu am fod 'urban' yn air a ddefnyddir i ddisgrifio cerddoriaeth a diwylliant *hip hop* a rap, sy'n deillio o strydoedd Efrog Newydd? Byddai hynny'n briodol, oherwydd mae arddull lifeiriol *Kong*, ei egni byrlymus, ei chwarae ar eiriau afieithus, ei greadigrwydd ffrwydrol, ac, yn wir, ei lithriadau a'i eiriau llanw, oll yn awgrymu mai cerddi i'w llefaru, os nad eu datgan yn uchel ac ar goedd, sydd yma.

Yn fy marn i, gellid cadeirio *Swllt, Pedr, Eco* neu *Kong*. Mater o chwaeth yw hi yn y pen draw. Bob hyn a hyn yn hanes cerdd dafod, ymddengys llais gwirioneddol newydd a gwreiddiol. Mae *Kong* yn un o'r rheiny, a *Kong* i mi yw prifardd crych y gystadleuaeth hon eleni.

BEIRNIADAETH NIA POWELL

Rhaid canmol Pwyllgor Llên Caerdydd am osod testun a roes y cyfle eithaf i feirdd amrywio'u gwaith o ran mesur a chynnwys. Mewn cystadleuaeth mor agored, braint a phleser fu cael beirniadu deg ymgais drawiadol o ran safon a oedd yn ddrych sylwgar o brofiadau'r unfed ganrif ar hugain, gan ddangos yn eglur pa mor fyw o hyd yw'r gynghanedd fel cyfrwng. Diddorol oedd sylwi, hefyd, ar boblogrwydd newydd llinellau wythsill erbyn hyn, a'r her sy'n codi o ddatblygu hynny'n fydryddol. Pleser ychwanegol yw gallu dweud y gallai mwy nag un o'r beirdd a gyflwynodd y chwe chasgliad a'r pedair cerdd hir fod wedi torri ar y traddodiad maith o 'gadeiriau gwag' yn Eisteddfodau Caerdydd. Mae'r sylwadau ar y pum ymgais gyntaf yn nhrefn yr wyddor ac ar y gweddill, sydd ar dir ychydig yn uwch, yn ôl eu hagosrwydd at y Gadair.

Bronallt: Myfyrdodau ar henaint a'i unigrwydd sydd ym mhedair cerdd *Bronallt*, yn amrywio o obaith llachar hen lanc yn canfod cariad, 'Ym min hwyr, a chael mwynhau/ Noson yng ngwres gwefusau', i anobaith llwyr wrth golli 'Rhyw hen gymuned hir ddiflanedig'. Di-yfory'n wir yw ei gerdd olaf, 'Yfory', lle mae 'Henaint yn cau amdanaf', hyd at y clo nihilistaidd:

Dirwyn trwy goridorau
Fy hwyr, a'r mynych drofâu
Yn obaith, ond pa ddiben
Sydd mewn byd, a'r byd ar ben?

Dyma grefftwr o gynganeddwr, a'i acennu'n sicr fel bod y gynghanedd yn cryfhau dweud sydd heb fod yn arbennig. Mae yma duedd i or-athronyddu, a hynny'n annelwig ar brydiau, yn hytrach nag awgrymu a darlunio'n gofiadwy.

Cuawg: Mae casgliad *Cuawg* o bum cerdd yn rhyfeddod o ran defnyddio amrywiaeth helaeth o hen fesurau nas gwelir yn aml mewn cyfansoddiadau cyfoes. Rhaid edmygu ei fenter yn defnyddio cyhydedd hir, clogyrnach neu gwpledi proest, i drafod testunau sy'n perthyn yn sicr i'r unfed ganrif ar hugain. Trafod geni seren y mae ei gerdd gyntaf a cheir hefyd gerdd drawiadol am arth wen yn colli ei chynefin gyda chynhesu byd-eang. Gwaetha'r modd, mae geirfa a throeon ymadrodd *Cuawg* mor hynafol eu naws nes pellhau'r neges, a thrueni am hyn. Gwelir gwendid y bardd a'i gryfder mewn dau ganiad nesaf at ei gilydd yn 'Yr Arth Wen': 'Cofia orohian annedd/ a chyfoeth rhewdir a chyfedd/ aidd a hedd awch ei ddyddiau', medd *Cuawg* mewn iaith sy'n gofyn am eiriadur i'w deall; mae'n fwy cyfoes a thrawiadol y munud nesaf, 'Heno ni fydd huno na hedd/ rhwng dis y byw a dis y bedd'. Efallai fod arbrofi gyda mesurau anarferol yn rhwystr i'r bardd sydd yn *Cuawg*. Mae angen iddo hefyd wrando ar guriadau rhai o'r llinellau wythsill sy'n gloff fel y maent o roi'r orffwysfa'n rhy gynnar yn y llinell.

Dafydd: Os 'tir newydd' henaint yw profiad *Bronallt*, profiadau ieuenctid fu ysbrydoliaeth *Dafydd*. Mae yma hen, hen stori ond un sy'n newydd bob tro y digwydd. Ymlafnio y mae gyda'r cyfrifoldeb o fod yn dad a cheir sawl tir newydd. Ceir cychwyn carwriaeth; y profiad o gyd-fyw; ac yna geni plentyn, cyn i'r cyfrifoldebau droi'n faich sy'n chwalu'r berthynas ifanc. Er mai mewn mesurau traddodiadol y mae'r canu, mae ffresni grymus ar adegau, fel y disgrifiad o'r ddau 'Yn uno, hynny'n wyneb/ Y seiat o ymateb;/ Fo a hi yn ofni neb'. Yn amlach, serch hynny, tueddir i ystumio iaith er mwyn y gynghanedd, a gormod o linellau ffwrdd-â-hi, gan gynnwys hen drawiadau fel 'Na welwyd eu hanwylach'. Y canlyniad yw nifer o ddarnau dieneiniad.

Os prentis sydd yma, mae iddo addewid bendant a daw mwy o arbenigrwydd i'r dweud wrth feistroli'r gynghanedd.

Mabon: Dyma gynganeddwr medrus a ganodd yn gofiadwy i'r danchwa yng nglofa *Six Bells*, Abertyleri, yn haf 1960. Mae'n gerdd gref o ran y dweud uniongyrchol a'r delweddu, gan ddwyn i gof yr arswyd a'r loes a brofwyd ar y pryd trwy dde Cymru gyfan. Mae'r amrywiaeth mesurau hefyd yn gweddu'n union i'r hyn sy'n cael ei gyfleu. Er gwaethaf cryfder y canu, fodd bynnag, nid yw'r gerdd yn destunol ac ni chrybwyllir y 'tir newydd', sef gwarchodfa natur a grëwyd ar safle'r hen bwll, tan y diwedd un. Mae'r darn olaf hwn yn afaelgar wrth drafod deilio o'r newydd dros adfeilion y gwaith, 'A'u hen wyrth yn newydd wedd/ Afradlon ar fyrhoedledd', ond fe'i llusgwyd i mewn i gerdd sydd yn farwnad yn hytrach na dathlu'r newydd. Trueni am hynny gan fod i ganu *Mabon* yn sicr ei rinweddau.

Madryn: Tri chaniad sy'n sefyll yn annibynnol ar ei gilydd sydd gan *Madryn* ond clymir hwy gan thema o ddechrau newydd wedi gormes. Y Negro yw arwr y caniad cyntaf, a Martin Luther King a'i neges heriol yn uchafbwynt. Yn yr ail, trafodir gobaith newydd i'r iaith yng nghyffiniau'r Eifl er i'r chwareli yno gau; a Phatagonia yw tir newydd y trydydd. Hoff fesur *Madryn* yw'r englyn, a cheir peth cynganeddu medrus ac ambell fflach, fel y cwpled hwn am ddioddefaint y duon yn America, 'ac amarch megis gwymon/ heno a'n deil dan y don'. Mae yma hefyd, yn anffodus, ormod o gynganeddu geiriau'n ddieneiniad. Byddai delweddu cywrain wedi bod yn fwy effeithiol na'r defnydd helaeth o eiriau fel 'rhin', 'hoen', 'ysig' a 'hen wae'; neu bentyrru ansoddeiriau fel yn yr englyn isod, lle mae'r ystyr hefyd yn dywyll. Ar ben hynny mae'r llinell gyntaf yn enghraifft o roi'r orffwysfa a'r pwyslais mewn man annaturiol er mwyn cyflawni gofynion cynghanedd:

> Rhydai'r offer toredig – yn y gwyll
> fel 'sgubau gwag ysig,
> a heb rawn yn plygu brig
> dwys y mudo siomedig.

Swllt: Dyma godi i dir uwch gyda stori fer o gerdd hir sy'n gyfareddol mewn mannau. Myfyrdod ar brofiad mam a'i mab o filwr pan yrrir ef i ryfel sydd yma. Wrth ffarwelio â'i mab, llethir y fam gan bryderon, a'i llais hi a glywir yn bennaf yn hanner cyntaf y gerdd. Ceir portread cignoeth o'r rhyfela, wedyn, trwy lais y mab a thriniaeth rymus o gost dynol brwydro, a'r euogrwydd mud sy'n llethu'r milwr ei hun wrth iddo ladd ei ffordd i ennill tir. 'Erw galar' yw'r fodfedd o dir a enillwyd i *Swllt,* gan gyfleu nesed yw bywyd a marwolaeth:

enillwyd modfedd heddiw,
un fodfedd rhwng y bedd a'r byw,
rhwng y gweddill a'r enillydd,
lled y darn sy'n colli dydd ...

am mai pellter pob erw
yw'r modfeddi rhyngom ni a nhw.

Mae yma wirebu sylwgar, fel yn y darn hwn:

Un eiliad o ofni'r dolur,
a gweld pob yfory'n gur,
yw creulondeb holl febyd
ym mhennau mamau o hyd.

Yn gefndir i'r cyfan y mae gardd sy'n cael ei thrin gan y fam fel symbol o obaith am ddychweliad ei mab, a symbol hefyd o barhad trefn natur yn wyneb anhrefn rhyfel. Ceir canu telynegol hyfryd ochr yn ochr â'r dweud creulon, ac mae *Swllt* yn ddigon o feistr ar y cynganeddion i allu arbrofi, gan amrywio mydr a hyd llinellau yn ddeheuig i gyd-fynd i'r dim â'r ystyr. Llais bardd a geir yma, felly, nid cynganeddwr yn unig, ond y mae'r gerdd, er ei gwyched, yn rhy hir a'r myfyrio'n colli ei rym a'i ystyr o gael ei ailadrodd yn ormodol. Cerdd ar un gwastad o chwarae rhwng pryder ac euogrwydd ydyw; pe bai wedi ei thorri'n fyrrach, neu pe bai mwy o amrywio ar y cywair, byddai wedi hoelio sylw yn fwy effeithiol heb droi'n sentimental. Gwendid arall yw mai gerfydd ei glust y llusgir y testun i'r gerdd.

Pisa: Casgliad o wyth cerdd annibynnol sydd gan *Pisa*. Mae'r gyntaf, 'Gwenoliaid', yn drawiadol fel sylwebaeth graff ar heidio'r adar ddiwedd haf cyn mudo i'w tir newydd ond gyda thro yn ei diwedd i'n hatgoffa bod yr hen a'r newydd yn gymysg, wrth i'r adar ddychwelyd eto i'w hen diriogaeth yn y man fel rhan o gylch. Tir newydd mewn ymladd yw thema 'Guernica', sef defnyddio tacteg bomio pobl gyffredin am y tro cyntaf; tra bo 'Rhyddid' yn trafod unigolyn a'i unigrwydd wrth wrando ar jazz ym Mudapest. Portreadir tir newydd ar lefel bersonol, gydag ystyriaeth wleidyddol hefyd yn y darn atmosfferig hwn, un o'r goreuon yn y casgliad.

Oes iaith heblaw iaith y Blues
i ni dan nenfwd y nos? ...
Lle mae oriau llwm hiraeth
yn y mwg a thi ymhell
mor bell ym merw'r byd?

Mae 'Cantre'r Gwaelod' wedyn yn gerdd iasol am fethiant Cymry i gerdded tir newydd, gan gyfeirio'n benodol at ffawd papur newydd *Y Byd*.

Cân yn yr hen draddodiad darogan yw hon, a rhybudd yn ei chwt. Mae dychan ysgafn ar ddathlu'r Nadolig yn 'Ystwyll', gyda thro eto yn y gynffon wrth grybwyll ailganfod hud y Nadolig yn flynyddol. Un o gerddi cryfaf *Pisa* yw'r olaf, lle trafodir pedlera'r 'Hen Gelwydd' am anrhydedd rhyfel o'r newydd i blant ysgol, tra bo elfen delynegol yn 'Cerfluniau'. Mae rhai cerddi gwirioneddol wych yma ond nid yw'r safon yn gyson dda. Mae'r moliant i Ray Gravell yn 'Y Strade Newydd', er enghraifft, yn siomedig a cheir gwendidau cynganeddol hefyd, gyda gwallau iaith a phwyslais amhriodol ar adegau er mwyn cynnal y gynghanedd. Cwyd y gerdd i 'Guernica' gwestiwn diddorol arall, sef pa mor ysgafn y gall y cyfateb llythrennau fod mewn cynghanedd sain, a pha mor bell oddi wrth ei gilydd y gall odl a chyfatebiaeth fod mewn llinellau hirion cyn bod yn annerbyniol.

Pedr: Er na ddaeth yr awdl hon i'r brig ar y darlleniad cyntaf, deuthum i'w hedmygu fwyfwy wrth fynd trwyddi eto. *Pedr*, o bosibl, yw crefftwr cynganeddol gorau'r gystadleuaeth, ar wahân i nam anffodus yn llinell olaf un ei waith, ac mae ganddo feistrolaeth lwyr ar ei fesurau nes llwyddo i guddio'r grefft yn rhwyddineb y dweud. Ac eto gall ergydio; ceir gwahanol haenau o 'dir newydd' sy'n ysgytio, ac mae'r darn yn gyforiog o wirebau. Ymateb merch a fudodd o ddwyrain Ewrob sydd yma – testun cyfoes os bu un erioed – wedi ei gwthio o'i mamwlad yn Rwmania gan 'Ddraciwla' newydd byd y farchnad, yn gaeth i '... sofraniaeth eich sofrenni'. 'Ni', medd *Pedr*, 'yw epil cam Mamon/ Yn nos aur y ddinas hon'. Gall ganu'n galed i ddiflastod ac unigrwydd bywyd tlodaidd dinas, a chanu'n hudolus hollol i fywyd gwledig Rwmania sy'n oedi yn ei chof. Nid darlun sentimental sydd yma ychwaith, ac y mae grymoedd natur yn drosiad am yr ysfa i fudo o fyd cyni i fyd o ryddid tybiedig:

> A chyn dod haf i gynhesu'r afon
> Am yr eigion y llam yr eogiaid;
> A rhaid o'u gelltydd i'r hwyaid gwylltion
> Styrio i hinon tiroedd estroniaid.

Ac wedi cyrraedd, canfod mai 'Hoeden o ryddid ydyw/ Breuddwyd wib o ryddid yw' yng nghanol crefydd newydd ddigyfaddawd materoliaeth. Mae grym yn y canu sy'n codi croen gŵydd ar brydiau, ond efallai fod yma hefyd duedd i bregethu.

Kong: Ymhlith y deg cerdd sydd yng nghasgliad *Kong*, mae darnau syfrdanol sy'n cyrraedd yr uchelfannau. Un 'tir newydd' sydd yma, sef Unol Daleithiau'r Amerig, a phrofiadau dinesig y gorffennol a'r presennol yn Ellis Island ac Efrog Newydd yn benodol. Sylwedydd yw *Kong*, a'i arf yw awgrym yn hytrach na phregeth. Ceir cyfeiriadaeth gyfoethog at chwedlau Cymreig i'n hatgoffa bod chwilio am y newydd cyn hyned â hanes, ac mae'r gerdd olaf, 'America Times Square', yn wefreiddiol wrth gau'r cylch a'n hatgoffa bod Caerdydd, fel dinas, yn iau nag Efrog Newydd. Mae yma amrywio cywair – mae 'Wylan Deg' yn delyneg, mae ysgafnder yn 'I ofyn ystafell' ac ergyd yn 'Edrych fel Ymerodraeth' – a cherddi i'w perfformio yw'r rhain. Gwn fod un o'm cyd-feirniaid am roi *Kong* yn flaenaf, a bûm innau'n pendilio rhyngddo ac *Eco*. Efallai mai mater o chwaeth yn unig yw'r gwahaniaeth rhyngom, ond i un a fu yn yr union fannau a drafodir, nid yw'r cerddi'n llwyr gyfleu gwefr bod yno, ac efallai eu bod yn dioddef o'u cymharu â cherddi ysbrydoledig diweddar eraill i Efrog Newydd. Os yw *Kong* i'w ganmol am gynganeddu arbrofol, gan gynnwys cyflwyno'r sain 'yn' mewn odl, a chynganeddu'r gywrain iawn, efallai fod hyn eto'n faen tramgwydd. Os rhywbeth, mae'n gor-ymdrechu ac ymorchestu i lunio cynganeddion cymhleth – y groes a chroes o gyswllt – nes mai eilbeth yw'r ystyr. Mae sawl enghraifft o eirfa ac ymadroddi chwithig er mwyn y gynghanedd yn hytrach na chyfoethogi'r dweud, a'r cynganeddwr yn *Kong* yw'r meistr, felly, nid y bardd. Gwelir hyn yn amlwg yn 'Déjà Vu', cywydd a osodwyd yn ddiangen ar ffurf paragraff, '... Ond breuhau bron/ hyd yr ymyl (ow'r drama)/ mae'r plwg – tuag ato mae'r pla/ o ddynion llwyd oedd yn llon/ ati'r pentir yn pwyntio'n/ filain ...' Pe bai wedi ymlacio gan ddefnyddio'r gynghanedd i bwysleisio ystyr yn hytrach nag er ei mwyn ei hun, byddai'r mynegi'n gryfach. Serch hynny, mae i *Kong* wir gryfderau a'i gwnâi'n gwbl deilwng o'r gadair oni bai am waith un arall, sef *Eco*.

Eco: Casgliad eto o chwe cherdd sydd gan *Eco*, a daeth i'r brig i mi ar y darlleniad cyntaf. Cadwodd ei le er nad yw *Eco* loywed cynganeddwr â *Swllt* na *Pedr*, ac er gwaethaf disgleirdeb *Kong*. Mae'r cynganeddu yma'n ysgafnach, a cheir eto ambell enghraifft o bwyslais amhriodol er mwyn cynnal y gynghanedd ac un neu ddwy o linellau gwallus hefyd, fel 'corwynt drwy'r môr yn cerdded'. Gogoniant cerddi *Eco*, serch hynny, yw eu bod yn pefrio a rhagori er gwaethaf y brychau am eu bod yn farddoniaeth sy'n 'canu' ac yn gyfoethog eu hawgrym a'u hystyr. O'r holl gystadleuwyr, *Eco* a wnaeth y defnydd helaethaf o *vers libre* ar gynghanedd, a cheir arbrofi cynganeddol arbennig o effeithiol yn ei gerdd olaf, 'Y Lleuad'. Yn hyn oll, mae'n feistr ar ddewis *genre*, gan newid yn gywrain o fesur caeth i wers rydd er mwyn cyfleu ystyr – cyfleu dadfeilio yn 'Spitsbergen', er enghraifft. Llawforwyn i farddoniaeth yw'r gynghanedd yma, felly. Mae'r cerddi'n cydio'n ddi-feth o ran eu cynnwys, gan gyfleu gwahanol haenau o 'dir newydd' o safbwynt lle, amser a phrofiad. Y llinyn arian sy'n clymu'r cyfan yw ymwybyddiaeth gyfochrog o'r hen a'r newydd, a'r gymysgedd o hiraeth am a fu a gobaith am a ddaw sy'n rhan o bob newid. O'r gerdd gyntaf i 'Ynys y Pasg', yr ynys honno sydd gyntaf i weld diwrnod newydd yn ein trefn amser ni, i'r olaf yn y casgliad, 'Y

Lleuad', ceir darnau hudolus sy'n llawn awyrgylch. Nid bardd ar un gwastad yw *Eco*. Mae yma amrywiaeth gyfoethog o gyweiriau, o'r disgrifiad iasol o arth wen yn chwilio'n ofer am fwyd wrth i'w byd oer gynhesu, i ddarnau fel 'Rheged' sy'n ein dwysbigo fel Cymry, neu ysgafnder 'Ynysoedd Gwneud Dubai'. Y casgliad hwn, felly, sy'n ysbrydoli fel cyfanwaith, gan gloi'n fuddugoliaethus, er gweld 'Diwedd ein Daear':

> Yna, un nos pan na fyddwn ni
> bydd rhywrai'n syllu ac yn saethu i'r sêr,
> yn treiddio drwy'r dudew, ac yn tirio o'r newydd
>   rhyw ddydd gogoneddus a ddaw.

Yn ein hoes o wybodaeth dameidiog, efallai fod casgliad yn haws ei amgyffred na cherdd hir, ac yn fwy cydnaws â'r 'tir newydd' llenyddol. Dau gasgliad a ddaeth i'r brig eleni ac, o drwch y blewyn mewn cystadleuaeth gref a chyfoethog ei chynnyrch, cadeirier *Eco*.

BEIRNIADAETH GWYN THOMAS

Dafydd: Awdl a geir yma am ŵr ifanc, un o'r 'hogiau', yn syrthio mewn cariad – dyma ei Dir Newydd – yn cyd-fyw, yna 'Dysgu ei bod [ei gariad] yn disgwyl', a chael mab. O drafod gyda'i gilydd, ac ar sail anogaeth rhieni, 'Bu rhaid i'r ddau briodi'. Yna y mae perthynas y gŵr a'i wraig yn dirywio, y ddau'n gwahanu ond, yn y man, y maent yn dod i ddealltwriaeth sy'n llesol i'r mab bychan. Y mae yma adrodd stori'n glir, ond heb fawr o ddyfnder teimlad, ac y mae yma ambell wall yn yr iaith sy'n deillio o dipyn bach o ymdrech i gynganeddu: 'Ai uniad oedd nhw eu dau' [oedden]; 'I adwy llwm ei dŷ llai' [adwy lom]; 'Byw ar ei hun, neb ar ôl' [ar ei ben ei hun?]; 'Dilyn dyn oedd dal yn dad' [yn dal]; 'Os mae'n oer, os mae'n eira' [os yw … os yw].

Pisa: Casgliad o gerddi sydd gan y bardd hwn, am Wenoliaid, Guernica, Rhyddid (yn Budapest), Cantre'r Gwaelod (a gysylltir yma â'r papur newydd na fu, sef *Y Byd*), Y Strade Newydd (gyda Ray Gravell yn bresenoldeb yno), Cerfluniau (hen goed ar draeth Ynys Las), Ystwyll (cadw olion y Nadolig mewn atig a'u mofyn eto ar adeg Nadolig newydd), *Dulce et decorum* ... (lle dangosir y ffug-ddarlun o ryfel a geir yn hysbysebion y fyddin Brydeinig). Ym mhob un o'r cerddi y mae yna bethau sy'n ymddangos yn newydd – yn Dir Newydd, fel petai – ond dangosir, hefyd, fod yna hen brofiadau yn y newydd-deb hwnnw. Y mae'r bardd hwn yn ddyfeisgar ei ffurfiau ac y mae yma gynganeddu ar ffurfiau traddodiadol ac mewn dulliau mwy rhydd. Cyflëir profiadau grymus yn y cerddi, ac yn y casgliad hwn amlygir dawn bardd a chanddo adnoddau creadigol digamsyniol. Yn fy marn i, y mae'r rheini ar eu gorau yn y gerdd 'Cerfluniau' a '*Dulce et decorum* ...' Ychydig o fannau gwan sydd yn y cerddi – dyna'r camacennu yn y llinell 'Dan do gwag ym *Malaga*', a'r arfer annymunol, annaturiol, anramadegol, ac anwreiddiol o gyfarch (yn yr achos hwn) y diweddar Ray Gravell gyda'r '*Oedd* hyn a'r llall' diflas hwnnw – sydd yn gymar i'r '*Wyt* hyn a'r llall', hyd yn oed mwy diflas, a gafwyd gan amryw feirdd ers tro bellach.

Bronallt: Pedair cerdd, weddol hir, a gynigiodd y bardd hwn i'r gystadleuaeth. Yn ei gerdd gyntaf, 'Gwell Hwyr na Hwyrach', y mae gŵr a fwynhaodd ryddid ei ieuenctid yn ymserchu mewn gwraig yr oedd ei gŵr wedi ei gadael. Yn 'Colli'r Ffordd' y mae un sydd mewn byd o wacter yn cael cymorth, ond cymorth nad ydyw'n parhau. I gyfeiriad y dyfnder yr â'r un y sonnir amdano yn 'Tua'r Gwyll', ac y mae'r sawl sydd yn y gerdd olaf ,'Yfory', mewn nos dywyll. Y symud o un ystâd i un arall, a elwir yn Dir Newydd, a geir yn y cerddi hyn. Braidd yn anwastad ydi'r mynegiant yn y cyfansoddiadau hyn, gyda darnau cyrhaeddgar dwys yn gymysg gyda rhai nad ydyn nhw'n llwyddo i gyfleu dyfnder teimlad. Gwaetha'r modd, y mae'r gerdd gyntaf yn dechrau'n amryfus, 'Mae holl gyfle'r bore bach/ I mi ond atgof mwyach ...' – 'Dyw holl gyfle'r bore bach' sydd yn gywir. Wedyn y mae namau yn y llinellau a ganlyn: 'Na wyddai fod e'n suddo [wyddai'i] ...'; '... pan wyddai 'mron/ Y doi gymylau duon [cymylau] ...'; 'Oriau tu draw fy mhryderon ydynt [i'm pryderon/ i 'mhryderon] ...'; '... ac mae'r gelyn/ Yn dod i'm gafael yn dynn' ['i afael ynof yn dynn' yn hytrach na gelyn yn dod 'i'm gafael yn dynn' sydd yma, mi dybiaf]; 'Un yn awr i'm ni a nhw' [ŷm ni]. Nid yw 'Fe wel ust ei ddiflastod' yn briodol iawn, mwy nag ydi 'Niagra o unigrwydd'. Fe all y bardd gael gwared o wendidau fel hyn o'i waith yn hawdd. Wrth wneud hynny, fe ddylai roi mwy o sylw i'w atalnodi diffygiol hefyd.

Mabon: Cerdd am ffrwydrad yng Nglofa *Six Bells*, Abertyleri, yw hon, a'r Tir Newydd ynddi yw'r fynwent newydd uwchlaw'r dref. Yn amlwg, fe gafodd y danchwa hon ddylanwad mawr ar y bardd, a gwneud y dioddefaint a ddaeth i'w chanlyn yn brofiad gwirioneddol i'r darllenwyr yw un o'i brif fwriadau. Y mae yna linellau cyrhaeddgar yn y gerdd, megis: 'Mae'r glaw yn dadmer eu gloes/ A dail yn cuddio'u duloes'. A gellid gwneud yr ailadrodd am y 'Pump ar ddeugain' – fel y dywed ef – hyd yn oed yn fwy effeithiol. Ond, yn anffodus, y mae'r bardd wedi ymdroi'n ormodol wrth ddisgrifio'r dioddefaint, ac y mae'r gor-wneud hwn yn gwanhau'r argraff ohono. Er enghraifft, dyna'r sôn am y rhai a ddaliwyd dan y ddaear '... yn suddo/ I gôl seimllyd, glyd y glo'. 'Wn i ddim a yw llinell Dafydd ap Gwilym, 'Yn tewi yn y tywyll' – o gyd-destun tra gwahanol – yn taro yn y gerdd hon ychwaith. Nid wyf yn meddwl fod y gân serch a geir gan un o'r glowyr yn asio i'r testun yn briodol ychwaith. Mewn gair, y mae afradu disgrifiadau yn gwanhau'r gerdd hon: byddai tynhau a byrhau'r mynegiant yn ei gwneud yn llawer mwy effeithiol.

Enillwyr Prif Wobrau
Eisteddfod Genedlaethol Cymru
Caerdydd a'r Cylch, 2008

Dyma gyfle i ddod i adnabod
enillwyr gwobrau mawr yr Eisteddfod:
y Gadair, y Goron, y Fedal Ryddiaith,
Gwobr Goffa Daniel Owen, y Fedal Ddrama
a Thlws y Cerddor

Bethan Gray a dderbyniodd y gwahoddiad i ddylunio Cadair yr Eisteddfod eleni. Rhoddir y Gadair gan holl ysgolion Cymraeg cynradd ac uwchradd Caerdydd a'r fro. Y cerflunydd Alex McDonald o Sir Benfro wnaeth y Gadair o dderw wedi'i liwio'n dywyll, i adlewyrchu hanes diwydiannol ardal Caerdydd.

HILMA LLOYD EDWARDS
ENILLYDD Y GADAIR

Daw Hilma'n wreiddiol o Bontnewydd, ger Caernarfon. Addysgwyd hi yn ysgol gynradd y perntref, Ysgol Syr Hugh Owen, Caernarfon, a Phrifysgol Abertawe, lle llwyddodd i ennill gradd dosbarth cyntaf mewn Hen Hanes, ac M.A. mewn Eifftoleg.

Bu'n gweithio ym myd newyddiaduraeth am gyfnod byr gyda Phapurau'r *Herald* yng Nghaernarfon cyn ymuno ag Uned Gyfieithu Cyngor Gwynedd. Bellach, mae'n gweithio fel cyfieithydd gyda Chwmni Cymen, Caernarfon, ers pedair blynedd.

Mae wedi ennill dros hanner cant o gadeiriau a choronau mewn eisteddfodau ledled Cymru gan gynnwys Eisteddfodau Môn, Powys, Pontrhydfendigaid a Llanbedr Pont Steffan. Enillodd nifer o wobrau yn Adran Llên yr Eisteddfod Genedlaethol hefyd, gan gynnwys cystadlaethau'r delyneg a'r cywydd. Cyhoeddodd ddeuddeg o nofelau i blant, nifer ohonynt wedi eu comisiynu gan Gyd-bwyllgor Addysg Cymru a Chyngor y Celfyddydau. Mae'n aelod o Orsedd y Beirdd (Urdd Cerddor) ers dyddiau ysgol ac wedi cael dyrchafiad i Urdd Derwydd yn yr Wyddgrug yn 2007.

Mae'r Goron eleni yn rhoddedig gan Brifysgol Caerdydd. Mae'r rhodd yn rhan o ddathliad 125 mlwyddiant y Brifysgol sydd yn atgyfnerthu ei chyfraniad helaeth i fywyd diwylliannol Cymru.

Cynlluniwyd a gwnaethpwyd y Goron gan Karen Williams, y gemydd a'r gof arian o Ogledd Cymru.

HYWEL MEILYR GRIFFITHS
ENILLYDD Y GORON

Ganed Hywel Griffiths yng Nghaerfyrddin ym 1983 ac fe'i magwyd ger pentref Llangynog gyda'i rieni, Tweli a Mair, a'i frawd Gareth. Mynychodd Ysgol Gynradd Llangynog ac Ysgol Gyfun Bro Myrddin, pryd y dysgodd y cynganeddion yng nghwmni Eurig Salisbury. Astudiodd ddaearyddiaeth a mathemateg ym Mhrifysgol Cymru Aberystwyth. Mae'n dal i astudio yno ar gyfer doethuriaeth ym maes daearyddiaeth ffisegol, ac yn darlithio trwy gyfrwng y Gymraeg yn Sefydliad Daearyddiaeth a Gwyddorau Daear. Enillodd Gadair Eisteddfod yr Urdd yn Ynys Môn yn 2004 ac yng Nghaerfyrddin yn 2007. Mae'n aelod o dîm talwrn y Glêr ac o dîm ymryson y Deheubarth, ac yn mwynhau cystadlu a chyfrannu at dalyrnau lleol, stymp ac unrhyw fath arall o nosweithiau barddoniaeth gyhoeddus yng nghwmni'r criwiau hyn. Cyhoeddwyd peth o'i waith yn y gyfrol *Crap ar Farddoni* ar y cyd â nifer o feirdd eraill a fu ar daith yn 2006, yn *Stwff y Stomp 2* ac mewn rhifynnau o'r *Tafod, Barddas, Tu Chwith, Taliesin* a *Golwg*. Ef yw cadeirydd presennol Cymdeithas yr Iaith Gymraeg, ac mae'r cyfeillgarwch a'r cydweithio sydd yn gysylltiedig gyda hyn yn ysbrydoliaeth gyson. Mae'n byw yn Aberystwyth ar hyn o bryd, er y mae i'w weld yn aml yng nghyffiniau'r Wyddgrug, ble mae ei gariad, Alaw, yn byw.

MERERID HOPWOOD
ENILLYDD Y FEDAL RYDDIAITH

Cafodd Mererid Hopwood ei geni a'i magu yng Nghaerdydd lle'r addysgwyd hi a'i brawd yn Ysgol Gynradd Bryntaf ac Ysgol Gyfun Llanhari. Mae'r teulu'n hanu o Bontiago, Sir Benfro, ac mae'r cysylltiadau â'r ardal honno'n parhau'n agos. Graddiodd mewn Sbaeneg ac Almaeneg yng Ngholeg Prifysgol Cymru, Aberystwyth, cyn cwblhau doethuriaeth yng Ngholeg Prifysgol Llundain. Symudodd yn ôl i Gymru ac i Gaerfyrddin lle mae'n byw gyda'i gŵr, Martin, a'u plant Hanna, Miriam a Llewelyn. Mae'n dysgu'n llawn amser ac yn rhannu'r wythnos rhwng Adran Ieithoedd Modern Prifysgol Abertawe ac Ysgol Gyfun Gymraeg Bro Myrddin. Enillodd Gadair yr Eisteddfod Genedlaethol yn Ninbych yn 2001 a Choron yr Eisteddfod Genedlaethol ym Meifod yn 2003. Bu'n Fardd Plant Cymru yn 2005. Hoffai gyflwyno'r gyfrol fuddugol er cof am ei dwy fam-gu sef 'Mamgu', Irene Davies, a 'Mama', Edith Maud Williams.

IFAN MORGAN JONES
ENILLYDD GWOBR DANIEL OWEN

Magwyd Ifan Morgan Jones, sy'n 24 oed, yn y Waunfawr yng Ngwynedd. Cafodd ei addysg yn Ysgol Gynradd y Waunfawr, Ysgol Syr Hugh Owen, Caernarfon, a Choleg Prifysgol Caerdydd, lle'r enillodd radd mewn Newyddiaduraeth cyn cwblhau M.A. mewn Ysgrifennu Creadigol yng Ngholeg Prifysgol Bangor. Wedi cyfnod byr yn Newcastle upon Tyne yn dilyn cwrs newyddiaduraeth y Press Association, dychwelodd i Gymru ac erbyn hyn mae'n ddirprwy olygydd cylchgrawn *Golwg*. Bellach mae wedi ymgartrefu ym Mhenparcau, Aberystwyth.

Ysgrifennodd ei waith buddugol yn wreiddiol fel rhan o'i gwrs M.A. mewn Ysgrifennu Creadigol. Y dylanwadau mwyaf arno yw awduron a chyfarwyddwyr fel Hayao Miyazaki, J. R. R. Tolkien, Neil Gaiman a Terry Pratchett.

Fe hoffai ymweld â'r Fabinogwlad o dro i dro ond gwaetha'r modd, ys dywed, nid oes ganddo le tân yn ei dŷ.

DYFED EDWARDS
ENILLYDD Y FEDAL DDRAMA

Ganed Dyfed Edwards ym 1966 ac fe'i magwyd ym mhentref Rhosmeirch, ger Llangefni, Ynys Môn.

Bu'n ddisgybl yn Ysgol Gyfun Llangefni cyn mynd i'r Coleg Normal, Bangor, lle'r enillodd radd mewn Cyfathrebu. Dechreuodd ei yrfa newyddiadurol gyda Phapurau'r *Herald* yng Nghaernarfon, a bu'n gweithio i'r *Daily Post* (yn Lerpwl ac yng Ngogledd Cymru), i'r *Journal* yn Newcastle, ac i'r *Daily Mail*. Mae bellach yn byw yn Whitstable, Swydd Caint, ac yn ennill ei fywoliaeth fel awdur a newyddiadurwr ar ei liwt ei hun.

Mae wedi cyhoeddi pedair nofel a dwy gyfrol o straeon byrion yn y Gymraeg. Cyhoeddwyd ei lyfr diweddaraf, *Y Moch a Straeon Eraill*, ym mis Ionawr eleni ac ym mis Ebrill, fe gyhoeddwyd ei nofel gyntaf yn y Saesneg o dan y ffugenw 'Thomas Emson'. Bu'n ganwr-gyfansoddwr yn yr 80au a'r 90au, ond mae wedi rhoi'r gitâr yn y to ers tro byd – heblaw am ambell gord a thiwn fin nos. Mae newydd briodi â Marnie (ar Orffennaf 26) – a hynny, wrth gwrs, yn egluro'i ffugenw, *Y Priodfab*. Yn dilyn yr Eisteddfod, bydd y ddau'n treulio'u mis mêl mewn carafán Romani.

Dyma'r trydydd tro iddo gystadlu yn yr Eisteddfod Genedlaethol. Dyfarnwyd iddo'r ail wobr am ei ddrama 'Anfonwch Fil' ym Maldwyn yn 2003, 'chafodd o ddim lwc yn Abertawe yn 2006, ond eleni, mae hi'n Drydydd Cynnig i Gymro!

EILIR OWEN GRIFFITHS
ENILLYDD TLWS Y CERDDOR

Daw Eilir yn wreiddiol o Ddinbych ond, â'i dad yn weinidog, symudodd y teulu lawer gwaith – o Bumsaint i Foelfre, ac o Licswm i Fae Colwyn. Mae'n un o bedwar o blant cerddorol a bu adeg pan oedd y teulu'n teithio ar draws Gogledd Cymru yn cynnal cyngherddau. Drwy Ann Davies, ei athrawes gerdd yn Ysgol Glan Clwyd, cafodd Eilir gyfle i gyfansoddi ar gyfer corau'r ysgol yn ogystal â'i gyfle cyntaf i fod yn arweinydd côr. Aeth wedyn i Goleg y Drindod, Caerfyrddin, lle bu'n astudio Theatr, Cerdd a'r Cyfryngau, cyn mynd i Goleg Brenhinol Cerdd a Drama Cymru i astudio ar gyfer gradd uwch mewn cyfansoddi. Ei diwtor personol yno oedd Andrew Wilson Dickson a fu'n ddylanwad mawr arno, ac yn ystod ei gyfnod yng Nghaerdydd, enillodd Eilir nifer o wobrau am ei waith cyfansoddi.

Yn 27 oed, mae'n Drefnydd Diwylliannol a Darlithydd Cerddoriaeth yng Ngholeg y Drindod ers 2005 ac yn byw yng Nghaerdydd gyda'i wraig, Leah. Mae'i enw'n adnabyddus fel arweinydd sawl Côr llwyddiannus – Côr Coleg y Drindod, Côr Aelwyd CF1, a Chôr Godre'r Garth. Daeth Eilir yn wyneb cyfarwydd iawn yn ddiweddar yn sgîl y rhaglen deledu 'Codi Canu'.

Cuawg: Casgliad o gerddi am wahanol Diroedd Newydd a geir gan *Cuawg*. Yn ei gerdd 'Uwch Nofa', y mae'n sôn am seren newydd yn dod yn amlwg yn ein byd, a dyn wrth ganfod hyn yn dyheu am fynd o'r byd a'i hualau. Yn 'Y Danchwa', sonnir am seren cariad yn dwyn y carwr i Dir Newydd. Tarw-ar-ei-Eistedd, un o benaethiaid yr Indiaid Cochion yn y Byd Newydd, yw pwnc y drydedd gerdd, un y ducpwyd ei eiddo ef a'i bobol oddi arnynt. Cerdd am 'Yr Arth Wen' yn ceisio dygymod â newid ei byd wrth i'r hinsawdd newid a chynhesu yw'r bedwaredd gerdd, a cherdd 'Fy Mab' yw'r gerdd olaf sy'n sôn am hau'r dyfodol, y Tir Newydd hwnnw. Y mae'r mynegi'n amrywiol, gyda diwedd llinellau'r gerdd gyntaf yn proestio drwyddi, a'r cerddi eraill yn amrywiol eu mesurau. Y mae'r mynegi'n dangos peth straen. Er enghraifft, sonnir am seren fel hyn:

> Daeth o'i galaeth bell i'n golwg
> ei ffrwydriad y rhoir ei adeg
> gennym i'w olau'n gan miliwn
> mlynedd o daith i wledd ei dân
> gyrraedd yma i waedd meddwl
> dyn a'i gân â'i wallt yn gwynnu.

Ceir yr hen drawiad annaturiol, ac anramadegol (a diflas i mi), 'Wyt hyn a'r llall' yn y gerdd am yr Indiad Coch, ac yn 'Fy Mab'. Ceir adleisio cerdd gan Ddafydd ap Gwilym mewn adran o 'Y Danchwa'. Ar y cyfan, ysbeidiol yw trawiadau effeithiol y bardd hwn.

Kong: Nifer o gerddi am y Tir Newydd, neu'r Byd Newydd, a geir gan *Kong*. Y mae'r gerdd gyntaf yn sôn am 'Atlasau Taliesin' (lluosog er mwyn cynghanedd, efallai, ond teitl ardderchog). Fe aeth y Taliesin chwedlonol efo'r Brenin Arthur mewn llong i chwilio am ynys ('Preiddiau Annwfn': Annwfn = Annwn = Y Byd Arall = wedyn Uffern), ac fe aeth Arthur i chwilio am fab o garcharor. Math o daith ymchwil, nid anghyffelyb, a geir gan *Kong*, ond taith ymchwil yn America ydyw. Yn y cerddi eraill, naw ohonynt, cawn wahanol agweddau o Manhattan, ac Efrog Newydd. 'Does eisiau arfau terfysg – y dwyrain', i beri dychryn yma yn America, meddai (braidd yn chwithig); y mae ffilmiau'r dydd yn ddigon i wneud hynny. Ceir cyfarch gwylan (fel un Dafydd ap Gwilym) i'w hanfon yn llatai (negesydd serch) ati hi, sef 'y ddynes hardd yn y siâl' (Delw Rhyddid, mi dybiaf). Trafodir yr ymchwil am Afallon yn 'Ellis Island', lle y cyrhaeddai ymfudwyr i America. Ceir darn sgwâr o gynganeddu (cywydd) sy'n sôn am lun 'o ddeg dyn' ar Ellis Island, ond dywedir wrthym fod yno lun arall hefyd, sef o Indiad Coch (dim Rhyddid o gwbwl). Yn y 'Fferi Olaf', cawn ddisgrifiad o Efrog Newydd, a chymharu'r lle, yn fwriadol, â golygfeydd gwledig! Y mae'r gerdd 'Empire State Building' yn cynnig inni olwg, islaw, ar Dir na nÓg (yn briodol chwedlonaidd), a hefyd dir uchelgais. Y mae 'I Ofyn Ystafell' yn gerdd gomig am chwilio am le i ddau gariad. Yn y gerdd nesaf, 'West Thirty Fourth [*sic*]', y mae yna ddisgrifiad digrif, eto, o fedlam symudliw Dinas Rhyddid – lle y mae yna gyfyngiadau fel 'DON'T WALK'! Yn y gerdd olaf, 'America Times Square', fe ddywedir wrth y wlad newydd nad ydyw hi 'un dot yn nes/ Ar dy ddeial at Wales' (sef Gwales yr ynys hud). Y mae yma fardd gwreiddiol ac amrywiol iawn ei ddoniau, ac un gwirioneddol ddyfeisgar. Fe drawodd ar ffordd o fynd ati, yn y Byd Newydd, i chwilio am bethau hen y bu chwilio amdanynt – yn ofer – yn y gorffennol. Y mae'r cynganeddu yn aml yn annisgwyl, ac y mae'r bardd yn manteisio ar ei Fyd Newydd i ddwyn newydd-deb i'w ganu. Y mae hyd yn oed ei sgwaryn lle y mae'r gynghanedd wedi ei gweithio i'r adeiladwaith yn glyfar – os dipyn yn ddiflas i mi, am fy mod yn chwilio am y gynghanedd nad yw'n cyd-fynd â gosodiad y darn. Y mae yma hefyd ddarnau dyfeisgar, clyfar a digrif. Y mae yma Dir Newydd mewn mwy nag un ystyr, a'r cyfansoddiad hwn yw'r peth newyddaf yn y gystadleuaeth.

Swllt: Cerdd am ardd (sef ystâd o fodoli) ac ynddi hi hyfrydwch, ac ynddi hi fam, yw hon, a mab y fam honno'n ateb galwad 'yr ymylon' ac yn gadael yr ardd a'r fam, cyn dychwelyd yn y diwedd. I ble'r â'r mab? Mynd i ryfela a wna. Trwy'r gerdd y mae *hi*, y fam, yn erfyn arno *fe* i ddod yn ei ôl. Y mae ei brofiad chwerw o ryfel yn cael effaith ar y mab, a daw'n ei ôl at ei fam yn y diwedd; ond diwedd i un hanes yw diwedd y gerdd hon, ac fe fydd milwr arall eto'n mynd i ryfel, un na ŵyr am yr ardd.

Y mae'r gerdd hon, fel y sylweddolir, yn fath o lun o fywyd mam a mab. 'Pan est,' meddai'r fam wrth ei mab, 'roedd ffenestri'r/ hen fyd wedi torri'n fân'. O ddychwelyd y mab, fe fydd yn dod yn ei ôl i dir newydd. Y mae cywydd agoriadol y gerdd yn delynegol hyfryd, ac y mae yna ddarnau o dynerwch, o bryder, yn ogystal â darnau o egrwch rhyfel ynddi. Ceir ailadrodd llinellau i bwrpas, fel 'Na, sŵn gwynt y nos yn gân', ac y mae yma ddarnau telynegol gryf. Gobeithio ei bod yn amlwg fod yn y gerdd hon amryw ragoriaethau: ei gwendid, yn fy marn i, ydi'r fframwaith delweddol a ddewiswyd, dyfais sydd fel pe bai'n gosod y darllenydd un cam oddi wrth y digwydd.

Pedr: Awdl hawdd ei hamgyffred, syml, a phwerus ydi hon gan un sy'n gallu cynganeddu'n ymddangosiadol rwydd a naturiol (gan gynnwys dyfeisiadau fel 'cymeriadau'), ac yn gallu gwneud i'w gynghanedd 'ganu'. Sôn y mae am ferch o Romania a ddaeth i 'Dir Newydd' Prydain a chael ei dadrithio yma. Y mae yma lefaru uniongyrchol, creu teimladau'n eglur a chryf, a gallu i greu llinellau cynhwysol a moesegol (ac yr wyf yn cymeradwyo hynny). Er enghraifft, sonnir am Famon:

> Daliwyd ninnau, dlodion ofnus,
> Yn rhych heintus ei drachwantau.
> Y mae ynom ryw storm annuw,
> A'n duw ydyw'n dyheadau.

Unig wendid yr awdl yw fod ynddi hi gamacennu (camacennu cyson, rhaid cyfaddef) enw Draciwla: 'Ein coel hen am ddraciwla' [Dráciwla yw'r ynganiad priodol].

Eco: Casgliad o gerddi a'r rheini wedi eu cysylltu â gwahanol fannau a geir gan *Eco*. Y mannau hynny yw: Ynys y Pasg; Tuvalu yn Ne'r Môr Tawel; Spitsbergen; Rheged; a'r Lleuad. Digwyddodd (neu fe ddigwydd yn achos y Lleuad) trychinebau ym mhob un o'r mannau hyn. Yng nghyni ein byd, a diwedd ein daear, dywedir y bydd rhywrai'n mynd i'r gofod i Dir Newydd yno. Er nad oes rhaid i un thema redeg trwy gasgliad o gerddi, y mae thema gynhaliol yma, sef nifer o enghreifftiau o ddigwyddiadau sydd wedi peri dinistr yn ein daear neu i'n daear. Y mae'r fath thema'n un hynod o amserol, ac yn un sy'n debygol iawn o greu ymateb. Ond dyw creu ymateb ddim yn ddigon ynddo'i hun. Yr hyn a wneir yn y cyfansoddiad hwn yw rhoi angerdd yn yr ymateb. Trwy gyfrwng cynghanedd rydd a chynghanedd ar fesurau y mae *Eco*'n ennyn ymateb i'r argyfyngau a noda. Credaf fod y dyfyniad hwn yn enghraifft drawiadol o hynny:

> ... hwyrach
> mai i ni y mae yn newydd
> y dwthwn hwn, y daith unig
> tua'r dibyn, at derfyn dydd
> yn niwl ein hoes annelwig ...

Y mae'r bardd yn llwyddo i lefaru fel un ag awdurdod ganddo, a gwneud hynny'n dawel a hyderus. Y mae mater bach nad wyf yn hollol fodlon arno, sef y treiglad diangen yn 'flysgar' (yn lle 'blysgar') yn 'Twrf tyrfa'n/ flysgar fyddarol/ yfed o win ei defod ...'.

Madryn: Tair enghraifft o Diroedd Newydd sydd yng ngwaith *Madryn*, sef dynion duon yn cael eu rhyddhau gan freuddwyd Martin Luther King; yr iaith Gymraeg yn adfywio yn Nant Gwrtheyrn; gwladwyr yn cefnu ar eu caledi ac yn ymfudo i Batagonia. Braidd yn ymdrechgar yw cynganeddu *Madryn* ac, o bryd i'w gilydd, y mae'n cael ei dynnu yma ac acw gan ofynion ei grefft, neu'n cael ei orfodi i lefaru'n chwithig. Y mae enghraifft o hynny yn yr englyn milwr yn nechrau un ei gerdd gyntaf: 'Sawl tylwyth fesul teulu/ wedi'r dwyn, – cyfandir du/ fel einioes yn diflannu'. Ni osodwyd y cwestiwn yn llawn, yna fe lamwyd at ateb annigonol ei eiriad.

Wedi ystyried, yn ddwys, credaf fod cyfansoddiadau'r beirdd hyn yn rhagori ar y lleill: *Pisa, Swllt, Pedr, Kong,* ac *Eco*. Yr wyf o'r farn fod *Pedr, Kong* ac *Eco*, yn y Dosbarth Cyntaf; ac wedi cryn bendroni yr wyf o'r farn mai *Eco* biau Cadair Eisteddfod Caerdydd a'r Cylch.

Y Casgliad o Gerddi

TIR NEWYDD

i

YNYS Y PASG

Ni wyddom, neb, pwy oeddynt,
y gwŷr o garreg
a naddwyd yn niwl y blynyddoedd
gynt; y gwŷr
di-wên, di-wg,
yn galed, oer eu golwg,
a thragwyddoldeb yn eu hwynebau
hir.
            Ond gwyddom hyn –
y safasant yn rhes i fesur
arafwch y canrifoedd
yn nadreddu ar hyd ruddiau
hudolus eu hynys hardd;
sefyll yn lleng ddisyfyd
i wylio hynt yr heuliau
o oes i oes wen.

Ai byddin gyfrin, gudd
yw hon, a luniwyd gan hud
rhyw Wydion llawn direidi
eonau'n ôl?
Ai ef a'u tyfodd
fel coed cyntefig
o bridd eu bro?

Eu meithrin yn gatrawd frawdol
o arwyr i herio
ciwed anweledig
o elynion?
            Neu a luniwyd
hwy'n haid o ddarnau gwyddbwyll yn y llwydwyll oer
a'u gwasgar hyd fwrdd chwarae'r
duwiau, i aros ar eu sgwariau gwyrdd,
yn gôr ar hanner gêm,
gêm a aeth o gof
hil a lethwyd ers cenedlaethau?

Dywedir mai cyndeidiau —
llun o orffennol y llwyth
ydynt, ac y'u gosodwyd
ar uchelfan eu llwyfannau'n
gofeb oesol, gyfan,
yn unswydd, — albwm tri-dimensiwn
er budd pob rhyw ddydd a ddaw.

Dacw Taid, a'i daid o'n
gawraidd, ddiguro,
yn gwylio'r trigolion,
eu gŵyl a'u gwaith
o wead eirias y byd arall,
yn fodau arallfydol
eu darn o dir;
rhai creulon, llawn haelioni,
yn hawddgar ac yn anwar bob yn ail …

Gwelaf fedlam o fflamau'n
gwau, ac mae drymiau'r gwyll
yn drydan drwy organau
môr o gyrff yn furmur gorffwyll.

Gweld dagr goch,
                    gweld dagrau gwaed.

Twrf tyrfa'n
flysgar fyddarol
yfed o win ei defod
yn noeth ar allorau'r nos,
ac yn griddfan am gelanedd
yng ngwyll y cyllyll cain.

Ai arwr yn ei eurwisg
yw'r truan yn y canol,
yn hualau llidiog angau'n gwingo,
o'i roi yn ysbryd rhydd,
yn aberth i'r wynebau
                    fflat a diymateb?

Ni wyddom, neb, pwy oeddynt,
y gwŷr o garreg
a naddwyd yn niwl y blynyddoedd
gynt; y gwŷr
di-wên, di-wg

yn galed, oer eu golwg,
a hen hunllefau
ynghudd yn eu hwynebau hir …

hwyrach
mai i ni y mae yn newydd,
y dwthwn hwn, y daith unig
tua'r dibyn, at derfyn dydd
yn niwl ein hoes annelwig …

ii

TUVALU

Tai pastel uwch yr heli
eu lliw sy'n gymysg â'r lli,
dail yn gylch o'u hamgylch hwy
a'u hud mor ddarfodadwy
heno, a'r Llanw-Frenin
ar dramp ym mhoethder y drin.

Tonnau llaeth hyd draeth ar dro
adwaenant ei ddod yno
gam wrth gam, i dorri'i gŵys
ar redeg drwy baradwys;
clywn ei sŵn o draw'n nesáu,
rhu oer bwytäwr erwau.

Cystwyo a llwydo'r lli
wna hunllef storm o genlli,
a thraethell o bicellau
anwar ydyw bwa'r bae,
eu mwstwr yn ymestyn
y gad tua'r gorwel gwyn.

Daeth gwaedd anfadwaith y gwynt
ar hwyliau i greu helynt
a choed ysig yn sigo
dan ei lach syfrdanol o;
corwynt drwy'r môr yn cerdded
a malais ei lais ar led.

Ysywaeth, yno nid oes Seithennyn
a haedda gael ei gondemnio'n feddwyn

heddiw ar y tŵr, na llifddorau tynn
a'u dur yn fur i ddal pob diferyn;
wele'n swp drigolion syn yn y tawch
yn herio awch y llifeiriant brochwyn,
ac ym merw'r llyncwr llwyd
eu hynys a feddiannwyd.

Tai pastel is yr heli,
eu lliw sy'n gymysg â'r lli,
a chychod bach hyd y bae
a ddyrnwyd yno'n ddarnau;
heno, bu'r Llanw-Frenin
ar dramp ym mhoethder y drin

iii

SPITSBERGEN

Draw ar orwel yr heli ar y tir
lle ceir tawch rhwng rhewli',
a dŵr yn adrodd stori:

caer wen a'i hawyr denau yn wynfyd
dan enfys o liwiau,
dannedd brith ei deunydd brau
yn alar ac yn olau.

Nid yw'r narwhal yn galw
yn haid fel y buon nhw
a'u hasbri'n llenwi'r llanw;

dim ond dod yma'n un a dau
i sianel lle bu dwsinau
yn nodded yr hen ddyddiau

ger y lan yn corganu
yn y dwfn fel clychau du,
i erchwyn yr iâ'n cyrchu …

Arth wen fel hufen ar hynt
ar riniog y dwyreinwynt,
mae hi'n gwirioni'n yr iâ,
yn chwarae'n y lluwch eira
ar wanc — ni wna'r pyllau rhew
ildio'r un morlo boldew!

Yn eu gwâl glyd o'r golwg
yn dri, mae'i chenawon drwg
drwy'r nos yn ei haros hi
yn ôl o helfa'r heli,
â rhaid yn eu llygaid llwm,
arlwy ar frys 'rôl hirlwm!

Hithau'n dal i deithio
o ynys i ynys wen,
ac ar hyd mosaig yr iâ,
a'i gwaedd am gig
yn herio eco'r craciau,
nes i golofnau o goesau gwan
nogio a gwegian
yn nannedd y gwastadeddau,
yn fyr o gyrraedd yr ogof eira
gynnes, ac yno
dri phâr o lygaid eiddgar yn sganio'r gorwel
yn ufudd, ofer …

O'i guddfan anwel, un gŵr yn hela
ar allt emrallt gan bwyntio'i gamera
ar emwaith o banorama, a gwên
y wawr oren yn caboli'r eira.

Gwelai ysgafnder gwylan
yn 'sgubo'n donnog
i wely'r rhewlif,
a dannedd brith y deunydd brau'n
oesol, laswyn
ar y llethrau llithrig;

clywai, uwch oernad ei galarnad laes
waedd iasol yr unigeddau'n
eilio'i dolef,
a gwyddai mai'r dannedd nas gwelai
a'i cnoai drwy'r cnawd.

iv

RHEGED

Urien, gormod yw yngan d'enw
iddynt, yng nghaer d'ogoniant heddiw,
dy lannau aeth i'w dwylo nhw,
i wyll uniaith eu llanw.

Y nhw ddi-nod a'th fwriodd yn neb
i ebargofiant heb wir gofeb,
i droedio fel rhyw ystrydeb
ar heldir anfarwoldeb …

Yr Hydref, minnau'n crwydro heolydd
annelwig dy henfro
drwy gynefin yn crino
yn erwau cudd llwybrau'r co'.

Oedais lle'r oedd fflachiadau o heulwen
yn hulio gweirgloddiau'r
wlad yn loddest o flodau,
a'r haf a'i wres yn parhau.

Yn ôl yng nghwmni'r teulu, yno'r o'wn
yng nghraidd y gosgorddlu,
a'r eiddgar, aflafar lu
yn arfog, yn cynhyrfu.

I awen gŵr yn saernïo geiriau,
ei lais carlam yn megino'r fflamau
a yrrai ynni i euro tariannau,
ac iasau iaith yn miniogi saethau,
a gwyllt sibrydion yn gwau dan y sêr,
i roddi hyder i ddyheadau.

Roedd trin rhyfel yn felys
yng nghleber llonder y llys
ac arwyr yn blaguro
yn frith ar hyd cloddiau'r fro.

Roedd gorchest o fforestydd
ar eu hynt yn grwydr rhydd
a blaenrhes frwd ddifesur
yn gwisgo, yn deilio dur;
y glewion yno'n gloywi
â nwyf ein hynaflaid ni.

Ond bu boregad, bu briwgig,
y llethrau yn troi'n llithrig
a hud yn anghofiedig …

Y gaer yn fflamgoch i gyd,
a huawdl y saethau gwaedlyd
ar y llawr yn bentwr llaith;
yng ngafael yr anghyfiaith
roedd urddas dy deyrnas di,
ar goll yn lladdfa'r gelli.

Urien, gormod yw yngan d'enw
iddynt, yn nhir d'ogoniant heddiw
wrth i minnau ffoi a throi tua thref
ai gwaedrudd y llwybr tuag adref?

v

YNYSOEDD GWNEUD DUBAI

(Crëwyd ynysoedd artiffisial ar ffurf map o'r byd oddi ar yr arfordir yn ddiweddar)

'Ar werth! Daear wyrthiol
o dan draed — hwn yw dy dro
di, ein cyfaill doeth (a chyfoethog!)
i roi dy farc ar dy fyd;
mae gennyt fedr i ddal yng nghledr dy law
aneirif diroedd
ein planed ddiflanedig
o Wlad yr Iâ i Wlad yr Hud
am swm …
                A pha ryw swm sydd
gymesur â'r fath anturiaeth?

O suddo dy fuddsoddiad
gyda ni, fe gei di nef
gerllaw y dyfroedd tawel.

Asia i gyd, os t'isio, gei
yn ysblander o westy chwe seren,
a thai heirdd i'r tylwyth oll
os mynni, canys y mae yno
filas nefolaidd
i ddal pob rhyw boced ddofn.

Cei hwylio i dorheulo yn Awstralia,
ddeng munud hudol
o daith yn dy iot …

A phan fydd ein planed ddarfodedig
yn chwil ac yn chwalu,
fe fyddi di, ein cyfaill doeth,
yn rhodio ym mharadwys
ynysoedd artiffisial
Y Byd, Dubai.

Ar werth — daear wyrthiol!'

vi

Y LLEUAD

Mae'n mynd
o fodfedd i fodfedd fain
oddi wrthym;
                ninnau ar drugaredd y werthyd,
rheolydd hynt yr olwyn
a fu'n troelli er cyn cof
yn fawr ei dylanwad ar fyd.

Y chwaer fach ar fynd
allan i'r tywyllwch;
y daith nad oes, medd gwybodusion,
fodd ei hatal fyth.

A dyma'r rhybudd, – rhyw ddydd a ddaw,
gwelwn ein hwybren yn wag o olau,
yn ddôm annaearol o ddu.

Diwedd ar fflachlamp duwiau'r
nos yn ein gwylio ni;
yr hen ŵr a'i wenau arian
a fu'n gwasgar swyngyfaredd
yn llwch llachar
ar heolydd meïdrolion,
a welwodd ac a giliodd o'r golwg.

Ni cheir 'plant bach yn chwara'
heb lewyrch y glôb
loyw, na'r 'un nos ola' leuad'
i hudo bardd hyd byth.

Diwedd ein Daear,
yn belen a bylodd
heb rym a heb ramant …

Yna, un nos pan na fyddwn ni,
bydd rhywrai'n syllu ac yn saethu i'r sêr,
yn treiddio drwy'r dudew, ac yn tirio o'r newydd
rhyw ddydd gogoneddus a ddaw.

Eco

Casgliad o gerddi rhydd hyd at 300 llinell: Stryd Pleser

BEIRNIADAETH ALED GWYN

Cystadleuaeth siomedig ar y cyfan fu hon eleni. Daeth pump ar hugain o gasgliadau i law ond mae'r safon yn gymysg ac anwastad a phrin iawn yw'r casgliadau sy'n gafael. Anodd yw dirnad beth yw'r rheswm dros hyn; hwyrach bod y testun, 'Stryd Pleser', wedi peri peth syndod ac anhawster i rai o'r beirdd, ond mae'r rhyddid a roddir wrth ofyn am gasgliad, er nad am y tro cyntaf yng nghystadleuaeth y Goron, i'w groesawu. Roedd i'w ddisgwyl y byddai rhai o'r beirdd yn pwyso ar Ellis Wynne a'i ddisgrifiad o Stryd Pleser yn 'Gweledigaeth Cwrs y Byd' ond aeth rhai i'r gors yn hytrach na'r mynydd, ac anghofiodd sawl un fynd ag ysbienddrych i'w ganlyn. Weithiau, gwaetha'r modd, aeth yr agos yn bell a'r mawr yn eithriadol o ddiddim.

Mae gan rai o'r beirdd afael ar hanfodion barddoniaeth ond mae, ar lawer o'r casgliadau, ôl rhuthro, diffyg cynildeb, diogi, esgeulustod o ran iaith a llacrwydd mynegiant. I mi y mae darllen barddoniaeth yn hyglyw yn dangos ar unwaith pan fo rhywun wedi'i faglu gan rythmau amhersain a chloff, ac er bod mentro'n agos at ffiniau rhyddiaith yn digwydd mewn barddoniaeth, mae croesi'r ffin honno'n rhywbeth i'w osgoi. Gresyn fod llawer o'r cystadleuwyr wedi cyflwyno'u gwaith yn ddi-raen.

Arferai Gwenallt gynghori myfyrwyr yn y coleg i ddarllen gwaith beirdd a enillodd eu plwy, eu dynwared a'u hefelychu ac yna dorri'u cwys eu hunain. Mae angen darllen barddoniaeth, barddoniaeth dda a barddoniaeth wael, ac yna geisio gweld beth yw'r gwahaniaeth rhyngddynt. Wrth weithio cerdd, mae angen iddi gyffroi'r darllenydd, ei synnu a'i gyfareddu. Yn y pen draw, os nad yw cerdd yn gofiadwy, yna mae wedi methu. Mae angen dodrefnu cerdd â delweddau, trosiadau a chymariaethau ac, fel gydag ystafell, mae hi ar ben os oes gormod o ddodrefn ynddi a dim lle i droi.

Awn at y casgliadau yn y drefn y daeth y cynigion i law.

Cêp Horner: Gellid dadlau mai dyma gasgliad mwyaf testunol y gystadleuaeth gan iddo ddefnyddio ymadroddion Ellis Wynne ym mhenawdau ei gerddi. Mae golygfeydd y stryd a gawn o'u mewn wedi'u gosod yn Tiger Bay a Stryd Bute. Mae'r rhythmau yn esmwyth ond y mynegiant braidd yn unlliw. Prif wendid arddull y casgliad yw diffyg cynildeb a gorlwytho delweddau. Mewn ambell fan fe'i ceir yn cymysgu ei ddelweddau, megis 'ynghlo dan glawr sylfeini' a 'ffrwyth cusanau gobaith'. Mae'r casgliad yn dioddef gan fod y cyfan yn tueddu i fod yn yr un idiom a chywair. Chwithig yw ei arfer o ystumio enwau megis 'Bê' a 'Stryd Bud'. Ar ei orau, mae'n fywiog ei bortreadau a chawn ganddo efallai'n fwy na neb arall, fwrlwm bwrlesg Stryd Pleser fel yn narluniau Ellis Wynne.

CF5: Pump o gerddi a geir ac mae'r casgliad gyda'r byrraf yn y gystadleuaeth. Ceir cryn foesoli rhethregol yn y cerddi am y difrod ar fywyd gwyllt a grëwyd, yn ôl y bardd, wrth godi'r morglawdd newydd yng Nghaerdydd. Ceir dwy gerdd hefyd yn mawrhau sefydlu'r Senedd ym Mae Caerdydd. Bardd ifanc sydd heb gael gafael ar rythmau'r wers rydd yw hwn, ac weithiau bydd paragraff yn llawn o linellau sy'n cynnwys gair neu ddau yn unig, ac mae ganddo arfer anffodus o ddiweddu paragraffau yn aml â gair unsill.

Elcawawcs: Cerddi trymaidd llafurus mewn tafodiaith yw'r rhan fwyaf o gerddi'r casgliad hwn a'r cerddi'n cydweddu â'r arddull. Mae amrywiaeth amlwg ymhlith y darnau, o'r digri i'r mannau dwys. Mae ei gerdd gyntaf, 'Cawod', er cof am Datcu a Mamgu'r bardd, yn un hir o'i chymharu â'r lleill. Ymgais yw'r cerddi i greu 'rhith hyfrydwch'. Ond ar brydiau mae'n ymddangos yn stroclyd ac y mae'n gallu llithro i fod yn rhyddieithol iawn: 'a dda'th yn handi imi'n nes ymla'n' a 'maen nhw'n llawn sylweddoli er nad oes modd i'w gwahardd'. Ond y mae i'r gerdd 'Miwsig' ryw rin anniffiniol a diweddglo ysgytwol, sy'n dangos y gallai'r bardd hwn anelu'n llawer uwch. Mae diffyg cynildeb amlwg yn y cerddi 'Dime Goch' a 'Siop Tships yn y Tyla Bach'.

Eginfardd: Ffrâm y casgliad yw llecynnau ar hyd stryd sy'n stryd pleser i'r bardd. Mae'r bardd wedi gwneud ymdrech i greu casgliad amrywiol o ran ffurfiau. Ond mae ganddo arddull sydd yn rhodresgar ac, o ganlyniad, mae'r mynegiant rhyddieithol yn rhy aml yn dlawd a heb ffresni. At hyn, mae rhyw naws hen ffasiwn i'r casgliad ac un nodwedd yn y gwaith yw rhestru geiriau'n gatalogaidd – er enghraifft, yn y gerdd 'Y Sinema'.

Elis: Mae gan y bardd hwn arddull rigymllyd ac mae fel pe bai wedi bodloni ar yr odlau cyntaf a ddaeth i'w feddwl. Y gerdd delynegol ysgytwol 'Oriel Ffotograffau: Retrosbectif' yw'r orau yn y casgliad yn fy marn i. Ond diffyg y casgliad cyfan yw bod y bardd yn rhygnu ar yr un tant hyd syrffed o ran ei fydryddu.

Chwilfrydig: Defnyddir geiriau Ellis Wynne i greu rhyw linyn yn y gwaith ond yn lle mynd ag ysbienddrych i ben mynydd, mynd â llygoden a gliniadur i'r atig a wnaeth, ac yna ddirwyn pob math o sefyllfaoedd a phrofiadau yn sgîl hynny. Mae'r syniad hwn yn ddigon trawiadol ond ni lwyddwyd i'w weithio'n gredadwy. Yn wir, mae'r bardd yn methu'n llwyr â ffrwyno'i fynegiant. Mae'r cyfan yn un gybolfa ddireol, a'r diweddglo'n artiffisial. Hefyd mae'r gwaith yn debycach i bryddest ac, yn sicr, nid yw'n gasgliad o gerddi.

Maes y Felin: Casgliad sydd yn lân o ran mynegiant ond ceir brychau'n rhy aml, e.e. 'pibellydd Hamlyn/ na fodolau/ fy ngwymp/ tu ôl y wallgofrwydd/ ffoddhaus/ croeshawgar/ ddihatrod'. Cyflwynir nifer o ddarluniau cysylltiedig â magwraeth a thyfu, wedyn cerdd am syrthio i afael nirfana hapchwarae a cherdd am fethdaliad ond y cyfan heb arbenigrwydd mawr. Mae'r casgliad yn sawru o ffasiwn sydd wedi treulio bellach.

Ar y Palmant: Mae gan hwn afael ar rythmau'r wers rydd ac mae symlrwydd y cerddi yn apelio. Taith ar hyd stryd ym Manceinion sydd ganddo, heibio'r Odeon, Y Parc Bach, Y Gamlas, Siop Pethau Ail Law, ac ati. Naws delynegol sydd i'r cerddi, weithiau'n ymylu ar felyster sentimental. Mae tuedd i adeiladwaith y cerddi fod yn debyg. Yn y casgliad, ceir sawl enghraifft o ymadroddi crefftus fel a geir yn 'Y Gamlas': 'Dwy ffatri wedi cau/ a'r graffiti'n stori fer-hir/ ar dudalen goch o frics'. Mae gan hwn yn sicr lygad bardd a byddai'n dda iddo ddal ati i loywi a thynhau ei grefft.

Jac: Egyr y casgliad â cherdd brolog. Yn y gerdd 'Plentyn y Stryd', collir rhythm y pennill yn y geiriau 'a haenen drom ei sarhad'. Mae gan y bardd hefyd duedd i foesoli'n arwynebol ac mae ambell ran, fel paragraff cyntaf 'Yr Angladd', yn hollol ryddieithol. Mae posibiliadau yn llawer o'r cerddi ond, yn anffodus, fe'u collwyd. Yr orau o'r cerddi i mi yw 'Gweld y Byd' sy'n mynegi'n gofiadwy alar mam a gollodd ei mab mewn rhyfel.

Cennen: Cerddi glân ond heb ragoriaeth syniadaeth ffres ynddynt. Mae'r casgliad yn dioddef oherwydd diffyg newydd-deb, ac mae llawer o naws ailweithio hen themâu yn y cerddi. Yr argraff gyffredinol yw bod y cerddi'n drymlwythog o ystrydebu rhyddieithol.

Dinesydd: Mae'r casgliad hwn yn adleisio dyfais Ellis Wynne ac mae'n mynd â ni ar unwaith i fryncyn uchel, yn edrych i lawr ar y stryd, ac fel Dylan Thomas, yn edrych o'r Wenallt, ond mai'r Wenallt yng Nghaerdydd sydd yn y casgliad. Oddi yno mae'n bwrw golwg eithaf miniog ar gymeriadau'r Gymru gyfoes gan eu dychanu'n hallt. Yn y cyflwyniad, ceir elfennau rhethregol cywrain a'r bardd yn mynegi ei ddadrith. Bardd neu rigymwr sicr ei drawiad yw hwn ym mhob cerdd bron ac mae'n feistr ar gynnal rhythmau'r cerddi. Ceir ganddo gartwnau meistrolgar a charicaduro cyson effeithiol. Mae ganddo ddawn i weld pob cyfle i ergydio, a'r medrusrwydd mydryddol i'w mynegi. Mae ei annel mor gywir nes i ni adnabod rhai o'i dargedau yn ein Cymru fach ni, a'n hadnabod ein hunain hefyd yn ambell gerdd! Gwelir ei ddawn yn ei gerdd 'Ms Heddwch': 'Gwragedd aeth Greenham oedd llaes eu gwisg/ Te gwyrdd eu hancwyn, *Guardian* eu dysg'. Mae'r gerdd 'Ms Teithio'r Byd' yn ddychan pigog cwbl ddidrugaredd am fardd nid anenwog. Mae ganddo reddf i allu cloi cerdd yn effeithiol, fel gyda'r Mr Cymreictod Gweladwy yn 'brwydro â bathodyn,/ a chynnal y gwrthryfel – gyda gwisg', neu'r Mri Annibyniaeth 'a phob wan jac ohonynt/ yn byw ar bwrs y wlad', neu'r Mr Ieithgi, 'a llestri di-lwch ei lleferydd/ yn ddiwair, ddifrycheulyd/ar seld ein siarad'. Ond uchafbwynt y casgliad yw'r gerdd olaf sy'n dreiddgar hunanfeirniadol, a'r dychanwr crafog yn troi'n llarïaidd, graslon a thrugarog. Hyd yn hyn, o blith holl gasgliadau'r beirdd, hwn yw'r un mwyaf cofiadwy. Efallai fod angen iddo wylio'r demtasiwn i ddefnyddio ambell ddyfais ry gyfleus a chreu effaith amhersain weithiau megis 'yn ddiwnïad, ddiniwed' ac 'eithafion eithinog' a 'pob maestref a'i moeswers'.

Tic-tac: Rwy'n tybio mai ymdrech at lunio rhyw fath o gerddi rap yw rhai o gerddi'r casgliad ond o'u darllen yn uchel ac ar amseriad rapaidd mae'r cyfan yn flinderus tu hwnt, yr arddull yn ffuantus ac mae'r odli weithiau'n merwino'r glust. Down ar draws ambell syniad trawiadol megis y Madame Zelda 'na all weld ymhellach/ na'i heddiw ei hun' neu 'a gwadnau'u sandalau'n/ sugno tar o lwybrau ...'. Gresyn fod rhai fflachiadau felly wedi eu cuddio mewn darnau sy'n anodd iawn eu dehongli. Ni allaf yn fy myw weld camp ar y cerddi hyn.

Almon: Y llinyn sy'n rhedeg drwy'r casgliad yw'r siopau elusen sy'n britho cynifer o strydoedd ein trefi. Mae'r cyflwyno'n raenus ond ar brydiau, fel yn y gerdd agoriadol, ceir ailadrodd beichus o linell i linell. Gellir synhwyro'r awyrgylch yn y gerdd 'Mind' ond nid yw'r cerddi sy'n dilyn lawn mor llwyddiannus. Cerddi y cefais fwyaf o flas arnynt, yn bennaf ar sail y syniadau trawiadol a'u sbardunodd, yw 'Dannedd' a 'Sgidie Bale' ac mae ynddynt gyffyrddiadau cynnil sy'n dangos gwir ddawn y bardd hwn. Mae'n amrywio'i gerddi yn ddeheuig ond weithiau mae'r mynegiant yn drwsgl iawn. Bardd ar ei brifiant yw hwn, 'dybiwn i. Mae'n amlwg fod ganddo ddigonedd o ddychymyg ac fe ddylai ddal ati i fireinio'i grefft.

Pont y Glaw: Casgliad o gerddi diffuant i gofio'r annwyl Ray Gravell. Ceir deuddeg cerdd yn cyfleu gwahanol ddarluniau neu benodau ym mywyd Ray. Oherwydd y cyswllt bregus â'r thema a osodwyd, ceir tuedd i daflu'r ymadrodd 'Stryd Pleser' yn ddigyswllt i mewn i ambell gerdd megis i'r soned 'Hewl Ray Gravell'. Soned dyner a dwys yw'r gerdd 'Slam' ac mae sawl un o'r cerddi sy'n ein harwain ar hyd stryd pleser bywyd gwrthrych y casgliad yn drawiadol iawn. Nid yw'r gerdd 'Naw – Tri' na'r gerdd 'Pa leisiau ar Stryd Pleser' yn taro deuddeg. Oherwydd ei chynildeb, mae'r gerdd 'Cyfarwydd y Bore', sy'n portreadu Ray ar ei raglen radio, yn eithaf llwyddiannus. Gwaetha'r modd, ceir llawer gormod o frychau iaith. Anwastad yw'r casgliad a theimlaf i'r bardd golli ei gyfle gan mor barod ydyw i fodloni ar lacrwydd mynegiant a methu bod yn fwy o feirniad ar ei waith ei hun.

Lem Motlow: Casgliad o gerddi ar Amsterdam, rygbi, ceir, Pontypridd (galaru am orffennol Heol Sardis) a siopa yng Nghanolfan y Capitol. Bardd ifanc yn magu profiad yw'r awdur ac mae ei arddull hyd yn hyn yn afrwydd a herciog iawn, a'r mynegiant yn llafurus. Mae'r syniad am gael ei themâu yn llinyn ar y we, a hynny'n troi'n Stryd Pleser yn ei ddwylo, yn eithaf trawiadol ond ni lwyddodd i'w weithio'n effeithiol.

Y tynnwr lluniau: Mae hwn yn gafael o'r dechrau ac mae'r deuddeg cerdd sy'n ddarluniau o fywyd y brifddinas yn rhai sy'n profi ein bod ni yng nghwmni bardd. Mae'r gerdd agoriadol yn mynegi'r wrtheb fod hyd yn oed y braw yn sŵn seirenau yn gysur, am ei fod yn rhan o'r cyffro; caiff gysur ynddynt, a'r nos yn ei ddal yn ei breichiau ac yn dweud wrtho:

> na fyddaf eisiau fyth
> am fy mod yn gorwedd mewn
> porfeydd neon.

Mae 'Yr Aber' yn un o'i gerddi gorau sy'n disgrifio dylifiad ieuenctid y cymoedd i Gaerdydd a'r Bae a'r dychwelyd yn oriau mân bore Sul: 'mae'r eogiaid/ yn dychwelyd/ i'w magwrfeydd/ yn neidio o drên i drên/ i baratoi am wythnos arall/ yn yr afonydd araf'. Mae'n fardd sy'n gallu cynnal ei ddelweddau heb eu godro. Dengys gynildeb yn y rhan fwyaf o'r casgliad a cheir enghraifft o hynny yn y gerdd 'Llyfrau':

> Mae'r llyfrau lledr,
> fel y lluniau o'r dociau
> a hysbysebion y pumdegau
> yn addurno Sadyrnau'r ddinas,
> a phob tafarn newydd yn llyfrgell
> tra bod pob llyfrgell yn wag.

Gellid dadlau bod y casgliad hwn yn ddilyniant gyda'r gerdd 'Y tynnwr lluniau' yn allweddol. Yn hon y dechreuwn synhwyro agwedd y bardd at Gymry'r ddinas, 'y gwladychu derbyniol'.

Mae ei gerddi wedi'u saernïo'n dda, ac mae ganddo ddawn i symud yn esmwyth o un cywair i'r llall yn ddiwastraff. Ond yn ychwanegol at hyn, hefyd, ceir elfennau amrywiol, megis cynnydd ideoleg ('Sodlau'), hudoliaeth bywyd dinas a gwerthoedd y bywyd hwnnw ('Halo', 'Pont', 'Y Shifft hir'). Mae ganddo gerddi sy'n ein hysgwyd fel y gerdd 'Halo', cerdd i butain â'r clo cofiadwy: 'Pe bawn wedi edrych i'r ochr/ am eiliad,/ wrth frysio heibio'r/ stryd dywyll,/ mi welwn wawr ysbeidiol/ yn gylch am ei phen isel'. Down yn ôl wedyn at ei thema obeithiol am Gymry'r ddinas ('Gwaed', 'Y neuadd newydd' a 'Heno'). Mae'r gerdd 'Gwaed' yn cyfleu bwrlwm ifanc y Brifddinas ac mae asbri ac agwedd gadarnhaol yn cloi'r casgliad yn y gerdd herfeiddiol 'Heno'.

Mae'n drawiadol iawn mai teitl y gerdd olaf yw 'Heno', gan i'r gair gael ei ddefnyddio gan feirdd ers dyddiau 'Ystafell Cynddylan' fel gair allweddol hiraeth ac anobaith wrth gofio'r ddoe llewyrchus. Ond yma mae'n mynegi dyfodol y wawr sydd ar ddod. Mae yn y cerddi hyn i gyd weledigaeth a mynegiant bardd hyderus sy'n sicr o'i grefft.

Aberhenfelen: Casgliad o gerddi ac ymweliad ag Auschwitz yn gefnlen iddynt. Ceir yma ddehongliad annisgwyl i'r thema, er bod testun y cerddi hyn ychydig yn dreuliedig. Mae'r cerddi i gyd yn gweld y digwyddiadau drwy lygad mam ac fe deimlir artaith dirdynnol profiadau'r fam drwy bob un ohonynt. Nid yw'r gerdd gyntaf yn ddechrau da ar wahân i ambell drawiad 'Amgueddfa wedi matryd ei phrofiadau ...' Ond ar ôl agoriad sigledig braidd mae'r bardd hwn yn dechrau rhagori. Mae'r cerddi 'Taith', 'Y Sipsiwn', 'Cês', 'Gweld' a 'Geni' i gyd yn gerddi arbennig. Mae yma gynildeb, cynildeb eithafol weithiau lle ceir llinellau un gair. O ystyried y casgliad fel cyfanwaith, mae'r cynildeb yn rhoi rhyw ddilysrwydd i'r mynegiant. Yn 'Taith', ceir y darn agoriadol yn mynegi gwewyr mam: 'Pwy oedd y fam welodd/ obaith yn belydryn haul/ ar bleth berffaith/ a gwên y bochau 'di sgwrio'n binc?' Yna yn y gerdd 'Y Sipsiwn': 'Eu joio/ yn llenwi llwyfan/ golau'r lleuad'; a'r gerdd orau ohonynt i gyd, 'Cês':

> Ei chês ei hunan
> am y tro cyntaf.
>
> Ei henw
> Ac atalnod llawn.

A'r ergyd yn y pennill nesaf:

> cyn sgipio
> hyd y platfform
> a throi'n atalnod yn y mwg.

Un cwestiwn sy'n aros ac yn peri pryder am y casgliad hwn yw'r ofn ein bod ni, yn y Gymraeg, wedi cael rhagor na'n siâr o gerddi sy'n brofiadau ail-law ac mae hynny, efallai, yn feirniadaeth y gellir ei hanelu at ddeunydd y casgliad hwn.

Glaslawr: Casgliad sy'n cynnwys sawl cerdd gofiadwy am brofiadau amrywiol. Mae'r gerdd gyntaf i dor-priodas yn glyfar ei gwead, a'r gerdd nesaf, 'Rhiniog', sy'n sôn am fod ar drothwy perthynas gan adleisio Ellis Wynne yn y pennill olaf, yn dangos adeiladwaith crefftus. Ceir cynnwys derbyniol a diweddglo da i 'Bargen' sy'n fyfyrdod ar y Groglith. Amlyga ddawn dweud stori yn y gerdd 'Ffenest', ond gellid gwella ar glo'r gerdd. Aeth ar wasgar yn y gerdd 'Quality Street'. Ceir clo dwys i'r gerdd 'Pared', er bod yr ailadrodd yn y gerdd olaf yn rhygnu ar yr un weledigaeth. Cyflwynodd gasgliad llawn amrywiaeth, ond tuedd y bardd hwn yw pwyso ar ddyfeisgarwch nad yw o hyd yn llwyddo. Mae'n ymgeisydd a allai godi i safle uwch drwy fod ronyn yn fwy hunanfeirniadol.

Siani Bwt: Casgliad o gerddi am brofiadau a chymeriadau stryd a dinas. Ceir yr argraff o'r dechrau fod y cerddi'n cyfleu profiadau dilys ond weithiau mae'r mynegiant yn gloff – e.e. 'hi yw nosweithiau rhynllyd o/ redeg adref/ hefo paced o jîps'. Ond wedyn gall, ar yr un anadl bron, ddweud yn rymus fel hyn: 'a'r holl hwyl a'r egni,/ y chwerthin a'r bwrlwm wrthi'n/ ei miglo hi efo'r glaw/ a'r cwrw sbâr/ i lawr y draeniau ar y stryd'. Mae ganddi gerddi arbennig iawn, ac mae 'Diawl Penbar' 'Drannoeth y Brad' a 'Hen Ffarmwr' yn enghreifftiau o'i dawn arbennig i ddisgrifio sefyllfa a chyfleu cymeriadau lliwgar a brith yn gofiadwy eithriadol. Mae'r stori a'r tro trawiadol yn y gerdd 'Stella Al-Quaeda' hefyd yn dangos dawn bardd wrth ei grefft. Nid yw'r gerdd 'Y Dyn Rhegi' na'r gerdd drwy lygad merch ar y 'ddefod oesol o ymwacâd', 'Piso', mor llwyddiannus â'r lleill. Cryfder y casgliad yw bod amryw o'r cerddi, wrth dreiddio i haenau amrywiol y natur ddynol, yn rhai sy'n aros yn y cof. Mae hon (os menyw yw hi) ar y ffordd i fod yn feistres ar ei chyfrwng.

Cynrig: Gwaetha'r modd, dwy gerdd yn unig yn y casgliad hwn sy'n llwyddo i argyhoeddi. Y gerdd i 'Teulu' yw un a 'Ffrind Adar Gwylltion Llyn y Rhath' yw'r llall. Nid yw'n cadw cysywllt amlwg â'r thema a osodwyd. Mae'r mynegiant yn anystwyth, yn afrwydd a di-fflach. Yn y gerdd 'Mao Tse-tung', er enghraifft, ceir 'Ymhen hir a hwyr,/ wedi'i galedu,/ fe ddaeth y dydd/ pan ddechreuodd orchymyn y lladd,/ ac fel ci lladd defaid/ cael blas ar waed.' Gellid dyfynnu rhagor o linellau rhyddieithol yn y casgliad hwn.

Meusyllt: Cerdd mewn pum caniad ac nid casgliad o gerddi a geir ganddo, ac mae'n amlwg nad yw wedi craffu ar ofynion y gystadleuaeth. Ceir yn y gerdd ymdrech i ymdrin â'r syniad o bleser ac fe geir rhai cyffyrddiadau cofiadwy. Ond mae'r arddull yn llafurus, yn drymaidd mewn mannau, ac mae sawl odl, yn fwriadol neu'n anfwriadol, yn amhersain iawn.

Saruka: O blith y cerddi yn y casgliad, 'Stryd yr Eira' yw'r gerdd fwyaf addawol ac mae'r syniad a geir yn y gerdd 'Llenyddiaeth y Stryd' yn dangos fflach o ddychymyg sydd yn ddigon prin yng ngweddill y casgliad. Mae arddull y cerddi at ei gilydd yn llafurus ac mae'r brawddegau yn y gerdd 'Y Parti Cyntaf' yn rhyddieithol.

Caer Drewyn: Mae'r bardd hwn ar ei orau yn ei gerddi 'Yr Organydd' a 'Dwylo' ond yn stroclyd weithiau fel yn 'Ewro-Enwadaeth'. Siomedig yw'r gerdd 'Rhys', sef cerdd sy'n ceisio cyfleu'r naws ar Barc Goodison wrth i'r dorf gymeradwyo teulu Rhys Jones, y bachgen a saethwyd yn farw yn Lerpwl. Ond nid yw'r bardd hwn heb allu i ganfod syniad a all droi'n gerdd. Eto i gyd, yn 'Dwy Ras yn Ardudwy', gwelir mor esgeulus y gall fod o ran ei fynegiant: 'Y seiclwyr lluosog yn stribedu heibio / i Egryn, / lle gynt y bu tyrru yno / un gwanwyn o'r Ysbryd Glân'.

nid nannaill: Casgliad o gerddi sy'n gafael ac y mae'r casgliad yn fwy testunol na llawer o'r lleill. Cerdd gyntaf y casgliad yw 'Y Llwybr Llaethog' sydd â rhyw symlrwydd hudolus ynddi, ond ychydig yn ddryslyd o ran cystrawen tua'r canol. Yna mae'r bardd yn ein harwain i stryd y sêr, stryd cariad a stryd rhamant. Mae yma fardd cynnil sy'n gallu cyfleu ei syniadaeth yn ddiffwdan ac yn gallu dewis yr union air. Yn ei ail gerdd, 'Nesáu at Stryd y Sêr', mae'n cynganeddu'r gerdd yn gelfydd ac yn creu rhyw rin hyfryd. Mae'n rhyfedd ei fod yn defnyddio'r gair 'iaith' ddwywaith yn yr un frawddeg a hynny hefyd i odli. Wedyn, cawn ein harwain i wahanol siopau ar hyd Stryd Pleser. Mae ei gerdd 'Gwnaf' yn em un pennill, ac iddi glo cynnil wrth i'r garreg yn y fodrwy ddyweddïo weddnewid perthynas dau. Mae'r gerdd 'Henaint ni ddaw (neu cyfrinachau)', sy'n sôn am yr ysfa am ieuenctid tragwyddol, yn gerdd sy'n grafog a doniol drist. Cerdd drawiadol iawn hefyd yw 'Pe bawn i yn seren fach' am fam a'i phlentyn a'u hymateb i gardotes ar y stryd. Mae datblygiad y gerdd hon yn dangos crefft y bardd hwn. Cerddi amwys braidd yw 'Bwlch' ac 'Nid anifail, nid aderyn'. Y gerdd orau yn y casgliad i mi yw 'Manecin', cerdd sydd wedi ei gosod yng ngenau manecin ffenest siop. Dyma delyneg ingol sy'n llawn tynerwch. Mae'r gerdd olaf yn y casgliad yn glo, er bod y mynegiant yn drwsgl braidd, sy'n tanlinellu unoliaeth a thestunoldeb y casgliad sy'n llawn croesgyfeiriadau drwyddo, ond eto mae pob cerdd unigol yn gyflawn ynddi ei hun.

Dwy Ochr y Geiniog: Gwaetha'r modd, mae paragraff cyntaf y gerdd agoriadol, 'Rasio llygod', yn rhyddieithol iawn ac mae'r diweddglo'n ddiafael. Ond wedyn mae ei arddull yn cryfhau ac mae'r gerdd 'Mwslimiaid yr A55', sy'n disgrifio dau ŵr ar weddi ar gilfan argyfwng ar y ffordd ddeuol, yn gerdd gofiadwy. Yn anffodus, yn llawer o'r cerddi eraill, fel 'Blodau Robin Peintwr', mae'n llithro'n ôl i fod yn rhyddieithol ei arddull. Gwelir mewn sawl cerdd duedd gan y bardd i orweithio dyfais ailadrodd i greu naws – e.e. 'Un o wlad Groeg oedd mam Spiros'. Mae 'Dyn a'i fuwch' yn gerdd sy'n parodïo arddull Gwyn Thomas: 'Hen bethau digon digywilydd ydi'r cerddwyr/ sy'n amharchu arwyddion/ a'u holl orchmynion/ ac yn tresbasu ar dir ffermwyr/ sydd am fyw bywyd tawel'. Ei gerdd orau yw 'Pa Ffordd', cerdd ddirdynnol am glaf yn ceisio dianc adref o ysbyty. Collwyd cyfle yn y gerdd 'Clychau Penbronnydd', sy'n llawn cyfeiriadaeth at 'Clychau'r Gog' R Williams Parry. Wedi creu awyrgylch hyfryd yn y gerdd, mae'r diweddglo'n ychwanegiad rhethregol cwbl ddiangen. Mae'r rhan fwyaf o'r cerddi yn y casgliad yn ddiddorol eu cynnwys ond yn rhyddieithol eu harddull.

Dyna'r cerddi. Nid wyf am roi trefn ar y beirdd drwy eu gosod mewn dosbarthiadau gan y gall hynny fod braidd yn glogyrnaidd a diffygiol. Ond o'r pump ar hugain a gystadlodd, nodaf enwau pedwar a anfonodd gasgliadau a roddodd gryn bleser i mi i'w darllen sef *nid nannaill, Aberhenfelen, Siani Bwt* a *Dinesydd.*

Mae un cystadleuydd arall yn sefyll ar ei ben ei hun. Rwy'n sicr fod *Y tynnwr lluniau,* am ei weledigaeth, ei ddawn fel bardd, ei asbri a'i afiaith, ei orfoledd ysgubol a'i obaith cadarnhaol, yn llwyr deilyngu'r Goron.

BEIRNIADAETH ELEN AP HYWEL

Roedd testun y Goron eleni dipyn yn fwy penodol na'r arfer. Ai dyna oedd yn gyfrifol am y nifer isel o gynigion, sef 25, a'r nifer isel o gasgliadau o safon? Er bod ambell gerdd gref yn rhai o'r casgliadau gwannaf hyd yn oed, ac un neu fwy o gerddi unigol hynod o effeithiol mewn sawl casgliad, ar y cyfan anwastad a thila oedd llawer o'r casgliadau unigol.

Aeth 'Stryd Pleser' ag amryw o'r beirdd i borfeydd Ellis Wynne, i raddau mwy neu lai effeithiol. Gydag ambell eithriad, tueddai llawer o'r casgliadau hyn i ganolbwyntio ar y feirniadaeth foesol yn hytrach na'r dychan deifiol sydd i'w weld yng ngwaith Wynne, gan daranu yn erbyn cnawdolrwydd, cyffuriau, pryngarwch a difrawder ynghyd â drygau eraill. Un elfen boenus o amlwg yn llawer o'r rhain oedd ymagwedd foesol naïf, elyniaethus at ferched a'n cyfraniad tybiedig ni at y cawdel dynol! Yn wir, esgorodd cerddi dilynwyr y Bardd Cwsg ar ambell is-*genre* o fewn y gystadleuaeth, a'r amlycaf yn eu plith yw'r cerddi am buteiniaid a'r cerddi am archfarchnadoedd. (Trueni na chafwyd yr un gerdd am butain mewn archfarchnad – ond na, mi fyddai hynny'n rhy realistig, 'debyg.) Wedi dweud hynny, braf oedd gweld y testun yn cael ei ddehongli gan rai mewn modd llai penodol a mwy eangfrydig. Roedd yma le hefyd, felly, ar gyfer pleserau bychain, beunyddiol bywyd – diolch byth.

Dyma droi at fy sylwadau ar y casgliadau unigol. Gan fod cymaint o'r casgliadau na ddaeth i'r brig yn debyg iawn o ran symolrwydd eu safon, penderfynais mai'r peth gorau fyddai sôn am yr holl gynnyrch yn nhrefn yr wyddor, yn hytrach na mynd i ddegymu'r mintys a'r anis.

Aberhenfelen: Ymateb i drychineb Auschwitz y mae'r casgliad hwn. Gan mai cerddi o safbwynt mam yw'r rhain, sy'n gosod yr hanes erchyll yng nghyd-destun ei pherthynas hithau â'i merch, roedd cyfle yma i'r bardd gynnig golwg deimladwy a newydd inni ar yr hen hanes. Ar ei orau, mae'r bardd yma yn ffrwyno arswyd sefyllfa'r mamau a'r rhai bychain yn gerddi disgybledig, pwerus fel 'Geni' a 'Cês', lle mae'r ferch fach yn gweld ei mam yn gosod y cês ar lawr 'cyn sgipio/ hyd y platfform/ a throi'n atalnod yn y mwg'. Hoffais ymagwedd y bardd a goslef y casgliad yn gyffredinol yn fawr. Ond anwastad oedd y safon drwyddi draw, a thila oedd nifer o'r cerddi. Er mai anodd yw dianc rhag y delweddau adnabyddus sy'n cyfleu ofnadwyedd graddfa ddiwydiannol y llofruddio yn Auschwitz, erbyn hyn mae angen dod â gweledigaeth newydd at y delweddau hynny os yw bardd am gyfleu'r erchylltra mewn modd sy'n argyhoeddi. Anodd hefyd gweld y cysylltiad rhwng testun y casgliad a thestun y Goron.

Almon: Eitemau o siopau elusen sydd gan y bardd hwn ac maent yn ffocws iddo wrth fyfyrio ar frethyn brith bywyd. Unwaith eto, roedd yma gerddi unigol effeithiol. Clywir goslef deimladwy, dyner y casgliad ar ei gorau mewn cerddi fel 'Sgidie Bale' a 'Mina', sy'n dangos dawn y bardd i gydymdeimlo â dagrau pethau heb orsentimentaleiddio.

> Nid yw bod ond
> bwndel o blastig, weithie,
> pentwr unig
> ar riniog,
> gefn drymedd nos.
>
> ('Y Gweddill Rai')

Mae'r oslef hon yn simsanu braidd yn y gerdd 'Llestr', lle mae'r ymgais at hiwmor ysgafn ond ystyrlon wrth sôn am bot-dan-gwely yn cael ei droi'n bot blodau yn mynd yn ffliwt. Eto, problem y casgliad hwn yw ei safon anwastad ond, serch hynny, rhoddodd nifer o'r cerddi unigol lawer o bleser i mi.

Ar y Palmant: 'Taith i lawr stryd ym Manceinion' sydd gan *Ar y Palmant*, un sy'n cwmpasu pob math o fannau digon addawol fel y sinema a'r synagog. Ond dweud, yn hytrach nag awgrymu, yw tuedd y bardd hwn a thebyg iawn i'w gilydd yw pob un bron iawn o'r cerddi o ran eu hadeiladwaith, gydag agorawd ddisgrifiadol lom yn troi'n rhyw rithyn o obaith yng nghwt y gerdd. 'Chefais i mo fy argyhoeddi gan ddelweddau fel 'Merddwr/ Yn llusgo'n araf/ Fel hen butain' ('Y Gamlas'), ac mae angen i'r bardd ddangos y gwahaniaeth rhwng 'ei' unigol ac 'eu' lluosog.

Caer Drewyn: Rhyddieithol. Er bod nifer o gerddi yn y gystadleuaeth yn defnyddio'r archfarchnad yn gefnlen gyfleus i fytheirio yn erbyn materoldeb a rhagrith ein cymdeithas, mae 'Duw yn Asda' yn enghraifft ddigon effeithiol o'r categori hwn o gerddi. Mae ar ei dynnaf yn 'Organydd' ac 'Esmwyth'.

Cennen: Pasiant o olygfeydd dinesig sydd gan y bardd hwn hefyd. Mae'n symud o Gaersalem i gasino i glwb nos fesul disgrifiad sy'n llwyddo rywsut i fod yn rhyddieithol ac eto'n felodramataidd yr un pryd. Ym myd cerddi *Cennen* mae nwydau'n trydanu, niwloedd yn ddudew, doniau'n goeth a goleuadau'n fyrdd. Rwy'n cynnig yn daer iddo awgrymu yn hytrach na gosod pob dim ar y plât, a defnyddio delweddau sy'n dweud rhywbeth newydd, neu o leiaf hen rywbeth mewn ffordd newydd.

Cêp Hornar: Strydoedd Bae Caerdydd yn ei gyfnod fel Tiger Bay sydd yma, ac mae'r dweud yn bennaf o safbwynt y morwyr a ddychwelodd yno rhwng eu mordeithiau. Canolbwyntio'n bennaf ar sôn am sut y digonwyd nwydau'r morwyr a wna llawer o'r cerddi, i'r fath raddau nes imi gael fy nhemtio i ailfedyddio *Cêp Hornar* yn 'Cêp Horni'! Er bod yma ambell ddelwedd effeithiol (yn ei gerdd gyntaf mae'n sôn, er enghraifft, am 'sanau neilon y niwl'), tueddu i bentyrru delweddau y mae'r bardd yma yn ei awydd i gyfleu natur liwgar, fywiog yr hen gymdeithas yn Stryd Bute a'r cyffiniau.

CF5: Marwnad i'r hyn a gollwyd ym Mae Caerdydd oherwydd codi'r argae yw cerddi cyntaf y casgliad. Hoffais rai o ymadroddion *CF5* yn yr adran hon, fel 'Diddymu hen gysgodion/ morwyr gynt/ fu'n cynnal marchnad gref/ yn strydoedd anial/ porth y gwynt' ('Diffeithwch'). Ond mae yma ormod o restru ac o droi ymadroddion y tu chwith allan mewn modd barddonllyd ('llachar dyrrau', 'newydd do', 'wag oferedd' o fewn chwe llinell yn y gerdd 'Deffroad'), a buan y try'r rhythm a'r odli yn syrffedus ddiystyr.

Cynrig: Gyda'r gerdd 'Y Gwleidydd fel Dawnswraig Polyn', hwn sy'n cael y wobr am deitl mwyaf gogleisiol y gystadleuaeth. Ond och a gwae, nid yw'r gerdd ei hun gyda'i rhigymu fflat, ei dychan llipa a'i hodlau trwm yn cyflawni'r addewid. Yn wir, dyma broblemau *Cynrig* yn gyffredinol, ac maent i'w gweld ar eu hamlycaf yn y gerdd 'Steve Irwin' sy'n taro cywair digon rhyfedd wrth sôn am farwolaeth y naturiaethwr o Awstralia. Yng nghanol hyn oll, braf iawn oedd gweld cerdd fel 'Teulu', gyda'i chameo bychan o'r plant yn cysgu ar ysgwyddau eu rhieni yng nghanol bwrlwm y maes awyr; byddwn wedi hoffi gweld rhagor gan *Cynrig* yn y cywair hwn.

Chwilfrydig: Gwefannau yw Stryd Pleser *Chwilfrydig* wrth iddo ddiweddaru dychan Ellis Wynne. Truth cynhwysfawr sydd gan hwn, yn cwmpasu San Steffan, Abu Ghraib, Lembit Opik ac 'Amy Tŷ Gwin', ymhlith myrdd o bethau ac o bobl eraill, ac mae'r rhigymu'n troi'n undonog yn fuan iawn. Ond mae yna gyfeiriad at well byd tua diwedd ei bryddest, gyda'i sôn am Satchmo a'i 'fyd bendigedig', ac o leiaf cafodd y bardd fynd i hwyl wrth fwrw ei fol a dweud ei ddweud.

Dinesydd: Hwn, o blith holl feirdd y gystadleuaeth eleni, sy'n troedio sicraf yn ôl traed Ellis Wynne. Cerddi dychan ar wahanol 'deipiau' o Gymry sydd ganddo yng nghorff y casgliad, ac mae ei lygaid craff yn treiddio fel rhyw belydr-x barddonol drwy holl haenau ein hunanhyder, ein hunan-dyb a'n hunan-dwyll. Mae hyder bardd profiadol ar waith yma, un sydd wedi arfer trin geiriau ac sy'n adnabod eu hyd a'u lled yn iawn. Mae ei allu i sylwi, i ddistyllu ac yna i grafu hyd fêr esgyrn ei gynnen farddol yn aml yn wirioneddol bwerus, fel y dengys y gerdd 'Mr Plaid', gyda'i byrdwn 'Beth yw'r amser, Mr Plaid?' a'r ateb '1282' (neu '1936', neu 'Ddoe!'), neu 'Mr Cymreictod Gweladwy':

> Mae cwlwm Celtaidd cywrain ar ei gyfflincs,
> A 'Carlo' ydy'r caniad ar ei ffôn,
> Ac, er na hoffwn feddwl am y syniad,
> Mae'n bosib fod 'Tryweryn' ar ei drôns.'

Mae cymeriadau fel 'Ms Heddwch', 'Señor Chwyldro', 'Mr Ieithgi' a 'Ms a Mr Rhyddid' ymhlith ei gocynnau hitio ac ar ôl rhyw ychydig, mae'r holl glyfrwch a gwawd ar gorn pobl eraill yn gadael blas digon cas ar eu holau.

Nid yw'r fframwaith sydd ganddo yn ddechrau ac yn ddiwedd i'w gasgliad yn fy llwyr argyhoeddi, chwaith. Cerdd wan yw'r gerdd agoriadol, er ei bod yn talu gwrogaeth i'r arch-ddychanwr ei hun trwy esgyn i ben bryn digon tebyg i'r un ar ddechrau'r *Gweledigaethau*:

> O'r fan hon, mae map ymberthyn
> yn seiat o symbolau:
> y ddaear yn ddameg:
> pob cae â'i arwyddocâd,
> pob cymuned â'i chwlwm,
> pob maestref â'i moeswers.
>
> ('Y Wenallt')

Dyw'r cyflythrennu a'r cymeriadu ddim yn ddigon i greu undod syniadau, dim ond undod seiniau. Yn yr un ffordd, dyw'r tro pedol sydd yng ngherdd olaf y casgliad, 'I fewn i'r Deyrnas', lle mae'r bardd yn dweud mai'r unig ffordd yno yw '... yn dlawd, yn fud ac yn archolledig/ ar ysgwyddau parod y rhai hynny/ trugarhaom wrthynt' ddim yn swnio'n rhyw ddiffuant iawn chwaith. Er bod hon yn gerdd ddigon teilwng, dyw hi ddim yn ddigon i gael y bardd i lawr o ben y bryn mawr uchel lle gosododd ei hun ar ddechrau ei gasgliad. Pe bai wedi tymheru ei ddychan ag ychydig o wyleidd-dra yn fwy cyson drwy'r casgliad, byddwn wedi credu'n well yn ei dröedigaeth ac wedi hoffi ysbryd ei farddoniaeth yn well, hefyd.

Dwy Ochr y Geiniog: Er i mi fethu deall y cysylltiad rhwng y cerddi a'i gilydd nac, yn wir, y testun, hoffais rai o'r cerddi unigol. Un o brif ddoniau *Dwy Ochr y Geiniog* yw ei sylwgarwch. Dyma sy'n cyfrif yn bennaf am apêl y darlun digon difyr ac argyhoeddiadol o ymgiprys rhwng creaduriaid sy'n ddrych i'r ymgiprys ehangach rhwng pobl yn ei gerdd gyntaf, 'Rasio Llygod'. Mae'r gynneddf hon i weld ac i ddisgrifio'n gynnil yn cael ei hamlygu hefyd yn 'Dyn a'i Fuwch' lle'r hoffais naws ryfedd, anesboniadwy'r sefyllfa. Mae ar ei gorau yn y gerdd 'Mwslemiaid yr A55' lle mae'n tanlinellu didwylledd edmygedd y bardd at ffydd y ddau sy'n oedi'n ddirodres i weddïo mewn cilfan ar ffordd brysur. Ond, unwaith eto, anwastad yw safon y cerddi eraill.

Eginfardd: Mae'r bardd hwn yn cymysgu ei ddelweddau – e.e. yn ei gerdd gyntaf, 'Archfarchnad', lle 'mae stalagmidau pefr o wyau Pasg/ fel manna'n herio'r nenfwd'. Serch hynny, mae'n medru bod yn sylwgar hefyd; mae drws yr archfarchnad '... yn fy nghyfarch yn gynffongar –/ er iddo gau'n rhy gyflym wrth fy sodlau –'. Mae ei gerddi rhydd, er yn tueddu tua'r rhyddieithol, yn well na'i gerddi ar fydr ac odl nad ydynt, er eu bod yn swynol, yn dweud dim sy'n newydd. Mae'r gerdd fwyaf diddorol, 'Y Goedwig,' yn plethu tro yng nghanol gogoniannau byd natur ar doriad gwawr gydag ymweliad â phuteindy, ac er i'r bardd fynd i'r gors braidd yn y fan hon, roedd yn ymdrech ddiddorol i ddweud rhywbeth gwahanol.

Elcawawcs: Dyma un o gasgliadau mwyaf diddorol a bwriadus y gystadleuaeth. Heb os, mae yma fardd deallus ac un sy'n deall pwysigrwydd amrywio goslef a mydr, ond fy nheimlad i yw bod y persona prydyddol a greodd ar gyfer ei waith yn ei lesteirio'n aml rhag cyrraedd ei wir lais. Mae cyfyngiadau'r persona hwn i'w gweld ar eu hamlycaf yn y gerdd 'Dime Goch'. Yma mae llefarydd y gerdd yn cofio am y ferch ddienw y byddai bechgyn y pentref ers talwm yn talu dimai iddi am gael gweld ei noethni. Yn y man, ceir corff y ferch yn gorwedd mewn llyn, ''da'i nicyrs ffrili'n sboco ma's o'i cheg'. Anodd dehongli gwir agwedd y llefarydd ar ddiwedd y gerdd, lle mae'n sôn am 'y teimlad cas sy'n becso dyn o hyd/ taw dime goch fy 'whant a'i thagws hi'. Ai'r bardd ei hun sy'n siarad? Ai ynteu cymeriad pellach o fewn y persona cyffredinol sydd yma? Os felly, does dim digon o wahaniaethu rhwng ieithwedd y gerdd hon a gweddill cerddi'r casgliad.

Er na allaf lai nag edmygu ei ddefnydd o dafodiaith, mewn mannau mae'n esgor ar ormod o dân gwyllt ieithyddol, yn arbennig yn ei gerddi naratif fel y gerdd gyntaf, 'Cawod'. Mae yna ddigon o egni afieithus yn ei ddweud fel y mae hi, fel yn ei gerdd i 'Jonna' a'r holl arlunwyr graffiti eraill: 'y nhw yw gwir artistiaid yr oes anachubol hon'.

Elis: Dyma lais ffres ac ysgafn yn y gystadleuaeth. Hoffais ei ymagwedd obeithiol, sy'n llawn asbri ac addfwynder, a hynny nid yn unig am ei fod yn cynnig newid cywair i daranu a bytheirio ac arddel ffug-sinigiaeth nifer o'r beirdd eraill. Mae ganddo ddawn i greu delweddau'n sensitif a llygad at sefyllfaoedd sy'n llawn posibiliadau barddonol, fel yr elyrch sy'n mentro i'r ffordd yng nghanol prysurdeb traffig nos Wener: 'Hwdi rhif 1 yn arwain yn dalog,/ gwddw mwrddrwg 2 yn gryman euog' ('Parc Busnes: Elyrch'). Ond problem fawr *Elis* yw i'w fydr gydio ynddo ef, yn hytrach na'i fod ef wedi cydio yn ei fydr. Hoffwn ei weld yn ymestyn ei *repertoire,* gan droi ei law at ambell gerdd ddi-odl neu amrywio'i ffurfiau mewn rhyw fodd arall, oherwydd mae dawn yma, yn sicr.

Glaslawr: Cariad o wahanol fathau sydd ar Stryd Pleser *Glaslawr.* Llais teimladwy ac eglur sydd gan y bardd yma hefyd, ac mae'n arfer nifer o gymariaethau dirodres ond effeithiol, fel 'a'n cariad fel careiau yn agor/ i'n baglu ...' ('Pafin'). Mae 'Bargen' yn gerdd uchelgeisiol am y gyferbyniaeth rhwng y bydol a'r ysbrydol, ond mae angen tocio ar y disgrifiad o'r ymweliad â'r siopau adeg y Pasg yn y rhan gyntaf – cyfres o gipolygon sydd yma, heb ddim datblygiad yn perthyn iddi. Serch hynny, mae'r gwrthbwynt rhwng y bydol a'r ysbrydol yn taro deuddeg tua'r diwedd yn 'Astudiaf gledrau fy nwylo;/ stigmata bagiau Marks/ wedi'u marcio'. Dengys y bardd ei ddychymyg yn y gerdd 'Quality Street'; wedi angladd ei mam mae llefarydd y gerdd yn sylwi ar bapurau losin a wthiwyd dan glustogau'r soffa gan y plant, 'yn llewyrch pob lliw/ fel lluwch o blu angylion amryliw'. Mae gwahanol liwiau'r rhain yn tanio atgofion am ei mam, ond bod rhai, fel y brocoli gwyrdd, yn taro'r nodyn anghywir. 'Pared' yw un o'r cerddi tynnaf yn y casgliad.

Jac: Unwaith eto, y ddinas sydd yma. Ond mae gallu *Jac* i gyfleu'r amrywiol bethau sy'n digwydd i'w thrigolion yn pendilio. Ar y naill law, mae'r gerdd 'Cardotyn' yn arwynebol ond mae 'Tu allan i glwb nos', wrth weithio yn erbyn y disgwyl, yn taro deuddeg.

Lem Motlow: Y 'Briffordd Gwybodaeth' yw Stryd Pleser y bardd hwn, hefyd. Mae'n mynd â ni o Amsterdam, heibio i Gaerdydd a buddugoliaeth tîm rygbi Cymru yn 2005, i Heol Sardis wag a chanolfan siopa'r Capitol, gan ddifrïo ein dibyniaeth hurt ar geir yn y gerdd 'M.O.D.U.R.O'. Tenau yw'r casgliad hwn – dim ond pum cerdd – ac nid yw llinellau hynod o fyr *Lem Motlow* yn lliniaru effaith ryddieithol ei ddweud. Serch hynny, hoffais y syniad y tu ôl i sawl clwstwr unigol o linellau yma – er enghraifft, y ddihangfa rhag mythau'r gorffennol a awgrymir gan 'Yr enwau wedi newid/ – o'r diwedd ... Shane yn cymryd/ lle Gerald/ ar wefusau crynedig'. ('M.A.W.R.TH. 27, 2005').

Maes y Felin: Prif fai *Maes y Felin* yw ei fod yn defnyddio gormod o ansoddeiriau. Yn lle gadael i'r delweddau eu creu eu hunain trwy i'r bardd sylwi ar fanylion a defnyddio berfau cryf, mae'n creu cruglwyth o eiriau gorddisgrifiadol sy'n mygu ei fynegiant. 'Dau Gariad' oedd y gerdd fwyaf diddorol yn y casgliad. Gyda'i diweddglo apocalyptaidd ei naws wrth i sain emynau lifo trwy ffenest agored 'Bethel Cottage', mae iddi ymdeimlad o neges ehangach na'i chwmpawd: 'Agorodd y palmant ei safnau/ ger bwthyn y gerdd/ a'r miwsig a dawelodd'.

Meusyllt: Apocalyptaidd ei naws hefyd yw cerdd gyntaf casgliad *Meusyllt*, lle y sonia am ddail crin fel hyn: 'ar ddyfod mae eu hawr,/ ni fyddant hwy cyn hir yn ddim/ ond pentwr bach ar fin y ffordd,/ yn llithrig, llysnafeddog, hyll ...' ac mae'r naws hon yn parhau trwy weddill y casgliad bron iawn. Gwenallt, 'feddyliwn i, yw prif feistr barddol *Meusyllt*, ond arwynebol yw ei wrogaeth i eirfa a byd-olwg y bardd hwnnw, ac er i'w fydrau a'i odli gynnig llinell soniarus yma a thraw, mae'n eu cymysgu o fewn cerddi mewn modd cwbl ddiamcan, cwbl annhebyg i Gwenallt.

nid nannaill: Awyrgylch ysgafn, ffel sydd i'r casgliad hwn ond, serch hynny, gall y bardd greu cerddi dwys ac effeithiol. Mae 'Bwlch', sy'n sôn am y ffordd y gall serch newid byd-olwg mewn amrantiad, 'Pe bawn i yn seren fach ...', sy'n llawn sylwgarwch tyner, a 'Manecin', i gyd yn gerddi cryf. Ond mae'r rhigymu'n arwain y bardd ar gyfeiliorn yn aml; nid yw'r ffaith fod cerddi fel 'Miliwn Doler' a 'Henaint ni Ddaw' yn dilorni ein hawydd arwynebol i edrych yn well yn cyfiawnhau'r mynegiant arwynebol, ffwrdd-â-hi sydd yma. Anwastad iawn yw safon y cerddi yn y casgliad ond, yn sicr, mae llygad bardd gan *nid nannaill*, ac ar ei orau, fel yn y cerddi a grybwyllais uchod, mae'n bleser cael darllen ei waith.

Pont y Glaw: casgliad o gerddi sy'n dathlu bywyd a gwaith Ray Gravell sydd gan *Pont y Glaw*. Fel sy'n gweddu i'w gwrthrych, mae yma gerddi hynod o ddiffuant a chalonagored, a hoffais hynny amdanynt yn fawr. Mae'r bardd wedi deall agweddau cymeriad hoffus, cymhleth Ray o'r Mynydd ac yn dod â llawer ohonynt yn fyw o'n blaenau. Ond yn ei awydd i anrhydeddu un a oedd yn gawr ac yn arwr gan gymaint, mae'n dueddol o droi yn rhy aml ac yn rhy ddifeirniadaeth at y Mabinogi, gan greu drysfa o ddelweddau ar brydiau. Wedi dweud hynny, fodd bynnag, mae yna adegau pan fo'r cyffelybiaethau'n taro deuddeg, fel hon yn y gerdd 'Dinogad', lle mae wedi crisialu un agwedd ar hanfod Grav:

Y crwtyn bach mewn hwiangerdd bell,
A gipiwyd ar ddiwrnod hela
I'w blannu yn ein dyddiau ni.

Ar ei orau, mae'n fardd cymen a dwys, ond er bod rhannau ac adrannau o'i gerddi'n argyhoeddi, nid pob cerdd sy'n gweithio ar ei hyd.

Saruka: Mwynheais oslef y casgliad hwn, a rhai cerddi yn arbennig. Mae 'Tenis i Un', gyda'i ddarlun o lanc yn chwarae pêl yn syrffedus seithug yn erbyn wal a'r hen ŵr sy'n ei wylio ac yn clywed curiadau amser yn y pwniadau, wedi ei saernïo'n dwt, ac yn 'Llenyddiaeth y Stryd' mae *Saruka* wedi cael gafael mewn delwedd ddiddorol ac yn ei chloddio'n ddifyr hefyd. Hoffais y disgrifiadau yn 'Stryd yr Eira' lle 'Mae yna blantos yn clapio manod yn dalpiau,/ A'r gwyn wy'n baflofa rhwng eu palfau'. Ond mewn sawl cerdd arall mae'r odli a'r delweddu'n cymylu synnwyr y dweud.

Siani Bwt: Bywyd tafarndai Caernarfon yw cefnlen cerddi *Siani Bwt* ac mae'n gefnlen briodol o addawol ar gyfer cerddi cryfaf y casgliad. Mae gan y bardd hwn y ddawn i ddisgrifio ac i sylwi'n fanwl, fel yn y gerdd 'Diawl Penbar', sy'n creu darlun penigamp o ddyn sydd 'fel blaidd mewn cats/ yn cribo'i fwng' ac 'yn hogi crafangau ei eiriau'. Cerdd bortread gref arall yw 'Hen Ffermwr', sy'n dod â newydd-deb i'r dosbarth hwnnw o gerddi sy'n galarnadu am golli tir. Hoffais ei agwedd gytbwys, ddifeirniadaeth at wrthrychau ei gerddi, ac er mor wrthun yw'r darlun o'r dyn 'a phincder digywilydd ei/ dafod yn chwilio min/ y gwydr yn sgil pob llwnc o seidr', mae'r bardd yn llwyr ymwybodol hefyd o gaethiwed bywyd yr hen ffarmwr '... byth yn ennill,/ byth yn colli,/ byth yn darfod/ peint hir wedi peint'. Mae ganddo'r gallu hefyd i amrywio'i oslef yn effeithiol rhwng y digri, y dychanol a'r dwys, ac i lunio cerdd naratif dda, fel y gwna yn 'Stella Al-Quaeda' lle mae mab y terfysgwr iaith yn gollwng y gath o'r cwd drwy gyfarch ei dad yn yr iaith fain. Ar ei wannaf, fel y gwelir yn y cerddi 'Y Dyn Rhegi' ac 'Annie-Mae Bullock', try ei fynegiant yn rhyddieithol ac mae'n torri llinellau mewn mannau sy'n glastwreiddio'u heffaith. Dylid hepgor 'Piso' yn llwyr gan ei bod yn gerdd wan ac yn ddiweddglo sâl i'r casgliad. Ond rhoddodd cerddi gorau'r casgliad lawer iawn o bleser i mi, a gobeithiaf yn fawr y bydd *Siani Bwt* am eu cyhoeddi.

Tic-tac: Unwaith eto, Stryd Pleser yn llawn o faglau fel hapchwarae, hunan-dwyll a goryfed sydd yma. Mae rhai o'r darluniau sydd gan y bardd yn rhai byw; dyna i chi Zac y tatŵydd, â chyrff yn gynfas iddo, a'i inc 'yn treiddio/ hyd at yr isgroen' a Madame Zelda, sy'n '... syllu'n ddall/ i'w phelen wydr'. Hoffais y ffordd yr oedd *Tic-tac* wedi defnyddio mydr ac odl yn y gerdd '7x3=25' i ddynwared sŵn y peiriant ffrwythau, hefyd. Ond mae cerddi eraill y casgliad yn wannach, yn arbennig '88'.

Y tynnwr lluniau: Roedd 'Seirenau', cerdd gyntaf *Y tynnwr lluniau,* yn gafael o'r cychwyn. Wedi myrdd o gerddi'n dilorni'r ddinas fel pencadlys pob twyll, pechod a blys, dyna braf oedd darllen un a welai ei natur delynegol. A buan y daw'n amlwg fod cyfarchiad hyderus y bardd yn arwydd nid yn unig ei fod yn dathlu ei ddinas, ond ei fod hefyd yn dathlu byw:

> Mae'r nos yn closio ataf,
> yn fy nal yn ei breichiau
> o goncrit a goleuni,
> yn dweud fy mod yn rhan ohoni,
> na fyddaf eisiau fyth
> am fy mod yn gorwedd mewn
> porfeydd neon ...

Cerdd ddathliadol yw'r gerdd nesaf hefyd, 'Yr Aber', gyda'i darlun byw o ferw'r penwythnos yng Nghaerdydd, lle mae 'afonydd yr wythnos/ yn tywallt i fôr nos Sadwrn ...' Mae gweld y dorf sy'n heigio i'r ddinas cyn troi'n ôl drannoeth i'w 'magwrfeydd' yn y cymoedd fel eogiaid yn dweud cyfrolau am eu hoen, eu hegni, a'u greddf at fyw. Mae'r un math o sylwgarwch cynnil i'w weld hefyd yn y gerdd 'Llyfrau', lle mae *Y tynnwr lluniau* yn dychanu'r tafarndai hynny sy'n defnyddio llyfrau ail-law yn rhan o'u *décor.* Gwell ganddo '[y] mannau brwnt, gonest,/ sy'n gwybod eu bod nhw'n dafarndai,/ lle mae *Echo* ddoe yn dal ar y bar ...'

Yn y dathlu hwn, does dim lle i foesoli ynglŷn â chyffuriau ac alcohol, dim lle i gwyno am y dirwedd ddinesig. I'r gwrthwyneb, mae'r 'parciau nodwyddog lle nad oes golau/ ond golau'r ceir yn fflachio'n/ awgrymog' ('Halo'), yr 'alcohol a'r carlo, a'r carlo a'r alcohol' ('Y tynnwr lluniau'), i gyd yn rhan o wead byw mewn lle sydd wedi dod yn gynefin anhepgor i'r bardd.

Roedd 'Gwaed', 'Y neuadd newydd' a Heno', tair cerdd olaf *Y tynnwr lluniau,* yn peri tipyn o benbleth i mi ar y dechrau: nid am eu bod yn ddiffygiol o ran crefft ond am eu bod yn coleddu cenedlaetholdeb hynod o obeithiol a oedd, yn ei naïfrwydd ymddangosiadol, yn taro cywair gwahanol iawn i ysbryd y cerddi eraill:

> Heno mae'r brifddinas yn mudlosgi,
> a fflamau Cymreictod yn bygwth
> llyfu waliau'r castell ...
>
> ('Heno')

Es yn ôl at y gerdd 'Y tynnwr lluniau' ei hun, ac at y ddwy linell glo yn arbennig: 'Ond pa hawl sydd gen i i farnu,/ dim ond tynnwr lluniau ydw i'. Clywais adlais yma o linell gyntaf *Goodbye to Berlin,* nofel Isherwood am ei gyfnod yn y ddinas yn ystod twf Natsïaeth ('I am a camera with its shutter open, quite passive, recording, not thinking'). Rwy'n darllen diweddglo 'Y tynnwr lluniau' fel geiriau un sy'n ymwybodol nad oes modd bod yn niwtral am y pethau yr ydych wedi dewis eu cofnodi. Roedd yr adlais hwn yn hala i mi glywed adleisiau pellach yn y gerdd 'Sodlau', lle mae'r llefarydd 'yn methu dal 'r un ideoleg/ ond ideoleg grynedig y jd nesa' nes ei fod yn anwybyddu pob dim 'heblaw sŵn y sodlau'n cychwyn martsio/ unwaith eto'. Clywais adlais arall eto fyth yn y gerdd 'Portread mewn Tywyllwch', lle mae'r bardd yn '... gweld goleuni'n/ unig/ am eiliad/ wrth i'r sodlau stacato/ nesáu'. Rwy'n gweld y gerdd hon yn drobwynt yn y casgliad, un sy'n gweld goleuni argyhoeddiad y bardd y bydd y ddinas yn ymgymreigeiddio yn wrthbwynt i'r unbennaeth a awgrymir gan y sodlau sy'n martsio o hyd.

Mae'n bosibl iawn mai dychmygu yr ydw i, a 'mod i wedi crwydro'n rhy bell yn fy nehongliad o'r casgliad, ond wrth gwrs mae cerddi cryf yn medru gwrthsefyll sawl dehongliad, y gwych a'r gwachul, y cywir (os yw'r fath beth yn bod) a'r cyfeiliornus. Ac mae cerddi *Y tynnwr lluniau* yn gryf. Mae ei lais yn hyderus, ei ddelweddau yn rymus, a'i lais yn ddiffuant. Byddwn yn hapus i weld hwn yn derbyn y Goron.

BEIRNIADAETH DEREC LLWYD MORGAN

Cystal dweud ar y dechrau'n deg nad oedd hon ddim yn gystadleuaeth dda. Ar ôl dyfod i'r farn honno, y mae beirniad bron yn reddfol yn gofyn ai ar y testun yr oedd y bai ynteu a oedd amodau'r gystadleuaeth y cyfryw fel na ellid disgwyl i neb diathrylith ddisgleirio ynddi. Prin, prin, wrth reswm, yw'r cystadleuwyr athrylithgar o flwyddyn i flwyddyn. Y gwir amdani yn yr achos hwn yw na allai'r amodau ddim bod yn well: beth well all cystadleuydd barddoniaeth ei gael na chystadleuaeth yn rhoi cyfle iddo lunio ychydig gerddi diamod rydd ar bwnc y gellid ei ddehongli unrhyw sut? Gyda golwg ar y testun, gŵyr y cyfarwydd – ac fe ddylai pob cystadleuydd sydd â'i fryd ar y Goron Genedlaethol fod yn y dosbarth hwnnw – mai un o ddyfeisiadau Ellis Wynne yn ei glasur rhyddiaith *Gweledigaetheu y Bardd Cwsc* (1703) yw Stryd y Dywysoges Pleser, un o dair stryd lydan y Ddinas Ddihenydd, sef y byd hwn. Ni ddisgwyliwn i lenor newydd o Gymro ddarlunio golygfeydd mor gyfoethog eu reiolti a'u reiat â'r golygfeydd a geir gan Ellis Wynne, na'u lliwio gyda'r gymysgedd ddeifiol o ryfeddod a dychan sy'n nodweddu'r *Gweledigaetheu*. Eithr fe ddisgwyliwn sylwadaeth ddychmygus ar hyfrydwch neu ddrwg dinesig neu ar y ddeubeth yn gymysg.

Dewisodd rhai cystadleuwyr gyfeirio at Ellis Wynne. Gosododd *Cêp Hornar* ddyfyniad o 'Weledigaeth y Byd' uwchben pob un o'i gerddi, yn lle teitl megis. (At hyn, cyfeiria at Stryd Bud, sef ei Gymreigiad o *Bute*, gan roi inni air mwys, Bud/Byd.) Morwyr yn dod i'r lan yn Tiger Bay i geisio'u pleser ar ôl cyfnod hir ar y môr sydd yn y casgliad byrlymus hwn. Yn y rhan fwyaf o'r cerddi y mae'r ymadroddi mor wancus â'r nwydau, yn orlawn o drosiadau, a'r rheini weithiau'n anweddus, nid yn yr ystyr foesol ond yn yr ystyr farddonol. Y mae gordrosiadu weithiau'n arwydd o egni llenyddol, ac y mae'n dda gennyf ddweud bod hwn yn medru ysgrifennu ('Trwy sanau neilon y niwl' y dena Afon Hafren ei 'Homeward-Bowndars'), ond talai iddo fod yn fwy hunanfeirniadol, fel y talai iddo fod yn fwy amrywiol ei fynegiant.

Cystadleuydd arall a gyfeiria at Ellis Wynne yw *Elcawawcs*, y cafwyd ganddo'r casgliad o gerddi mwyaf anghyffredin yn y gystadleuaeth: un dyfyniad o'r Bardd Cwsg ar y ddalen deitl sydd ganddo ef. Y mae stori neu ryw fath o brofiad ym mhob un o'i naw cerdd, ac y mae iddynt y math o amrywiaeth sydd yn eisiau yng ngwaith *Cêp Hornar* a'i debyg. Trafoda'n fanwl oed cyntaf ei dad-cu a'i fam-gu ddechrau'r ugeinfed ganrif, mola ysgrifenwyr graffiti'r oes hon, ystyria ganlyniadau cymdeithasol ei addysg ramadegol, a phethau eraill. Er mor abl ydyw fel awdur (y mae ganddo eirfa a chyfeiriadaeth gyfoethog), y mae ynddo duedd i or-ddweud, ym mhob ystyr i'r ymadrodd hwnnw. Buasai'n ddoethach iddo ddefnyddio'i dafodiaith a'i ddychymyg geiriol yn gynilach (ai da dweud bod y fiolinydd y tu allan i Asda'n 'ffrigan ar 'fferyn anStradifaraidd'?), a buasai wedi gwneud cymwynas ag ef ei hun ac â'i feirniaid petai wedi hepgor o'i gasgliad y barodi erchyll ar 'Innisfree' W. B. Yeats.

Y mae ffugenw *Elis* yn amlwg yn cyfeirio at Mr Wynne o'r Lasynys, ond ychydig o ddim yn ei waith sy'n cyfeirio at Stryd Pleser heblaw'r llinell fyrdynol 'O! na baem ni'n ôl yn y Cŵps' sy'n agor pob pennill o 'Tafarn: yr 80au'. Darluniau amrywiol o fywyd pob dydd sydd yma, a hynny, drwy'r teledu, yn fywyd ail-law weithiau, darluniau wedi'u mynegi mewn llinellau syml – ac, ar brydiau, simpil – eu hodlau. Ni ofynnodd *Elis* iddo'i hun bob tro a oedd ei ddewis arddull yn gweddu i'w ddewis bwnc, ac am hynny, mewn rhai cerddi, nid yw ei ieithwedd na'i fesur yn gwneud cyfiawnder ag addfwynder ei agwedd. Fel yn achos nifer helaeth o'r cystadleuwyr, talai i hwn ddarllen mwy o farddoniaeth a myfyrio ar a wêl ynddi.

Gan *Tic-tac* yn unig y ceir y math o benillion sy'n eilio'r brydyddiaeth a fframia'r *Gweledigaetheu* gwreiddiol, ond gwantan, ar y cyfan, yw'r gwaith. Hoffais ei gerdd ogleisiol am 'Madame Zelda' a chredaf fod cryn eironi yn ei gerdd i'r tatŵydd, ond y mae rhywbeth yn bitw iawn am y gerdd i'r eirth tegan. Gan i mi ddefnyddio'r gair 'pitw', cystal i mi yma ddweud mai un o'r pethau a'm trawodd am y gystadleuaeth hon oedd pa mor bitw a thruan yw dirnadaeth y rhan fwyaf o'r cystadleuwyr o bechod – yr erchyllbeth echryslawn hwnnw y bwriodd diwinyddiaeth a moesoldeb y milflynyddoedd eu hatgasedd arno, ac y darluniodd Ellis Wynne ef mor ddeifiol a dychrynllyd. Yma, ym marddoniaeth Eisteddfod Caerdydd, nid yw Pechod yn aml ond prynhawn yn y bingo neu noswaith gyda lleidr unfraich.

Trwy ddyfynnu rhai o gymalau a geiriau'r *Gweledigaetheu*, y mae *Chwilfrydig* yn 'cydnabod' Ellis Wynne. A hynny nid mewn casgliad o gerddi, sef yr hyn y gofynnwyd amdano yn *Rhestr Testunau*, eithr mewn cadwyn o gerddi. Y mae'n cydnabod Ellis Wynne hefyd drwy'r ddyfais a rydd iddo'i gerddi. Yn hytrach na mynd i ben mynydd i weld y pell yn agos, i ben grisiau'r atig yr â'r awdur hwn, a chydag ef lygoden a gliniadur yn hytrach na sbienddrych. Gwêl, ymhlith pethau eraill, wleidyddion ein dydd a'u cariadon, gwêl bêl-droedwyr a'u WAGS, Amy Whitehouse a Britney Spears, a rhyfel anghyfiawn Irác. Yna, fel rhyw ôl-wrtheb, dywed y gellir gweld drwy Google ddaioni yn ogystal. Daioni iddo ef yw clywed cerddoriaeth Satchmo, gweld Ellen McArthur yn hwylio, a gwylied Al Gore 'a'i garbon-gynildeb'. At y pennill olaf hwn y gweithia'i ffordd:

> Mi allen ni heddiw, o edrych ymhell
> Greu – mewn cenhedlaeth – fyd l[l]awer gwell[.]
> Mae ganddo ni'r gallu, os oes 'na ewyllys
> I leddfu gofidie g[ŵ]r y Lasynys.

Dyna bwysleisio pa mor naïf yw'r awdur hwn.

Y gorau o ddigon o'r cystadleuwyr a gyfeiria at Ellis Wynne yn eu gweithiau yw *Dinesydd*. O ben Y Wenallt y tu allan i Gaerdydd y gwêl ef ei gas bethau, sef yw'r rheini pobl sy'n cynrychioli safiadau neu egwyddorion y caiff ef bleser yn eu difrïo, weithiau'n flagardus, weithiau'n ysgafnfryd, weithiau'n wych, unwaith neu ddwy yn wachul. Blagardus wych odiaeth yw'r gerdd 'Ms Teithio'r Byd' am fardd sy'n

> crwydro'r cyfandiroedd
> â cherddi yn ei chôl.
> Mae un ai 'ar fin gadael'
> neu 'newydd ddod yn ôl'.

Y mae 'Seňor Chwyldro' yn taro deuddeg hefyd, a 'Mr Rebel', ond y mae eraill sy'n gerddi straenllyd; 'Mr Ieithgi', er enghraifft, a 'Ms Heddwch', sy'n ceisio gwneud defnydd o fesur ac arddull 'Gwŷr a aeth Gatraeth' ac yn methu. Ond methiant cymharol yw'r methiant hwnnw. Mewn cyfres o ddeg cerdd ddychan, dengys *Dinesydd* ei fod yn fydryddwr gwir fedrus, doniol, deifiol, di-flewyn-ar-dafod. A dweud y gwir, *Dinesydd* yw un o'r ychydig ymgeiswyr a barodd i mi chwerthin yn iach wrth ei ddarllen. Mewn cystadleuaeth am Stryd Pleser, y mae hynny'n glod iddo, ac yn anghlod i'r lleill. Gan fedrused ei fydryddiaeth a chan ddonioled ei agwedd, bûm yn ystyried am sbel a ellid ei wobrwyo, ond penderfynu peidio a wnes i, yn rhannol am fod y cerddi dychan ymdrechus yn tynnu oddi wrth wefr y rhai syml da, am fod y gerdd agoriadol yn farddonaidd ordrosiadol:

Mae disgyrchiant ein delfrydau
yn drwm arnom,
amserlen ein dyletswydd
yn ein galw yn ôl o hyd
o ryddid uchel y rhedyn
i gymydau clos y gydwybod ...

ac am na ddeallaf pam y mae'r bardd (neu'i *bersona*) yn cael traed oer yng ngherddi clo'r casgliad, ac megis yn ymddiheuro am ei ddychan. Canmolaf ei ymdrech frwd.

Nid un stryd sydd gan *Saruka*, ond nifer o strydoedd – Stryd y Filltir Aur, er enghraifft (sef stad o dai a gododd o gae ac a wnaeth ffortiwn i rywrai), Stryd yr Eira (a rydd gyfle i'r bardd drosiadu'n wyn), Stryd Brawdgarwch (teitl cerdd hir am yfwyr yn hebrwng ei gilydd o'r dafarn), ac yn y blaen. At y strydoedd digyswllt hyn ychwanegir cerdd am fachgen yn chwarae tenis yn erbyn wal ar ei ben ei hun, cerdd am fachgen arall yn gwahodd ei gyfeillion i barti yn ei dŷ pan mae ei rieni i ffwrdd, ac un neu ddwy o gerddi eraill. Yr oll a geir yw cymysgedd o gerddi diargyhoedd nad oes a wnelont odid ddim â'r testun gosod.

'Taith i lawr stryd ym Manceinion' sydd gan *Ar y Palmant*, taith heibio i barc a chamlas at synagog a chlwb snwcer, etc., y disgrifiadau'n daclus ddeche ac agwedd yr awdur tuag atynt yn disgwyliedig. Y mae'r wers rydd yn bur dda ganddo, ac y mae ei eirfa'n ddigonol, eithr nid oes yma ddim i beri i feirniad eistedd i fyny a diolch mewn rhyfeddod am newydd-deb barn a darlun.

Ceir yn y gystadleuaeth sawl casgliad o gerddi, fel casgliad *Ar y Palmant*, sy'n ein hebrwng i lawr rhyw stryd neu'i gilydd mewn dinas, gan ddilyn dyfais Ellis Wynne yn ei weledigaeth gyntaf. Mewn llawer eir â ni i siopau fyrdd. Ddeugain a phump o flynyddoedd yn ôl, ysgrifennodd Gwyn Erfyl draethawd cofiadwy am y duedd ymhlith beirdd eisteddfodol i ysgrifennu am anialwch y byd cyfoes, '[e]stheteg y murddun' a 'dyffryn yr esgyrn sychion', chwedl yntau. Y mae'n bryd i rywun yn awr draethu ar 'Ddylanwad Asda, Tesco a'u tebyg ar yr Awen Gymreig, 1990-2008'. Byddai lle i *Jac* mewn un bennod o'r traethawd hwnnw, *Jac* sy'n disgrifio anghyfiawnder masnach annheg mewn cerdd i grydd bychan nad yw ond plentyn, ac mewn cerdd arall am farwolaeth siopau bychain. Y mae ganddo hefyd gerdd am chwarae siop, ond nid condemniol mo honno. At y cerddi siop, ceir eraill – am gardotyn, am oferedd marw milwr deunaw oed, am serch – ond nid oes yn y casgliad yr hyn a alwn i yn awdurdod awen. Ni welaf chwaith sut y mae'r cerddi 'eraill' y cyfeiriais atynt yn ffitio i mewn i Stryd Pleser.

Cerdd gan *Glaslawr* sy'n darlunio'n fwyaf graffig yr obsesiwn syml hwn â siopau, ac ag arwyddocâd honedig anysbrydol siopa. Gwener y Groglith yw hi yn 'Bargen' ac y mae'r adroddwr yn disgrifio'r modd y mae'n ymdoddi 'i dynfa'r dyrfa ddryslyd/ hyd Ddolorosa o ddeisyfu'. Ar ddiwedd y bererindod fasnachol, gartref y mae'n syrthio ar soffa, yn tanio'r set deledu, ac yn gweld ar y sgrîn lygaid gleision Robert Powell (nid y Prifardd R. Powel) 'yn syllu, heb amrantu,/ arnaf i;/ llygaid Iesu'. Hyn a ddigwydd wedyn:

> Astudiaf gledrau fy nwylo;
> Stigmata bagiau Marks
> wedi'u marcio.

O, y mae yma wrthgyferbynnu clyfar, oes, fel y mae yma hunanfeirniadu rhagrithiol (i'm tyb i). Pam yn y byd na all beirdd ymryddhau o'u hualau ffug-foesol a mwynhau a mawrygu'r pwnc a'r profiad hwn sydd mor amlwg yn cyfoethogi'u bywydau? Fel y mae'n digwydd, ceir gan *Glaslawr* fwy o gerddi serch na cherddi masnachol: ceir ganddo ddwy gerdd serch delynegaidd dda. Ond ceir gan yr ymgeisydd hefyd gerdd am brofedigaeth a addurnwyd yn wirion gyda phapur taffis Quality Street pob lliw. Y mae yma dipyn o ddawn; hunanfeirniadaeth sy'n brin.

Â *Almon* â ni i siopau elusen, i weld 'manion ein mileniwm' – i'w gweld, i brynu rhai ohonynt, ac i lunio cerddi amdanynt, am ddelw ddecpunt o Grist, am bâr o sgidiau bale, am gyllell – ac i athronyddu'n gyffredinol am y drefn sy'n ein cymryd ni i ffwrdd ac yn gadael ein petheuach yma. Caiff athroniaeth amlwg *Almon* ei chrynhoi yn y llinellau hyn:

> Nid y bedd gwag
> Yw diwedd y daith;
> Ond y bag du ...

Gan eu bod mor syml a dirodres, yr wyf yn sicr y câi llawer o ddarllenwyr bleser yn darllen y cerddi hyn. Gwaetha'r modd, ymhlith y manion a ddisgrifir ynddynt y mae llestr sy'n atgoffa'r bardd o'r llestr dan wely ei Nain ers llawer dydd, llestr y caiff 'ei addurno/ â ffrwd ei atgofion', *faux pas* anffodus! Er hynny, y mae'r casgliad yn un o'r ychydig gasgliadau yn y gystadleuaeth yr euthum yn ôl ato gyda pheth awch.

Cystadleuydd o siopwr arall yr oedd yn werth rhoi sylw manwl iddo yw *nid nannaill*, yn rhannol am ei fod yn fydryddwr hyderus, yn rhannol am ei fod yn ffraeth. Â hwn â ni i siop gemydd a siop harddwch a siop ddillad. Ym mhob un ohonynt fe ddigwydd rhywbeth difyr neu ddoniol. Ond rhwng rhai o'r siopau y mae dau gapel. Y mae'n amlwg fod y bardd yn feirniadol o agwedd crefyddwyr at fywyd, oblegid yn y cerddi amdanynt hwy condemnia'u tristwch a'u hynysigrwydd. Rhwng y siopau hefyd ceir bwlch, a cherdd o'r enw 'Bwlch', nad wyf yn deall beth ydyw. Y mae un peth arall yma nad wyf yn ei ddeall, sef arwyddocâd y ddwy gerdd 'Y llwybr llaethog' ac 'Yn y sêr' sy'n agor ac yn cloi'r casgliad. Gwn mai fframio'r casgliad y maent, ond ni allaf ddirnad beth yw perthynas y ffrâm ofodol, fel petai, a'r cerddi strydyddol.

Y mae'r un diffyg unoliaeth yng ngwaith *Lem Motlow*, sydd mewn un gerdd yn condemnio'r ffaith nad yw tîm rygbi Pontypridd wedi cael chwarae teg gan Undeb Rygbi Cymru, ac sydd mewn cerdd arall yn condemnio moduro. Mynd o fan i fan yn feirniadol gan mwyaf, o Amsterdam i Rodfa Siopa'r Capitol yng Nghaerdydd, y mae hwn, gan gymryd ei arwain gan Google. ('Google a'r Awen': dyna bwnc ymchwil arall i fyfyrwyr MPhil Adrannau Cymraeg ein colegau yn y dyfodol agos.) Ni ellir dweud i *Lem Motlow* fyfyrio'n hir uwchben ei bwnc na phoeni gormod am hyfrydwch ei arddull.

Nid i siopau yr â *Siani Bwt* â ni, ond i dafarnau gan mwyaf. Ac aiff â ni allan ohonynt unwaith neu ddwy i ollwng deigryn. Yn y gerdd olaf dywed ei bod yn ôl gartref 'ar y Stryd gyda thi', ond ni wn pwy yw'r 'ti' hwnnw neu honno. Dywedais gynnau fod *Dinesydd* wedi peri imi chwerthin yn iach wrth imi ei ddarllen. Parodd *Siani Bwt* imi chwerthin hefyd, am fod ganddi rai golygfeydd doniol ac ambell stori dda. Y mae mwy o fywyd yma nag yn y rhan fwyaf o'r gweithiau eraill, ond y gwir amdani yw y byddai'r bywyd hwn yn fwy deniadol fyth petai'r bardd wedi oedi'n hirach uwchben y gwaith. Yr argraff a gaf – ond nid oes modd profi'r peth – yw bod *Siani Bwt* wedi bodloni ar ychydig fersiynau ohono, os hynny, lle byddai cystadleuydd mwy cydwybodol wedi mynd ati i gaboli'r cerddi a'u gwneud yn gerddi gwell. Cynigia eto, *Siani.*

Aeth *Cennen* â ni i siopa, i buteinio, i chwarae rygbi, i gapel, i glwb nos ac i gasino, ond barnaf na bu ef ei hun erioed o dan gronglwyd unrhyw le betio. 'Rhoi i lu a wna'r *Roulette*,' ebe fe'n ddiniwed: yr unig beth sy'n gywir yn y llinell honna yw'r gynghanedd. Diargyhoeddiad fel y dweud hwn yw'r gwaith drwyddo draw, gwaetha'r modd, sef yw hynny diargyhoeddiad fel barddoniaeth. Nid beirniadu moesoldeb yr ydys yma.

Un mangre'n unig yw'r archfarchnad yng nghasgliad *Eginfardd*, ond gallai ef gael ei ddyfynnu'n hael yn y thesis am archfarchnadoedd a ysgrifenna Rhywun MPhil ryw ddiwrnod. Ochr arall y geiniog i ddigonedd yr archfarchnadoedd yw'r gwastraff a welir mewn bagiau a biniau, sef 'Gweddillion' y bardd hwn. Ceir ganddo hefyd gerddi am ffair a sinema ac, mewn gwrthgyferbynbiad llwyr i'w dieithrwch hwy, ysgrifenna'n ddychrynllyd o sentimental am hafan ei gartref. Cyffredin yw'r barddoni yn y casgliad, a thybiaf nad yn anonest o wylaidd y dewisodd yr awdur ei ffugenw.

Gadawn y siopau yn awr, a thrafod rhai casgliadau nad oes berthynas amlwg rhyngddynt â Stryd Pleser. Dechreuwn gyda gwaith *CF5*, a roes englyn Ceiriog i 'Bleser' fel rhagarweiniad iddo, yn hytrach na dim gan Ellis Wynne. Y mae ei gerdd gyntaf yn condemnio codi'r argae ym Mae Caerdydd sydd, ebe fe, yn 'atal Natur / a'i rhyfeddol rym'; ac y mae ei gerdd olaf yn canmol codi'r senedd-dy newydd yn y Bae, 'Caer i'n Dydd', chwedl yntau. Y mae'r ddwy mor naïf â'i gilydd, a'r un mor annhestunol â'r ddwy gerdd sydd rhyngddynt. Casgliad byr, tenau ym mhob rhyw fodd yw hwn.

Onid wyf yn camgymryd, math ar hunangofiant bras sydd gan *Maes y Felin*, deg cerdd yn y wers rydd bwyllog honno sy'n tyfu'n ddiflastod yn fuan, yn enwedig os defnyddir hi, fel y gwneir yma, i ddelweddu'n ddiddisgyblaeth. Yn 'Datblygu', er enghraifft, dywed y bardd ei fod wedi hwylio llong ei dyfiant 'i hafan dawel rhag y storm', storm glaslencyndod, mi gredaf. Yna, ebe fe:

> Ciciais yn erbyn plisgyn fy nghaethiwed
> o guddfan i guddfan gyfleus
> a deor
> flynyddoedd yn hŷn.

Nid yw pobl yn deor, nac yn llythrennol nac yn drosiadol. Rhag i *Maes y Felin* fy nghyhuddo o'i roi yn y dosbarth o gasgliadau nad oes a wnelont ddim oll â'r testun, goddefer imi gydnabod fod yn y gerdd 'Caethiwed' ddau gyfeiriad at bethau a geir yn y *Gweledigaetheu*, sef ehedfa 'o afael disgyrchiant' a chipolwg ar Annwfn; ond gan nad oes dim perthynas rhwng y cyfeiriadau hyn â chynnwys y cerddi eraill fe all mai damweiniol yw'r gyfeiriadaeth.

Ei ddefnydd o'r enw Stryd Pleser i olygu'r byd yw'r unig beth a gysyllta gwaith *Pont y Glaw* â dim sydd yn Ellis Wynne. Gellid maddau hynny petai'n ysgrifennu am y byd. Ond yr hyn sydd ganddo yw dwsin o gerddi marwnad i Ray Gravell, rhai ohonynt yn ddisgrifiadau ohono, fel honno amdano'n Geidwad y Cledd; ond y mae'r mwyafrif o'r cerddi yn ceisio'i bersonoli'n hanesyddol-arwrol. Mewn un gerdd, Ray Gravell yw 'Dinogad o'r Hen Ogledd', mewn cerdd arall ef yw'r aderyn o latai a ddug friwsion o Iwerddon i Gymru, mewn cerdd arall eto caiff fod gyda'r Tri ym Mhenyberth. Rhoddir iddo, ys dywed yr awdur ei hun, 'rannau dirifedi/ Yn ein gorffennol llosg.' Diau fod yr ymgeisydd yn meddwl yn dda, ond yn lle mawl i Ray yr hyn sydd ganddo yw rhemp ffug-hanesyddol mewn cerddi stroclyd sydd ar brydiau'n rhyddieithol sobor.

Tua chanol a thua diwedd ei gyfansoddiad y mae gan *Meusyllt* ddau gyfeiriad at Stryd Pleser. Cystal i mi fod yn onest ddim, a chyfaddef na welaf unrhyw gysylltiad rhwng y cyfeiriadau hynny a chorff y gwaith, sydd nid yn gasgliad o gerddi eithr yn bryddest mewn pum rhan. Annhestunol, felly. Cystal i mi fod yn onest am yr ail waith mewn tair brawddeg, a chyfaddef eilwaith nad wyf yn sicr beth yn union yw testun y bryddest hon. Y mae yma resi tai llwyd ar ei dechrau, a henwr llwyd nad yw ond llanc (*junkie,* y mae'n debyg) yn ymddangos, – y tai'n cynrychioli cymdeithas fethedig, efallai. Ond yn y trydydd caniad trafodir gwreiddiau iaith, ac yn y pedwerydd y Dadeni Dysg. Beth yw arwyddocâd hynny ni wn.

Nid yw *Cynrig* hyd yn oed wedi ceisio cyfeirio at Stryd Pleser (ac eithrio ar ei ddalen-deitl). Pan ddywedaf mai cerddi am ambiwlans a Mao Tse-Tung a gwleidydd fel *pole-dancer* a'r Prif Gwnstabl o Fanceinion a fu farw ar lethrau'r Wyddfa ba fis ac Edith Piaf ac yn y blaen sydd yma – hynny yw, casgliad eclectig o gerddi unigol ar wahanol bynciau, – fe welwch na cheisiodd yr awdur hwn hyd yn oed godi'i het i'r testun gosod. Wrth gwrs, petai ganddo ddawn Williams Parry, fe fyddai fy nghyd-feirniaid a minnau wedi dod o hyd i ffordd o faddau iddo am ei anghaffael, ac nid hwyrach wedi ystyried ei goroni, ond am mai barddoniaeth go simpil yw ei farddoniaeth annhestunol ni wn a allaf hyd yn oed ddiolch iddo am gystadlu.

Dichon fod *Caer Drewyn* yn well bardd o fodfedd neu ddwy na *Cynrig* ond, ac eithrio bod ei gerddi'n trafod pethau crefyddol, ac mai ystyriaethau crefyddol nid hwyrach oedd yn gyrru Ellis Wynne, annhestunol yw hwn eto. Eglwysi, capeli, methiant i uno'r enwadau, torri'r Sabath, gwasanaethau awyr agored: dyna bethau'r bardd. Y mae ganddo ambell ddarlun cofiadwy, megis hwnnw am organydd dawnus yn symud o'r capel bach gwag yn y wlad, lle canai organ bib, i gapel yn y dref, lle caiff ganu'r organ ddigidol ar rota. Ond y mae ganddo ambell ddarlun anwaraidd o ddi-chwaeth hefyd. Wrth ganu am Rhys Jones a lofruddiwyd y llynedd yn un o faestrefi Lerpwl, deil fod cymeradwyaeth y dorf yn Everton wedi cyrraedd enaid 'yr un bach' yn y nefoedd. Och, ddiwinyddiaeth ddiwerth!

Canu, o safbwynt mam yn y flwyddyn 2008, am erchyllterau Auschwitz y mae *Aberhenfelen*. Er bod ambell gyffyrddiad telynegol sensitif yn y gwaith, a dawn i weld bwysiced yw manylyn arwyddocaol wrth dynnu darlun, ni allaf ddirnad pam y myn neb farddoni'n brofiadol ail-law ar destunau mor egr-sobreiddiol, ac yn sicr na allaf ddirnad pam y myn neb anfon cerddi ar y pwnc hwn i gystadleuaeth sy'n gofyn am drin Stryd Pleser. Rheitiach i *Aberhenfelen* ddefnyddio'i ddawn i ganu am bethau sy'n nes adref.

Yn olaf o blith yr annhestunol, wele waith *Dwy Ochr y Geiniog*, awdur rhai cerddi gwir ddeniadol, rhyfedd os rhyddieithol, ar bynciau anghyffredin. Dyma fardd arall a barodd imi chwerthin yn hyfryd, yn ogystal â dwysfyfyrio. Dylai hwn gyhoeddi rhai o'i gerddi – honno am y Mwslemiaid sydd wedi stopio i weddïo ar yr A55, a honno am y dyn sy'n hebrwng ei fuwch 'allan o'r sied i goncrid yr iard ddieiriau o ynysig/ a rownd a rownd o flaen y tŷ'. Am fod ganddo olwg idiosyncratig ar y byd ac am nad yw'n rhy farddonllyd wrth ei mynegi, y mae'n taro nodyn annibynnol a werthfawrogaf yn arw. Ond atolwg! nid yw o fewn mil o filltiroedd at Stryd Pleser. Trueni.

Erys *Y tynnwr lluniau*. Lluniodd ef, fel y dylasai, gasgliad o gerddi am agweddau ar fywyd pleseryddol ieuenctid mewn dinas. Fel y mae'n digwydd, Caerdydd yw'r ddinas honno. Am mai Caerdydd ein dwthwn ni ydyw, y mae hedonistiaeth rhai o'i bechgyn a'i merched dŵad nid yn bleseryddiaeth absoliwt, ddi-hid o bob ystyriaeth arall, eithr yn bleseryddiaeth sydd ynghlwm wrth wladgarwch. Daw hynny'n amlwg yn nhair cerdd olaf y casgliad. Yn 'Y neuadd newydd', y gerdd olaf ond un, edrydd y bardd amdano'i hun a'i gydnabod yn 'ymgasglu'n fintai Gymreig/ yn neuaddau nodded' eu mabinogi, ac amdanynt oll yn mynd 'at gorneli'r nos/ a'u meddiannu,/ yn feddw,/ yn hapus ar gyfeiliorn'. Ond yn eu meddwdod, ac er gwaethaf eu meddwdod, pe deuai'r alwad gan Owain y Mab Darogan, byddai 'mwy na thri chant' ohonynt yn gorymdeithio 'at y wawr newydd'. Bydd yn anodd gan rai darllenwyr dderbyn y fath ddelfrydiaeth, efallai, yn enwedig gan fod y fath ddelfrydiaeth yn dilyn mawr yfwch, ond cofier mai ar ôl bod yn y gwin a'r medd y cychwynnodd y trichant i Gatraeth, profiad y cyfeirir yn uniongyrchol ato yma. I'w marwolaeth yr aeth y trichant (namyn un) yno; mewn gwrthgyferbyniad, baneri Cymru ar gastell y brifddinas yw symbol goruchafiaeth cenhedlaeth ifanc *Y tynnwr lluniau*. Seicolegol a chymdeithasol yw ei Gatraeth ef: enaid Caerdydd ei hun yw ei goncwest, 'y gwladychu derbyniol' (ys geilw ef mewn cerdd gynnar) gan y rhai hynny a ddaeth yma o Wynedd a Cheredigion a Sir Gâr (ys noda mewn cerdd arall).

Heblaw'r farddoniaeth sy'n cynnal y thema hon o goncwest eironig, ceir gan y bardd hefyd gerddi am fwynhad er ei fwyn ei hun, er nad yw hwnnw fyth yn fwynhad di-boen, – er enghraifft, y pleser a rydd y ddinas dros fwrw-Sul i bobl y cymoedd. At hynny, ceir ganddo gerddi portread manyldda o farman ac o butain, a rhai cerddi, 'Sodlau' a 'Portread mewn tywyllwch', mwy cyfrin eu mynegiant. Gallaf dderbyn cerddi fel hyn nad ydynt yn gwbl ddealladwy ar ddarlleniad neu ddau – y mae yn natur barddoniaeth i fod yn gyfrin, – ond y mae ambell linell ac ambell drosiad yng ngwaith *Y tynnwr lluniau* sydd yn corddi'r beirniad ynof yn ofnadwy. Yn y gerdd sy'n rhoi iddo'i ffugenw, y mae'r llinell lle mae'r *junkie* yn crefu am ei heroin yn erchyllwaith, hyd yn oed o enau cyffurgi. Ac yn ail a thrydydd pennill 'Gwaed', lle'r adleisia 'gwenwyn yn y gwaed' Edward H. Dafis, ni weithiodd ei droadau-ymadrodd yn dda o gwbl.

Ond er ei amherffeithrwydd, dyma oreugwr y gystadleuaeth. Y mae ganddo ddychymyg bardd, ac y mae ei fynegiant ar y cyfan yn weddus i'w ddewis bynciau. Pe na bai ef yn y gystadleuaeth, Eisteddfod ddigoron fyddai hon o'm rhan i. Gan hynny, da inni ei fod yma. Coroner *Y tynnwr lluniau*.

Y Casgliad o Gerddi Rhydd

STRYD PLESER

Seirenau

Pa awr o'r nos yw hi
pan fo seirenau'n gysur unig?
Seirenau'n consurio haenau o glydwch,
pa awr o'r nos yw hi pan wyf i'n llonydd,
yr unig beth llonydd yn y trobwll hwn?
Pan fo munudau'n oriau
a'r tacsis yn tasgu,
y ddinas yn chwydu
a'r wynebau'n chwyrlïo,
yn toddi i'w gilydd yn eu rhuthr hir.

Mae'r nos yn closio ataf,
yn fy nal yn ei breichiau
o goncrit a goleuni,
yn dweud fy mod yn rhan ohoni,
na fyddaf eisiau fyth
am fy mod yn gorwedd mewn
porfeydd neon,

a daw'r seirenau i'm cysuro
unwaith eto.

Yr Aber

Mae'r cymoedd yn gwacáu,
ac afonydd yr wythnos
yn tywallt i fôr nos Sadwrn,
lle mae'r ewyn yn y gwydrau'n
chwerw,

ond fe'i llowcir yr un fath.

Mae ymchwydd y cefnfor
dinesig yn eu denu,
blas rhyddid

yn yr heli ar yr awyr,
ac oglau gwymon
ar y mwg,
am benwythnos.

Bore Sul mae'r eogiaid
yn dychwelyd
i'w magwrfeydd,
yn neidio o drên i drên
i baratoi am wythnos arall
yn yr afonydd araf,
lle mae gronynnau'r glo
yn dal i lynu
yn eu tegyll.

Llyfrau

Mae'r llyfrau lledr,
fel lluniau'r dociau
a hysbysebion y pumdegau
yn addurno Sadyrnau'r ddinas,
a phob tafarn newydd yn llyfrgell
tra bod pob llyfrgell yn wag,

dyma *kitsch* nos Sadwrn,
rhywbeth i lanw silff
a gosod y cilcyn yma o'r ddinas ar wahân
i'r mannau brwnt, gonest,
sy'n gwybod eu bod nhw'n dafarndai,
lle mae *Echo* ddoe yn dal ar y bar,
a'r perchennog heb baentio
dros staeniau'r sigaréts.

Y tynnwr lluniau

Ddoe bûm yn ddyfal yn tynnu lluniau
cefn gwlad Cymru,
ac roedd y du yn dduach a'r gwyn yn wynnach
nag y bu o'r blaen,
y bunt estron a'r geiniog leol yn cyferbynnu
mor finiog ag erioed.

Yma, ar fertebrau'r ddinas,
ychydig gamau o'r meingefn neon,
lle mae'r alcohol a'r carlo, a'r carlo a'r alcohol
a'r 'dw i ishe lein-iawn-dere-sistern-papur-chwyrlïo',
yn curo â churiad cyflym,

gwelais y negatif.

Yma lle mae'r gwaed yn llifo'n ôl
i'r Waun Ddyfal a Threganna
yn uchel ara'
am dri y bore,
gwelais y negatif –
y gwladychu derbyniol,
y bunt ddosbarth canol bbc/htv/s4c,
a cheiniog y werin
wedi ei gwthio ymaith i sŵn ein chwerthin,
gan ein bod yn gwladychu ein dinas ni,
o'r diwedd.

Ond pa hawl sy gen i i farnu,
dim ond tynnwr lluniau ydw i.

Sodlau

Mae'r sodlau'n cychwyn martsio
unwaith eto,
yn cadw amser
â phrysurdeb tipiadau'r cloc,

a dw i'n pwyso ar y wal,
yn methu dal yr un ideoleg
ond ideoleg grynedig y jd nesa,
ac wrth sefyll ac edrych,
sefyll ac edrych
ar y gwenau'n y gwydrau,
mae'r synnwyr yn toddi'n sŵn,
y sgwrs yn fy nghlust yn tawelu
a dw i'n anwybyddu
pob un dim
heblaw sŵn y sodlau'n cychwyn martsio
unwaith eto.

Portread mewn tywyllwch

Mae hon yn sgleinio'n
ddisgleiriach yn y tywyllwch,
pan fo'r byd o'i hamgylch fel y fagddu
mae lleufer ei chroen
yn dallu'n llawnach,

fel darn o wydr mâl
wedi ei ddal yn llygad yr haul,
ni fedrwn edrych arni
ond o gornel fy llygad,

ac yna gweld goleuni'n
unig
am eiliad,
wrth i'r sodlau stacato
nesáu.

Halo

'Prostitutes go to heaven. It's their clients that go to hell'
(David Lachappelle)

Does dim Cymraeg rhyngddi a'i dinas,
dim rhagor,
arferent barablu â'i gilydd
cyfarfod am sesiwn
ar y teils bob nos Sadwrn,
yn Walkabout a Spoons
a Tiger Tiger,
trio'i lwc gyda'r byd
a llwyddo weithiau.

Does dim Cymraeg rhyngddi hi a'i dinas nawr,
ond nid gelynion mohonynt –
mae'r ddwy'n manteisio
ar dywyllwch ei gilydd,
ar stafelloedd y meddwl
lle mae'r llenni yngháu
drwy gydol y dydd,
y parciau nodwyddog

lle nad oes golau
ond golau'r ceir yn fflachio'n
awgrymog.

Ac unwaith eto heno,
mae'r stryd fawr yn ymbellhau,
y chwerthin yn cilio
a thawelwch gwichlyd
stafelloedd y strydoedd cefn
yn agosáu.

Pe bawn wedi edrych i'r ochr
am eiliad,
wrth frysio heibio'r
stryd dywyll,
mi welwn wawr goch ysbeidiol
yn gylch am ei phen isel.

Pont

Ni allai waliau eu gwahanu'n well,
yr *high rise* agos a'r tai teras pell,
a rhwng y ddau rydw i ar goll.

Mae'n ffin rhwng storom a heulwen haf,
a dim ond dyfroedd duon Afon Taf
sy'n gwybod p'un sy'n uffern, p'un sy'n nef.

Ond wrth wylio'r llif, mi rydw i'n siŵr
y gwêl y ddinas, ryw ddydd, yr un dŵr
yn codi'n un dros y concrit, a'r holl dir.

Y shifft hir

Mae'n shifft hir arall
o edrych drwy lygaid yr *optics*
ar y ddinas,
a'i gweld hi'n meddwi,

shifft hir arall
o ysu
am gael bod yn eu canol,

shifft hir arall
o symud i fyny ac i lawr
ac i lawr ac i fyny'r bar,
penderfynu pwy sy nesa',
pigo'r merched perta'
a gwledda ar y gwenau,
a gwthio amynedd
y dynion i'r pen.

shifft hir arall
o ddal y noson ddinesig
fel y newid yng nghledr ei law,

shifft hir arall
o gyfri oriau
fel ceiniogau
tuag at sesiwn
neu at wair,
neu well,

i gael anghofio
am y shifft hir nesaf.

Gwaed

Heno mae'r stryd yn ymestyn
yn wythïen
o Dreganna dros yr afon
ac at galon
y golau,

ac mae gwaed Sir Gâr
a Cheredigion,
a Gwynedd,
yn meddwi ar ocsigen eu mabinogi
yn ysgyfaint y ddinas,
ac yn ei gludo at guriad
ei chanol.

Ac yn y gwaed mae gwenwyn,
gwenwyn Gwynedd
a Cheredigion a Sir Gâr,
y gwenwyn

fel moddion a medd,
gwenwyn hyfryd y tafodieithoedd
wedi ei godi o'r pellafion
gan y gwaed
i gymysgu
gyda'r gwaed o bedwar ban.

Os yw'r galon yma'n curo'n iach,
ei strydoedd yn goch
gan eu geiriau,
y gyrwyr tacsis a bysys,
y bechgyn tu ôl i gownteri McDonalds,
y cyplau â'r haf yn eu gwallt
ym Mharc y Rhath,
bechgyn Ramones
a merched yr Aes
sydd fel blerwch anhygoel yr hydref,

os bydd y rhain
yn teimlo gwenwyn pur Cymraeg
yn ddwfr ar eu genau

bydd y gwaed yn dychwelyd
at y cymunedau,
ac egni eu straeon
yn fwrlwm,
yn fywiocáu.

Y neuadd newydd

Awn i chwarae yng nghynteddau'r tywyllwch
a gwylio'r goleuadau'n
ymffurfio'n gymuned.

Awn i siarad ac i gynllwynio
gyda'r cysgodion
ac ymgasglu'n fintai Gymreig

yn neuaddau nodded
ein mabinogi ni.

Awn ni
at gorneli'r nos

a'u meddiannu,
yn feddw,
yn hapus ar gyfeiliorn,
a stryd y Santes Fair
yn crynhoi'r gwasgaredig
yn ei breichiau,

yn ein tynnu at ein gilydd
o'r strydoedd diwyneb.

Pe deuai'r gad heno,
pe deuai Owain
a mynnu ein bod yn ei ddilyn
yn y bore bach,

byddai chwyldro yfory,

a mwy na thri chant
yn martsio
at y wawr newydd.

Heno

Heno mae'r brifddinas yn mudlosgi,
a fflamau Cymreictod yn bygwth
llyfu waliau'r castell,
herwyr a rhaffau hyderus
eu hieuenctid
yn dringo dros y tyrau,
yn codi eu baneri
eu hunain
i fyny i'r gwynt,
fel y gall Cymru
gyfan eu gweld
yn cyhwfan dros ei dinas rydd.

Y tynnwr lluniau

BEIRNIADAETH IWAN BRYN WILLIAMS

Testun lleol diriaethol oedd dewis y Pwyllgor Llen eleni, ac mae beirdd yn ei chael hi'n anos i adael i'r awen eu harwain na phan fo'r testun yn fwy penagored.

O'r 47 cynnig a ddaeth i law, yr oedd gwallau cynganeddol yng ngwaith *Y Pentan Du, Meirionfab 2, Crwybr, Crwybr eto, Afan Fynydd* (tri chynnig), *Gwjen, Kandy,* ac *Os na Wellith Pethau,* ac yr oedd englynion *Bargod* a *Pengwern* yn cynnwys un llinell chwe sill lle dylai fod saith. Gobeithio y gwnewch chi i gyd ddal ati i geisio englyna; ni fu'r un bardd yng Nghymru yn englynwr o'r groth. Darllen englynion yn uchel, gwrando ar feirdd yn adrodd neu ddarllen eu gwaith, adnabod clec y Groes a'r Draws, clywed odl y gynghanedd Lusg ac odl a chlec y Sain, dros gyfnod maith, efallai, a ddaw â'i wobr.

Mae *Morfil, Meirionfab 1, Long John Arian, Penrhiw* ('Mae dresser ac offeren ...), *Campwaith, 'Fory Ddaw, 1982, ... yng Nghymru fydd,* yn cynganeddu'n gywir ond mae'r gamp o wneud hynny'n llurgunio'r dweud gan wneud y mynegiant yn amhersain a dieithr ar brydiau.

Down wedyn at 20 o englynion digon crefftus gan *Seiliau, Yma o Hyd, Hiraethwr, Mewn cwlwm, Disgybl, Crwydryn 1, Crwydryn 2, Dafydd 1, Dafydd 2, Iorwerth, Penrhiw* ('Daw rhin bywyd gwerinol ...'), *Ceiri, Hanesydd, Mabon, CF5, Dylan, Mawn.* Cawn lawer o ddweud da ymysg gwaith y grŵp yma ond heb lawer o fflach na newydd-deb

Yn agos i ben y dosbarth yma mae *Tyddynwr* gyda'i gwpled clo: 'Ni all hanes pell heniaith / Heb gymuned arbed iaith'. Mae *Golud Ddoe* yn: 'Amau mai'i delweddau lu / Fu orau, nid yfory' ac mae *Trebor* yn dechrau'n dda: 'Set gyfoes drama'r oesau, yn un lle / Yn llawn hen feddiannau'. Disgwyliwn iddo symud ymlaen i ddatblygu'r ddelwedd ddramayddol ond, gwaetha'r modd, er bod ei esgyll ynddo'i hun yn ddigon da, nid yw'n estyniad o'r darlun yn y paladr: 'Adwy i'n traddodiadau / A rhagfur i'n bur hoff bau'.

Wrth ddod at y goreuon, down at fardd sydd yn cyflwyno golwg ysgafnach (efallai) ar y mater. Meddai *Eitha gwir!*:

Hen fedd i'r trugareddau – wyngalchwyd
Gan gylch o gyndade,
Dyma waddol! Ond medde
Ein hil iau ''ma dwll o le'.

Gwaetha'r modd, methodd *Eitha gwir!* sillafu 'trugareddau' yn ôl ei dafodiaith ac fe gollodd y brifodl!

Mae *Clwyd* yn gofyn cwestiwn i'r un perwyl:

Ei gobaith a'i gwaith a'i gôl – yw nefoedd
Hynafol, werinol;
Pa ddiben creu'r gorffennol
I ddwyn oes na ddaw yn ôl ?

A *Griff* yn ei ddweud yn fwy barddonol:

Ei natur yw casglu'r cof – a'i wisgo
Ag esgyll diangof;
Dan ei sang ond nyth angof
Yw terfyn aderyn dof.

Ond ni allaf weld 'dan ei sang' yn gymal priodol lle gosodwyd ef yn yr englyn. Efallai fod Sain Ffagan 'dan ei sang', ond nid yng nghyswllt y delweddau o 'esgyll' ac 'aderyn dof'. Mae'r awgrym sydd yn cael ei fynegi yng ngweddill esgyll yr englyn wedi ei ddweud yn dda iawn.

Dewisodd *Ela* ddelwedd arall o fyd natur a pheri inni feddwl beth fydd dyfodol yr Amgueddfa Werin. Y wiwer yw'r ddelwedd y tro yma:

Er i'r goch ymroi i'r gwaith – o gofio
Drwy'n gaeafau hirfaith;
Mae'r lwyd hyd dderwen heniaith
Ac ar dân i lwgu'r daith.

Mae *Southgate* wedi cael profiad yn Sain Ffagan rywle'n agos i dyrpeg Penparcau (Southgate), 'dybiwn i.

Yn flêr a'i gwallt fel eira – un eiliad
gwelais wrth y dollfa
hen ddynes yn busnesa
ac yn ei gwên niwlen iâ.

Mae'r englyn yn cyfleu rhyw newydd drwg a gwae ac mae yma hen ddynes a'i gwên wedi rhewi, un nad yw ar drywydd anrhydeddus iawn, 'dybiwn i. Cipolwg a gafodd y bardd arni yn ôl ei dystiolaeth ef ei hun. Nid yw'r cipolwg yma, ysywaeth, yn hollol eglur a chefais fy hun yn ei ddarllen a'i ailddarllen ac ystyried pwy tybed a welwyd. Mae'r her i'r dychymyg, a'r ffaith fod dawn amlwg gan y bardd yma, yn fy ngadael yn annifyr am imi fethu dechrau gwneud cyfiawnder ag o. Ond rwyf wedi ei osod yn uchel yn y gystadleuaeth oherwydd hynny.

Mae dau ar ôl. Dyma gynnig *Math*:

Yn eisiau – un oasis – yn y cof,
Un cocŵn, un Tardis
Un cythgam o ffrâm i'n ffrîs
O Walia – ac fe'i gwelis.

Sain Ffagan fel gwerddon i ffoi iddi o anialwch ein dyddiau ni? Ie. Sain Ffagan yn clymu amdanom, yn ein diogelu fel y gwna cocŵn am bryfyn? Ie. 'Un Tardis' i deithio yn ôl a blaen mewn amser? Wrth gwrs. 'Ffrîs o Walia' – casgliad o ddelweddau'n cynrychioli ein cenedl ymhob dim? Ie. Dyna a welodd y bardd. Mae 'oasis', 'Tardis', 'cocŵn' a 'ffrîs' yn eiriau newydd i'r iaith Gymraeg – wedi eu cymhathu'n ddiogel trwy eu harfer a hefyd trwy eu cynnwys yn ein geiriaduron, fel cyfieithiad o'r geiriau estron. Ond mae'r 'cythgam' a'r 'gwelis' yn perthyn i'n hiaith lafar werinol, feunyddiol. Ac nid diffyg geiriau digon llenyddol a barodd i'r bardd ddewis y ddau yma, 'dd'wedwn i, ond yr awydd i ddatgan, tra bo Sain Ffagan yn cadw cofnod cywir o bethau'r gorffennol, fod yr iaith Gymraeg yn fyw heddiw ac yn addasu.

A dyma gynnig *'Welsh Not'*

Ein diwylliant mewn 'styllen; mewn geriach
Mae'n holl ach; mewn llechen
Clywn anrhaith; a'n hiaith hithe'n
Ein galw o'r W a'r N.

Bûm yn pendroni'n hir dros y llinell gyntaf – sut oedd cysylltu ein diwylliant byw â darn o bren marw! Ond bardd sydd yma. Ai astell pulpud Capel Penrhiw yw'r styllen dan sylw gan mai trwy gyfrwng y pulpud y diwylliwyd gwerin Cymru yn y blynyddoedd a fu? Ynteu 'styllen bridd' (yr 'aden' mewn rhannau o Gymru), yn yr Oriel Amaethyddol, rhan hanfodol o'r erydr a fu wrth ei gwaith yn diwyllio daear Cymru? 'Mewn geriach mae'n holl ach' – er na chawsom adnabod odid neb o'n cyndeidiau, gallwn gael cipolwg ar eu bywydau trwy geriach eu cyfnod. 'Mewn llechen/ clywn anrhaith': cyfeiriad, mi dybiwn, at goflech milwyr o Drecelyn a syrthiodd yn y ddau Ryfel Byd. Symudwyd y gofeb i Sain Ffagan yn 1995 wedi i ardd goffadwriaethol newydd gael ei sefydlu yn Nhrecelyn. Ond mae anrhaith barhaol arall yn bodoli, sef anrhaith yr iaith, ac wrth weld yr hen *Welsh Not* gwreiddiol a'r modelau ohono yn ysgol Maestir Sain Ffagan ac yn un o'r orielau yno, cawn ein hatgoffa o'n rhan yn y frwydr honno.

Bûm yn dyfalu a simsanu rhwng englyn *Math* ac englyn *Welsh Not*, ac mi fuaswn yn falch o fod wedi gallu mynd dan groen englyn *Southgate*. Nid oes modd osgoi dod i benderfyniad, bellach, a dyfarnaf *Welsh Not* yn fuddugol.

Yr Englyn

SAIN FFAGAN

Ein diwylliant mewn 'styllen; mewn geriach
Mae'n holl ach; mewn llechen
Clywn anrhaith; a'n hiaith hithe'n
Ein galw o'r W. a'r N.

Welsh Not

Englyn Ysgafn: Parcio

BEIRNIADAETH WILLIAM JONES WILLIAMS

Pwnc sydd wedi ennyn trafodaeth yn bur aml yw'r gwahaniaeth rhwng englyn ysgafn ac englyn digri. Wrth gwrs, gellir dweud bod englyn digri yn ysgafn bob amser ond nid yw englyn ysgafn o reidrwydd yn ddigri. Felly, dylai englyn ysgafn ddenu rhagor o gystadleuwyr am fod y maes yn lletach. Pleser fu cael bwrw golwg dros y deugain ymgais a ddaeth i law eleni. Cafwyd testun da, yn llawn posibiliadau. Diolch fod y ffugenw weithiau'n rhoi tipyn o oleuni i feirniad mewn tywyllwch. Fel hyn rydw i'n gosod gwaith y beirdd:

DOSBARTH 3

Deuddeg sydd wedi parcio ar y llecyn hwn. *Hergest Hirgrwn*: Pedwar pennill ar ffurf englyn sydd yma a'r gynghanedd heb ei geni eto. Efallai mai'r peth mwyaf barddonol yw'r ffugenw. *Wombat*: Hanner englyn sydd ganddo. Penderfynodd roi'r gorau iddi pan ddechreuodd fynd rownd a rownd. *Meirionfab 1, 2, 3, 4*: Pedwar englyn gan yr un bardd. Er ei fod yn medru trin y gynghanedd yn o lew, fe anghofiodd mewn tair ymgais mai un gynghanedd lusg a ganiateir mewn englyn. *Wini Wenci*: Diffyg cyfri' sillafau a barodd i'r cystadleuydd fod yn y fan hon. *Modryb Gwen*: Anghofiodd fod 's' yn meddalu'r 't' yn 'stryd' ac felly nid oes cyfatebiaeth. *Pechadur*: Hoffais y syniad ond mae camgymeriad amlwg yn y drydedd linell: 'Yn deg iawn mewn du a gwyn – yno 'roedd / Car â rhif y Ffordyn / A chyda llaw, gyda'r llun / Bil oedd am barcio blwyddyn'.

DOSBARTH 2

Rhaid cael cornel go eang i'r pump ar hugain sydd yn y dosbarth hwn. Mae'r mwyafrif yn englynwyr â chrap da ar y grefft ond heb gael digon o fflach i ddod i blith y goreuon. Ceir ambell linell neu gwpled addawol, er enghraifft: 'Ffroenodd, chwim-welodd olwyn – dros y lein' (*£60*); 'Diflastod Eisteddfodol / Yn y mwd ...' (*Blin*); 'Tocyn a'r cloc yn ticio, – a mynnais / Fy mhum munud eto' (*Llanofer*); 'Ehedydd anghyffredin – blua'i nyth, / Ble? Yn Nhŷ'r Cyffredin' (*Pedr Hen*); 'Parcia dan geinder derwen – yn y clos / Ond clec! syrthia'r goeden' (*Llwynog*); 'Doedd berswâd rhag taliad du' (*Blaenhafren*); 'Audi, nunlle i'w adael, – a dario / Dam dirwy bob gafael!' (*Ann Happies-Giddar*).

Englynion cywir ond braidd yn gyffredin o ran syniad neu fynegiant sydd gan y canlynol: *Oscafle, Warden Traffig, Rhodri, Graslonwr, Isblismonyn, Y Dymchwelwr, Trwbwl Dwbwl, Owain 1, Owain 3.*

Anelodd *Clamp O'glo* yn uwch a rhoi gogwydd gwahanol i'r testun. Byddai'n well gen i 'daw y dydd' yn y drydedd linell:

Daw bonllef fel rhyw grefydd – i rannu
Fy nghar unig beunydd;
Yn ddi-ben-draw y daw'r dydd
I rannu fy hofrennydd.

Beth yw'r farn erbyn hyn am y defnydd o'r Saesneg i greu ysgafnder neu ddoniolwch? Yn fy marn i, mae yna orddibynnu ar hyn byth a beunydd mewn talwrn, ymryson a stomp ac mewn cystadlaethau eisteddfodol hefyd. Dyna wendid y canlynol yn ogystal â defnyddio gair cryf i roi tipyn o gic i englyn go farwaidd: *Ail Gyfle, Y Co Bach, O'r ffôn*. Dyma dair enghraifft o'r hyn a olygaf:

Dim aros! ac mae'n nosi – dere mas
O dŷ'r Musus Ffansi
Neu *my God* dyma gei-di
Fwnci diawl – fy nhiced i!

Mrs Iawn

Gresyn! Wel dyma greisus! – un eiliad,
Un hen wal anffodus,
A dim brêc! Go dam i'm brys
Greu més o gar y musus.

Owain 2

Unwaith, wrth barcio'r mini, – y warden
A'm dwrdiodd a'm rhegi
Yn anweddus, gan weiddi,
'Y diawl, 'ti ar 'y nhroed i.'

AW!

Yn uchel yn yr ail ddosbarth, daw'r ddau isod:

Madarch ar ffordd 'Dim Oedi' – oedd y praidd
Pa ryw wyrth? Daeth Bobi
A dweud gallai 'ngherbyd i
'N y grug ddwyn cosb hyd grogi!

Ffordd y Mynydd

Parcio go anghyffredin a stori ddirgelwch. Er nad yw'r ystyr yn eglur ar y darlleniad cyntaf, mae'n werth pendroni am funud.

Yn ddi-lun ar ddwy linell – oedai dyn
Duw i danio'i bibell,
Nes dyfod i ystafell
Gyda'r llu sy'n mygu mhell.

Ger y Llan

Englyn un frawddeg yn rhedeg yn esmwyth, ond beth yn union a olygir yn yr esgyll?

DOSBARTH 1

Dyma'r tri a ddaeth i'r brig.

Doctor Pwy?: Syniad gwreiddiol ac arallfydol, ond efallai'n golygu mwy i wylwyr y gyfres deledu enwog nag i'r gweddill ohonom.

O'i hirdaith glaniodd Tardis – o niwlen
Heb dalu'r un crocbris,
Yn igam-ogam megis
Meddwon lôn daeth bocs polîs.

Dal i deithio!: Llwyddodd hwn i grynhoi'n gofiadwy iawn y cwestiwn mawr, sef a ddylai'r Eisteddfod Genedlaethol fod yn symud bob blwyddyn.

O Awst i Awst heb osteg – ar ryw barc
Tymor byr bu'n rhedeg;
A geisiwn droi'r hen gaseg
Werth y byd i gae wrth beg?

Mewn Trwbwl: Englyn syml a'r stori wedi'i dweud yn ddiwastraff gan adael digon ar ôl i ddychymyg y darllenydd. Mae ar y blaen er y dechrau.

Gor-ramant a ffrâm wantan – a hen awch
Fu achos y cyfan;
Mae gwŷr y wasg, mae gŵr Ann
A'r 'A.A.' yma 'rŵan.

Mewn Trwbwl biau'r wobr.

Yr Englyn Ysgafn

PARCIO

Gor-ramant a ffrâm wantan – a hen awch
Fu achos y cyfan;
Mae gwŷr y wasg, mae gŵr Ann
A'r 'A.A.' yma rŵan.

Mewn Trwbwl

Telyneg: Gwlith

BEIRNIADAETH NESTA WYN JONES

Daeth tri deg un o delynegion i law eleni, a bûm yn llygadu'r amlen am dros wythnos cyn ei hagor. Beth pe na bai telyneg ar eu cyfyl? Beth pe bawn i'n gorfod dweud nad oedd neb yn deilwng? Beth pe bai'r holl gystadleuaeth yn troi'n ddiflastod? A beth sydd i'w ddweud am 'wlith' na ddywedwyd o'r blaen? 'Oedfa wlithog', efallai. Maes gwlithog, disglair yn y bore bach? Gwlith ar we pry copyn? Beth arall? Yn bur ochelgar, felly, y gosodais baned, papur a beiro ger cornel y soffa ryw noson, a dechrau ar y dasg o feirniadu, gan ddarllen pob ymgais, y naill ar ôl y llall, a thurio fel daeargi at waelodion y pentwr.

Gwelwi wrth ddarllen gwaith y deg ymgeisydd cyntaf – llawer gormod o gerddi hirion yn lle symlrwydd telynegion. Dal i ddarllen, a sylwi, toc, nad oedd sypyn y Trydydd Dosbarth yn cynyddu o gwbl. Ac yna, teimlo rhyw wefr ... 'Mi wneith hon!' Ac un arall ... ac un arall ... nes oedd gen i fwy na hanner dwsin o Enillwyr Posibl! A gorffen yn hapus fy myd? Wel, ie ... a heb ddim ond dau bentwr, sef Dosbarth Un a Dosbarth Dau. (Gan gymryd yr holl glod fy hun, wrth gwrs. On'd oedd y cystadleuwyr i gyd wedi darllen fy nodiadau ar y Delyneg yng nghyfrol *Cyfansoddiadau a Beirniadaethau Eisteddfod Genedlaethol Casnewydd 2004*, ac wedi elwa'n ddirfawr o'r herwydd?)

Yn ôl eu rhifau gan Swyddfa'r Eisteddfod yr euthum drwyddynt, gan ddechrau efo'r 'deryn cynharaf.

Sanau'r Gwcw: Dechrau'n addawol ond nid oes lle mewn telyneg i bregethu nac i newid cyweirnod. 'Ond/Roedd yn rhaid cael atomfa newydd/ Medda' nhw/ I gadw'r hogia adra'. (Teilwra ar gyfer y beirniad, aie? Dim marciau am hynny.)

Tlysau'r Wawr: Telyneg swynol. Llwyddodd i gynnal yr un gymhariaeth gynnil drwyddi draw. Ond hen drawiad, a hen odlau, a minnau'n chwilio am fflach o newydd-deb.

Amaethwr: Cerdd yn hytrach na thelyneg. Brawddegu hirwyntog a diweddglo sydd yn straen ar ei awen. Rhaid camu'n ôl oddi wrth y profiad i'w fynegi'n gliriach. Hoffais 'gôl dyllog y gwynt ... '

Cwm Hiraeth: Cwpledi effeithiol o syml ond ymadroddion llanw fel 'y Llan' ac ambell ddweud od fel 'crafangau dy law'. Ai niwlen hiraeth ar ôl i rywun farw sydd yma?

Rhegen yr Ŷd: Dyma fardd galluog ond gresyn fod y delyneg yn torri'n ddwy, a'r naws hyfryd yn yr adran gyntaf yn cael ei chwalu. Cerdd, ond un sy'n cloi'n ysgytwol.

Prentis: 'Ba sentimentaleiddiwch?' oedd fy ymateb cyntaf, am fod yma ddisgrifio siwgwraidd a thylwyth teg. Mae'n fesur swynol ond cafwyd gormod o frawddegau'n dechrau gyda 'mae'. Ymgais dda i gyfleu hyfrydwch bore gwlithog cyn i 'ddawns yr awel/ ysgwyd dagrau'r gwawn'.

Deio bach: Darn adrodd bach hyfryd i blant. Y syniad yw fod Mistir Barrug wedi methu gwynnu'r caeau a gwlychwr o fyd lledrith wedi cymryd ei le.

Llain Llanllwni: Rhythmau'r delyneg hon sy'n fy mhoeni – y llinellau byr yn peri i'r darllenydd swnio'n fyr ei wynt. Ond ceir yma ôl dychymyg a dyfeisgarwch a darlun hyfryd yn y pennill olaf.

Eiddon: Baled dri phennill yn dweud hanes damwain ar feic – y gwlith oedd y drwg. Ni all telyneg adrodd stori, gam wrth gam, er y gall arlliw o stori neu ddigwyddiad (y gŵyr pawb amdano) fod yn gefnlen neu'n gefndir i'r dweud.

Er Cof: Ni theimlais i'r cystadleuydd gael hwyl arni y tro hwn. Gormod o ansoddeiriau – e.e. 'Ymleddais i fod yn wydn/ Wrth grymu'n wag/ Yn ymyl yr archoll goch', ac onid yw'r ymadrodd 'Yn ddu o'r gymwynas olaf' yn swnio'n chwithig?

Gareth: Telyneg hen ffasiwn, draddodiadol sy'n fy atgoffa o waith I. D. Hooson. Dim mefl arni (ar wahân i un gair wedi ei gamsillafu) a'r hen air anfarddonol 'cyfalafiaeth' sy'n ymddangos yn y llinell gyntaf, efallai. Gweledigaeth newydd, a bu *Gareth* wrthi'n saernïo pob llinell yn ofalus. Aeth y delyneg hon yn syth i'r brig.

Emrys: Telyneg ardderchog pe byddid wedi hepgor y pennill cyntaf – a hefyd, o bosib, y cyfeiriad at 'fedd y Silwriad'. Pam? Mae'r pennill olaf yn delyneg berffaith fel y saif ac yn llwyddo i ddwyn fy anadl. Gwaith meddyliwr praff (beirniad llenyddol o ran ei reddf, efallai) na sylweddolodd bwysigrwydd ei 'ddarganfyddiad' i'w gyflwyno'n ddirodres.

Cai: Nid peth bach yw'r ddawn i greu awyrgylch, a hoffais yn fawr y llun yn y pennill olaf. Cynnil a chrefftus. Beth yw arwyddocâd yr ansoddair 'creithiog'?

Enfys: Syniad gwreiddiol yw fod geiriau fel gwlith seithliw sy'n 'lliwio'r/ heniaith a brodwaith ein bro'. Y gynghanedd wedi llurgunio'r dweud, yma a thraw, gwaetha'r modd, e.e. 'gloywder ei diferion/ drwy weoedd: straeon,/ awdlau a cherdd, chwedlau a chan'. Ni hoffaf ychwaith y ferf 'tuthian'. Telyneg ac iddi bosibiliadau pendant, a ffresni amheuthun.

Enfys (2): A fyddai 'Fel y wên na ddaw yn ôl' yn well clo? Lluniodd delyneg hoffus, gynnil ac mae'n fardd a ŵyr bwysigrwydd gweld y llun cyfan cyn dechrau ysgrifennu. Ond haeraf fod angen mwy eto o ofal gyda'r mynegiant.

Jac: Telyneg agos-atom am hiraeth mewn mynwent – dagrau ar rudd ac ar esgidiau. Da oedd y disgrifiad o'r 'cymdogion digyffro' (yn y beddau cyfagos). Telyneg hamddenol a naturiol iawn.

Cyfrinach: Ymadroddi llac – e.e. 'yn freuddwyd/ o freuddwyd'. Rhai gwallau iaith ('gwlybanwch/ a ysaf amdano/ ym mhob dydd'). Cerdd serch hyfryd, er hynny, a golwg hollol newydd ar y testun!

Drip: Y ffugenw'n canu cnul o rybudd cyn dechrau ac yna, do, fel yr ofnais, difethwyd telyneg ardderchog gan y llinell olaf un! Syniad cychwynnol gwych – ond diffyg hyder neu ddiawledigrwydd wedi ei lesteirio.

Lili: Telyneg yn cystwyo gormes Kenya, Irác ac Israel. Nid yw'r bardd wedi ei harneisio'n ddigon pendant wrth y teitl. Beth yw ystyr geiriau fel 'orglawdd' a 'grymu'?

Cysurus: Bob tro y darllenaf hon, caf flas ar ei gonestrwydd a'i symlrwydd hyderus. Cysuron y Sul priod, saff – ac yna fflach sydyn o atgof am fenter a chyffro carwriaeth ysgafala'r gorffennol. Telyneg dda – trueni am y camdeipio yn y llinell olaf. Gŵyr hwn/hon werth awgrym yn hytrach na dweud.

Graddfa: '*I* fyny' ac '*i* lawr' sy'n gywir. Telyneg ynteu baled arall? A oes angen chwe phennill pan fyddai'r cyntaf a'r olaf wedi dweud y stori i gyd?

Olwen: Syniad trawiadol sef y sêr yn disgyn gyda'r gwlith – ond mynegiant hynod o undonog. Hen air llipa yw 'hefyd' yn y llinell olaf. A braidd yn ffeithiol yw 'anwedd y dydd' yn y cyd-destun, erbyn ystyried.

Meillionen: 'Manna mud y mannau mwyn', 'ffynnu wna ffydd y ffyddlon – rhaid cyfaddef imi gilwenu uwchben llinellau o'r fath, ond maent yn cuddio hedyn telyneg ardderchog o obeithiol, sef cymharu gwlith ag adfywiad yr iaith Gymraeg. Mae angen cryn dipyn o waith arni, cyn iddi gyrraedd ei ffurf derfynol, fodd bynnag.

Pengwern: Cynildeb bardd gwlad, mewn telyneg nad oes ail ystyr iddi, hyd y gwelaf. Mae'r llwynog wedi cael ysbail, unwaith eto, ond y tro hwn, mae'r llwybr yn y gwlith yn ei fradychu. O'r ychydig eiriau, does dim un gair o'i le.

Eilir: Telyneg hyfryd, hyfryd am ddagrau'r nos a'r haul yn eu sychu. Mae'n fy atgoffa o Chwedlau Aesop. Tybed a fu'n ddoeth cyfyngu'r dagrau i un, gan beri iddo wylo 'cwrlid' ohonynt?

Cwasi: Telyneg daclus a di-nonsens yn gwrthgyferbynnu ddoe a heddiw ym mro ei febyd. Hoffwn fwy o ymdroi wrth ddewis ymadroddion (e.e. 'rhodio drwy y rhostir'), ac uwchben strwythur y delyneg, pam sôn am olau'r tyddyn yn y nos?

Mwclis: Dyma'r newydd-deb – a'r wefr – y chwiliwn amdano, sef profiad Mair, fore'r Atgyfodiad. Byddai'n well telyneg pe cymerid mwy o ofal uwchben y dweud: 'cyfddydd', 'llieiniau ennaint', y gair bach 'eto'. Dangosodd faint ei synwyrusrwydd pan ddisgrifiodd y gwlith yn 'iraidd' yn y 'bore gwyn'.

Heulyn: Telyneg gron, gynnil iawn, iawn. Hydref yn yr ardd, a diosgodd rhywun 'fantell hardd' o 'ddiemwntiau disglair' drosti. Personoli effeithiol ond o fewn fframwaith braidd yn rhy syml, efallai.

Iolo: Hynod o effeithiol fu cymharu gwlithyn ar flaen nodwydd hypodermig a'r gwlith ar bigau'r gwelltglas o gwmpas un a fu farw o effeithiau cyffuriau ar fainc mewn parc cyhoeddus. Sylwaf fod 'gwefr' yn ddeusill yn y pennill cyntaf.

Dros Dro: Nid wyf yn siŵr o'r haul yn 'bwrw ei swildod' yn y pennill cyntaf, na'r 'rhydwelïau digynllun' na'r 'mamau'n drachtio gwin', petai hi'n dod at hynny! Ond marciau llawn am y thema, sy'n datgan mai dros dro y ceir llwybrau yn y gwlith. Yn yr ymdriniaeth y gwelais wendid.

Caerwrangon: Os am sylw, defnyddier papur piws! Telyneg gyfoes ei chynnwys a'i mesur. Pa wlith ddylai cenedl ei 'gostrelu ar las y dydd' yw'r cwestiwn llosg. Beth yw ein cynhysgaeth 'wlithog' ni fel pobol? Cystadleuydd peryglus, ond nid yw patrwm y cwestiynu'n gorwedd yn esmwyth, ac y mae yma lawn gormod o ansoddeiriau.

* * *

O'r pentwr telynegion a dyrchwyd gan y daeargi, felly, cyrhaeddodd eu hanner y Dosbarth Cyntaf, sef eiddo *Cwasi, Caerwrangon, Cysurus, Llais*

Llanllwni, Tlysau'r Wawr, Cwm Hiraeth, Heulyn, Eilir, Pengwern, Olwen, Drip, Enfys, Enfys (2), Emrys, Mwclis, Iolo a Gareth. Roedd tua'u hanner mewn mesur ac odl, a rhai ohonynt yn dal i ddringo tuag at frig y rhestr.

Gadewch inni oedi am ychydig uwchben gwaith y goreuon. *Enfys* a haul y bore yn dwyn y gwlith, sef trysorau atgofion. *Cysurus* yn disgrifio Sul y presennol ac yn hiraethu am ramant bore Sul a fu, ac ôl traed yn cyrraedd y concrid o'r gwlith. *Drip* yn disgrifio hanner awr o wynfyd yng nghwmni un annwyl yn y gwlith boreol cyn dechrau'r dydd. *Heulyn* a'r fantell o ddagrau'n disgyn dros ei ardd yn y nos ac *Eilir* yn disgrifio cwrlid o ddagrau rhywun, a'r haul yn eu sychu. *Emrys* a'i bennill olaf gogoneddus sy'n delyneg ynddo'i hun, sef gwlith, hanfod creadigrwydd. *Pengwern* a'r llwynog ar herw. *Mwclis*: y maen a dreiglwyd a'r pwyntil cynnil, cynnil yn dweud y stori. *Iolo* a'r sylwadaeth bendant ar gyffuriau gan wrthgyferbynnu un gwlithyn drwg a'r gwlith naturiol o gwmpas y corff. Ac yna *Gareth* a'i delyneg dawel, sicr.

Dyna'r deg sydd ar y blaen. Ac er cymaint yr hoffwn wobrwyo cerddi rhydd *Mwclis, Cysurus* a *Drip* am eu themâu cyffrous a'u mynegiant cyfoes, ac er mor agos i'w sodlau yw nodwydd hypodermig *Iolo* (sy'n ail), ar ôl sawl darlleniad, at delyneg *Gareth* y trof bob tro, i lwyr werthfawrogi'r gwrthgyferbyniad syml rhwng y ddau bennill byr, i synnu at y personoli cofiadwy ac i flasu awyrgylch ddigymar y 'weirglodd' dan ei gwlith. 'Teilwra ar gyfer y beirniad', 'ddywedais i tua dechrau'r feirniadaeth? Efallai'n wir. Ond fe blesiodd hwn – a dyrnaid o rai eraill – y beirniad eleni. O bosib yr agoraf yr amlen yn syth y tro nesaf!

Y Delyneg

GWLITH

Ar balmant cyfalafiaeth
  Fy oes, fe'm denwyd i
At ffenestr fawr y gemydd
  A swyn ei sêr di-ri,
Ond wedi cyfri f'eiddo i gyd
Fe bylodd y disgleirdeb drud.

Ar weirglodd fy nghynefin
  Yng nghwmni toriad gwawr
Aroshais i edmygu
  Campweithiau'r Gemydd mawr,
Gan oedi yn yr erwau mud
  Yn un o gyfoethogion byd.

Gareth

Wyth o dribannau Morgannwg i berson neu bersonau

BEIRNIADAETH ALLAN JAMES

Drigain mlynedd yn ôl, yn Eisteddfod Genedlaethol Pen-y-bont ar Ogwr (1948), cynhaliwyd cystadleuaeth a oedd yn gofyn am gasgliad o dribannau Morgannwg 'oddi ar lafar gwlad heb eu cyhoeddi mewn llyfr o'r blaen'. Pum casgliad a gyflwynwyd yr adeg honno. Ac eto, er i bedwar casgliad ar bymtheg gyrraedd eleni, roedd yr her i'r beirniad, sef D. Myrddin Lloyd, gymaint yn fwy yn 1948, o gofio i un o'r ddau a gyrhaeddodd y brig, gyflwyno 268 o dribannau a'r llall 1,023! Braf meddwl bod y triban wedi goroesi ac er bod amodau'r cyfansoddi wedi newid yn ddirfawr, y cantor o gathreinwr a'i ychen wedi hen ddiflannu o erwau Bro Morgannwg, mae'r casgliadau a gyflwynwyd yn dyst i hyblygrwydd mesur sy'n gyfrwng hollol addas ar gyfer trosglwyddo cenadwri a themâu cyfoes. Roedd tribannau i wahanol deipiau a chymeriadau i'w gweld yn y casgliadau traddodiadol a'r cyd-destun hwnnw'n rhoi cyfle i'r tribannwr greu amrywiaeth o ddarluniau byw a chynnil ac i ganmol a dychanu yn ôl yr achlysur a'r galw. Adlewyrchir yr agweddau hynny yn y casgliadau a ddaeth i law, rhai'n canolbwyntio ar un person ac eraill yn dewis creu eu horielau personol eu hunain. Cafwyd darluniau difyr, yn ogystal, sy'n cynnig cipolwg ar ffaeleddau'r gymdeithas gyfoes.

Ceir yma gyfresi cofiannol a bywgraffyddol. Canodd tri, er enghraifft, i 'Ray Gravell', sef *Y Barf, Iolo* a *Mynydd Mawr*, y tri'n dilyn trywydd digon tebyg. Er na fyddai neb yn amau didwylledd y gofadail dribannol hon, yr her wrth lunio'r math hwnnw o deyrnged yw osgoi'r ymadroddion cyfarwydd hynny sy'n ymylu ar fod yn ystrydebol ac, o'r herwydd, braidd yn ddi-fflach. Yn yr un cywair, ceir cyfresi i 'Iolo Morgannwg' [*sic*] (*O'r Pin i wthio'r Meddwl*), 'Hywel Teifi' (*Aber-on*) a 'Merêd' (*Beic Peniffardding*). Mae gan yr ymgeiswyr i gyd dribannau effeithiol a llinellau cofiadwy; yr her, wrth gwrs, yw cynnal yr un llithrigrwydd mynegiant a'r un ffresni testunol drwy'r gyfres. Ceir, ar brydiau, linellau sy'n cyflwyno gwybodaeth mewn dull hynod ryddieithol tra bo ffurf y mesur, ar y llaw arall, yn gofyn am ddethol geirfa ac ymadroddion mewn modd sy'n ddadlennol gynnil. Dywedir am Iolo: 'Fe greodd ef lot fawr o stŵr' ac eto 'Bu'n ffôl ei gelwydd golau/ Ond wastad eisiau'r gorau'. 'Hywel Teifi': 'Nis haedda neb, mewn llan na phlwy/ Yn fwy na Hywel Teifi'. Wedi dweud hynny, mae *Aber-on* yn gallu bod yn ieithyddol ddyfeisgar hefyd: 'Hwn ddaeth i'w haberarthio', ac yn bur ymwybodol o hoff eiriau'r 'Cardi': 'Na syched ei ffrwd eiriol,/ Na thawed ei "yffachol"'. Mae *Tawe* a luniodd deyrnged i 'Dafydd Rowlands' yn dangos gwybodaeth fanwl am ei gyfraniad i gynifer o feysydd ac am ei waith amlwg fel llenor. Er bod ambell bennill yn groniclaidd syml, ceir hefyd gyffyrddiadau personol sy'n cyfoethogi'r darlun ac nid annisgwyl yw'r pwyslais ar arwyddocâd ei filltir sgwâr, 'A'r Tawe'n llifo trwyddo'. Mae'r darlun o 'Merêd' eto'n argyhoeddi ac yn dangos gwybodaeth amlwg o'r cefndir i'w weithgarwch. Eto, ceir tuedd ddealladwy i'r ymdriniaeth fod, ar brydiau, yn groniclaidd ei naws.

Dewis rhai oedd creu oriel o gymeriadau, weithiau'n gymeriadau lleol, dro arall yn ffigurau enwog. Dyna ddewis *Personol, Bryn Melyn, Rhŷs, Shoni, Carreg bica*, a *Gwenan*. Erys yr un broblem o gynnal yr un safon ym mhob triban. Er mor amrywiol yw cymeriadau *Personol*, ni lwyddir i gynnal momentwm y triban i 'Ryan Giggs' sy'n fan cychwyn ac mae aceniad ambell driban yn her i'r darllenydd. 'Hen Gymdogion' yw thema *Bryn Melyn* a'r cymeriadau a gyflwynir yn creu darlun difyr o gymdogaeth werinol. Ceir ymdrech deg i gyflwyno gwir natur y gwahanol ffigurau, yr 'anenwog gymwynaswyr'. Cyfres o gymeriadau hanesyddol a gyflwynir gan *Rhŷs*, yn ymestyn o'r ddeunawfed i'r ugeinfed ganrif. Rhaid cyfaddef nad yw'n euog o ddilyn y trywydd cyfarwydd bob tro a'r crwydro'n esgor ar hiwmor chwareus ac ambell ddarlun anghyfarwydd. Meddai am Thomas Charles, er enghraifft: 'Ond withe, gyda'i beint a'i smôc/ Fe dd'wedai jôc reit smala'. Fodd bynnag, nid yw'n nodi ei ffynhonnell! Amrywiol, hefyd, yw oriel *Shoni*, sy'n cynnwys Dafydd Wigley, Dafydd Iwan, 'Dai Jones o Blwyf Llanilar', Hafina Clwyd a Cerys Matthews yn cadw cwmni â neb llai na 'meibion Twysog Carlo'. Yma eto, mae yna ddarluniau digon difyr. 'Coffa da am wyth o Gardis' a geir gan *Carreg Bica*, oriel sy'n gyfuniad o gymeriadau lleol a rhai ffigurau cyhoeddus. *Gwenan* yw'r un arall sy'n perthyn yma a cheir sylwadau am wleidyddion megis Peter Hain ac Elin Jones ac am rai o hoelion wyth y gymdeithas Gymraeg megis Hywel Teifi a Dafydd Iwan ynghyd â theyrnged i Ray Gravell. Wrth ymateb yn y modd hwn, fodd bynnag, yr her yw sicrhau rhyw fath o undod neu gysondeb thema o fewn cadwyn o dribannau sy'n ymdrin â chynifer o gymeriadau.

Yn ychwanegol at y grwpiau hyn a ddewisodd ganu i unigolion neu i oriel o gymeriadau, ceir ambell gynnig gwahanol ei bwyslais. Mae *Hen Lanc* yn dynwared arddull hen dribannau Morgannwg o ran patrwm ac ieithwedd. Gellir adnabod rhai o'r hen fformiwlâu megis 'Tri pheth sy'n anodd gw'pod' a 'Rôl caru am flynydda' ac mae'r adleisio'n creu penillion digon difyr. Adrodd hanes Dic Penderyn (dan y teitl 'Tribannau Morgannwg') a wna *Bachgen Bach o Ddowlish* yn hen dafodiaith y sir, gyda'r caledu cytseiniol ('y cyfloca', 'yn dair ar 'ucen') a rhai nodweddion diddorol eraill. 'Hanes rhai o forwynion y fro' yn mynd i Ascot a geir gan *Ar y Trac*. Er mor ddifyr yw'r hanes, gellid awgrymu, fel yn achos Dic Penderyn, mai canu 'am' a wneir yn hytrach na chanu 'i'. Ac eto, cyflwynir holl nodweddion y byd 'Ascotaidd' gyda chryn hiwmor a bwrlwm. Mae *Staples* yn cyflwyno cenadwri lawer dwysach wrth greu darlun digon athronyddol a difrifol o'r 'Lleisiau' a glywir heddiw.

Mae yna ddau ymgeisydd, *Caridym* a *Cwasi*, a ddewisodd gyfarch gwahanol unigolion a'u diffinio yn nhermau eu galwedigaeth a'u cyfraniad, neu ddiffyg cyfraniad, cymdeithasol. (O ganlyniad, ni cheir teitl ar gyfer y gyfres ar ei hyd gan y naill na'r llall.) Wrth reswm, ceir cyfle gwych i fychanu gwahanol garfanau o fewn cymdeithas ac i greu darluniau sy'n ddychanol liwgar. Yn achos *Caridym*, gwisg wen y gorseddigion 'pwysig' sy'n denu sylw: 'Ei osgo yn osgeiddig/ Ei wisg wen yn llawn statig/ Yn glynu'n dynn rhwng bochau'i din/ Peth blin pan wyt mor bwysig'. Nid annisgwyl gweld 'Y Cynghorydd', yntau, yn gocyn hitio: 'Mor barod ei addewid/ Wrth bigo ar bob gwendid/ Yn mynnu nad yw eisiau mawl/ Ond diawl o ddim yn newid'. Tebyg yw ymateb *Cwasi* i'r testun gosod am fod yr ymgeisydd hwn yntau'n manteisio ar bob cyfle i ddychanu'r byd sydd ohoni ac i ymdrin mewn ffordd ddigon gafaelgar â dadleuon sy'n rhan o agenda bersonol cynifer ohonom. 'Y Gwasanaeth Iechyd', er enghraifft: 'I berson sâl' – 'Os wyt am drinieth fuan,/ A thithe'n teimlo'n egwan,/ Os blinest aros yn y ciw,/ Wel, dangos liw dy arian.' Dro arall, rhoddir cyngor hollol ymarferol 'i brifathro dan straen': 'Os buost frwd addysgwr,/ Ond nawr yn drist dy gyflwr,/ Wel, gad y niwl a'r dywell nos/ A dos yn arolygwr'. Mae byd y cyfryngau hefyd yn denu sylw wrth i'r tribannwr gyfarch y 'darpar lenor' druan: 'Paid bradu'th ddawn lenyddol/ Ar gylchgrawn neu ar gyfrol,/ Cans mwy o gyfoeth gei o hyd/ O goffre'r byd cyfryngol'. Fodd bynnag, roedd y ddau yn ddiplomataidd barchus wrth adael llonydd i'r 'Beirniad'! Er bod yr ymgeiswyr hyn, *Caridym* a *Cwasi*, yn crwydro o faes i faes o fewn cymdeithas, mae'r ymdriniaeth ddychanol yn sefydlu patrwm a naws sy'n clymu'r holl benillion at ei gilydd ac yn creu datganiad clir ar wendidau'r gymdeithas gyfoes, datganiad sy'n adlewyrchu barn a gofidiau'r byd sydd ohoni. Yn achos *Cwasi*, gwnaed hyn mewn modd sy'n ddychanol ddifyr ac sy'n llwyddo i greu cyfres o ddarluniau lliwgar a byw.

Cafwyd nifer helaeth o dribannau unigol a oedd yn bur lwyddiannus o ran crefft ac ergyd. Bu raid edrych yn sgîl hynny am gyfresi a lwyddodd i gynnal yr un safon ym mhob triban ac a oedd yn cynnig, hefyd, ryw fath o undod thematig. Y nod, wrth gwrs, yw difyrru ar yr un pryd – nod yr hen gathreinwr wrth rannu profiadau'r dydd â'i gyd-amaethwyr. Credaf mai *Cwasi* a lwyddodd orau yn hynny o beth, ac a lwyddodd, hefyd, i greu'r darluniau mwyaf dadlennol a diddorol. I'r ymgeisydd hwnnw, felly, y dyfernir y wobr.

Y Tribannau

I athro

Os prin yw'r ddawn a'r gallu
Rhwng clustie'r annwyl Wili,
Er treulio d'esgyrn hyd y mêr,
Yn ofer y llafuri.

I ddyn sydd dan y fawd

Os wyt yn teimlo'n dila,
A'r wraig yn bythol gega,
Fe deimli'n gadarn fel y graig
Ym mreichie'r wraig drws nesa.

I berson sâl

Os wyt am drinieth fuan,
A thithe'n teimlo'n egwan,
Os blinest aros yn y ciw,
Wel, dangos liw dy arian.

I brifathro dan straen

Os buost frwd addysgwr,
Ond nawr yn drist dy gyflwr,
Wel, gad y niwl a'r dywell nos
A dos yn arolygwr.

I ddyn diffrwyth

Os geilw'r wraig di'n llipryn,
Wel, cwyd a dos i mofyn
Viagra gyda joch o ddŵr —
Fe fyddi'n arwr wedyn!

I hen ŵr neu wraig

Mewn henaint llesg, encilia
I 'Noddfa' a'i esmwythdra,
Ac fe wneir popeth er dy les
Tra bo dy bres yn para.

I ddarpar lenor

Paid bradu'th ddawn lenyddol
Ar gylchgrawn neu ar gyfrol,
Cans mwy o gyfoeth gei o hyd
O goffre'r byd cyfryngol.

I un uchelgeisiol

Cyn cerdded rhaid yw cropian,
Rhaid gwneud y pethe bychan;
Oni fu Ioan, hogyn twt,
Yn grwt i Reg a Megan?

Cwasi

Cerdd Ddefosiynol

BEIRNIADAETH JOHN GWILYM JONES

Yr oedd fy meddwl yn gwbl agored wrth ddod at y cerddi hyn, gan y gallai'r hen wreiddair *vovere* olygu ymrwymiad wrth berson neu argyhoeddiad. Er hynny, cerddi yn perthyn i weledigaeth grefyddol oedd y ddwy ar hugain a ddaeth i law, a'r rhan fwyaf yn ddarlleniadau a gweddïau y gellid eu defnyddio mewn myfyrdod personol neu mewn oedfa. Dywedaf air byr am bob un ohonynt, heb ddilyn trefn teilyngdod o angenrheidrwydd.

Borthwen: Er bod arddull ac iaith y gerdd yn hynafol, mae'r mydryddu'n dda ac ambell fan megis ei diweddglo yn effeithiol o ran mynegiant.

Cwmnantycapel: Cerdd yn cyfarch Duw yn weddigar. Mae'r agoriad yn dderbyniol iawn ond buan y gwelir bodloni ar ymadroddi ystrydebol. Hoffais y sôn am 'ras a gwirionedd ... yn pefrio ynot'. Eto prin yw'r syniadau gwreiddiol yng nghorff y gerdd.

Dyledwr: Cyffredinedd y mynegiant yw prif wendid y gerdd hon, a'r llinellau'n ymadroddion gorgyfarwydd. Ond dangosir posibiliadau gwell mewn ambell gwpled cofiadwy, fel y cyfeiriad at weld 'yn agos, bell/ y cyrff esgyrnog'.

Parc-y-rhos: Mae rhai brychau iaith yn amharu ar y darn hwn. Yn ei ffurf bresennol, clywir yma agwedd hunangyfiawn, ond fe fyddai modd cael gwared ar hyn drwy newid ffurf agoriad pob pennill. A gwerthfawrogwn yr ymdrech i gadw'r neges yn gyfoes.

Dyn o'r Wig: Myfyrdod blwyddyn newydd ar fesur ac odl. Ceir yma ambell ymadrodd effeithiol iawn. Ond y mae'r syniadau braidd yn gyfarwydd, a'r mynegiant ar brydiau'n chwithig.

It: Geiriau i'w canu yw'r rhain, mewn penillion pedair llinell. Cefais y pennill agoriadol yn addawol iawn, ond cael fy siomi wedyn. Hytrach yn amwys yw rhai llinellau, yn arbennig yn y trydydd pennill.

O'r galon: 'Gweddi'r Weddw' yw teitl y darn, a gweddi ydyw am arweiniad a chymorth Duw wedi profedigaeth. Mae angen caboli'r mynegiant, ac mae'r ymadroddi yn y trydydd pennill yn ystrydebol. Eto mae didwylledd y profiad yn grymuso'r gerdd.

Argoed: Ymbil â Christ a wneir yma. Nid yw'r mynegiant yn llwyddo ym mhob pennill, ac mae'r gerdd yn gorffen yn negyddol. Ond ceir yma ddelweddu trawiadol yn arbennig yn y pennill agoriadol lle sonnir am gael ei ddal 'yn nhafliad taer dy rwyd'.

Godot: Salm i'r diwrnod, o wawr i hwyr. Ceir ganddo ddisgrifiadau gofalus, a rhai llinellau meistrolgar megis lle sonnir am yr adar 'yn hollti'r awyr glir â'u salmau prysur'. Ond y mae hyd yn oed y llinell yna yn drwm gan ansoddeiriau, ac amlder yr ansoddeiriau sy'n llethu ail hanner y gerdd.

Cai: Cerdd i Dŷ Ddewi, yn seiliedig ar hanes Dewi. Gresyn iddo lynu'n foel at yr hanes. Bodlonodd ar gymalau rhy gyffredin, ac mae'r diweddglo rhyddieithol yn dirymu arwyddocâd cyngor Dewi. Hoffaf yn fawr er hynny yr ysbryd defosiynol a geir drwy'r darn.

Benjamin: Ymdrech dda i gyfuno thema dwy adnod. Mae'r ieithwedd yn gyfarwydd iawn a'r mynegiant yn anfoddhaol ar brydiau. Ond mae'r cynnwys yn eglur ei ystyr drwy'r gerdd, a byddai hyn yn ei gwneud yn gerdd addas i'w darllen mewn oedfa.

Brychan: Ymbil â Duw am nawdd i fyd yn ei anghenion. Y mae rhestr y themâu a grybwyllir yn rhy gyfarwydd ac ystrydebol, ond ceir yma rai mannau effeithiol megis y cwpled clo sy'n ymbil â Duw i daenu mantell ei 'gariad dros bob gwlad'.

Nid Tomos: Gweddi mewn *vers libre* yn dychanu agweddau ar y byd cyfoes. Ceir yma rai mân frychau sy'n amharu ar y gwaith, ond prif rinwedd y weddi yw ei bod yn eglur ei mynegiant.

Blaenor: Cerdd ddychanol yw hon eto, y tro hwn ar fesur ac odl. Mae yma rai ergydion trawiadol iawn ond nid yw'n llwyddo bob tro. Byddai rhai'n amau a ellid galw'r gerdd yn ddefosiynol, ond fe allaf ddychmygu rhai rhannau ohoni yn afaelgar wrth ei darllen yn gyhoeddus.

O am aros: Cywydd cyflawn ond yn cynnwys ambell lithriad. Mae'n agor yn effeithiol ac, wedi rhai rhannau cymysg eu mynegiant, mae'r diweddglo eto'n eglur ei rediad. Oherwydd ei didwylledd yn sôn am ddiffygion ysbrydol, y mae hon yn gerdd hollol ddefosiynol ei natur.

Capel Mynach: Cerdd a ysbrydolwyd gan linell agoriadol *Anima Christi sanctifica me*. Mae'r penillion yn gymen ond ar brydiau'n drwsgl eu mynegiant. Buasai'n amheuthun cael ambell syniad ysgytwol o wreiddiol, ond rhagoriaeth y darn yw naws y defosiwn sy'n llifo drwyddo.

Ef a'i gyr: Hanes magu merch a honno'n pellhau oddi wrth ei mam dros dro. Fe ellid tacluso'r mynegiant mewn rhai llinellau, a gwylio rhag gorgymhlethu'r mynegiant nes difa ambell ddelwedd dda. Ond ceir yma rai cyffyrddiadau cofiadwy iawn.

Glesni: Mae ôl meddwl ar y gerdd hon, er bod y thema'n gyfarwydd erbyn heddiw. Mae safon y mynegi'n amrywio. Ceir cyffyrddiadau cynnil mewn sawl pennill, a diffyg cynildeb neu fynegiant aneffeithiol mewn ambell fan arall. Ond ar ei gorau y mae hon yn gerdd drawiadol.

Dyffryn Banw: Cerdd fer iawn, yn agor gyda chysylltair. Roedd hynny'n peri imi holi ai rhan o'r gerdd a dderbyniais i. Eto mae'r ddau bennill yn gerdd ddigonol o gyflawn. Gresyn ei bod yn cynnwys geiriau wedi eu talfyrru er mwyn y mydr. Ond mae'r ddelwedd ganolog yn y gerdd hon yn afaelgar dros ben, yn gweld fflam y Gwaredwr yn llosgi cŵyr enaid y bardd.

Cledan: Cerdd gynnil, er nad yw'r syniadaeth yn newydd. Mae pob pennill yn mynegi ei neges yn effeithiol, gyda rhai delweddau grymus. Mae cyffyrddiad y diweddglo, yn sôn am ddychwelyd o Fethlehem ar hyd ffordd arall, yn awgrymog iawn.

Cysur: Hanes merch ifanc wedi ei tharo gan afiechyd a'i dallodd ac a'i parlysodd. Mae angen mwy o gynildeb, yn arbennig wrth drin delweddau, ac nid yw'r geiriau priodol yn cael eu defnyddio bob tro. Ond y mae hwn yn ddarn cyfoethog ei syniadau, ac mae'r tosturi sy'n llifo drwy'r gerdd yn argyhoeddi.

Enfys: Cerdd gaeth am ymweliad ag Ynys Iona, yn cynnwys hanes Columba yn ymsefydlu yno gan wneud yr ynys yn ganolfan ei ymgyrchu cenhadol. Un gwall amlwg sydd ar y gynghanedd: mae'r llinell 'O Annwn ein heddiw ni' yn Draws drwsgl ei hacen, ac ni all fod yn Sain gan mai deusain yw terfyniad 'heddiw'. Ond o ran ei chrefft y mae'r gerdd hon yn rhagori ar y cerddi eraill. Mae'n wir nad dyma'r math o gerdd ddefosiynol yr oeddwn wedi ei rhag-weld ar frig y gystadleuaeth. Eto y mae defosiwn yn ei hawyrgylch, hanes defosiwn a geir yn ymroddiad y sant, a defosiwn yw'r ymdeimlad yng nghalon y pererin yn y diweddglo. Am y rhesymau hynny y mae hon yn cael ei gwobrwyo.

Y Gerdd Ddefosiynol

YNYS IONA

Eisoes, teimlem wrth groesi
Yr hud a'i goreurai hi,
Arall dir, fel emrallt oedd,
Rhyw ias tu hwnt i'r oesoedd
A'n denodd i gyd yno
O fyd brys i wynfyd bro
A hedd yn goron iddi,
O Annwn ein heddiw ni.

Cyrraedd dros lesni'r cerrynt
A gweld fel Columba gynt
Yr ynys o gyfrinion,
Erw Duw ym merw'r don.

Â'i awch hynod y bu'r mynach unig
Yno'n cynllunio o'i gell bellennig
I droi gerwinder ei drig – yn irlas,
A rhoddi urddas i'w glas eglwysig.

Ger y lli, cysegru llain
O aur i'w eglwys gywrain,
A saif cadeirlan ei sêl
Yn gawraidd, lond y gorwel.

O wyll ei oes deuai murmur lleisiau,
Yn sŵn y lli clywn atsain gweddïau,
Dôi siant o fyd y seintiau — a'i heco
I uno yno â chân y tonnau.

Cynefin pererinion
Yw o hyd yr ynys hon,
Ôl eu troed ar ymyl traeth
A ninnau'n eu holyniaeth;

Eu hanes yn y meini
Yno'n gylch o'n hamgylch ni.

Enfys

Cerdd heb fod yn hwy na 50 llinell: Senedd

BEIRNIADAETH DAFYDD JOHN PRITCHARD

Siom i rywun sy'n beirniadu yn y Genedlaethol am y tro cyntaf oedd derbyn pecyn tila drwy'r post a oedd yn cynnwys pedair cerdd yn unig. Am ryw reswm, roeddwn wedi tybio y byddai'r testun hwn wedi esgor ar doreth o gerddi. Ond nid felly bu, ac mae'n rhaid cydymdeimlo â'r Pwyllgor Llên, a oedd, yn fy marn i, wedi taro ar destun llawn posibiliadau.

Pwysicach peth na'r nifer sy'n cystadlu, wrth gwrs, yw'r safon; gwaetha'r modd, roedd y safon yn siomedig hefyd. Yn fy meddwl, roeddwn wedi dychmygu gallu gwobrwyo cerdd dda nad oedd yn dilyn yn wasaidd y ffasiwn syrffedus presennol o arddangos siniciaeth di-gwestiwn a diddychymyg wrth drafod y drefn boliticaidd newydd sy'n datblygu'n araf (yn rhy araf i nifer ohonom, wrth gwrs) yng Nghymru. Ond, yn y meddwl yn unig yr oedd hynny ...

Dyma air byr am y pedwar cystadleuydd yn y drefn i mi eu darllen.

Aberedw: Canodd y bardd hwn gywydd. Yn anffodus, mae dau beth sy'n rhwystr iddo rhag bod yn gywydd cwbl lwyddiannus. Pregeth neu araith wleidyddol a geir ganddo, mewn gwirionedd, ac wrth iddo fynd i hwyl mae'r bardd yn colli ei ffordd i raddau, gan beri i'r cyfan fod yn bytiau rhethregol nad yw'n gyfanwaith sy'n boddhau'r darllenydd. Y broblem fawr arall yw fod yma ormod o lawer o wallau iaith a chynghanedd i mi hyd yn oed ystyried a oedd yma deilyngdod yn un o gystadlaethau'r Eisteddfod Genedlaethol – mae yma gymysgu cenedl enwau, un llinell chwe sillaf a dwy wyth sillaf, atalnodi rhyfedd a chynghanedd Lusg yn ail linell cwpled cywydd, a nodi rhai brychau'n unig.

Deio: Soned hoffus iawn yw hon. Dyma enghraifft o fardd nad yw siniciaeth wedi treiddio i mewn i'w feddylfryd na'i awen. Yn hytrach, mae'n gweld posibiliadau'r Cynulliad presennol, canmol ei ffordd newydd – 'tryloyw' – o wneud pethau, ac yn gweld gobaith y bydd yn datblygu i fod yn senedd go iawn, senedd y bydd y Cymry i gyd yn falch ohoni: 'Boed senedd gyflawn, aeddfed, hardd ei llun:/ Canolbwynt bywyd helaeth Cymru'n un'. Soned uniongyrchol ei mynegiant yw hi, ond mae ei diffyg dyfnder, ac arddull ddi-fflach y mynegiant mewn mannau, yn golygu nad oes modd y tro hwn i mi roi'r wobr i'w hawdur.

Iolo: Cerdd yn y wers rydd sy'n sôn mai hir ac anodd fu'r daith a roes inni Gynulliad neu 'senedd' ym Mae Caerdydd. Cerdd ddiffuant arall yw hon, ond yn arddangos peryglon y mesur difesur hwn. Dweud neu fynegi ffeithiau a safbwyntiau moel a wneir yma, mewn gwirionedd. Dylid ymdrechu i awgrymu ac i chwilio am drosiadau newydd cyffrous, os oes modd.

Crwydryn: Soned arall, y tro hwn yn canmol gweledigaeth fawr Owain Glyndŵr ac yn cydnabod bod peth o'r freuddwyd honno bellach wedi ei gwireddu ym Mae Caerdydd. Ond mae'n nodi bod cryn amheuon ac ofn yn bodoli ymhlith ei gyd-Gymry o hyd, ac mae'n erfyn arnyn nhw i gefnogi'r hyn a enillwyd ac i fynnu rhagor. Mae patrwm odli diddorol ganddo, gan ei fod yn dewis peidio ag odli'r ail a'r bedwaredd linell gydol y soned. Nid wyf yn ei gosbi am hyn. Gwaetha'r modd, fodd bynnag, nid yw'r mynegiant na'r cynnwys yn y soned hon 'chwaith yn ddigon arbennig i mi allu ei gwobrwyo.

Gwaetha'r modd, rhaid atal y wobr.

Cerdd Ddychan: Saga

BEIRNIADAETH GERAINT LØVGREEN

Dyma ni unwaith eto gyda'r gerdd ddychan. Yn ei feirniadaeth ddwy flynedd yn ôl, bu Hywel Teifi Edwards yn crafu ei ben ynglŷn â'r ffaith na fu dychan erioed yn faes cynhyrchiol yn hanes cystadlaethau'r Eisteddfod Genedlaethol, a bod y dirgelwch hwnnw ynddo'i hun yn faes a allai wneud testun cystadleuaeth 'a allai esgor ar feirniadaeth lenyddol fywiog'. Efallai'n wir, pwy a ŵyr. Ta waeth am hynny, 'ymosodiad difrïol a ffraeth ar ffaeleddau a ffolinebau, yn enwedig rhai cyhoeddus' – dyna ddiffiniad *Geiriadur Prifysgol Cymru* o ddychan. Os felly, mae angen testun teilwng i'w ddychanu ac, yn anffodus i'r darpar ddychanwyr yn ein plith eleni, dydi testun fel 'Saga' ddim yn cynnig rhyw lawer o bosibiliadau. O leiaf ddwy flynedd yn ôl, gyda 'Prifysgol' yn destun, doedd gan y beirdd ddim esgus.

Mae pedwar wedi rhoi cynnig arni.

Chwilotwr: Dewisodd ganu am y busnes hel achau sydd mor boblogaidd y dyddiau yma, yn gymaint felly nes fy mod i bellach wedi canfod bod disgynnydd i frenin Gwyddelig yn gyd-deithiwr rheolaidd â mi ar dripiau pêl-droed. Mae *Chwilotwr* yn gwneud hwyl am ben y ffordd y gall yr achydd droi pawb yn bendefig (yn wahanol i sicrwydd prawf *DNA* y cyd-deithiwr uchod): 'Ac os di-nod eich teulu chi,/ Os isel a difonedd,/ Yr achydd call a ddyry fri/ A'ch cyfyd chi i fawredd'. A does dim angen poeni am ddefaid duon y teulu: 'Na phoenwch ddim, mewn dim o dro,/ Yr achydd hirben, cwrtais/ All droi dihirod gwaethaf bro/ Yn destun ymffrost llednais'. Ond ar ôl y seithfed pennill pedair llinell hwnnw, daw'r gerdd i ben yn ddigon ffwr-bwt. Mi chwiliais am dudalen arall, ond yn ofer.

Y Llwynog Arian: Fel gweddill yr ymgeiswyr sydd ar ôl, testun y cystadleuydd hwn yw cwmni gwyliau (ac amryfal wasanaethau eraill i'r henoed erbyn hyn) Saga. Mae'r gerdd ar ffurf baled i'w chanu, ac mae'n ddigon smala, yn sôn am y newid a fu ym mywyd y bardd ers i Saga ddod i'w fyd: 'Cyn i rifyn cynta'r cylchgrawn ddod i'm rhan/ Ro'wn greadur pur anghyflawn, oeddwn tan/ I mi ddeall mod i'n fregus/ Ac mewn cyflwr gwir enbydus/ A lot fawr rhy dangnefeddus, ac mai'r plan/ Oedd i ymddwyn fwy oedrannus/ Ac yn wan.' Ac o fod yn bensiynwr oedd yn 'byw o fewn fy mhensiwn, fwy neu lai,/ Gallwn feicio ac mi 'semblwn Em-Eff-Ai', mae *Y Llwynog Arian* yn troi'n henwr sy'n dibynnu ar dabledi, larwm, cymhorthion i fynd i'r bath, Grecian 2000, mordeithiau drud a 'gajet crand i godi f'hosan'. Druan o'r creadur!

Halen: Saga go iawn sydd gan hwn, amdano'i hun yn ateb holiadur ac yn ennill gwobr am wneud, sef cyfle i ennill taith o amgylch y byd gyda Saga.

Ond mae tro trwstan i ddod: 'Mewn print manach, gwobrau eraill/ lechai, heb fod cweit mor grand –/ mynd i'r Proms, Skegness neu Brighton/ neu gonsart rhyw Bryn Fôn a'r band./ Fy anlwc i oedd cael fy newis/ i fynd ar drip wîc-end mewn bŷs/ efo haid o geriatrics. Hogia bach, wel, sôn am ffŷs!' Ac wrth gwrs, ar ôl cael trên i lawr i Lundain, mae'r trip bws yn dod â fo'n ôl i lannau'r Fenai am benwythnos, lle mae'n llechu yn ei stafell yng ngwesty'r Celt am dridiau yn lle mynd i grwydro'r cestyll, cyn 'slincio'n ôl i'r bŷs drachefn'. Ar y ffordd yn ôl i Lundain, mae'n penderfynu 'jymp ship' tuag Abergele, ond erbyn cyrraedd adre mae ei wyneb ar dudalen flaen y *Daily Post* fel pensiynwr sydd wedi diflannu ar ôl dioddef iselder ar ei wyliau yng Nghymru. Dyma 'Saga' ddigri go iawn, ond cerdd ddychan? Na, ddim mewn gwirionedd.

Iolo: Dyma un yn amlwg â phrofiad uniongyrchol a gwerthfawrogol o gymwynas aruthrol Saga. Dechreua trwy roi hanes y cwmni inni: 'Rhyw Sidney de Haan a gychwynnodd y fenter,/ A'i fwriad oedd rhoi gwerth ei bres i bob cwsmer;/ Ymffrostiant mai rhoddi boddhad yw eu rhinwedd,/ (A'r geiriau "gwneud elw" mewn print bach ar y diwedd)'. Mae'n llawn canmoliaeth wedyn i'r cysur a'r gefnogaeth y mae'r cwmni'n ei gynnig, a'r cylchgrawn 'sy'n llawer mwy bywiog na *Golwg* neu'r *Cymro*' gyda'i gynghorion doeth i'r henoed. Cawn res o benillion gan *Iolo* yn rhestru'r holl ffyrdd y mae Saga'n helpu'r rhai hŷn yn ein plith i gadw eu harian, cadw'n heini: 'i'r henoed mae dawnsio'n weithgaredd arobryn,/ Boed hynny ar lin neu mewn lein neu ar bolyn', cadw'n iach, mwynhau gwyliau a ffrwyno eu nwydau cyn gorffen trwy ddiolch i 'Sidney de Haan a'i griw anweledig'. Ac mae'n amlwg fod y diolch yn dod o waelod calon, er mai braidd yn gloff ydi'r llinell olaf.

O'r pedair ymgais, daeth cerdd *Chwilotwr* i ben cyn codi stêm, ond cyflwynodd *Y Llwynog Arian* a *Halen* ddwy faled ddigri iawn a da iawn. Y trwbwl ydi, a bai'r testun ydi hyn yn fwy na bai'r beirdd, mai prin ydi'r dychan ynddyn nhw. *Iolo* ydi'r dychanwr o blith y pedwar, ac er nad dychan miniog iawn a gawn ni ganddo yntau, mae'n codi gwên yn eitha cyson ac yn haeddu'r wobr gyntaf o fymryn.

Y Gerdd Ddychan

SAGA

Pan ddaw digalondid i'ch llethu a'ch blino
Wrth weld y blynyddoedd yn prysur fynd heibio,
Ac oed yr addewid yn dod ar eich gwartha',
Na phoenwch! Fe ddaw gwaredigaeth gan SAGA.
Fe gewch ganddynt gymorth a phob cyfarwyddyd
I drefnu'n eich henaint bob agwedd o'ch bywyd.

Rhyw Sidney de Haan a gychwynnodd y fenter,
A'i fwriad oedd rhoi gwerth ei bres i bob cwsmer;
Ymffrostiant mai rhoddi boddhad yw eu rhinwedd,
(A'r geiriau 'gwneud elw' mewn print bach ar y diwedd);
A daeth O.B.E. i ran yr hen Sidney
Am wneud y fath ymdrech i sefydlu ei gwmni.

Mor gysurlon yw gwybod y gallant eich helpu
Pan fo'r meddwl ar chwâl a'r corff yn crebachu;
Pan fo'r nwydau ar drai a'r cof yn anwadal
Fe saif SAGA'n y bwlch â'u breichiau i'ch cynnal.
Wrth ddyfod y dydd i groesi'r Iorddonen,
Mor braf cael eich lawnsio â hwy wrth eich cefen.

Bob mis fe gewch gylchgrawn di-ail i'w astudio,
Sy'n llawer mwy bywiog na *Golwg* neu'r *Cymro;*
Cewch ynddo erthyglau sy'n dweud mewn manylder
Sut i gerdded â ffon neu barcio eich *zimmer,*
Sut y dylai yr henoed ddygymod â chreisus,
Neu pam nad yw *thong* yn beth da i'r oedrannus.

Mae'r cwmni'n cynghori sut dylech chi wylio
Y ffortiwn a wnaethoch pan oeddech yn gweithio;
Awgrymant gwmnïau lle gellwch fuddsoddi,
Neu wahanol ystrywiau i osgoi talu trethi;
Gan SAGA, am bris, fe gewch bob math o gyngor
Sut i gadw eich arian o ddwylo'r Canghellor.

Fe gewch gan y cwmni amryfal gynghorion
Sut i lenwi eich amser mewn modd sy'n ystyrion;
Mae garddio neu gerdded y wlad yn iachusol,

Tra bo dosbarth arlunio yn fwy creadigol,
Ac i'r henoed mae dawnsio'n weithgaredd arobryn,
Boed hynny ar lin neu mewn lein neu ar bolyn.

Gan SAGA fe drefnir eich gwyliau mewn chwinciad
Waeth beth fo eich chwaeth, neu beth yw'ch dymuniad;
Fe ddengys eu llyfryn fenywod oedrannus
Yn dringo Mont Blanc neu ganŵio'n y Ganges;
Beth bynnag yw'ch cyflwr, ni waeth pa mor fusgrell,
Fe ofalant fod lifft i fynd lan i'ch ystafell.

Fe dd'wedant mai cadw yn iach yw'r gyfrinach
I'ch rhwystro rhag mynd yn ddidoreth a llegach;
Rhaid bwyta'n synhwyrol a gwylio eich pwysau,
Ac ymarfer yn gyson i 'stwytho'ch cymalau,
Ac os bydd angen triniaeth ar ôl yr holl chwysfa,
Mae ganddynt eu doctor eu hun – Dr Saga!

Os ydyw'r hen nwydau yn dal i gynhyrfu,
A'r hen chwantau gynt drwy eich gwaed yn byrlymu,
Mae ganddynt gynghorwyr i ddweud sut i'w ffrwyno,
Rhag i chi gael niwed wrth i chi berfformio;
Nid oes raid i chi boeni na chymryd Viagra,
Gwarantir bodlonrwydd os gwrand'wch ar SAGA.

Os byddwch yn unig ac angen cael cwmni,
Mae cymuned-ar-lein yn siŵr o'ch bodloni;
Drwy wyrth 'Saga-Zone' gellwch wneud ffrindiau newydd
I rannu'ch profiadau a'ch cadw chi'n ddedwydd;
Gellwch sgwrsio ar lein am oriau yn llawen,
Drwy wylio y sgrîn a chlicio llygoden.

Ac felly rhown ddiolch, ni haid geriatrig,
I Sidney de Haan a'i griw anweledig;
Wynebwn ein henaint yn llon a hyderus,
Gan wybod ein bod ni mewn dwylo gofalus;
Diolchwn, wrth eistedd mewn hedd ac esmwythdra,
Am gwmni sy â'i hanes yn gymaint o saga.

Iolo

Cerdd ar fesur Filanél

BEIRNIADAETH M. WYNN THOMAS

Gan Gymro, yn ddiamheuol, y cafwyd filanél enwocaf yr ugeinfed ganrif yn yr iaith Saesneg. Pa mor wych bynnag y bo cerdd Elizabeth Bishop, 'One Art', sydd hefyd yn filanél, 'Do not go gentle into that good night,' gwaith y gŵr o Abertawe, sydd ar gof a chadw gan liaws o unigolion ar draws y byd. Priodol iawn, felly, oedd penderfyniad Panel Llên Eisteddfod Genedlaethol Caerdydd a'r Cylch i wahodd beirdd Cymraeg i arbrofi gyda'r ffurf hynod ac anhydrin hon.

A ffurf anodd iawn ei thrin ydyw, wrth gwrs. Mae'n gaethiwus o ran ei phatrwm odli a hefyd oherwydd bod disgwyl i fardd ailadrodd llinell gyntaf ac ail linell y pennill cyntaf am yn ail yn llinell derfynol pob pennill arall, ac eithrio'r pennill olaf pan yw'n ofynnol i'r ddwy linell ymddangos fel cwpled clo'r darn cyfan. Fe ddewisodd dau ymgeisydd – *Plas y Mynydd* a *DV* – anwybyddu'r galw am ailadrodd llinellau ac, o'r herwydd, yn fy nhyb i, fe fethwyd cynhyrchu filanél go iawn. Rhaid cyfaddef bod cerdd yr ail o'r ymgeiswyr hyn, 'Llun o wŷr y pentre ar fore'r hela o flaen fy nghartref ganrif yn ôl (Hydref, 1907)', yn gerdd apelgar, ond nid filanél mohoni.

Y mae cerddi *Y Tebot Piwis, Gyda'r Hwyr, Graddfa, Dal i ddigwydd?, Carreg Wen* a *Gardd y Nef* i gyd yn ufuddhau i drefn osod y ffurf ond, ar y cyfan, nid ydynt yn cyffroi'r dychymyg. Tinc hen ffasiwn, pregethwrol sydd i ddarn *Gardd y Nef*. Y mae'r un duedd yng ngwaith *Carreg Wen* ac eto fyth pan yw *Gyda'r Hwyr* yn moesoli am ddatblygiad llanc yn ddyn. Da yw gweld i ymdrech *Y Tebot Piwis* fod yn fwy cyfoes o ran thema a geirfa, ond clymhercog yw'r gystrawen wrth ymadroddi. Y mae filanél *Graddfa* lawer yn fwy llithrig ond yn cael ei hanharddu o bryd i'w gilydd gan ymadrodd lletchwith o farddonllyd ('Dan ieuanc nwyd yn d'yrru drwy y byd'). Yn achos *Dal i ddigwydd?*, ceir cymalau braidd yn gymhleth mewn ymdrech deg i gyfoethogi'r canu.

Y mae gan *Yr Wylan*, hefyd, eiriau llanw ('Gwag ac oer yw dy gadair aelwyd lon') ond mae egni'n eplesu'r gerdd 'Hebot' ar brydiau ac y mae un o'r llinellau sy'n cael ei hailadrodd ('Heb desni gwych dy gariad ym mhob man') yn glynu yn y cof. Ceir llinell gofiadwy debyg gan *Rhos Colmon* ('Fe alla' i weld dy lygaid di'n y sêr'), ac y mae'r bardd hwn yn medru bathu llinell gyfoes ei thrawiad yn ogystal ('Mae'r egni yn dy gôl fel newid gêr'), ond ceir ganddo hefyd ambell ymadrodd llipa ('Cyffro a'r llawenydd prydferth'). Mae ymdrech *O fyd y stryd* hefyd yn gymysgwch o'r gwych

('Amser ni thraetha am ddyddiau ein bri') a'r gwachul ('Cyfaill a gelyn fydd weision di-ri'). Clywir tinc hiraeth mewn nifer o'r cerddi – hwyrach bod ailadrodd synau a llinellau yn naturiol yn ennyn hen atgofion. Yr hyn a fu yw thema *Carn yr Ebol*: y mae'r filanél 'Paid loetran ym Mhorth Iago nos o Fai' yn ddengar iawn, yn dyner o atgofus, ac yn llifo'n hyfryd gan osgoi ailadrodd rhythmau. Rhinweddau tebyg yw nodweddion amlycaf 'Mor hir yr oriau' gan *Nos da*, ac y mae'r ddwy filanél olaf hyn yn agos at y brig yn y gystadleuaeth gyfan.

Ond yn y pen draw, mae'n well gen i ddwy enghraifft arall, ac anodd iawn, iawn yw eu gwahanu. Cynnyrch *Ceridwen* yw 'Dychwelyd' ac y mae'r gerdd yn hynod hudolus. Dwyn i gof 'gerrig caredig Ceredigion/ ar lonydd mynydd fy mhlentyndod i' y mae, ac yn diolch fod modd i'r meibion ddychwelyd i 'feithrinfa fwynaf y ddaear hon' er y newid mawr a fu ar yr hen gynefin. Mae naturioldeb y canu yn peri i'r filanél ymddangos, yn gwbl groes i'r gwir, yn ffurf rwydd i'w thrin. Fe fyddwn yn hapus iawn i ddyfarnu'r wobr gyntaf i'r gerdd ardderchog hon, sy'n deall i'r dim mai cyfuniad o'r cyfnewidiol a'r digyfnewid yw filanél yn ei hanfod, oni bai fod 'Dylan', gan *Tra Mae Rhiw*, wedi apelio cymaint ataf. Hwyrach fod gan fy nghysylltiad personol i â dinas Abertawe ei gyfran yn yr ymateb hwn, ond gwell gennyf gredu i mi gael fy mherswadio yn hytrach gan ansawdd y gerdd a'i phriodoldeb – y mae teyrnged gelfydd i filanél enwog Dylan Thomas ymhlyg ynddi. Y mae'r pennill a ganlyn yn enghreifftio safon ac angerdd y canu:

> Crud dwfn Cwmtawe a'th siglodd i fri
> A nyddiad etifedd gychwynnodd dy daith;
> Llyffethair Cwmdonkin oedd cwyn dy gri.

Ar ôl cryn dipyn o betruso felly, a chydag ychydig bach o ansicrwydd, gosodaf y filanél ardderchog hon, o drwch blewyn, ar ben y rhestr gyfan o ymgeiswyr.

DYLAN

Llyfethair Cwmdorkin oedd cwyn dy gri;
Fe nychai d'enaid a mygu dy waith.
Ffrwyth yr had onid Cymro oeddet ti?

Crud dwfn Cwmtawe a'th siglodd i fri
A nyddiad etifedd gychwynnodd dy daith;
Llyfethair Cwmdorkin oedd cwyn dy gri.

Cuddiaist dy wreiddiau o'th barabl ffri,
I fardd darogan roedd acen yn graith;
Ffrwyth yr had onid Cymro oeddet ti?

Yn chwerthin y cwrw roedd bywyd yn sbri
I'w fyw i'r eithaf cyn marwolaeth faith;
Llyfethair Cwmdorkin oedd cwyn dy gri.

Llifa'r gynghanedd fel rhyw donnog li
Drwy swyn dy linellau. Pam gwadu'r ffaith?
Ffrwyth yr had onid Cymro oeddet ti?

I'r Ianc, Sais a hanes, 'roeddet i'r tri
Y Cymro disgleiriaf, pam gwadu'r Iaith?
Llyfethair Cwmdorkin oedd cwyn dy gri,
Ffrwyth yr had onid Cymro oeddet ti?

Tra Mae Rhiw

Trosi i'r Gymraeg gerdd gan un o'r canlynol: Gillian Clarke, Nigel Jenkins, Sheenagh Pugh, Owen Sheers, Ifor Thomas

BEIRNIADAETH DANIEL G. WILLIAMS

Rydym yn hen gyfarwydd erbyn hyn â chyfieithiadau Saesneg o gerddi Cymraeg, yn arbennig felly ers cyhoeddi *The Bloodaxe Book of Modern Welsh Poetry* yn 2003. Y mae cyfieithu i'r Saesneg i'w weld yn naturiol, a'n tuedd wrth ddarllen Dostoyevsky neu Zola mewn trosiad Saesneg yw i ni anghofio mai cyfieithiadau ydynt o gwbl. Yn wir, mae yna ysgolheigion wedi seilio'u dadansoddiadau ar lenyddiaethau dwyrain Ewrop gan ddibynnu'n llwyr ar gyfieithiadau! Mae cyfieithu o'r Saesneg i'r Gymraeg yn llai cyffredin. Gan fod y mwyafrif helaeth ohonom ni'r Cymry Cymraeg yn medru darllen Saesneg, pa ddiben cyfieithu o'r iaith fain? Tra bo rhai beirdd Cymraeg yn gwrthod gadael i'w gweithiau gael eu cyfieithu, gan ystyried y Saesneg fel anghenfil sy'n bwydo ar gyrff ieithoedd eraill a'u difa, nid yw'r un broblem yn codi wrth gyfieithu o'r Saesneg i'r Gymraeg. Yn wir, efallai mai'r brif ddadl dros gyfieithiadau o'r fath yw eu bod yn rhoi grym i'r Gymraeg; y Gymraeg sy'n ymgryfhau wrth dynnu'r maeth o'r Saesneg gwreiddiol gan drawsnewid y berthynas rhwng yr iaith ddominyddol a'r iaith leiafrifol. Ar eu gorau, gall cerddi mewn cyfieithiad Cymraeg orfodi'r darllenydd i wynebu byd-olwg gwahanol yn ei iaith ei hun, gallant orfodi'r cyfieithydd i greu ffurfiau barddonol ac ieithyddol newydd, a gallant gyfrannu at fywiogrwydd y byd diwylliannol drwy chwistrellu dylanwadau newydd i wythiennau barddoniaeth Gymraeg.

Mae'n amlwg nad oes rhaid darbwyllo pobl o bwynt trosi o'r Saesneg i'r Gymraeg, oherwydd daeth dau gynnig ar hugain i law. Ar y cyfan, ceidwadol oedd y dewis o gerddi; dim ond un cyfieithiad o waith Ifor Thomas a gafwyd, ac nid aeth unrhyw un ati i drosi gwaith Nigel Jenkins. Cafwyd deg cyfieithiad o gerddi Bardd Cenedlaethol Cymru, Gillian Clarke, ac fe ymddengys fod cefndir amaethyddol ei cherddi yn gyfarwydd i nifer o'r cystadleuwyr a bod ei gweithiau felly bron yn eu cynnig eu hunain i'w trosi i'r Gymraeg. Beth na chafwyd oedd cyfieithiadau a fyddai'n torri cwys newydd. Wedi dweud hynny, roedd safon y cyfieithu yn uchel.

Yn y trydydd dosbarth, mae *Lapus Cambrensis* am ei gyfieithiad o gerdd Clarke 'The Stone Hare', a *Nel 1* am ei chyfieithiad o gerdd Owen Sheers, 'Intermission'. Mae'r ddau gyfieithiad yn cynnwys llinellau llwyddiannus, ond rhaid oedd cyfeirio at y gwreiddiol i ddeall yr ystyr ar brydiau.

Yn yr ail ddosbarth yr wy'n gosod y mwyafrif o'r cynigion, ac maent i gyd yn cyfrannu o'r un mathau o wallau a chryfderau. Cafwyd sawl ymgais glodwiw i gyfleu iaith, ffurf a byd-olwg y gerdd wreiddiol, ac mae i bob cyfieithiad ei linellau cofiadwy. Mae yna dri phrif wendid i'r cerddi yma. Yn gyntaf, cam-gyfieithu. Gan dderbyn bod hawl gan y cyfieithydd i fod yn hyblyg ar brydiau, does dim yn y Saesneg gwreiddiol i awgrymu bod 'mwg rhyfel' yn 'frad', fel yr awgryma *Mali* yn ei chyfieithiad o waith Sheenagh Pugh, 'Marwnad Marianne'; does dim sôn yng ngherdd Pugh, 'Galar Ceidwad y Ffau', am 'y llesg a'r gwan' y cyfeiria *Daniel* atynt yn ei drosiad, ac er mor llwyddiannus yw cyfieithiad *Huwcyn Cwsg* ar ei hyd, go brin mai 'gwylltio'r llygaid' yw'r cyfieithiad mwyaf addas o 'Stinging the eyes to tears' yng ngherdd Pugh i'r 'Sioni Winwns'. Yn ail, tueddir i droi naturioldeb y Saesneg yn Gymraeg or-lenyddol. Er enghraifft, cyfieithodd *Edmwnd* 'the wasted young' yng ngherdd Owen Sheers, 'Mametz Wood', yn 'ieuengwyr gwastraffedig'; 'llithrasom i ddistawrwydd' yw cyfieithiad *Ifan* o 'we fell silent' Gillan Clarke, a thrawsffurfiwyd gweithred gyffredin yn ddefod ryfedd os nad sinistr, wrth i'r 'Baby Sitting' yn nheitl cerdd Clarke droi'n 'Eistedd ger Babi' yng nghyfieithiad *Morgan* (sy'n cynnwys sawl llinell gampus). Mae'r llinell wan, 'a darnau o De Niro'n dweud *ti'n sgwrsio 'da fi'* ('and clips of De Niro saying *you talking to me?'*) yn awgrymu nad yw *Dal Yma* wedi gwylio *Taxi Driver*, a hynny'n esbonio'i fethiant i gyfleu grym geiriol cerdd Ifor Thomas, 'My Funeral'. O symud o'r dinesig i gefn gwlad, byddai'n fwy cydnaws â chyd-destun y gerdd pe bai *Corcyn* wedi cyfieithu'r 'back of beyond' yng ngherdd Clarke, 'Overheard in Sligo', yn 'dwll din y byd' yn hytrach na'r parchus 'ym mhen draw'r byd'. Yn drydydd, cadwyd yn rhy driw i'r gwreiddiol ar brydiau a hynny'n arwain at drosiadau Cymraeg clogyrnaidd neu lipa o'r llinellau Saesneg gwreiddiol. Dyma brif wendid cyfieithiad *Antonia* o gerdd Sheers, 'Antonia's Story' (pennill 4 yn benodol), trosiad *William* o Mametz Wood ('y cyfan wedi'i ddynwared nawr mewn fflint', 'yn gweithio peth dieithr'), cyfieithiad *Adda* o gerdd Pugh 'The Beautiful Lie', a thra bo cyfieithiad *Nel 2* o 'Women's Work' gan Gillian Clarke yn gwella wrth fynd yn ei flaen, mae'n dechrau'n anystwyth: 'Y beirdd o ferched, af a'u cyfrolau'.

Ar frig yr ail ddosbarth mae cyfieithiadau *Min y Môr, Tegeirian, Tomos* a *Trosi*. Roedd trosiad *Tomos* o gerdd Pugh 'The Woodcarver of Stendal' fel pe bai'n tynnu'r gerdd o'i chyd-destun Saesneg a'i gosod mewn deialog â cherdd Gwenallt ar Jiwdas Iscariot. Ond mae'r llinell olaf – 'dolen fy nhristwch i oedd y Judas hwn' – yn siomedig. O gofio tynged Judas, mi fyddai'r defnydd o 'grogi' neu 'hongian' wedi cynnig cyfieithiad gwell o'r 'noosed in my grief' a geir yn y gwreiddiol. Dyma'r patrwm ar frig yr ail ddosbarth – mae cyffyrddiadau hyfryd ym mhob un o'r cerddi yma, ond ambell linell yn methu taro deuddeg.

Daeth pedwar i'r brig. I'r dosbarth cyntaf y perthyn *Brithribyn Borffor, Cash, Jam Mam,* a *Lleu*.

Cash: Cynigiodd gyfieithiad creadigol a hyblyg o'r gerdd 'Slaughter' gan Gillian Clarke. Mae yma linellau gwych: 'Pob cnu yn blyg,/ Golchir y gwaed a gwynt galanas/ O'r cwt wrth orffen â phob oen'. Llai llwyddiannus yw diwedd y pennill cyntaf lle cyfieithir 'they'll be quiet/ as the five fields of their lives/ since the March day they were born' yn 'mor ddistaw byddant/ a dyrnaid meysydd eu bodolaeth/ ers gwanwyn enedigaeth'. Yma mae cynildeb y Gymraeg wedi troi'r hyn sy'n glir a phenodol yn y gwreiddiol yn annelwig yn y cyfieithiad.

Brithribyn Borffor: Cyfieithodd gerdd Clarke, 'Miracle on St David's Day', sy'n adrodd hanes hen labrwr mud yn dod o hyd i'w lais wrth glywed cerdd Wordsworth, 'The Daffodils'. Mae yma linellau grymus:

> Ddeugain mlynedd yn ôl mewn ysgol yng Nghymoedd y De,
> Byddai'r plant yn dysgu cerddi ar eu cof.
> Ac ers i fudandod ei drallod ei ddryllio
> Cofiodd eto fod cân mewn geiriau, a bod ganddo yntau, un tro,
> Rywbeth i'w ddweud.

Ond ni lwyddir i gynnal y safon yma drwy'r cyfieithiad, ac nid yw 'sigla'n swrth', er y cyflythreniad, yn cyfleu 'gently rocks' y gwreiddiol.

Lleu: Llwyddodd i gyfleu'r profiad o weld teulu'n heneiddio wrth 'gyrraedd adref' yn ei gyfieithiad o gerdd Sheers 'Coming Home'. Mae'n cloi'n gampus wrth ddisgrifio'r ddefod deuluol, er efallai y byddai 'alaw' yn fwy addas i gyfleu nodau'r botel win wrth iddi daro ochrau'r gwydrau, ac yn osgoi'r ailadrodd yn y llinell olaf:

> Pan fo pawb wedi eistedd, mae nhaid yn tywallt y gwin.
> Ei law grynedig yn peri i wddf y botel
> ysgrytian ar fin pob gwydr;
> cana'r gân yn gynt bob blwyddyn.

'... *[R]eserved for a child, not this body of a man*', meddir ym mhennill cyntaf cerdd Sheers, am y lle gwag rhwng breichiau'i fam; 'Wedi'i neilltuo ar gyfer plentyn yn hytrach na'm corff dynol i' a geir yn y cyfieithiad. Nid 'dynol' ('humane' neu 'humanly') yw'r cyfieithiad cywir yma, ac mae'r llinell yn annodweddiadol eiriog.

Y cyfieithiad a ddaeth agosaf at ail-greu byd-olwg a rhythmau'r gwreiddiol oedd ymgais *Jam Mam*. Mae'r trosiad o gerdd Clarke, 'Hay Making', yn cadw'n driw i'r gwreiddiol tra hefyd yn ddigon hyblyg i greu barddoniaeth rymus. Trawsffurfir 'These hot nights' yn 'Yr heno braf hon', a llwyddir yn feistrolgar i gadw'r cytseiniaid sisiol wrth i 'Sweet with the liquors of grasses' droi 'Yn felys gan sawr sudd/ y gweiriau'. I *Jam Mam*, gyda'r had yn ei sandalau, y dyfernir y wobr gyntaf.

Y Trosiad

CYWAIN Y GWAIR

Gwyddoch bod y gwair wedi'i gywain
Pan fo'r gatiau'n gwenu
Yn y lonydd. Yr heno braf hon
Cwympodd y caeau, a gorwedd ar agor
Dan gynfasau glân y lloer.

A'r ffordd adre
Yn felys gan sawr sudd
Y gweiriau, yr aer
Yn wyrdd gan liwiau gwan
Cyhwfan y caeau gwair

I lawr yn Fron Felen
Yn yr ysgubor orlawn
Mae'r bêls newydd yn lle'r
Hen dywyllwch. Anadlwch,
Cofiwch ffeindio'r
cathod bach cynta', y cariad cynta'
yng nghrafiadau'r gwair
yr had yn ein sandalau.

Jam Mam

TESTUNAU A GWOBRAU ARBENNIG LLYS YR EISTEDDFOD GENEDLAETHOL

Gwobr Goffa Daniel Owen. Nofel heb ei chyhoeddi gyda llinyn storïol cryf a heb fod yn llai na 50,000 o eiriau.

BEIRNIADAETH HARRI PARRI

'Fe redodd y llyfr hwn o'm hysbryd,' meddai Williams Pantycelyn am ei *Theomemphus*, 'fel dwfr o ffynnon neu we'r pryf copyn o'i fol ei hun'. Go brin i'r un o'r pum awdur yma brofi rhwyddineb tebyg. Felly, diolch iddynt am eu dycnwch yn rhoi 50,000 gair o'u dychymyg ar bapur i ddibynnu ar chwaeth – neu fympwy – tri beirniad eisteddfodol.

Boi Dwad: 'Y Gwir sy'n Lladd'. Wedi blynyddoedd o iselder ysbryd, a esgorodd ar briodas anhapus, bu farw gwraig o'r enw Edith Bevan a drwgdybir ei gŵr o'i llofruddio. Ysgrifennwyd y gwaith yn arddull stori bapur newydd. O'r herwydd, ceir nifer o frawddegau byrion, di-ferf, a'r cymeriadau'n tueddu i siarad fesul llinell. Does fawr ddim sy'n Gymreig o'i chwmpas. Trueni, hefyd, i'r awdur bupro'r gwaith mor drwm â chymaint o ymadroddon uniaith Saesneg. Oherwydd ein dwyieithrwydd, mae'r nofelau 'pwy wnaeth' a gyhoeddir yn Saesneg – ac a ailgylchir ar gyfer teledu – yn ddylanwad anffodus ar awduron Cymraeg. Eto, roedd cnewyllyn y nofel yn un purion.

Arianrhod: 'A'r Nos a Fu'. Nofel ias a chyffro, gyda merch ifanc, Llinos Davies, yn adrodd yr hanes. Wedi'i chyflogi fel ysgrifenyddes i gwmni o gyfreithwyr, mae fel pe'n magu personoliaeth wahanol. Ceir llofruddiaethau'n ddwsin am ddimai – dydi'r *Midsomer Murders* ddim ynddi – a 'Nos' yn ddigon agos i'r digwyddiad i fod o dan amheuaeth bob tro. Llafar yw'r arddull ond dylid cofio bod gan y llafar, mewn llenyddiaeth, ganonau i'w gwarchod. Fel yn 'Y Gwir sy'n Lladd', mae yna ogor-droi wrth ddisgrifio'r hyn sy'n digwydd a'i ailddisgrifio wedyn i blesio'r heddlu. Serch gwaith golygu, mae mynd yn y stori ac egni yn yr ysgrifennu. Un o gryfderau mawr yr awdur yw dawn ddisgrifio bur eithriadol. Dyma nofel gyfoes ei chefndir gyda phobl ifanc yn gwau drwyddi. Mwynheais ei darllen a'i gosod yn drydydd.

Beti Siôn: 'Plant Adda'. Stori ddigon derbyniol am ofidiau plentyn, Megan, o gyfnod yr Ail Ryfel Byd, ac am gam-drin rhywiol Gwilym Hughes arni – 'dyn budr' o gymydog. Sonnir am ddiawledigrwydd cymdeithas gyfyng ac am y nain draddodiadol yn angor sicr. Daw'r stori i ben yn ddigon graffig gyda threisio merch ysgol. Nofel am ddoe yw 'Plant Adda' ond heb brifio digon i fod yn nofel hanes. Gwaith nofelydd yw byw'r cyfnod y sonia amdano a gwneud hwnnw'n gredadwy i'w ddarllenwyr. Ond o ran cywirdeb iaith, mae'r awdur ben ac ysgwydd yn uwch na rhai o lenorion eraill y gystadleuaeth.

Daldifi: 'Fel rhodiwn rhyw foreddydd'. Wedi datgan wrth ei Nain ei bwriad i briodi, cafodd ei hwyres ymateb annisgwyl, 'Does nelo priodas ddim oll â chariad, Rhodd'. I geisio mapio'i dyfodol, â'r wyres ar bererindod dros wyneb Cymru i fyw cadwyn o brofiadau pur eithriadol. Mae yma gyfoeth dychymyg. Ceir dwy ach o gymeriadau: rhai o gig a gwaed a 'phethau' a drowyd i fod felly; angel ar gofeb yn ymgnawdoli'n ferch ifanc, a Siân Owen yn dod allan o'i ffrâm i ymgomio. Ar yr wyneb, casgliad o anecdotau yw'r gyfrol. Un bennod yw hyd bywyd y rhan fwyaf o'r cymeriadau. Taith Rhodd i'w hadnabod ei hun yw'r 'llinyn storïol' angenrheidiol. Mae gan *Daldifi* reddf gwir lenor: 'Adnabod ydi edrych i fyw llygaid person a chyfathrebu heb eiriau ... Mae o fel rhoi llwy mewn mêl, ei chodi, a gwylio'r gynhysgaeth aur yn diferu gan herio amser ... Rydych chi'n mentro popeth, yn chwarae rwlét efo'ch teimladau'. Gyda llaw, dyma'r tro cyntaf i mi weld 'tyrth' yn lluosog 'torth' a does gan yr awdur ddim gormod o gariad at acenion crymion. Ond dyma nofel raenus, hyderus ei harddull.

Y Pobydd: 'Igam Ogam'. Byddai'n haws troi'r Wyddfa fawr yn gaws na rhoi cynnwys y nofel hon yn y gofod a ganiateir. I rai sydd am godi nofel a'i gollwng, mae yma ormod. Pibydd yw *Y Pobydd* sy'n peri i sefyllfaoedd ddigwydd, i gymeriadau rhyfeddol ymddangos ac i un digwyddiad anhygoel arwain at ddigwyddiadau mwy anhygoel fyth. Ychwanegwch at hynny gyfoeth gwybodaeth am hanes Cymru a'i chwedloniaeth, dawn brin i beri i eiriau ddawnsio, a dychymyg sy'n drên. A defnyddio un o'i ymadroddion, dyma awdur â'r 'Drws Dychymyg' yn agored led y pen. Terry Pratchett a'i ffantasïau comedïol a ddaeth i'm meddwl i. Fel i Pratchett, y stori sy'n bwysig iddo a'r greadigaeth yn rhywbeth i'w hystumio i gwrdd â gofynion ei weledigaeth. Y prif gymeriad yw Tomos, mab mabwysiedig hen lanc o ffarmwr o'r enw Dafydd. Dychwela o'r coleg i etifeddu'r ffarm lle'i maged. Etifeddodd fwy na hynny, etifeddodd y gyfrinach a berthynai i'w dad a'r cryman hudlath a fu ganddo. Yn y lle tân yn ffarm Pen y Bryn mae'r 'porthwll', y drws cyfrin sy'n gwahanu ein byd ni a'r Fabinogwlad. Drwy'r drws hwnnw y cerdda, gyda dau arall, i fyw'r nofel, fel petai. I dorri nofel hir yn un fer, yn y pen draw, dychwela Tomos i'w hen gartref, yn barod i arwain ei wlad i realaeth. Mae'r niwrosis sy'n thema'r nofel yn un cyffredin, sef pryder am dynged ein cenedl a'r troi at yn ôl i chwilio am feddyginiaeth. Ond mae'r ateb sydd yn y nofel huawdl hon yn eironig. Mae graen unigryw ar yr ysgrifennu a'r delweddu: y 'goedwig yn chwysu niwl tew gwlyb, a hwnnw'n llyfu pob bricsen a thrawst ...' a Cheredin fab Caradog, y telynor, 'yn gwenu fel giât ar lwybr tarw'. Cyn y diwedd, fodd bynnag, mae digon fel pe'n llithro i fod yn ormod – serch bod hynny fel dweud bod gormod o halen yn y cefnfor – a byddai talfyrru a thynhau yn talu ar ei ganfed.

Os mai amcan y gystadleuaeth yw gweld cyhoeddi nofel boblogaidd – anelu at y 'dyn cyffredin', chwedl Daniel Owen yn ei 'Ragymadrodd' i *Rhys Lewis* – byddwn yn rhoi'r Wobr i *Daldifi*. Ond os mai'r bwriad yw gwobrwyo nofel aruchel, lle mae dyfnder yn galw am ddyfnder, yna *Y Pobydd* piau hi. Gwobrwyer *Y Pobydd* am nofel unigryw o wahanol.

BEIRNIADAETH MEG ELIS

Diddorol fu beirniadu'r gystadleuaeth hon, ac o raid cymharu'r profiad â beirniadu cystadleuaeth megis Llyfr y Flwyddyn lle mae'r ymgeiswyr eisoes wedi cyrraedd rhyw safon (gellir tybio) o gael eu gwaith wedi ei gyhoeddi. Y wefr ychwanegol sydd i'w chael wrth feirniadu yn yr Eisteddfod yw beirniadu'r dienw. Mae'r wefr honno yn mwy na gwneud iawn am lawer o ddiflastod a siom.

Gwaetha'r modd, cafwyd diflastod a siom, yn deillio nid yn gymaint o ddarllen deunydd gwael ond o sylweddoli'r diffygion sydd yn achosi iddo fod yn wael. Diffyg gofal a balchder mewn gwaith, i ddechrau. 'Welsom ni ddim cymaint â hynny, diolch byth. Cyflwynwyd y pum ymgais yn daclus a chymen, ac er bod rhai'n pechu'n waeth na'i gilydd o ran prawf-ddarllen, dyma rywbeth gweddol hawdd ei gywiro. Mae diffyg darllen yn pryderu mwy arnaf. Yn fy niniweidrwydd, tybiais y byddai unrhyw un sy'n mentro ysgrifennu nofel hefyd yn dueddol o ddarllen nofelau. Rhaid i mi ddweud bod ambell ymgais wedi peri i mi amau hynny. Wrth ymdrin â'r rhai sydd yng ngwaelodion y gystadleuaeth y cefais i'r meddyliau digalon hyn; felly, dyma fwrw ati, a'u rhoi yn nhrefn teilyngdod.

Beti Siôn: 'Plant Adda'. Hon oedd y nofel fyrraf. Gwaith taclus, a'r iaith yn ddi-fefl. Ond hawyr bach, doeddwn i ddim wedi darllen ymhell cyn gofyn i mi fy hun mewn difrif a yw'r awdures hon wedi darllen unrhyw nofel Gymraeg a gyhoeddwyd yn ystod y ganrif a aeth heibio? Cadarnhawyd fy ofnau wrth ddarllen mwy o stori naïf ac ystrydebol Leisa'r forwyn: mae arna' i ofn nad oes yma syniad o sut i greu stori na chyflwyno cymeriadau. Does dim o'i le ar osod nofel yn y gorffennol – ond mae'n hanfodol i'r ysgrifennu a'r saernïo berthyn i'r oes bresennol.

Boi Dwad: 'Y Gwir sy'n Lladd'. Lleolir yn y presennol ac mae'n esiampl o *genre* poblogaidd – y nofel ddirgelwch. Ardderchog, mewn egwyddor. Ond rhybudd – peidiwch byth â rhagdybio bod *genre* poblogaidd, eang ei apêl yn gyfystyr â nofel hawdd ei hysgrifennu. I'r gwrthwyneb – oherwydd bod storïau dirgelwch mor boblogaidd, mae gymaint â hynny'n anoddach cael getawê gyda blerwch neu gamgymeriadau. Ac ysywaeth, mae'r gwaith hwn yn frith o gamgymeriadau hollol elfennol o ran prosesau cyfreithiol, dulliau'r heddlu ac yn y blaen, sy'n tanseilio ei hygrededd yn syth. A, hefyd, mae'r iaith yn wallus drwyddi draw.

Arianrhod: 'A'r Nos a Fu'. Codais fy nghalon fymryn pan ddeuthum at yr ymgais hon. Dyma nofel sy'n dechrau'n dda, yn creu sefyllfa ond heb roi popeth yn y ffenest siop o'r cychwyn cyntaf. Mae yma dipyn o hiwmor hefyd yn y disgrifiadau o fywyd swyddfa – os braidd yn llafurus. Mae rhywun yn synhwyro o'r cychwyn fod yma ddirgelwch ym mywyd y prif gymeriad 'Nos'. Yn weddol gynnar, daw llofruddiaeth, a'r dirgelwch yn dwysáu. Iawn. Ond gwaetha'r modd, dirywio'n sydyn iawn wna pethau wedyn – ac eto, cawn y gwallau elfennol. Mae'n ddrwg gen i, ond bydd unrhyw ddarllenydd cyfoes yn rhy gyfarwydd â dulliau a threfniadau'r heddlu i dderbyn hyn. A nodyn am yr ysgrifennu. 'Elfen storïol gref', medd amodau'r gystadleuaeth. I mi, mae'n amhosibl dweud stori dda mewn arddull wael – a dyna sy'n digwydd yma. Mae'r brawddegau'n dilyn ei gilydd yn hollol ddi-fflach, a'r ysgrifennu yn llafurus a diysbrydoliaeth. Nid oes yma gynllunio, saernïo na chrebwyll llenyddol: dim syniad sut i *ffurfio* nofel.

Roeddwn yn dechrau digalonni. Ac wedyn dyma agor y gyfrol nesaf.

Daldifi: 'Fel rhodiwn rhyw foreddydd'. Deuwn yn syth i dir uwch, gyda rhywun a ŵyr beth yw nofel, a sut i ysgrifennu'n afaelgar. Cefais fy swyno gyda theitl y bennod gyntaf: 'Sut i lanhau *ostrich feathers* gwynion', ond mae angen mwy na phenawdau trawiadol i greu nofel gref. Mae yma nofel gymen a da, a syniad y tu ôl iddi. Mae yma swyn a hwyl wrth i ni ddilyn hynt Rhodd yn dianc mewn ofn ar ôl addo priodi – ond nid dianc go iawn chwaith. Mynd ar daith i ddarganfod – beth?

Mae i'r nofel sy'n disgrifio taith draddodiad maith ac anrhydeddus yn y Gymraeg, ac nid hanes taith gorfforol a gawn bob tro ond, yn hytrach, daith neu ymdaith enaid at ryw nod. I mi, mae'r nofel hon yn ychwanegiad gwiw at y traddodiad hwn. A dyna'r unig hedyn o amheuaeth oedd gen i. O ailddarllen, 'fedrwn i ddim, mewn gwirionedd, ddweud fod yma nofel sydd yn wirioneddol dynn a gorffenedig – er mai'r bwriad yw ein cyflwyno i wahanol episodau a ddigwyddodd i Rhodd ar ei thaith, mae'n *rhy* episodig i fod yn gyfanwaith perffaith foddhaol. Ydyn, mae'r elfennau cyffredin a ffantasïol yn gwau'n dda, ac y mae yma ddarnau cofiadwy. Mae'r diwedd yn wan, yn rhy ryddieithol ac, wedi holl swyn a chyfaredd profiadau Rhodd, yn ormod o *cop-out*. Ond gwallau yw'r rhain y mae modd eu hunioni dan law golygydd da, a hynny cyn cyhoeddi'r gwaith hyfryd hwn.

Y Pobydd: 'Igam Ogam'. Soniais fod ambell gystadleuydd wedi mynd am *genre* cyfarwydd. Nid felly'r cystadleuydd hwn. Beth sydd yma? Ffantasi? Hanes Cymru? Alegori am natur chwedloniaeth ac arwriaeth? Andros o nofel antur fywiog? Ie, hyn oll – a rhywbeth arall. Mae ein byd ni yma – ond rydym wedi mynd trwy ddrws i fydoedd dirgel eraill hefyd. Yn gynnar iawn yn y nofel, pan ddeuwn gyntaf at fferm Pen y Bryn, fe wyddom am y bydoedd hyn: 'Yn y cyfnos, fe ddaw'r ddau fyd ychydig yn nes at ei gilydd', medd yr awdur. A dyna sy'n digwydd, rydym yn cael ein hudo i'r ddau fyd. Wrth fynd yn ddyfnach i'r disgrifiadau a'r cymeriadau ffantastig ond cyfarwydd, ceisiais ddadansoddi'r argraff a gawn – roeddwn i wedi bod yn rhywle fel hyn o'r blaen – ond lle? Yna cofiais – wrth wylio un o ffilmiau 'Lord of the Rings'. Dyma beth sydd gan *Y Pobydd* – dychymyg ffilmig, sgrîn-fawr, ffantasïol – ond wedi ei wreiddio yng Nghymru a'i phobl. Dyna sy'n gwneud 'Igam Ogam' mor arbennig.

Ond, ond, ond ... penbleth fwyaf y gystadleuaeth i mi, sef ail hanner y nofel. Ydi, mae'n dda – ond cawsom ein difetha gan y rhan gyntaf dynnach a mwy celfydd. Mae angen golygu ffyrnig yma, i gynnal cyffro a hiwmor y rhan gyntaf. Nid bod yr elfennau hyn ar goll yn llwyr tua diwedd y nofel – pe baent, buasai'n haws collfarnu a dweud, 'piti, ond ...'

Ond o ddychwelyd ac ailddarllen, a chael fy nal eto yng nghyfaredd y byd a grëwyd gan yr awdur, rwy'n barod i faddau iddo – ond maddau o drwch blewyn, serch hynny. Buasai'n drueni mawr colli egni a chynfas eang y nofel hon, y newydd-deb a'r ffresni sydd yng ngweledigaeth yr awdur – ffresni sydd ei angen yn ddybryd ar ysgrifennu Cymraeg er mwyn denu'r cenedlaethau newydd o ddarllenwyr. Felly, yn llwyr ymwybodol o'r angen am olygu, rwy'n falch iawn o ddyfarnu Gwobr Goffa Daniel Owen yn Eisteddfod Caerdydd i *Y Pobydd*.

BEIRNIADAETH EMYR LLYWELYN

Crefft ysgrifenedig yw rhyddiaith ac un o brif wendidau nofelau gwannaf y gystadleuaeth hon, a gwendid nifer o nofelwyr ifanc, yw credu nad oes angen ysgrifennu mewn iaith lenyddol safonol. Os codwch chi nofel Saesneg mewn siop lyfrau, fe welwch ei bod wedi cael ei hysgrifennu mewn Saesneg llenyddol safonol. Felly y dylai hi fod gyda'r Gymraeg.

'Safonol' yw'r gair allweddol wrth fesur addasrwydd iaith nofel. Ystyr hyn yw bod ffordd gydnabyddedig o gofnodi iaith y mae'n rhaid anelu ati.

Gelyn mawr safon mewn rhyddiaith Gymraeg gyfoes yw defnydd diangen o eiriau Saesneg. Y rheswm am hyn, wrth gwrs, yw grym niweidiol iaith dorfol fwyafrifol ar iaith leiafrifol sydd dan warchae. Does dim esgus o gwbl dros gynnwys geiriau Saesneg yn naratif y nofel Gymraeg.

Yr un modd gyda'r ddeialog. Dyma fan gwan nifer fawr o nofelwyr Cymraeg. Y camgymeriad mawr yw credu y gellir ysgrifennu deialog dim ond drwy drawsysgrifio deialog llafar o dâp i bapur. Ond nid atgynhyrchu iaith lafar lawn talfyriadau a thafodiaith y dylai deialog nofel fod. Yn y nofelau Saesneg cyfoes, poblogaidd, fe welwch nad oes bron un enghraifft o drawsysgrifio tafodiaith a defnyddio bratiaith ond, yn hytrach, Saesneg llafar safonol a geir yn eu deialog. Dywedodd Stephen King, 'Mae deialog yn iaith wedi'i saernïo'n ofalus gyda'i gramadeg ei hun'. Creadigaeth annaturiol yw deialog nofel o'i chymharu â deialog lafar fel y mae'r frawddeg lenyddol hithau yn greadigaeth gwbl annaturiol o'i chymharu â'r frawddeg lafar. Mae creu deialog nofel yn golygu dethol geiriau a saernïo. Hoffwn roi geiriau Stephen King mewn llythrennau bras ar ddesg pob nofelydd ifanc Cymraeg, 'Mae tafodiaith yn niweidiol i fwriad yr awdur ac yn amharu ar bleser y darllenydd'.

Boi Dwad: Mae ymdrech *Boi Dwad* yn enghraifft o fethu ysgrifennu mewn iaith safonol. Dyma enghraifft o'r hyn y dylech ei osgoi: 'Roedd ganddo lap-top compiwtar hefyd! Boi yna fod yn Lord Chief Justice rhyw ddiwrnod ... Siwt 'brand new' o Next a'i wallt wedi'i waxio ...' Mae'n boen calon darllen nofel wedi'i hysgrifennu yn y Wenglish yma ac, yn sicr, nid yw'n llenyddiaeth. Rhaid i'r awdur hwn sicrhau nad oes dim o'r canlynol yn ei waith cyn ei hanfon i gystadleuaeth fel hon – gwallau sillafu, idiomau Saesneg, deialog yn llawn Saesneg neu gwbl Saesneg, cymysgu iaith lafar ac iaith safonol yn y naratif. Hynny yw, rhaid iddo sylweddoli bod yna'r fath beth â safon iaith y mae'n rhaid i bob nofelydd ei sicrhau cyn dweud ei stori. Yn wir, mae'r dewis o eiriau a safon yr iaith yn rhan hanfodol o'r stori ei hun.

Arianrhod: Stori yw nofel, a dylai stori dda afael o'r cychwyn cyntaf. Ni lwyddodd stori *Arianrhod* i ddal sylw nac ennyn diddordeb ar ei dechrau. Er bod y stori'n adeiladu tuag at ddiweddglo cyffrous, nid oedd y naratif yn creu unrhyw chwilfrydedd ynof i wybod beth fyddai'r diweddglo hwnnw. Defnyddiodd yr awdur naratif person cyntaf mewn tafodiaith sy'n llawn anghysonderau ieithyddol.

Beti Siôn: Pleser yw darllen gwaith nofelydd sy'n lân a safonol ei iaith fel *Beti Siôn*. Credaf y gallai'r nofelydd yma greu llawer o storïau rhamant darllenadwy iawn. Gwaetha'r modd, roedd y cymeriadau'n rhy ddu a gwyn, ac roedd yn rhy hawdd rhagfynegi'r diweddglo. Doedd y stori, oherwydd gorsymlrwydd ei phlot a'i chynllun, ddim yn gafael ddigon nac yn creu digon o dyndra.

Daldifi: Llenor medrus – ac rwy'n eithaf siŵr mai merch ydyw. Mae'r nofel, 'Fel rhodiwn rhyw foreddydd', yn gymysgfa ryfedd o ddyddlyfr, llyfr taith, ysgrif, ffuglen – y cyfan mewn naratif person cyntaf. Dyma waith safonol gan lenor aeddfed; byddwn wedi bod yn gwbl fodlon gwobrwyo'r llenor dawnus yma a hoffwn weld cyhoeddi'r gwaith hwn. Mewn byd o nofelau efelychiadol ac awduron heb ddim i'w ddweud, mae gan y llenor yma ei llais arbennig ei hun a rhyw onestrwydd sy'n peri i chi hoffi bod yn ei chwmni. Ar ei gorau, y mae ei chrefft yn cyrraedd safon uchel iawn – yn arbennig yn y naratif. Dywedodd George Orwell fod 'rhyddiaith dda fel gwydr ffenest', hynny yw, mae'r ysgrifennu yn gynnil ac yn syml heb i'r darlun gael ei amharu arno gan glyfrwch, na chan oreuro sy'n tynnu sylw at y gair unigol ac yn amharu ar eglurder y darlun cyfan. Hoffwn i *Daldifi* feddwl o ddifrif am grefft deialog ac am y sylwadau a roddais ar y dechrau gan fod trawsysgrifio iaith lafar a defnyddio geiriau Saesneg diangen yn niweidiol i'w deialog mewn rhai mannau. Er ei chryfderau, nid oeddwn yn teimlo fod llinyn storïol digon cryf yn y nofel.

Y Pobydd: Llwyddodd i ddal fy sylw o'r dudalen gyntaf – dyma storïwr wrth reddf sy'n feistr ar ei gyfrwng o ran iaith, arddull, cymeriadaeth, a chynllun. Dyma nofelydd difrifol ei bwrpas gyda rhywbeth i'w ddweud a'r gallu i'w ddweud mewn ffordd gofiadwy a difyr. Llwyddodd i greu rhamant liwgar drwy anturio i hanes a chwedloniaeth ei bobl. Ond llwyddodd hefyd i ddweud yn symbolaidd lawer o bethau dyfnach am argyfwng ei bobl a llygru'r amgylchedd. Mae'r prif gymeriad yn y nofel, sef Igam Ogam, yn rhyw fath o Dr Who Cymraeg – arwr sy'n rhychwantu bydoedd ac amserau gwahanol. Drwy ei ddychymyg byw, creodd y nofelydd hwn fyd rhyfeddol yn llawn cymeriadau a chreaduriaid gwahanol – rhyw fath o Bumed Gainc y Mabinogi. Un o rinweddau mawr y nofel yw ei hiwmor sy'n feiddgar a rhyfygus yn null Eirug Wyn a'r golygfeydd a'r sefyllfaoedd digri yn ein hatgoffa o straeon yr anfarwol Eirwyn Pont-siân. Gall yr awdur hwn newid golygfa ac arddull a chreu naws ac awyrgylch arbennig i bob golygfa. Mae rhai o'i ddisgrifiadau yn grefftus iawn, ac yma ac acw ceir delweddau trawiadol sy'n goleuo'r gwaith gyda'u disgleirdeb. Go brin fod yng Nghymru heddiw nofelydd mor wreiddiol a dyfeisgar â'r awdur hwn.

Nid yw'r nofel heb ei gwendidau. Byddwn wedi hoffi gweld datblygu'r prif gymeriadau fwy nag a wneir. Yn ogystal â hynny, mae angen dileu'r geiriau Saesneg diangen ac mae ail hanner y nofel yn crwydro'n ormodol a'r awdur yn ymhyfrydu gormod yn ei ddawn storïol heb ddwyn y cyfan i ben yn gryno ac yn daclus.

Mae *Y Pobydd* yn llawn haeddu pob clod ac anrhydedd a berthyn i Wobr Goffa Daniel Owen.

YSGOLORIAETH EMYR FEDDYG

Er cof am Dr Emyr Wyn Jones, Cymrawd yr Eisteddfod

BEIRNIADAETH CERI WYN JONES

'Dyfernir yr ysgoloriaeth yn flynyddol i'r cystadleuydd mwyaf addawol ...' – dyna yw'r gosodiad yn y *Rhestr Testunau*. Ond canllaw digon simsan yw hwn i'r beirniad, 'dybiwn i. Nid oes, wedi'r cwbl, angen i'r cystadleuwyr nodi eu hoedran na'u profiad na'u cyraeddiadau hyd yma. Mae, felly, elfen o ddyfalu a rhag-weld a phroffwydo ynghlwm â theilyngdod. Mi all y feirniadaeth fod yn un wrthrychol fesuredig, wrth reswm, ond fel y saif amodau'r gystadleuaeth, cam i'r tywyllwch yw'r dyfarniad!

Er mwyn osgoi mympwyaeth ronc, dyma fi'n penderfynu y byddwn i'n rhoi'r casgliad gorau, yn fy nhyb i, ar y brig, doed a ddêl. Ond pe bawn i'n simsanu'n wirioneddol rhwng dau, byddwn yn gwneud fy nyfarniad ar sail pwy, yn fy nhyb i, a fyddai'n elwa fwyaf o'r '[b]rentisiaeth yng nghwmni llenor profiadol' sy'n un o amodau gwobr y gystadleuaeth.

Ond, beth felly am y pump o feirdd a gyflwynodd eu casgliadau o 'hyd at 30 o gerddi.' A oedd un casgliad a wnâi waith y beirniad hwn yn haws?

Dodo Siwenna: Un ar ddeg o gerddi difyr dros ben yn llawn anwyldeb a diffuantrwydd, ac yn gofyn cwestiynau mawr fel 'Pam fod brechdanau'n fenywaidd?'. Y gerdd am genedl brechdanau ac ati yw perl y casgliad ('pam fod rhai pethe yn un-deg-tri, / Tra bod eraill yn dair-ar-ddeg), ond hytrach yn rhyddieithol yw'r cerddi drwyddi draw. 'Sgwn i a oes deunydd *lyrics* yma? Beth bynnag a ddigwydd i'r casgliad, mae angen cywiro'r gwallau iaith.

Erwain: Ugain o gerddi. Dyma gystadleuydd sydd wrth ei fodd gyda sŵn a rhin geiriau, ac wedi ffoli ar gyflythreniad ac ar gariad! Mi all ein taro yn ein talcen weithiau: 'Nid yw gwydr yn gwaedu. / Does ganddo ddim croen, dim cri'. Ond mae angen mwy o ganu cywasgedig a chroyw fel hyn, yn hytrach na'r hoffter o ymadroddion barddonllyd a rhyddieithol mewn llinellau hirion. Mae angen cywiro'r gwallau iaith.

Amos: Dwy ar hugain o gerddi, y mwyafrif yn y mesur rhydd, rhai mewn mydr ac odl (un soned, yn wir), ac eraill yn gaeth. Canu cymdeithasol a moesol sydd yma fwy neu lai, gyda theyrngedu ffordd o fyw a gwerthoedd y gorffennol glofaol, traddodiadol Gymreig. Mae yma ddychan a hiwmor, ynghyd ag angerdd, a hefyd y gerdd ogleisiol honno 'Rhyw!', sy'n cychwyn gyda'r anfarwol 'Ych-a-fi! Ach-y-fi! Och-y fi!/Ych! Ach! Och!' Bron na alla' i glywed Max Boyce yn estyn am ei gitâr! Yn gyffredinol, teimlwn mai rhethreg a rhyddiaith wedi eu torri'n llinellau oedd yma'n rhy aml. Ac mae angen cywiro gwallau cynganeddol yr englynion.

Cerdd y Don: 'Casgliad o Gerddi', deg ar hugain ohonynt, fel mae'n digwydd – y cwbl yn y mesurau caeth, ac yn gywyddau fwy na heb. Dyma, heb os, gasgliad mwyaf gwastad a mesuredig y gystadleuaeth, gan gynganeddwr profiadol a medrus sy'n dweud ei ddweud yn dda a diymdrech. Mae blas achlysurol y talwrn yn gryf ar y casgliad, gyda theitlau'r cerddi yn aml yn awgrymu tasg osodedig, ond mae nifer o'r cerddi hyn yn codi'n uwch o lawer na lefel ymarferiadau crefft yn unig. Mae'r pynciau'n amrywio: consýrn am yr amgylchedd, unigolion anffodus (e.e. George Best a Rhys Jones) ac unigolion ffodus (e.e. Mererid Hopwood a Dai Llanilar), ynghyd â chenedlgarwch cadarn. Mae'r cywydd 'Coed' sy'n sôn am frwydr Bryngla s yn Nhrefyclawdd yn esiampl nodedig o allu'r bardd, ac yn cynnwys y llinellau grymus: 'Mae her yn y cyfer caeth/ a bonion annibyniaeth/ a rhyddid ymhob gwreiddyn/ a'i barhad ar lethrau bryn'. Mae angen i *Cerdd y Don* fentro mwy, serch hynny. Mae'r canu braidd yn rhy gymen at fy nant i, yn brin o'r cyffro annisgwyl hwnnw – yn gynganeddol, emosiynol a syniadol – sy'n mynd â dyn at werthfawrogiad dyfnach o'i brofiadau. Ond rwy'n hollti blew 'nawr, mae'n siŵr. Dyma gasgliad da iawn.

Caneri: 'Gormod Odlau'. Un ar bymtheg o gerddi ar amrywiaeth o fesurau, caeth a rhydd, gyda'r pynciau'n amrywio o 'Tŷ Golchi' i 'Mis y Mêl', ac o 'Cadw ci am byth bythoedd' i 'Dai Llanilar' (eto fyth!). Ac mae amrywiaeth cyweiriau a thymherau'r cerddi wedi sicrhau bod gan bob tudalen newydd rywbeth newydd i'w gynnig. Mwy na hynny, mae dyfeisgarwch meddwl a ffraethineb dweud *Caneri* yn apelio'n fawr ataf i. Nid oes iddo/iddi sicrwydd trawiad – na phrofiad – *Cerdd y Don*, ond mae hyder cynnil ym mharodrwydd *Caneri* i ganfod arwyddocâd pellach mewn digwyddiadau cyffredin, ond i beidio â bod yn ffuantus orymdrechgar wrth wneud hynny. A braf oedd cael hiwmor fel yn *Gwragedd y Beirdd*: 'Bywyd WAG, sut bynnag bo,/ (difwriad a di-feiro),/ i feinwen sy'n amgenach/ na byw fel rhyw brydydd bach'. Wedi dweud hynny, mae rhai cerddi tipyn llai llwyddiannus na'i gilydd, lle gwelir cyffredinedd mynegiant a diffyg sglein.

A'r dyfarniad? Wel, rhwng y ddau olaf y mae hi. Y dewis yn y pen draw oedd rhwng gwreiddioldeb ac amrywiaeth *Caneri* a chrefft lân *Cerdd y Don*. Mae'r ddau'n deilwng o'r wobr. Ond er i mi simsanu'n wreiddiol rhwng y ddau, gan gydnabod potensial *Caneri*, po amlaf y darllenwn y ddau gasgliad, y lletaf y tyfai'r bwlch rhyngddo a chasgliad mwy gorffenedig *Cerdd y Don*. Mae'r wobr felly yn mynd i'r hyn rwy'n ei ystyried yn ddi-os yn gasgliad gorau'r gystadleuaeth, sef cerddi *Cerdd y Don*.

Y Casgliad o Gerddi

Darluniau
(Ionawr 2007)

Un wylan dros yr heli
a lliwiau'r lloer ar y lli,
ac awel ar draeth melyn
a'r tonnau mewn golau gwyn,
a daw oriau dechrau'r dydd
yno i ni o'r newydd.

Mae heulwen a chymylau
y bore oer a'i darth brau
yn y bae yn un bwa,
dod â'i wên ar fore da;
ar wyneb y bore bach
yn aros yn ddisgleiriach.
Yno'n bod ac eto'n bell
yn estyn heibio'r castell
yn y glaw, a'i liwiau glân
yn oedi dros Gefn Sidan

*   *   *

Yn Ionawr â'i wynt cynnes
un egin gyda'i neges,
fe ddaw ein haf heddiw'n nes

Ac adar yn un gadwyn
ar riniog serth y clogwyn,
lliwiau Awst sydd ar y llwyn.

Y gwiail ganol gaeaf
yn y gwlith a'r brigau'n glaf,
egina'r blagur gwynnaf.

Deheuwynt a'i dwf diwyd;
yn fyw mae'r Hydref o hyd
a thyfiant mis Mawrth hefyd.

Tawel yw dyffryn Tywi,
trwy afon y pentrefi
mae arswyd yn llwyd y lli.

O dan borffor y gorwel
a'i drin hallt, mae dŵr yn hel,
a'r lli'n uwch na'r llanw uchel.

A dros ddyfnder y cerrynt
ar ras mae cefnfor o wynt
yn cyrraedd mewn un corwynt.

*   *   *

Mae ffos yn agos i ni,
a mynydd y tomenni
o bridd, lle bu hollti bro,
a seiniau y trais yno.
Un llafn a'i archoll o hyd
a rhu'r gyrru trwy'r gweryd.

Mae cripian y peiriannau
a'u hias oer yno'n nesáu,
yn wargam trwy'r tir amaeth,
y tir coch a'r coetir caeth,
trwy'r weirglodd a'r hen gloddiau,
heibio'r waun a'r rhostir brau;
ar agor y mae'r agen
yn ddwfn yn ein tiroedd hen.

Er hyn, yn fuan fe red
gwythïen y gaethiwed;
un llinyn y lli' ynni
a nwy dan ein daear ni.
Un biben felen o fyd
ond afiach ydyw hefyd,
a'i niwl oer dan awyr las
yn haenen dros y ddinas.

*   *   *

Carcharor ydyw'r bore – yn eiddo
i'r nudden o'r gwagle,
nes ei droi'n faw dros y dre'n
wastraff o gelloedd Trostre.

Troi i'r aer oedd holl fwg y trais — echnos
o holl gochni'r ffwrnais,
yna ei glwyf fel hen glais
yn fioled ei falais.

Heddiw ar dir anniddig — mae nwyon
y simneiau ffyrnig
a'u niwed anweledig
yn dial ac yn dal dig.

Mae gwenwyn y meginau — a'i ddüwch
di-ddiwedd o'r tyrrau
yn moelyd yn gymylau'n
fwndel o bwdel i'r bae.

Croesi'r lli a wna lliwiau — ail enfys
wrth lanfa'r holl draethau,
olew brwnt ar heli brau
yn haenen ar y tonnau.

Inc

'Poni welwch chwi hynt y gwynt a'r glaw. . ?'
(Ar ôl gweld Marwnad i Lywelyn ein Llyw Olaf
yn Llyfr Coch Hergest yn Llyfrgell Bodlean,
Prifysgol Rhydychen)

Un ddalen ein ddoe heno
a'i hinc oer sy'n siglo'r co';
mae ein llais yma'n ei llên
a thir ymhob llythyren,
y geiriau o wladgarwch
draw'n y wlad dan estron lwch.
Un aberth fu mor werthfawr
yw lli'r clwyf rhwng lliwiau'r clawr,
a staen yr holl gwestiynau
ar yr haen o femrwn brau.
Y print du sydd yn dduach
yn alltud y funud fach
a'r odlau fel darnau dur
yn ddalen yr hen ddolur.

Storm

Y mae'r deial yn alaw
        ar y ffôn lôn yn ei law,
        ac i hogyn derfyn dydd
y diwn ydyw'r adenydd.
Ond i gariad y gorwel
ei pharhad yw rhoi ffarwél,
daw i'r un o'r dwrdio rhwydd
y daran o ddistawrwydd;
un gair yn hallt yn y gwynt
a'r un gair yn troi'n gorwynt,
a deulais yn dawelwch
yw'r fan draw, a'r ofnau'n drwch.
Mae'r funud y byd ar ben
yn ei hollti fel mellten;
ei Nokia yw y ddrycin
a'r pris yw y geiriau prin,
a chynnen Oren y nos
yn oerach, ynddo'n aros
i'r bore oer a'i barhad,
yn oes hir heb ddau'n siarad.
Y mae e' yn ddafnau mân
a'i storom yn ystwyrian.

Maes Awyr

Unwaith mae ef am lanio ...
yn hwyl haf mae'n glaf dan glo
yn ei sedd, ac mewn gweddi;
yn y grŵn ni ddaw ei gri
o'r rhes oer, a'i wewyr sydd
yn dunnell ar adenydd;
ddaw'r nod na'i ddaear yn nes
yn hedfaniad ei fynwes,
a hofrad i wallgofrwydd
yw ei ras trwy'r aer yn rhwydd,
ac yno, fe wêl ganwaith
y darn o dir yn ei daith.

Deilen

Ar y lôn hir eleni,
mae deilen, un hen yw hi,
yn gragen o wythiennau
ac ynddi y cochni'n cau;
ei bioleg mor fregus,
yn frau, ond eto ar frys
trwy Ragfyr yr awyr rydd
a'i darmac o hen stormydd;
a daw rhyw wynt yn ei dro
yn gadarn i'w hergydio,
yn oedi, yna'n sydyn,
yn troi, yn troi ar ei hun,
a lliw hon yn bell o'i haf—
olion y ddeilen olaf.

Torf

Am un car, mae hi'n aros,
yn ei hofn hyd oriau'r nos.
Ac yno, heno i hon
hewl unig yw'r olwynion,
sŵn ceir ar ras yn un cri
a'r siwrnai'n rhoi oes arni;
mae heol goch y golau
a'i lliwiau hir yn pellhau,
a'r holl lif trwy'r niwl a'r llwch
yn deiars at y düwch.
O rywle, at yr alwad,
daw rhyw lais o ben draw'r wlad,
ac iddi yn gwmni i gyd,
o hirbell, daeth un cerbyd.

Colli ac Ennill
(angladd George Best)

Arhosant yn eu rhesi
â'u lliwiau oes yn un lli',
        y cicio oll heddiw'n cau
        a darn o'r hen Sadyrnau

Ym mhellter cof y teras
dewr yw'r un sy'n dod ar ras,
yn grwt â'i wallt lawr i'w grys
gyda'i redeg direidus
a rhwydd, trin pêl fel breuddwyd
wrth ei rhoi'n llawn nerth i'r rhwyd.
Yna fe ddaeth atyniad
y bar hwyr iddo'n barhad;
i'r genod daeth drygioni
y gŵr â'r wên yn un gri.

Heibio strydoedd ei febyd
arwr ddoe sy'n wyrdd o hyd,
yn rhoi'i liw ar ochrau'r lôn
a harddwch un Iwerddon.

Trychineb
(mewn angladd mam ifanc)

Er bod 'na ardd a'i harddwch – yn y dorch,
    a dawns o dynerwch,
  heddiw y mae'r lliw a'r llwch
  yn ddi-ddiwedd ei ddüwch.

Medi 2007
(Yn dilyn llofruddiaeth y bachgen Rhys Jones yn Lerpwl ar ddiwedd haf)

Eu colled oedd mis Medi.
Dau yw'r rhain lle'r oedd 'na dri
yn dod i seddi'r stadiwm,
heddiw a phob lliw mor llwm;
at y tir oer yn eu tro,

y cyfer pnawn y cofio,
yn eu ffydd dod i goffáu
i deyrnas y Sadyrnau.

Di-orffen boen rhieni
yno'n gred yn sŵn y gri
a daw llef eto'n ddefod
o'r fan lle'r oedd 'fory i fod.

Daw chwiban o'r cylch canol,
a thrachefn o gefn y gôl
a thorf fud, y funud fer
yn uno y ddau hanner.

Gweld galar cyn y chwarae
a'r cur hyd erwau y cae,
lle bu dicter y teras
i'w liwiau e'n wyn a glas
fe ddaw haf ei awydd o,
dolur yn guro dwylo.
Fe ddaw bywyd byd y bêl
a breichiau'n barau uchel
a daw 'Rhys', 'Rhys', o ben y dref
yn unllais at eu hunllef.

Un sedd wag, hon sydd o'i ôl,
un sedd wag, mor swyddogol.

Yn sŵn yr enw un sill
ei enw fydd eu hennill.

Traeth
(Traeth Cefn Sidan)

Yn awel y traeth melyn,
yn y gwynt a'r tonnau gwyn,
daw gwae misoedd y gaeaf
i roi ei her ar yr haf.
Un aber a'i bryderon
yw'r swnd aur a sŵn y don,
a rheg y manion gregyn
ynof yn awr y fan hyn.
Y mae myrdd o ddagrau mân
yn galw'n ôl o'r geulan.

Grŵn unig y gronynnau
a byd o ofn lle bu dau,
fy meiau fu'n byllau bach
fy meiau'n un llif mwyach.
Mae melltith ymhob milltir –
dyrnu dyn wna'r darn o dir,
a'r lli yn gorchuddio'r llen
a'i grychau yn hen grachen.
Yn y môr, mae'r grym o hyd
yn fwa rhwng dau fywyd.

Yn y broc y mae'r byw brau
yn fregus fel hen frigau,
a lifrai hen drai yn drwch
a hen astell yn dristwch.
Ei donnau hallt sy'n dod nôl
yn donnau mwy dirdynnol,
ac agor awr yr hen graith
wna'r awelon oer eilwaith.

Cyfaill

Di-wyneb yw'r aduniad, – di-enw
      ydyw'r dyn sydd wastad
   ar y lein o ben draw'r wlad
   a'r nos hir yn ei siarad.

I Gyfarch Mererid Hopwood
(ar ennill Coron Eisteddfod Genedlaethol Cymru ym Meifod 2003)

Ar y dderwen eleni,
brynhawn Awst, yn ein bro ni,
y mae 'deryn du'n y dail
ac awen rhwng y gwiail,
â'i diwn yn dod ohonynt
a'i gân ar goedd yn y gwynt.

Daw un rhes o'r nodau'n rhwydd
â'i stori i'r distawrwydd,
a heddiw trwy'r llonyddwch
daw o raid ei gerdd yn drwch;

y nodau a lliwiau'r llen
yn gyngerdd ar y gangen.
Yn uchel y pigfelen
a'i barhad trwy ddail ei bren,
a chwiban y gynghanedd
yw galwad y wlad i'r wledd,
a'i drydar draw i oedi
yn un haf hir ynof i.

Daw ei ryddid o'i wreiddiau,
pob nodyn o'r brigyn brau,
a chorwynt y gwynt yn ei gân
yn atgo o hen gytgan;
yn gaeth i'w diriogaeth rydd,
yn dyner ar adenydd.
Mae'n chwennych y brig uchaf,
yn ei liw ar ganol haf,
a chyfer 'i oruchafiaeth
yw'r awen a'r goeden gaeth.

Eirlysiau

Daw y rhain yn daer o hyd – i wylio
        dros yr hewlydd rhewllyd,
    bob blwyddyn yr un ffunud
    yn eu lifrai gwynna i gyd.

Dai Jones, Llanilar

Fe'i ganed a'i ddywedyd
i roi 'i gân i Gymru i gyd,
ei Walia a'i Lanilar
yw ei sgwrs a'i filltir sgwâr.

I'r bywyd gwâr sy'n aros
hwn yw clust a llais y clos,
rhoi parhad i'r arfer prin
a hen werthoedd mewn chwerthin.

Ei ddaear sydd mor ddiwyd
yn troi'r iaith trwy'r tir o hyd,
yn ei lais mae gwên cefn gwlad
a'r hen sir yn ei siarad.

Tutankhamun
(Tutankhamun yn siarad)

Yn heddiw'r aflonyddu — yn y rhith,
    yr aur a'r rhyfeddu,
  un oes hir dragwyddol sy'
  yn fy aros yfory.

Llyfr Du Caerfyrddin

Unwaith yn sŵn y canu – a Lladin
    yr Urdd Llwyd o'r neilltu,
  un bluen fu'n 'sgrifennu,
  ganed iaith mewn gwyn a du.

Cywydd gofyn cymwynas

Rho alwad adre, Dadi,
a chei weld fy salwch i;
dere i weld mor dost yr wyf
a nodwydd o boen ydwyf,
uffern yw byw heb gyffur
a'i lafnau fel darnau dur.
Un her ddoe oedd fy rhyddhad,
un her yw fy ngharchariad,
yn oferedd fy ngweddi
y niwl oer a 'nghynnal i.
Yn fudan yn fy llanast,
dere draw, adre ar hast!

Siop y Gornel

Mae 'na ddau yma'n ddiwyd,
yn ddistaw, ym mhen draw'r stryd;
dienw ydyw'r dynion
â'r dwylo oer hyd y lôn,
y nhw sydd yno yn hel
un hwyrnos ar y gornel;
'rhain yw drws Sadwrn y dref
â'u nwyddau a'u dioddef,
yn ffeirio eu cyffuriau
yn y gwyll; mae'r siop ar gau
'lawr y dref, ond mae'r clefyd
a'r graith ar agor o hyd.

Mynydd

Y mae ynom un mynydd – sy'n aros
      i'n herio o'r newydd
   a phob heol o'r dolydd
   i'r copa yw'r sertha' sydd.

Aros

(Galwad ffôn anhysbys ganol nos)

Un daran, hanner caniad,
a'r ias oer yn dwyn perswâd,
y twrw'n galw o'i gwâl
o'r düwch tua'r deial.

Un eiliad, er yr holi,
doedd neb yn ei hateb hi,
eiliadau hir y dal dig
eiliadau'r anweledig.

Mae pryder hanner ennyd
yn rhoi ing oriau o hyd
a berw'r boen bore bach
yn aros ynddi'n oerach.

Sgwrs rhwng heddwas a gyrrwr

(sgwrs rhwng heddwas a llun ohono'i hun yn y drych)

Ti yn dy gar sy'n aros
ar lain hir heol y nos
sy'n denu o sŵn dinas
i wâl oer y golau glas;
daw un, a dyma hi'n dod,
heibio i lôn cydwybod
heb amau, i'r golau'n gaeth,
dy olau o frawdoliaeth;
ti a mi a'r palmant mud
a milltir y fam alltud.
I'r diawl, rho mewn gêr a dos
ar siwrnai drais o hwyrnos.

Dedwyddwch

Pleser yw treulio'r oriau
yn y dweud a geir rhwng dau,
nes clywed y teledu
yn rhoi taw ar sgwrsio'r tŷ.
Yma fe ddaw mor amal –
dod â'i drais rhwng pedair wal;
y set o hyd sydd â'i stŵr
yn erlid trwy y parlwr
a gwaedu'r oes ddigidol
yn dod â'i staen rhwng dwy stôl.
Aros a wna'r hen siarad,
am wn i, yn y mwynhad!

Côr
(yn canu gwaith Karl Jenkins)

Daw'r symbal, i roi'r alaw,
yna'r drwm, o'r ochor draw,
heibio i gur y tabwrdd
mae cyffro'r côr yno'n cwrdd,
a'r lleisiau di-eiriau'n dod
i uno'n orchest hynod,
a chân y bît yn rhoi chwydd
alegro'i chenedligrwydd,
a'r seindorf yn gresiendo'r
nodyn, yn canu'n y co';
daw seiniau y rhythmau rhwydd
i aros trwy'r distawrwydd

Coed
(y coed a'r darn tir caeedig sy'n coffáu buddugoliaeth Owain Glyndŵr ym Mrwydr Bryngləs ger Trefyclawdd yn 1402)

Ar bob un gangen heno
hen frwydr sydd yn nhwf y fro,
fan hyn y clywn lafnau cledd
hil hŷn na chwe chan mlynedd.

Mae her yn y cyfer caeth
a bonion annibyniaeth,
a rhyddid ymhob gwreiddyn
a'i barhad ar lethrau'r bryn;
bythwyrdd yw holl obeithion
a dail iaith y genedl hon.

Ond tir serth trwy'r oesau sydd
yn boenau'n y rhes binwydd.

Carcharor
(cyn-athletwr mewn ysbyty)

Ar y ward daeth ei awr ef,
yn eiddil, wedi'r dioddef;
ac yn Athen ei henoed,
heddiw hwn ddaw yn ddi-oed
o'r gwely ac o'r gwaeledd
ar ras hir y trac i'r sedd;
troi i'w gae cyn torri gair,
i gydio 'mraich y gadair.
Am heno, ei bedair munud,
yw'r cam a gymer cyhyd,
yntau'n dal medalau'n dynn
wedi'i orchest o'i erchwyn.

Cadwraeth

Heddiw mae hwn yn diodde'
yn y llwch wrth wagio'r lle,
rhoi yn saff yr hanes hir
a geriach rhai a gerir,
clirio'r cartref yn ddefod,
rhoi i'r bocs y byw a'r bod.

Mae dyddiau dau wedi'u hel
i undydd yn un bwndel;
agor a llenwi bagiau
yn y cof ac yna'u cau;
a'r un lle'n ddarnau llinyn
yn dal ei yfory'n dynn.

Newid
(Capel Sant Paul, Aberystwyth, sydd bellach yn dŷ tafarn)

Yn y capel fe welwn
eiriau'r Iôr ar furiau hwn,
a salmau hen Suliau'n sêl
yn aros ar yr oriel.
Yno daw, trwy oriau'r dydd,
y criw ifanc a'u crefydd;
mae amen yr emynau
yn yr hwyr yn parhau
fel un yn canu'n y côr,
yn nhywyllwch hen allor.

Ei ddoe Ef heno ni ddaeth,
a'r gwin ydyw'r gwahaniaeth.

Hafnos
(Cofio colli perthynas mewn damwain ffordd)

Y mae lôn ugain mlynedd
trwy yr hwyr yn torri'r hedd,
ac ynof, bob awr gynnes,
ddaw'r naw naw naw eto'n nes;
daw i'r wledd a'r gorweddian,
daw o hyd a'i boen ar dân,
troi ar ras i'r siarad rhwydd
yn daran o ddistawrwydd;
a dioddef mis Mehefin
sy'n greithiau mewn gwydrau gwin.
Un lôn oer, ganol un haf,
ddaw â'i nos 'flwyddyn nesaf.

Perthyn
(Aneurin Jones)

Ei ddawn yw agor paent y tymhorau
a rhoi'r lliw i asio'r pridd a'r lleisiau,
ond ddoe yw siarad ei gymeriadau
a dod i oedi mae'u symudiadau;
cofeb ydyw'r wynebau — a bellach
hen dir a'i linach ydyw'r darluniau.

Pren
(Cofio marwolaeth ffrind ysgol wrth fyfyrio dros baneli pren a brynwyd adeg cau'r ysgol gynradd)

Ymhob ystyllen mae tudalennau
yma i aros yng ngraen y muriau,
a drws yn agor ar y tymhorau
yn un ddesg lydan o ddisgwyliadau;
un diwrnod ydyw'r darnau — o dderw
a chur ei enw yn nhrwch yr haenau.

Cerdd y Don

RHYDDIAITH

Y Fedal Ryddiaith. Cyfrol ac iddi gefndir dinesig neu drefol heb fod dros 40,000 o eiriau

---

BEIRNIADAETH CATRIN BEARD

Traddodiad gwledig sydd i lenyddiaeth Gymraeg, ac er bod y mwyafrif o Gymry bellach yn byw mewn dinasoedd a threfi, cyndyn yw'n llenorion ar y cyfan i ysgrifennu am y profiad trefol. Yr hyn yr oeddwn i'n gobeithio'i weld yng nghyfrolau'r gystadleuaeth hon oedd elfen o'r profiad hwnnw yn rhan annatod o'r cyfanwaith. Mae'n brofiad sy'n amrywio o berson i berson, a'r ffyrdd gwahanol y mae pobl yn ymateb i dref neu ddinas sy'n ddiddorol. Ymatebodd nifer o'r ymgeiswyr yn gadarnhaol i'r her, ond ni wnaeth eraill fawr mwy nag amneidio i'w chyfeiriad drwy ddigwydd gosod rhai digwyddiadau mewn tref neu gynnwys ambell ddisgrifiad o dirlun dinesig wrth basio.

Amrywiol iawn yw'r safon, o ran creadigrwydd ac ansawdd yr ysgrifennu. Ar y naill law, rwy'n edmygu dyfalbarhad unrhyw un sy'n llwyddo i gwblhau cyfrol ond, ar y llaw arall, ar fwy nag un achlysur bûm yn pendilio rhwng diflastod anobeithiol a dicter tanbaid fod pobl yn cyflwyno gwaith na ellir ei alw'n Gymraeg darllenadwy i'n prif gystadleuaeth rhyddiaith. Roedd yn amlwg bod rheolau gramadeg a sillafu'n ddieithr iawn i rai o'r cystadleuwyr, ac yn oes *Cysill* mae hynny'n anfaddeuol. Does dim disgwyl i'r mynegiant fod yn berffaith, ac yn sicr nid am y gyfrol gywiraf ei hiaith roeddwn i'n chwilio (yn wir, roedd rhai o gyfrolau gorau'r gystadleuaeth yn frith o fân wallau) ond mae'n rhaid meddwl cyn ysgrifennu a rhaid cynllunio cyfrol yn ofalus.

Dyma air am bob ymgeisydd.

Teithiwr Talog: 'Marathon Merlene'. Rwy'n hoffi'r syniad y tu ôl i'r gyfrol hon, sef portreadau personol o ddinasoedd o gwmpas y byd lle cynhaliwyd y Gemau Olympaidd dros y blynyddoedd diwethaf, a lle bu'r rhedwraig Merlene Ottey o Jamaica yn cystadlu. Mae ôl ymchwil trylwyr ar y gyfrol, gyda'r awdur yn dod o hyd i ffeithiau a hanesion difyr am y gwahanol ddinasoedd. Gwaetha'r modd, dyw'r un gofal ddim wedi'i ddangos yn y mynegiant, gyda rhannau o'r gwaith yn anodd iawn eu darllen ac weithiau'n gyfieithiadau llythrennol o'r Saesneg. Byddai'n drueni i'r holl ymchwil fynd ar goll, ond byddai'n rhaid ailysgrifennu'r gyfrol yn llwyr cyn iddi weld golau dydd.

Y Bluen Olaf: 'Ia! Ia! Pen Dinas'. Â'r awdur hwn â ni i ffarm ddofednod yn y flwyddyn 2108, gyda'r adar eu hunain yn adrodd hanes ymgyrch etholiadol a bygythiadau i ddyfodol y ffarm. Mae'r ysgrifennu ar chwâl i gyd, ond rywsut mae hynny'n addas i gymeriadau'r ieir, sy'n greaduriaid anhrefnus, a dweud y lleiaf. Rwy'n hoff o'r arddull anarchaidd ond, yn anffodus, dyw'r byd dychmygol y mae'r awdur wedi'i greu ddim yn cael ei ddarlunio'n ddigonol, ac mae'n amhosibl ei ddeall. Mae un ceiliog (Cocl-dw) yn cymysgu ei eiriau wrth siarad, a allai fod yn ddoniol, ond dyw'r ddyfais hon ddim yn gweithio mewn ymgais sy'n llawn gwallau teipio.

Tegeirian: 'Ar Lawn Hwyl': Stori'r newyddiadurwr Gruff Parry yw'r nofel hon, gan ddechrau â'i enedigaeth ym 1901 cyn symud drwy ei fywyd yn Llundain a Pharis a dychwelyd maes o law i Gymru. Dyma awdur sy'n ysgrifennu'n rhwydd a darllenadwy, gyda bywyd Gruff yn y gwahanol ddinasoedd y mae'n symud i fyw ynddynt yn cael ei ddarlunio'n ddigon derbyniol, ond does fawr o gyffro yma, ac mae'r gyfrol yn darllen fel nofel a allai fod wedi'i hysgrifennu ddegawdau'n ôl.

Antures: 'Crwydro'. Cymeriad arall a anwyd ar droad y ganrif ddiwethaf yw Gwenno ond, er gwaethaf ei gwreiddiau di-nod mewn bwthyn tlawd ger Tyddewi, mae ei bywyd yn rhyfeddol, a dweud y lleiaf. Ar ôl mynd i weithio fel morwyn yn Llundain, mae'n priodi gŵr y tŷ ac yn dod yn ffigur blaenllaw ym Myddin yr Iachawdwriaeth. Gyda marwolaeth ei gŵr, aiff ati i hyfforddi fel nyrs. Yna ar ôl cyfarfod â'i hail ŵr, sy'n llysgennad, treulia weddill ei bywyd yn teithio gydag ef o ddinas i ddinas o gwmpas y byd. Mae'r nofel yn carlamu drwy'r ganrif ond, er gwaethaf y bywyd diddorol, rhaffu digwyddiadau yn unig a geir, ac ni ddown i adnabod na deall cymeriad Gwenno o gwbl.

Ali Ôca: 'Pilo Brwyn'. Roedd hi'n anochel y byddai o leiaf un gyfrol o atgofion yn y gystadleuaeth, a dyma hi, gyda hanesion am ardal Treboth yn Abertawe wedi'u hysgrifennu gan berson a fagwyd yn yr ardal, sydd wedi cymryd diddordeb mewn hanes lleol ac sy'n ymfalchïo yn nhafodiaith y fro. Ceir nifer o straeon difyr yn y gyfrol, megis hanes 'mangu', oedd yn defnyddio perlysiau i wneud eli i bob clwyf, a'r ffaith fod pobl yn rhoi'r gair 'tŷ' o flaen enw pob siop ('tŷ Boots' neu 'tŷ Marks and Spencers') oherwydd mai mewn tŷ y byddai'r rhan fwyaf o siopau'n dechrau. Mae hon yn gyfrol sy'n siŵr o gael ei chyhoeddi ar ryw ffurf, gan fod atgofion yn boblogaidd iawn yn y farchnad lyfrau Gymraeg.

Papa: 'Hydref yn y Ddinas'. Hoffais ddechrau'r gyfrol hon yn fawr, gyda disgrifiad o'r prif gymeriad, Rhys, yn eistedd wrth gronfa ddŵr Llysfaen yng Nghaerdydd, a chryfder y nofel i mi yw'r disgrifiadau a geir ynddi o wahanol rannau o'r ddinas. Mae Rhys druan yn mynd drwy argyfwng canol oed, a chyfres o'i fyfyrdodau a geir yma, ar bynciau'n amrywio o newid hinsawdd i nodweddion angenrheidiol cadeirydd pwyllgor da. Mae'r awdur hwn yn amlwg yn mwynhau ysgrifennu ac yn gwneud hynny'n llwyddiannus mewn mannau, er bod y ddeialog yn glogyrnaidd iawn, a bod y myfyrdodau'n tueddu i droi yn yr unfan braidd.

Hafod: 'Yn Gymysg Oll i Gyd'. Nofel yw hon sydd wedi'i gosod yn ninas Abertawe gyfoes ac yng Nghwm Tawe adeg yr Ail Ryfel Byd, gan dorri'n ôl a blaen rhwng hanes Miriam, sy'n ddarlithydd ffilm yn y brifysgol, ac Esther sy'n gweithio i fferyllydd llengar. Yr helbulon carwriaethol yw elfen gryfaf y stori ond mae'r lleoliad hefyd yn bwysig, gyda disgrifiad o'r cyrch bomio ar ddinas Abertawe yn ystod y rhyfel. Mae gwreiddyn cyfrol dda yma, o gryfhau'r cymeriadau a saernïo'r stori. Efallai mai camgymeriad ar ran yr awdur oedd cynnwys disgrifiad o'r hyn y dylai nofel dda fod, gan fod y disgrifiad clodwiw hwnnw'n amlygu nad yw'r nofel hon yn deilwng hyd yma.

Ffenics: 'Talcen Caled'. Digwyddiad anfad adeg streic y glowyr yn wyth degau'r ganrif ddiwethaf, pan laddwyd gyrrwr tacsi gan flocyn o goncrit a ollyngwyd oddi ar bont dros Ffordd Blaenau'r Cymoedd wrth iddo hebrwng un o'r glowyr yn ôl i'w waith, sydd wedi ysbrydoli'r nofelydd hwn. Unwaith eto, gosodir y nofel mewn dau gyfnod, y tro hwn adeg y streic a phymtheng mlynedd yn ddiweddarach, a thrafodir effaith y digwyddiad ar deulu'r gŵr a fu farw, a'r ffordd y mae ei weddw a'i fab yn dod i ddeall ei gilydd. Ceir llawer o ysgrifennu disgrifiadol yn y gyfrol ond y rhan orau i mi yw'r cyffro wrth y pwll wrth i'r picedwyr aros am y sgabs, a'r tyndra rhwng y ddwy garfan o gyn-gyfeillion, sydd lawer yn fwy gafaelgar na'r sgyrsiau hirwyntog a dwys am gerddoriaeth a chrefydd yn ddiweddarach yn y nofel. Mae hi'n gyfrol ddigon darllenadwy ond o'i darllen, dwyf i ddim yn siŵr a oes gen i well dealltwriaeth o'r cymhellion nag o effaith y digwyddiad.

Gwion: 'Trwy'r Cysgodion'. Yn y nofel ddigalon hon, cawn hanes brwydr Rhodri, gŵr yn ei dri degau, yn erbyn cancr. Fe'i cefais yn anodd closio ato fel cymeriad, ac ar adegau teimlwn ei fod yn ymdrybaeddu yn ei hunandosturi, gan wrthod pob cymorth gan ei deulu a phawb arall. Wedi dweud hynny, mae gonestrwydd yn yr ysgrifennu, ac er bod rhannau o'r llyfr yn teimlo fel gwaith sydd wedi'i ysgrifennu fel therapi, a bod yr arddull braidd yn anystwyth a hen ffasiwn, mae yma fynegiant personol a dwys o brofiadau anodd iawn.

Feliciano: 'Dolenni Hud'. Arweiniodd y gyfrol hon i mi Gŵglo enwau llefydd Cymreig yn yr Unol Daleithiau, ac, yn wir, mae'r treflannau y lleolir y straeon ynddynt: Llangollen, Llandaff, Cardiff, Bangor a Neath, i gyd i'w canfod yr ochr draw i Fôr yr Iwerydd. Yn cyd-fynd â'r straeon, ceir ffotograffau o'r gwahanol leoliadau, a phrofiad digon rhyfedd yw gweld tai clapfwrdd gwyn dan awyr las, las mewn stori wedi'i lleoli yn Llangollen. Yn y straeon eu hunain, ceir llawer o ymdeimlad o golled, gyda chymeriadau'n edifarhau ynghylch eu gorffennol. Y stori fwyaf llwyddiannus i mi yw 'Yng Nghastell Nedd ma' 'mwriad', sy'n rhoi hanes gŵr yn cwrdd â'i fodryb mewn maes awyr, a hithau'n dychwelyd i Gymru i weld yr hen lefydd am y tro cyntaf ers blynyddoedd. Gwelwn berthynas yn tyfu rhwng y ddau, a chyswllt teulu'n cael ei ail-greu. Ceir ysgrifennu celfydd yn y gyfrol ond tueddu i fod yn hirwyntog y mae'r straeon, gan droi'n ormodol yn eu hunfan. Pe bai'r awdur hwn yn ffrwyno a disgyblu'r mynegiant a'i symleiddio, byddai hon yn gyfrol lwyddiannus.

Dafad: 'Huw Trwsus Coch'. Deffroad dyn ifanc a geir yma. Cymeriad ynysig nad yw byth yn mynd allan i gymdeithasu ac nad yw erioed wedi gweithio yw Huw. Mae'n byw gyda'i nain ac yn dilyn ei marwolaeth hi fe'i rhyddheir i fwynhau profiadau newydd. Dan adain Dai ManU, fe'i harweinir at y ddiod gadarn a chyffuriau, a'i brofiad rhywiol cyntaf, gyda merch sy'n edrych fel Meic Stevens. Mae'r awdur hwn yn ysgrifennu'n ffraeth gyda chyffyrddiadau gwych o hiwmor, gan adeiladu stori a naratif allan o ddeunydd go denau. Mae'r darlun o Huw yn gwisgo yn y bore yn ddigon i droi unrhyw stumog, yn enwedig y disgrifiad o'i sanau, sydd 'wedi caledu yn gacen o hen faw drewllyd'. O gryfhau trywydd y stori, mae hon yn nofel y dylid ei chyhoeddi.

Tan y Bwlch: 'Yr Anweledig'. Dyma awdur profiadol, sy'n deall adeiladwaith a strwythur nofel i'r dim. Stori wedi'i rhannu'n ddwy yw hi, yn adrodd hanes cyrch milwrol gan yr Unol Daleithiau yn Afghanistan o safbwynt Hani, llanc ifanc o bentref gwledig yn y wlad, a Jon, un o'r milwyr Americanaidd. Dechreua'r stori â phennod sy'n cydio sylw'r darllenydd ar unwaith, gyda Hani yn cerdded drwy strydoedd Dubai â bom yn wregys iddo. O dipyn i beth yn ystod y gyfrol, down i ddeall beth sydd wedi dod ag ef i'r sefyllfa hon a beth sydd wedi achosi i Jon grwydro'n feddw mewn dinas ddieithr yn America. Er nad yw'r ddau brif gymeriad yn cwrdd â'i gilydd, mae eu straeon a'u bywydau'n gysylltiedig ac yn effeithio'r naill ar y llall. Y stori sy'n gyrru'r gyfrol; mae'r ysgrifennu'n syml a chlir, ac er y gellid dadlau mai ychydig yn ddi-fflach yw'r arddull ar adegau, yn enwedig y ddeialog, ar y cyfan mae'r symlrwydd yn mynegi cyffro'r naratif. Rwy'n siŵr y bydd hon yn gyfrol boblogaidd iawn pan gaiff ei chyhoeddi.

Porteños: 'Porthladdoedd'. Mae'n anodd gwybod lle i ddechrau trafod y gyfrol hon. Does dim amheuaeth nad dyma awdur mwyaf dychmygus y gystadleuaeth. Aiff â ni ar daith o strydoedd cefn a thlodi Buenos Aires i

Los Angeles ac i Gaerdydd, gan ddilyn sawl ysgyfarnog ar y ffordd. Mae trywydd ambell stori'n diweddu'n ddi-esboniad, ond gwelwn eraill yn ailymddangos yr ochr draw i'r byd fel rhan ymylol o stori arall neu mewn atgof o rywbeth a glywyd rywdro. Ceir elfennau ffantasïol, a chaiff chwedlau eu creu sy'n cipio dychymyg y byd, fel hanes anghredadwy'r hen wraig a oroesodd (neu beidio) gorwyntoedd y cefnfor mewn cwch papur, a'r 'cwlt Marina' sy'n datblygu o'i chylch. Y chwedlau a'r hanesion sy'n creu cymdeithasau ac yn ffurfio hunaniaeth yw gwraidd y gyfrol, ynghyd â'r ffordd y mae pobl yn cofleidio straeon ac yn eu defnyddio. Rwy'n hoff iawn o hiwmor yr awdur, sy'n tynnu coes y darllenydd yn gynnil, ond dyna'r unig gynildeb a geir. Mae'n gyforiog o syniadau a hanesion, i'r graddau ei fod yn drysu ac yn tueddu i golli ei ffordd braidd. Mae angen i'r awdur gydweithio â golygydd i ffrwyno'r gwaith, a phan fydd hynny wedi'i wneud, edrychaf ymlaen at ddarllen y gyfrol orffenedig.

melfed: 'Cornel Aur'. Cyfrol o straeon, a'r rheini'n amrywiol, yn ysgafn, yn ddwys, yn ddifyr, ac wrth i'r darllenydd weithio'i ffordd drwyddynt, does dim dal i ba gyfeiriad y bydd yn cael ei dywys; ceir pob math o amrywiaeth o ran testun, arddull a hyd, a'r cyfan yn cyd-fyw rhwng cloriau'r un llyfr – dinas o gyfrol yn wir. Â'r awdur â ni i lu o leoliadau gwahanol gan gynnwys Caerdydd, Amsterdam, Llundain ac Iwerddon wledig, ond i mi, y stori sydd wedi'i lleoli yn Firenze, ac sy'n rhoi ei henw i'r gyfrol, yw'r orau, ac yn wir dyma'r darn gorau o ysgrifennu drwy'r gystadleuaeth gyfan. Ymson gan Gymraes yw hi, yn gwylio pili pala'n llechu ar ffrâm ffenest ei hystafell, ac yn edrych yn ôl dros ei bywyd wrth foddi ei gofidiau mewn gwin coch. 'Chawn ni ddim gwybod ei hanes yn llawn ond mae cynildeb yr ysgrifennu'n adrodd cyfrolau amdani. Dyw pob stori ddim mor llwyddiannus â hon ond dyma awdur medrus sy'n gallu defnyddio nifer o leisiau a thafodieithoedd gwahanol, gydag arddull yn amrywio o gynildeb y stori ficro i ddeialog ysgafn lwyddiannus a disgrifiadau byw a theimladwy. Mae hon yn gyfrol arbennig y dylid ei chyhoeddi'n ddiamau.

yn dawel bach: 'O Ran'. Ar flaenddalen y nofel hon ceir dyfyniad o waith Waldo Williams, 'Beth yw adnabod?', a thaith – lythrennol a ffigurol – Angharad Gwyn i adnabod ei theulu, a'i thad yn arbennig, a geir yma. Dechreua'r gyfrol ag Angharad yn dal y trên o Paddington i Gaerdydd, gyda'r bwriad o dreulio'r daith yn darllen drwy broflenni cyfrol deyrnged i'w thad, a fu'n gerddor llwyddiannus. Darllenwn y proflenni gyda hi, ac aiff â ni hefyd i hel atgofion am ei phlentyndod yng Nghaerdydd. Drwy lygaid y plentyn, down i adnabod cymeriad cymhleth y tad, y dyn cyhoeddus carismatig fyddai'n denu sylw ym mhob man, ond a fyddai'n berson gwahanol yn nhawelwch y cartref y tu ôl i ddrws ei stydi gyda'i botel win. Fe'm hudwyd gan y nofel hon. I ddechrau roeddwn yn meddwl mai'r rheswm am hyn oedd bod y Gaerdydd a ddisgrifir ynddi, yn enwedig iard yr ysgol gynradd gyda'i 'Welshies' ar y naill ochr a'r 'Inglies' ar y llall, mor gyfarwydd i mi, fel un a fagwyd yn y ddinas yn yr un cyfnod ag Angharad. Ond mae mwy nag uniaethu personol yma. Ceir disgrifiadau o ddryswch plentyndod sy'n gyffredin i bawb, ac mae perthynas anodd ond cariadus Angharad a'i thad wrth iddi dyfu yn cael ei phortreadu'n gynnil a sensitif. Yn wir, mae cymeriadu cryf, arddull sicr ac adeiladwaith crefftus y gyfrol drwyddi draw yn ei chodi uwchlaw gweddill y gystadleuaeth.

Rwyf o'r farn fod 'Cornel Aur' ac 'O Ran' ill dwy yn rhagori ar weddill y cyfrolau a ddaeth i law, ac mae'r ddwy yn deilwng o'r wobr. Maent yn gyfrolau hyderus a chrefftus sydd hefyd yn cynnwys y profiad dinesig hwnnw yr oeddwn i'n chwilio amdano. Ond o'r ddwy, mae 'O Ran' yn gyfanwaith tynnach, a hon hefyd sydd wedi taro'r nodyn cywir gyda'm cyd-feirniaid; felly, *yn dawel bach* sy'n haeddu'r fedal eleni.

BEIRNIADAETH ALED ISLWYN

Y newyddion drwg i ddechrau. Er bod goreuon y gystadleuaeth yn amlygu cryn greadigrwydd, nid pawb ohonynt sydd eto wedi magu digon o barch at eu doniau eu hunain i feistroli hanfodion eu crefft a'u cyfrwng. Mae'n gas gen i swnio fel plismon iaith adweithiol ond y gwir plaen yw bod o leiaf ddau o'r pymtheg ymgeisydd eleni wedi eu hamddifadu eu hunain o'r cyfle i gipio'r Fedal Ryddiaith oherwydd hyn. Hen stori, mae'n wir, ond un sy'n dal i ddiflasu a thristáu. A'r newyddion da? Serch y siom, y mae traean da o'r pymtheg cyfrol yn haeddu gweld golau dydd maes o law. Drwyddi draw, achos llawenydd sydd yma, felly.

Dyma air am bob un o'r cynhyrchion, gan symud yn araf tuag at y goreuon.

Y Bluen Olaf: 'Ia! Ia! Pendinas'. Tipyn o 'dderyn yw hwn, 'ddywedwn i, ac ieir yw ei bethau. Nid oes ond angen crybwyll enwau Beatrix Potter, George Orwell neu Jennie Thomas i gofio bod yna draddodiad hir ac anrhydeddus o drin creaduriaid buarth fferm fel bodau dynol. Ond trist nodi nad yw ieir *Y Bluen Olaf* yn pigo ar yr un clos â chreadigaethau'r un o'r awduron hynny.

Antures: 'Crwydro'. O fod yn forwyn yn gweini ar fyddigions, cyfyd Gwenno i fod yn ail wraig i'w chyflogwr. Daw'n ffigwr blaenllaw yn rhengoedd Byddin yr Iachawdwriaeth yn Llundain cyn treulio cyfnodau tyngedfennol yn hanes y byd yn wraig i lysgennad yr UD mewn gwahanol brifddinasoedd. Diau fod hynny o grynodeb yn ddigon i gyfleu elfennau epig a thros ben llestri'r stori. Er mai'r ugeinfed ganrif yw ei chyfnod, gorwedd naws Fictoraidd yn drwm tros y nofel hon, fel amdo o anghrediniaeth.

Tregeirian: 'Ar Lawn Hwyl'. Dyma awdur arall nad yw fel petai wedi darllen nofel o fath yn y byd ers cyhoeddi 'Teulu Bach Nantoer'. Ffeithiau moel a phentwr o wybodaeth a gawn ni am Gruff a'i yrfa newyddiadurol. Ys dywed un cymeriad, 'Ew, dim ond un wers hanes hir ydy hi'. Fel gyda gwaith *Antures,* teg nodi fod yma Gymraeg graenus a sionc ond 'all hynny ar ei ben ei hun fyth fod yn ddigon.

Papa: 'Hydref yn y Ddinas'. Dyn yn ymdopi â'i argyfwng canol oed trwy asesu Caerdydd fel dinas – ei harddwch, ei hanes a'i lle yn *psyche*'r Cymry – a geir yma. Mae'r syniad ei hun yn un digon od i fod yn addawol, ond clogyrnaidd ac episodig iawn yw'r traethu. Mae'r deialogau'n arbennig o anystwyth a syrthiodd y cyfan rhwng sawl stôl.

Teithiwr Talog: 'Marathon Marlene'. Casgliad o ysgrifau, gyda phob un yn edrych ar ddinas lle y cynhaliwyd y Gemau Olympaidd. Edmygaf y gwaith ymchwil eang a aeth i lunio'r gyfrol, ond oherwydd natur drymaidd y traethu, nid oes yma ysgrifau llenyddol nac erthyglau newyddiadurol llwyddiannus. Serch hynny, daw ambell lygedyn difyr i'r fei yma ac acw, megis hanes cyhoeddi cyfrol hiliol o'r enw 'O Lerpwl i Atlanta' yn 1935 a'r honiad bod gwaith ymchwil academaidd gan y diweddar wleidydd, Dr Phil Williams, wedi cael ei ddwyn gan ysgolhaig arall. Wn i ddim ydy hanner hyn i gyd yn wir, ond rwy'n dawel fy meddwl nad oes yma gyfrol greadigol.

Dafad: 'Huw Trwsus Coch'. Â *Dafad* â ni i dir lle mae'r cnwd fymryn yn nes at y cynhaeaf. (Mewn geiriau eraill, i'r sawl sy'n rhoi pwys ar ddosbarthiadau, dyma gyrraedd yr ail!) Hanes hogyn ifanc o'r enw Huw a drig gyda'i Nain sydd ganddo ac er nad yw heb ddawn ysgrifennu, nid yw wedi gallu penderfynu gydag unrhyw sicrwydd at bwy'n union y mae'n anelu ei waith. Tybiaf mai nofel fer ar gyfer yr arddegau yw hi, ond nid wyf yn gwbl argyhoeddedig o hynny, ychwaith. Fel y nofel ei hun, cefais fy mod yn cloffi a thin-droi braidd yn ddigyfeiriad, yn hytrach nag ymgolli fel y dylwn yn hanes Huw.

Ali Ôca: 'Pilo Brwyn'. Gyda'i defnydd cyfoethog o dafodiaith a llwyth o atgofion difyr, y mae llawer i'w fwynhau yn y gyfrol hiraethus hon am Gwm Tawe. Er bod sawl cyffyrddiad lled ddelweddol yn y traethu, nid oes yma fawr ddim byd newydd nac arbennig o gyffrous yn y cynnwys. Fe wêl y deunydd hwn olau dydd ar ryw ffurf neu'i gilydd yn y dyfodol agos, dw i'n amau dim, a dylai werthu'n dda yn y fro a roes iddo fod.

Hafod: 'Yn Gymysg Oll i Gyd'. Awn o Gwm Tawe i ddinas Abertawe ei hun gyda'r nofelig hanesyddol hon. Ceir ynddi sawl disgrifiad digon gafaelgar, megis cyrchoedd awyr enwog yr Ail Ryfel Byd ar y ddinas. Mae'r defnydd o'r ffilm 'Brief Encounter' yn effeithiol hefyd, heb i'r gymhariaeth gael ei gorwneud, ond er i'r awdur saernïo ei stori'n dda, byddai honno'n dal ar ei helw o'i golygu'n greadigol a gofalus i gael y gorau ohoni.

Feliciano: 'Dolenni Hud'. Ai Americanwr yw'r awdur hwn, tybed? Lleolir pob un o bum stori'r casgliad hwn mewn treflan Americanaidd wahanol a enwyd ar ôl llefydd yng Nghymru, megis Neath, Cardiff a Conway. Marciau llawn am wreiddioldeb. Darparwyd ffotograffau pwrpasol hefyd ar gyfer pob un. Nid yw'r gyfrol yn taro deuddeg yn ei ffurf bresennol. Dieithr a thrwsgl yw'r mynegiant, sy'n frith o briod-ddulliau Seisnig a gyfieithwyd yn llythrennol i'r Gymraeg. Yn eironig ddigon, gweithiodd 'dieithrwch' yr arddull o blaid yr awdur mewn ambell fan, gan ychwanegu at yr elfen chwithig, sinistr sy'n nodweddu'r storïau. Mae'r olygfa yn y stori 'Yr Ymwelydd' pan â'r ffotograffydd i mewn i dŷ'r dieithryn yn enghraifft dda o hynny. Mae gan yr awdur hwn rywbeth, er nad wyf yn sicr beth. Dylai gryfhau ei feistrolaeth ar y Gymraeg, miniogi ei fynegiant a chryfhau strwythur storïol ei ddeunydd. Yna, pwy a ŵyr? Fe allai ein syfrdanu rywbryd eto yn y dyfodol, efallai.

Ffenics: 'Talcen Caled'. Cefais fy anesmwytho braidd gan y gwaith hwn sy'n rhoi inni gofnod manwl iawn o oriau olaf y gyrrwr tacsi o Gaerdydd a laddwyd yn gynnar un bore ar Ffordd Blaenau'r Cymoedd adeg streic y glowyr yn yr 1980au. Cawn hefyd ddarlun trwyadl o'r hyn a ddaeth o'i weddw a'i blant dros y blynyddoedd ers y drasiedi. Nid wyf yn amau didwylledd yr awdur hwn am eiliad. Tybiaf iddo gael cydweithrediad a chymeradwyaeth y teulu cyn mynd i'r afael â'r fath bwnc sensitif. Yn wir, ymddengys ei adnabyddiaeth ohonynt yn rhyfeddol o glòs. Ond ar wahân i gadw'r cof am y gŵr hwn yn fyw, beth oedd pwrpas yr ysgrifennu, tybed? Erys y cymhelliad dros groniclo'r digwyddiadau hyn i gyd mor fanwl yn ddirgelwch ac nid yw'r ysgrifennu'n arbennig o afaelgar, ychwaith, gwaetha'r modd. Gwaith sy'n ennyn cywreinrwydd, serch hynny.

Erys y pum cystadleuydd y bu'r trafod mwyaf arnynt.

melfed: 'Cornel Aur'. Roedd yn amlwg o'r darlleniad cyntaf fod yr awdur hwn yn y meddu ar gryn adnoddau – a phasport prysur hefyd, a chymryd iddo fod wedi ymweld â'r holl ddinasoedd a grybwyllir. Yn ddiau, mae'n giamstar ar y stori ficro gan fod ôl cryn gamp ar bob un o'r pump a gynhwysir yn y casgliad. O blith y storïau mwy traddodiadol, mae'r stori deitl a 'rhyfel anghyfreithlon' hefyd yn serennu. Gall amrywio ei arddull o rethreg ymgomiol rhwydd i gynildeb y bardd. Ond er cymaint sydd yma i'w edmygu, mae'r cyfanwaith yn rhy anghyson ei safon i daro deuddeg gant y cant i'm tyb i.

Porteňos: 'Porthladdoedd'. Dyma ymgeisydd mwyaf heriol y gystadleuaeth. Y tristwch mawr amdano yw nad oes ganddo grap digonol ar yr iaith lenyddol i wneud cyfiawnder â'i weledigaeth ryfeddol. Serch hynny, roedd cyrraedd ei waith fel chwa o awyr iach. Buenos Aires, Los Angeles a Chaerdydd yw ei ddinasoedd ac mae eu presenoldeb yn rhan allweddol o'i greadigaeth swreal. Fel llyfr taith gan rywun ar sbîd, cawn ein cymryd ar ras trwy bentwr o storïau, ffantasïau, ffeithiau hanesyddol a disgrifiadau daearyddol a phensaernïol o'r tair dinas. Yn wir, pentyrru popeth yw *forte Porteños,* mae'n ymddangos – yn ansoddeiriau, hiwmor carlamus ac esgeulustod orgraffyddol dybryd. Mae'r gwaith yn gyforiog ohonynt oll, a llawer mwy. Dotiais at ynni rhemp yr awdur hwn. Ar ei waethaf, gall fod yn llafurus ac ymdrechgar. Ar ei orau, mae'n ddewin digamsyniol.

Anodd iawn cynnig crynodeb o'r cynnwys. Fel y nodwyd eisoes, mae yma elfennau o'r hyn a gewch chi mewn 'llyfr tywys' i ddinas ddieithr, gyda'r darlun a grëir yn ymddangos yn hynod gysáct ac yn gwbl gyfeiliornus yr un pryd. Mae yma gorff marw yn hwylio mewn cwch papur dros y cefnforoedd, hefyd. A fiw imi anghofio'r sgwarnogod amrywiol eraill yr awn ar eu holau'n gyson wrth i'r awdur ein goglais â hanfodion chwedloniaeth a'n deffro o'r newydd i ddirnad y modd y mae elfennau crai'r ddynoliaeth yn eu hailddyfeisio'u hunain o le i le, o lwyth i lwyth ac o genhedlaeth i genhedlaeth. Edrychaf ymlaen at weld y gyfrol hon rhwng cloriau cyhoeddedig ond nid tan i'r awdur gael cyfle i weithio'n ofalus gyda golygydd creadigol, da.

Gwion: 'Trwy'r Cysgodion'. Synhwyrais fod hwn yn ymgeisydd peryglus o'r tudalen cyntaf, er nad yw fy nghyd-feirniaid wedi eu swyno ganddo o gwbl. Nofel am ŵr ifanc o'r enw Rhodri a'i frwydr yn erbyn cancr a geir yma. Y diwrnod y caiff y diagnosis yw man cychwyn ei stori a dilynwn ei ffawd trwy gyfnod maith ei wahanol driniaethau. Rhyfeddod y gwaith i mi yw'r hyn na chawn ganddo. Nid oes 'run plot gwerth sôn amdano wedi ei weu o gwmpas yr argyfwng canolog. Daw rhieni a brawd Rhodri yn weddol ganolog am gyfnod, mae'n wir, ond diflannant eto. Nid oes yma ychwaith yr un ymgais i ddramateiddio datblygiad yr aflwydd a'r triniaethau. At ei gilydd, adroddir popeth yn ffeithiol a chynnil ac yn rhydd o bob sentimentaliaeth. Er bod gan *Gwion* Gymraeg cywir, rhwydd i'w ddarllen, nid yw ei arddull byth yn ceisio creu argraff. Does dim byd clyfar am ei gymariaethau. Dim byd stroclyd am ei steil. Os yw'n chwip o fardd ar y slei, penderfynodd gadw'n dawel am y peth. Nid yw'n ymdrechu i fod yn 'llenyddol' o gwbl. Dibynna'n llwyr ar ei onestrwydd dirodres am ei effeithlonrwydd. Mae'n ansoffistigedig yn ystyr gywir a gorau'r gair. Fe'm lloriwyd ar brydiau gan gadernid y dweud; cymaint felly nes imi amau nad nofel sydd yma o gwbl ond profiadau go iawn yr awdur, a'r rheini wedi eu 'ffuglennu' fymryn, o bosibl. Ydi, mae'r cyfan yn darllen mor real â hynny. Byddwn i'n bersonol yn fwy na pharod i weld gwobrwyo'r gwaith hwn ac fe ddylai gael ei gyhoeddi ar bob cyfrif.

yn dawel bach: 'O Ran'. Dyma awdur mwyaf caboledig y gystadleuaeth. Tra ar y trên rhwng Paddington a Chaerdydd, mae gwraig ifanc o'r enw Angharad Gwyn yn darllen trwy broflenni'r gyfrol goffa i'w thad y mae wrthi'n ei pharatoi. Rydym yn amlwg yng nghwmni awdur proffesiynol a hyderus gan iddo greu fframwaith clyfar iddo'i hun. Mae'r prif gymeriad mewn sefyllfa ddelfrydol i ddechrau hel atgofion am ei phlentyndod ac mae gan yr awdur hefyd esgus parod dros ddyfynnu ambell bwt o'r erthyglau a ddaeth i law i roi persbectif gwahanol ar bethau ambell dro. Ydi, mae *yn dawel bach* yn awdur cyfrwys. Mae ganddo stôr gyfoethog o iaith ddi-lol at ei ddefnydd, sydd rywsut yn rhan annatod o'r bywyd dosbarth canol cysurus Cymreig a ddarlunnir. Tynnwyd oddi ar hygrededd y cyfanwaith i mi, i ryw raddau, gan y 'tro yn y gynffon' diangen tua'r diwedd a byddwn hefyd wedi hoffi gwybod mymryn yn fwy am fywyd Angharad ers iddi dyfu i fyny. Cawn wybod bod ganddi gymar a'i bod bellach wedi ymgartrefu yn Llundain, ond fawr mwy na hynny.

Rhaid dweud nad oes dim byd affwysol o gyffrous am y cyfanwaith, ond drwodd a thro mae'r nofel hon yn taro deuddeg mewn ffordd synhwyrus a barddonol. Er cymaint y carwn weld y Fedal Ryddiaith yn cael ei rhoi am waith mwy ymfflamychol ac egr na'r hyn sy'n gyffredin, rwy'n fwy na pharod i gydnabod bod i ddyfroedd tawel hwythau eu ceinder a theg cydnabod eu grym.

Tan y bwlch: 'Yr Anweledig'. Ni allaf feddwl am yr un nofel sylweddol Gymraeg a leolwyd dramor lle nad yw'r awdur wedi teimlo'r angen i roi iddi ryw ddolen gyswllt Gymreig – naill ai trwy ei chyfeiriadaeth neu o leiaf un o'i chymeriadau. Gwnaeth *Tan y bwlch* rywbeth prin, os nad unigryw. Cymerodd gynfas rhyngwladol cyfoes a defnyddiodd y Gymraeg i adrodd ei stori heb deimlo'r angen i'w 'gyfiawnhau' ei hun yn y modd hwn o gwbl. Mae'n awdur eofn ac uchelgeisiol a chreodd stori grefftus, epig ei rhychwant.

Hani, hunanfomiwr o Affganistan, a Jon, milwr Americanaidd, yw'r ddau brif gymeriad ac er nad yw'r ddau byth yn cwrdd, sylweddolir yn gynnar iawn fod ffawd am glymu tynged y ddau wahanol hyn ynghyd mewn modd arswydus o anorfod. Mae'r cyfan yn darllen fel crynodeb o ryw ffilm ryngwladol arfaethedig ac iddi gyllideb enfawr – o ran gweledigaeth ac ystod, fe'm hatgoffodd o'r ffilm ddiweddar, 'Babel'. Naill ai trwy brofiad neu o ganlyniad i ymchwil fanwl, gall yr awdur ymdrin â gweithdrefnau ac offer milwrol yr UD gyda chryn argyhoeddiad. Mae hefyd yn dallt y dalltings i'r dim parthed gwleidyddiaeth gweinyddiaeth Bush. Ar ben hynny, mae'n ymddangos iddo'i drwytho'i hun yn hanes ac arferion y gwahanol lwythau a phobloedd sy'n byw yn nhiroedd mynyddig anghysbell y rhan honno o'r byd.

Ei stori yw ei gryfder pennaf. Prin a chyffredin iawn yw ei ddefnydd o ddeialog ac er bod rhai golygfeydd yn gynnil o delynegol ganddo, megis marwolaeth mam-gu Hani, digon moel yw ei arddull at ei gilydd a thybiaf fod hynny'n fwriadol. (Nid yr un peth yw moelni ag esgeulustod, ychwaith, ac ar adegau rhaid cyfaddef bod y sillafu anwadal a'r ansicrwydd ynglŷn â chenedl rhai geiriau digon cyfarwydd yn merwino.) Yr hyn a gododd y nofel hon uwchlaw'r cyffredin i mi oedd ei hyder a'i chyfoesedd. Dyma awdur nad yw'n hiraethu am yr un 'ddoe na ddaw yn ôl' nac yn teimlo'r angen i wisgo'i weledigaeth â'r un ffantasi ffuantus. Nid ef yw llenor gorau'r gystadleuaeth, mae'n wir, ond o blith y pymtheg, ef yw'r un a roes inni'r gyfrol fwyaf syfrdanol. Iddo ef yr âi'r Fedal Ryddiaith eleni pe cawn i fy ffordd. Ond nid am y tro cyntaf yn fy mywyd, caf fy hun mewn lleiafrif o un. Rhaid cyfaddawdu, felly.

Trwy lwc, y mae dwy gyfrol arall sy'n haeddu eu gwobrwyo hefyd yn fy marn i. Un o'r rheini, 'O Ran', yw dewis fy nghyd-feirniaid. Ar ôl hir drafod, cafwyd cytundeb rhyngom. Seinied utgyrn a thelynau i wobrwyo *yn dawel bach*.

BEIRNIADAETH ALED JONES-WILLIAMS

> *NODYN gan y Golygydd*
>
> *Gwaetha'r modd, mae'n rhaid ymddiheuro na lwyddodd Aled Jones-Williams i gyflwyno beirniadaeth gyflawn na manwl, gan iddo gael ei daro'n wael yn ystod yr union adeg y byddai wedi bod wrthi'n paratoi i ysgrifennu ei feirniadaeth. Gorfu iddo fynd dan driniaeth lawfeddygol boenus a threulio amser yn dod dros hynny.*
>
> *Cyflwynir rhai sylwadau cyffredinol isod o'i eiddo, ynghyd â'i farn ar y tri ymgeisydd a ddaeth i'r brig. Wrth ymddiheuro'n llaes am yr amgylchiadau anochel hyn, mae'n awyddus i unrhyw un o'r ymgeiswyr a ddymuna hynny gysylltu ag ef dros y ffôn (01766 514951).*

Y SYLWADAU

Pleser oedd cael beirniadu'r gystadleuaeth hon. Mae'n gystadleuaeth a rydd, yn fy marn i, gyfle i awduron fod yn rhyfygus â rhyddiaith greadigol. Wrth ddarllen nifer o'r gweithiau, sylwais fod ôl brys arnynt. Ers rhai blynyddoedd bellach, mae'r amser a ganiateir i gyfansoddi wedi ei fyrhau. Credaf fod angen ystyried ymestyn yr amser a chyhoeddi testun y gystadleuaeth flwyddyn ymlaen llaw. Gallaf ddychmygu y byddai nifer o'r ymdrechion wedi aeddfedu yng nghrebwyll yr awduron pe bai'r amser yn hwy. Egin rhywbeth mwy a gwell yw nifer o'r gweithiau hyn yn enwedig un a ddaeth yn amlwg i'r brig.

Ar y cyfan, cystadleuaeth ddiddrwg-didda oedd hon! Mae yma beth ysgrifennu tan gamp ond, ar y cyfan, doedd yna ddim fflach o'r peth anniffiniadwy hwnnw sy'n gwneud llenyddiaeth. Mae'n siŵr gen i mai lwc beirniad yw dyfod ar draws cyfrol fel *O Tyn y Gorchudd*. Ond does a wnelo lwc *ddim* â hi! Fe ddylai fod yna sawl *O Tyn y Gorchudd* yn ymrafael am y wobr yma!

Eleni, rydw i'n bum deg a dwy flwydd oed – a dw i'n mynd yn adweithiol geidwadol! Fe'm magwyd yn sŵn rhyddiaith Beibl William Morgan a Llyfr Gweddi Gyffredin William Salesbury. Dydi hynny ddim yn digwydd mwyach ac mae colled enbyd ar ôl yr arfer. Darllenwch yn uchel y frawddeg hon:

> Fy annwyl gariadus frodyr, y mae'r Ysgrythur Lân yn ein cynhyrfu mewn amrywiol fannau i gydnabod ac i gyffesu ein haml bechodau a'n hanwiredd; ac na wnelom na'u cuddio na'u celu yng ngŵydd yr Hollalluog Dduw, ein Tad nefol; eithr eu cyffesu â gostyngedig, isel, edifarus, ac ufudd galon; er mwyn caffael ohonom faddeuant amdanynt, trwy ei anfeidrol ddaioni ef.

Anghofiwch y ddiwinyddiaeth ond, Bendith y Tad, dirnadwch y Gymraeg. Melodi'r geiriau, y geiriau sy'n creu siâp cymen, cyfartal, cytbwys, sy'n boddhau'r glust a'r deall. Hanfod rhyddiaith ydi'r frawddeg. Gair yn ei union le – y gair iawn, cysáct – ac o ddewis gair arall a'i osod mewn lle arall fe fyddai'r frawddeg yn chwalu'n yfflon.

Mae creu brawddeg yn anodd. Dyma i chi frawddeg gan Morgan Llwyd: 'Rhaid yw dy ddiddymu di, cyn dy ddiddyfnu; a rhaid yw dy ddiddyfnu di, cyn dy ddiddanu di'. Ydach chi'n gweld? Ydach chi'n teimlo'r wefr? Felly, ple ydi hwn i ddychwelyd at astudio'r clasuron rhyddiaith Cymraeg yn gynnar yn yr ysgolion. Daw rhyddiaith o'r radd flaenaf i fod pan gwrdd y gallu i lunio brawddeg â'r dychymyg sy'n medru creu byd na fu ei fath o'r blaen: y geiriau a wnaethpwyd yn gnawd!

At y gweithiau sydd ar y brig.

Porteños: 'Porthladdoedd'. Hwn oedd y gwaith a roddodd y wefr fwyaf i mi. Yn y gyfrol hon y mae ffresni dychymyg a beiddgarwch dychymyg anhygoel. Nid rhoi byd y mae hi ond creu byd – ac mae yna wahaniaeth enfawr. Nid oes pwynt datgelu cynnwys llyfr ond pan gyhoeddir hwn fe gewch eich synnu. *Pan,* sylwch! Mae'n gyfrol sobor o anorffenedig ac ôl brys arni. Dylai'r awdur ei chadw'n ôl am gyfnod a byw hefo hi eto. Dylai gael golygydd da i'w thywys drwy'r wasg. Mae egin campwaith yma.

melfed: 'Cornel Aur'. Cyfrol o straeon byrion sy'n cynnwys undod pendant. Mae peth o'r ysgrifennu'n gyfareddol. Dyma, yn fy marn i, yr ysgrifennu gorau eleni. Ond nid oedd y gwaith yn gyson dda. Nid oedd y storïau i gyd hafal y stori syfrdanol a meistraidd gyntaf. Dylai'r awdur tra dawnus hwn ailymweld â'r gyfrol ac ailysgrifennu nifer o'r storïau. Egin-gyfrol o bwys eto.

yn dawel bach: 'O Ran'. Hon eleni yw cyfrol y Fedal. O ran ei siâp a'i chynllun, mae hi'n rhagori ar y gweddill o bell ffordd. Cyfrol ddwys yw hi sydd wedi ei saernïo gyda sensitifrwydd hynod. Yma hefyd y mae Cymraeg gorau'r gystadleuaeth— *yma mae'r brawddegu*. Llyfr swynol, dirdynnol, lle mae meddwl yn troi'n emosiwn fel yng ngweithiau George Eliot a Kate Roberts. Dyma gyfrol fydd, yn ddi-os, yn cyfoethogi ein llên gyfoes.

BEIRNIADAETH ELAN CLOSS STEPHENS

Derbyniwyd 27 o straeon ac fe'm syfrdanwyd gan allu'r ymgeiswyr. Dyma gystadleuaeth arbennig iawn. Ond cyn mynd at y beirniadaethau unigol, teg yw gofyn cwestiynau am egwyddorion cychwynnol. Am beth ydw i'n chwilio mewn stori fer? Tro yng nghwt y stori fel yn rhai o straeon clasurol Maupassant? Datrysiad anarferol? Eiliad o weledigaeth ar y ffordd i Ddamascus? Eiliad fechan gynnil ddi-ddrama sydd yn newid cwrs bywyd yn y dull Tsecofaidd? Portread dwys o deithi meddwl fel yn rhai o storïau Kate Roberts? Mae yna amrywiaeth sylweddol ond maent i gyd yn galw am gwmpasu elfennau eang y tu mewn i ffrâm fach. I mi, dylai pwynt y myfyrdod neu'r tro yn y plot dynnu llinynnau gwahanol bywyd at ei gilydd yn y foment arbennig sydd yn cael ei phortreadu. O ganlyniad, mae strwythur a ffocws yn bwysig. Mae iaith yn bwysig – nid cywirdeb yn unig ond y dychymyg ar waith o fewn yr iaith: ansoddeiriau, cynildeb mynegiant, awgrym.

Roeddwn yn chwilio am allu'r awdur i fod yn galed arni ei hun/arno'i hun. Ydw i yn mynd ymlaen yn rhy hir? Ydi'r plot yn ystrydebol? Oes angen y frawddeg hon? Ac yna, ar ben pob un o'r pethau yma sydd yn dangos crefft broffesiynol o'r radd flaenaf, roeddwn yn gobeithio y byddai yna rywbeth arbennig: rhyw dalent oedd yn gwthio ffiniau iaith, neu ffurf, neu ddychymyg. Byddwn wedi bod yn hapus i wobrwyo crefft eithriadol. O ganlyniad, mae yna sawl enillydd sydd heb ennill eleni ond a fyddai wedi ennill dro arall. Gobeithio fy mod wedi gwneud hynny'n glir yn eu beirniadaethau.

Darllenais bob stori o leiaf ddwywaith – a'r goreuon dair neu bedair gwaith. Darllenais yr enillydd eto. Heb amheuaeth, y mae'r enillydd eleni yn ennill mewn grŵp o sgrifenwyr disglair iawn, ond y mae hefyd yn arddangos dychymyg sydd yn gosod nod i bob cystadleuydd yn y dyfodol.

Owen: Dyma bortread byr, cywasgedig o drobwynt yn hanes gŵr sydd yn ystyried hunanladdiad. Yn dilyn ysgariad, cafodd ei wraig yr hawl i symud y plant i Maine, yn yr Unol Daleithiau, ac mae yntau'n teimlo'r golled i'r byw. Hoffais y foment Tsecofaidd pan ddaw plentyn bach i roi blodau iddo (o'i ardd ei hun!) gan adfer ei allu i chwerthin. Os oes gwendid i'r stori, yna'r duedd i egluro popeth yn rhy bendant yw'r gwendid hwnnw. Er enghraifft, mae'r weithred o roi'r wisgi yn ôl yn y cwpwrdd yn ddigon o arweiniad i'r darllenydd. Gellid hepgor y frawddeg: 'Ni fyddai eu hangen y noson honno, ta beth,' gan adael y darllenydd i orffen y darlun.

Ynys: Stori afaelgar arall am unigrwydd gŵr sydd yn dianc i Ynys Dihangfa, sef ei alcoholiaeth. Mae gan *Ynys* y gallu i greu awyrgylch ac i bortreadu gwacter a mudandod y tŷ. Ceir ganddo/ganddi gyfoeth iaith a mynegiant ond, ar brydiau, try hynny'n or-ymdrechu. Daw'r gamp yn rhy amlwg. Er enghraifft: 'stomp ddoe yn stamp parhaol ar ei wedd'. Dylai'r awdur ystyried tocio'i duedd i bentyrru disgrifiadau megis: 'Ymgollodd eto'n y llymeitian, yn y canol llonydd, yn llwfr rhwng cwsg ag effro, yn llygru'i gorff cwmanllyd ...' Mae'n siŵr bod rhyw lwybr canol rhwng cyfatebiaeth a gormodiaeth.

Hanesydd: Dyma stori wir yn ôl yr awdur am un a orfodwyd i roi ei baban i ffwrdd. Ymhen blynyddoedd wedyn, daw gŵr ifanc i'r golwg: Dafydd, wedi dod o hyd i'w fam. Mae defnydd stori arbennig yma, ac mae'n amlwg o'r sgrifennu bod yma adnabyddiaeth o boen oes. Oherwydd hynny, rwy'n petruso wrth ddweud bod angen mwy na sgerbwd y stori i greu darn o lenyddiaeth. Dilynir cronoleg y blynyddoedd mewn iaith weddol foel nes cyrraedd yr aduniad. Efallai mai'r gwendid pennaf yw byrder y cofnod o'r aduniad heb unrhyw gyfeiriad at deimladau cymysg ail-greu perthynas tros y blynyddoedd.

Merch Lleiniog: Hoffais y stori fer hon yn fawr iawn. Cawn hanes cae a thŷ sydd yn llithro'n araf i mewn i'r môr. Mae'r darn byr hwn wedi ei sgrifennu ar ffurf myth, fel stori hud a lledrith a'r cyfan yn rhoi'r dychymyg ar waith. Ymserchais yn ysgafnder ac agosatrwydd yr arddull: 'Deffrodd wrth i lygedyn o haul wincio arni hi'; a'r bore yn dangos 'ei drwyn o'r môr du'. Gobeithio y gwelwn fwy o waith *Merch Lleiniog*.

Hilda: Hanes Magi Robaits yn marw yn unig yn ei stafell wely heb neb yn galw heibio iddi na chymydog na ffrind i'w hymgeleddu. Ceir paragraff agoriadol gafaelgar: 'Y tawelwch oedd yn llethol, tawelwch nad oedd yn peidio'. Ceir yma allu gwirioneddol i ddisgrifio mudandod ac unigrwydd. Ond wrth i'r stori fynd yn ei blaen, daw tuedd i or-ddisgrifio ac egluro manion bywyd Magi ac o dipyn i beth try'r stori yn fwy pregethwrol a llai cynnil. O ganlyniad, mae'r stori'n colli'r rhythm a'r amrywiaeth brawddegu sydd gan yr awdur ac yn troi ychydig yn fwy ystrydebol o ran crefft.

Pererin: Mae *Pererin* yn sgrifennu'n rhugl a chyfoethog am hanes gwraig sydd yn cael ei gorthrymu gan ei gŵr. Rydym yn cael darnau o'i dyddiadur, y dyddiadur sydd yn rhoi rhywfaint o ollyngdod iddi o'i bywyd beunyddiol. Roeddwn wedi disgwyl rhyw dro yng nghwt y stori – George yn gweld y dyddiadur, efallai. Yn lle hynny, mae'r stori'n dirwyn i ddatrysiad addfwyn a dymunol. Oes yma ormod o linynnau storïol yn cael eu cau'n rhy sydyn? Byddwn yn awgrymu gweithio mwy ar gymeriad Deiniol sydd yn aros yn ddau ddimensiwn er ei bwysigrwydd i'r stori.

Angharad: Dyma stori ddifyr am Mr Ustus Powys-Jones yn cael ei wneud yn wrthrych blacmel gan ei lysfab sydd yn gweithio ar ran y terfysgwr Ahmed Khan. Mae gan *Angharad* ddawn i ddweud stori garlamus a gallai sgrifennu nofel afaelgar yn hawdd, un o'r nofelau maes awyr sydd yn eich cynnal drwy ddiflastod yr oedi. Fy mhroblem bennaf efo'r stori oedd y diffyg dyfnder seicolegol. Ni cheir unrhyw bendroni tros foesoldeb ffordd o weithredu ac erys y cyfan ar lefel arwynebol. Mae hon yn darllen fwy fel pennod mewn nofel ysgafn, tra oeddwn i'n disgwyl mwy o deimlad o foment gywasgedig mewn stori fer.

Marged: Portread o emosiwn mam sydd yn ffarwelio â bachgen deunaw oed yn mynd i'r Coleg sydd yma ac mae'r awdur yn ail-greu rhai o funudau pwysig eu bywyd ar y cyd. Mae yma ddisgrifiadau godidog o rai o'r munudau hynny ac un ddelwedd arbennig am daflu cerrig i'r dŵr a gweld y cylchoedd yn mynd yn llai. 'Ond eto maen nhw dal rhywle yn y môr o hyd, yn rhan annatod o'i rym a'i ynni' ac mae'n gweld cylchoedd cariad yn 'rhwydweithio drwy ein heneidiau'. Unwaith eto, fel mewn nifer o weithiau, mae popeth yn cael ei or-egluro. Gellid bod yn gynilach gan adael i'r darllenydd wneud rhywfaint o waith meddwl.

Eirwen: Stori *chick-lit* am Mari sydd yn gweithio i Gwalia TV. Dyma sgrifennu hwyliog, cyfoes, ffasiynol, yn llawn cyfeiriadau at Duffy ac Amy Winehouse. Gwrthrych eilun-addoliad Mari yw Ieuan Bythwyrdd sydd yn actor Cymraeg yn Hollywood, actor sydd wedi cael rhannau morwrol a nofelau Dickens – ie, gadawaf i ddarllenwyr y *Cyfansoddiadau a Beirniadaethau* feddwl am actor tebyg. 'Yr actor Cymreig ifanc a oedd yn gwneud i Burton a Hopkins edrych fel bois Theatr Am-dram Briton Ferry'. Gwych, yntê. Mae yma ddawn dweud ond mae'r diweddglo'n siomedig ac annhebygol a ffwrbwt.

Brynifor: Dyma stori gyfoes arall, o bosib gan yr un awdur ag *Eirwen*, yn sôn am brofiad rhywiol cyntaf Huw. Mae yma sgrifennu gwirioneddol dda a digrif – peth prin yn y gystadleuaeth yw digrifwch. Diwedd y stori yw bod Huw druan, ar ôl ei holl baratoadau, gan gynnwys rhai na welodd olau dydd mewn *Cyfansoddiadau a Beirniadaethau* cyn hyn dybiwn i (!), yn cyfogi tros ben (a gwallt) Macwla. Mae gan *Brynifor* ddawn dweud wirioneddol ond unwaith eto mae yma duedd i or-egluro'r stori. Fel mae'n digwydd, roedd *Brynifor* wedi styffylu tudalen olaf ei stori y tu ôl i stori *Eirwen.* Byddai'n ymarferiad diddorol iddo fo neu hi ofyn a oedd angen y tudalen olaf o gwbl ynteu a ellid bod yn fwy cynnil.

Damia!: Stori gyfoes sydd gan *Damia!* hefyd ond heb yr un gwreiddioldeb yn y dweud ag sydd gan *Eirwen* a *Brynifor.* Mae'r stori'n dechrau'n addawol iawn gyda phortread o Gareth, y syrfëwr mewn Porsche. Cawn fewnweledian i'w hunan-dyb, a'i agweddau arwynebol tuag at ferched a'r cyfan yn llifo'n ddifyr gyda deialog rwydd. Ar ôl llygadu job y bos, a llygadu'r merched a chael un yn ormod i'w yfed, y mae Gareth yn bwrw rhywun i lawr efo'i gar. I mi, roedd yn drueni fod y sgrifennu pur afaelgar wedi troi at ddiweddglo ystrydebol o foesol.

Dyfnfor: Mam a dwy ferch sydd yma yn mynd ar wyliau Nadolig arbennig iawn i Buret. Cawn yr argraff fod gan *Dyfnfor* adnabyddiaeth o'r lle ac arferion y boblogaeth neu mae wedi gwneud gwaith ymchwil da gan fod yma gyfeiriadau at dai bwyta a bwydydd arbennig. Nadolig y Tswnami yw hwn, wrth gwrs, ac mae'r fam ac un ferch yn colli eu bywydau a'r ferch arall yn ei rhoi ei hun i'r môr mewn hunanladdiad. Roedd y diweddglo i mi ychydig yn or-ddramatig ond fy mhrif feirniadaeth ydi bod yma ormod o sgrifennu disgrifiadol sydd yn gor-fanylu ar bethau cymharol ddibwys wrth ddisgrifio'r celanedd yn gyflym o fyr. Gwn mai ceisio sefydlu'r teimlad o baradwys cyn y storm y mae *Dyfnfor,* ond diffyg cynildeb ydi disgrifio pob eitem o bwrcasu yn W. H. Smith neu rif seddi ar yr awyren.

Ffarwel Haf: Mae'r stori'n dechrau'n addawol iawn, yr iaith yn gyfoethog, a'r disgrifiad o'r orsaf drên yn gafael yn y dychymyg. 'Roedd yr orsaf yn rhy fawr i'r dref, yn orchestol o fawr ...' Cymherir hi â'r eglwys gyda 'geiriau bach gweddigar a nodau hanner lleddf ambell siant wedi treiddio rhwng y ceinciau'. Yna, mae'r stori'n chwalu o ran strwythur. Ydi o'n arwyddocaol bod y tad yn 42 a'r mab yn 23? Beth yw'r berthynas efo'r fam. Yna'n sydyn, mae'r stori'n troi i gyfeiriad cwbl wahanol gyda stori perthynas y mab gyda Siân. Byddai'r stori'n gryfach gydag un ffocws yn hytrach na newid ffocws hanner ffordd.

Tad y Tri: Stori am Nia sydd wedi colli ei mam (nid 'ei *mh*am, gyda llaw). Dyma stori ddifyr ond ffantasïol am feddyg ar fordaith sydd yn cadw mewn cysylltiad â dwy deithwraig – mam a merch. Gwaetha'r modd, mae angen tipyn mwy o waith ar y plot er mwyn cadw diddordeb y darllenydd ac angen cyflymu'r sgrifennu mewn rhai mannau o or-fanylu. Yn ogystal â hynny, y mae nifer o linynnau heb eu tynnu ynghyd – a oedd y berthynas gyda Jason yn bodoli cyn y berthynas gyda Tom? Pa mor debygol yw'r alwad ffôn oddi wrth Tom? Mae yma ychydig o wallau iaith (e.e. 'i fynnu').

Graddfa: Dyma bortread o ŵr a gwraig lle mae'r wraig wedi magu casineb at ei gŵr o'r cychwyn cyntaf a'u priodas yn oer. Prif gryfder y stori yw ieithwedd hyfryd Cwm Aman a chryfder diamheuol y sgrifennu ar brydiau – e.e. 'Dim ond malwod tew a ffynnai yn ei ddarn preifat o burdan; medrent hwy besgi yn rhyfeddol rhwng yr haenau clai'. Mae yma hefyd ymgais ardderchog i fynd dan groen y ddau gymeriad a dangos eu teithi meddwl. Dw i'n cymryd mai rhan o greu awyrgylch cyfnod yw ymadroddion megis 'ei chael i dalu dyled gwraig'! Y prif wendid i mi oedd natur or-ddramatig y diweddglo o gymharu â manylder realistig prif gorff y stori.

Pwtan: Stori annwyl a chredadwy am Gladys a'i thaith ar drên i Flaenau Ffestiniog lle bydd yn ffarwelio â llwch Wil. Cawn ddisgrifiad o'r daith odidog i lawr trwy Ddyffryn Conwy ac o dipyn i beth deuwn i amgyffred datrysiad y stori. Mae'r sgrifennu'n hamddenol ac agos-atoch a strwythur y stori'n glir. Mae yna elfen o fymryn o gyfrinach yn natblygiad y stori a hynny'n cadw ein diddordeb. Mae'n bosib fod y ffarwelio ychydig yn felodramatig ei natur.

Cadi: Dyma un o straeon gorau'r gystadleuaeth am y grŵp gwau a'r unigrwydd a'r hiraeth sydd yn llethu Eryl. Cyfyd yr unigrwydd hiraeth am ei hen gartref a'i thristwch o weld perthynas ei gŵr â merch arall. Mae'r iaith yn ysgafn ac yn ddychmygus gyda Jan yn 'jeifio'r gwlân yn gelfydd o gwmpas y gweill'. Cryfder arbennig y stori yw gallu *Cadi* i sgrifennu deialog gwbl gredadwy. Yn ogystal â hynny, ceir rhai o nodweddion y stori fer glasurol: y gallu i greu bywyd cyfan mewn ychydig dudalennau, ac mae elfen o drobwynt neu syrpreis effeithiol yn y strwythur.

Ceri: Dyma stori fer iawn sydd yn dweud llawer. Mae yma gynildeb prin sydd yn portreadu perthynas mewn brawddeg. Mae mam yn y stori yn cyfeirio at y ffaith bod ei merch yn gorffen cwrs meddygol 'ac acen awdurdodol meddyg yn ei llais yn barod' a'r ferch sydd yn gwthio'i mam weddw i gael gwared o ddillad ei thad. Wrth ddarganfod llythyr caru 'Teimlasai Llio fod tragwyddoldeb yn llifo i mewn i amser yn y funud honno'. Mae'r darn bach yma yn rhedeg yn hyfryd gydag ambell fflach –'gollwng y baich o hanner gwybod … i godi'r baich o wybod'.

Llygad yr Haul: Stori ddiddorol am brofiad gŵr a fu'n gweithio ymysg y gelyn yn ystod yr Ail Ryfel Byd. Mae ôl ymchwil a gwybodeth neu hanes personol neu deuluol ar y stori. Oes gormod wedi ei wasgu i mewn i stori fer? Mae yma bosibilrwydd plot ar gyfer nofel. Prif wendid y stori yw nad yw ei ffocws yn glir. Tybiaf nad yw gyrrwr y bws na mam Tom yn meddwl ei fod wedi ymladd oherwydd cyfrinachedd ei swydd. Os yw hyn yn gywir, mae angen tanlinellu hynny'n gliriach yn y stori. Mae yma rai gwallau – e.e. 'deuly', acen grom lle nad oes ei hangen, ac ychydig gormod o drosiadau iaith ('dod i ben deithio byd', 'hoelen mewn esgid', cath o'r cwd').

Dolwar: Un o'r goreuon o ran iaith a chynnwys. Dyma fyfyrdod ym mherson Ann Griffiths, Dolwar Fach. Gorwedd Ann yn ei gwely, gan ddisgrifio ymweliad ei Harglwydd y noson cynt. Wrth ddisgrifio'r profiad:'Teimlais Ei law dyner ar fy nhalcen chwyslyd a choron o ddail meddal glas y myrtwydd, ie'r myrtwydd yn gollwng eu dail yn gylch o blu ysgafn ar Ei ben'. Wrth iddi fyfyrio ar y profiad, daw geiriau'r emyn 'Wele'n sefyll rhwng y myrtwydd' iddi hi. Mae yma allu arbennig iawn i ail-greu profiad angerddol Ann ac i ddeall ei dyhead am farw er mwyn gweld ei Harglwydd heb un llen. Gwaith arbennig yn creu argraff barhaol.

Cadno: Stori yn nhafodiaith Cwm Tawe: 'Do'dd dim ishe aros yn hir miwn tŷ colier cyn i'r tecil ferwi'. Mae'n hyfryd ail-greu cyfnod arbennig a thafodiaith sydd wedi cael ei hatgynhyrchu'n gelfydd iawn ar bapur. Oherwydd mai sôn am gyfnod yr Ail Ryfel Byd a wneir, mae yma deimlad o stori hen ffasiwn o ran cynnwys. Ni fyddai dim o'i le ar hynny pe bai meddylfryd modern yn cwestiynu ychydig ar ddaliadau neu agweddau'r gorffennol. Yn lle hynny, caf yr argraff mai prif nodwedd y stori yw bod yn gyfrwng i ddangos y dafodiaith a bod y stori ei hun yn llai pwysig i'r awdur.

Ann: Dyma ffordd afaelgar o ddechrau stori, 'Odyn nhw yn y drws? ... Ar y silff-ben-tan? ... Ar ben y teledu? ...' Ac, wrth gwrs, wrth ddilyn y chwilio am yr allweddi, rydym ninnau'n cael ein dwyn i mewn i fyd anghofus Alzheimer. Prif ffocws y stori yw penderfyniad merch i roi ei thad mewn Cartref a'r disgrifiad o'r daith i'r Cartref a'r gadael. Mae yma gryfder arbennig yn y ddeialog ac ambell fflach dda iawn megis 'rhyw leidr yn rhywle yn dwyn rhyw damaid ohono o hyd, ac weithiau'n ei fenthyg yn ôl am eiliadau ar y tro'. Hoffwn weld *Ann* yn parhau i sgrifennu ac efallai'n cael y cyfan i gyrraedd safon y fflachiadau disglair.

Hogan Wirion: Stori gyda blas gogleddol cadarn ar yr iaith a'r iaith honno'n llyfn a phroffesiynol. Mae yna gryfder arbennig yn amrywiaeth hyd y brawddegau. Crëir rhythmau gwahanol yn yr ysgrifennu wrth i'r awdur ddilyn teithi meddwl y prif gymeriad. Myfyrdod merch sydd yma sydd wedi dechrau perthynas gyda gŵr priod, yn meddwl ei bod am gallio nes derbyn neges testun ei fod ar ei ffordd i'w gweld. Er bod y sgrifennu'n esmwyth a glân iawn, mae elfen fechan o ystrydeb o bosib yn y plot a meddylfryd y ferch.

Y Got Amryliw: Mae'r stori hon yn creu ias o ofn gan mor fyw yw'r disgrifiadau. Dyma un o oreuon y gystadleuaeth o ran ail-greu profiad mewnol. Myfyrdod sydd yma eto ond, y tro hwn, gan ferch sydd yn ei hanafu ei hun yn fwriadol. Mae'r disgrifiad o dorri gyda blaen siswrn i mewn i'r cnawd, a'r rhyddhad y mae hynny'n ei roi o dyndra seicolegol, yn ingol o gredadwy. Os oes bai mewn gwaith o safon uchel, yna fe fyddwn yn awgrymu newid ychydig ar hyd y brawddegu a'r paragraffau er mwyn osgoi bod ychydig yn undonog. Mae'r iaith yn synhwyrus lenyddol.
Bronco: Os oeddwn y mymryn lleiaf yn feirniadol o'r gwaith gwych

blaenorol am fod yn undonog, does dim eisiau poeni o gwbl am wendid o'r fath yng ngwaith *Bronco.* Dyma un o'r darnau mwyaf amrywiol a difyr ac anarferol yn y gystadleuaeth. Dyma stori am geffyl rasio a syrthiodd gyda rhif 13 ar ei gefn, ei fywyd mewn cartref ceffylau a'i esgyniad i nefoedd y ceffylau ar ôl ei farwolaeth. Darn o nonsens difyr ond yn cynnig gwersi pwysig i rai o'r cystadleuwyr eraill o ran amrywiaeth hyd brawddegu a rhythmau llais. Mae *Bronco* yn gyfraniad unigryw.

Greta Vaughan: O gymryd awgrym o'r ffugenw, rydym wedi ein cludo gan y stori hon i Gymru Fydd. Ac yno, y mae Cymraeg pentref Txanbelin, Cymraeg Tanxbelinaidd, yn wrthun i rai athrawon. Dyma ffordd naturiol rhai o siarad, ond gelwir y siarad yn fratiaith gan eraill. Stori fer iawn, glyfar. Wrth inni ddechrau darllen, mae'r stori'n ddryslyd gan ei bod yn llawn camgymeriadau iaith, ond o weld pwnc y stori, dw i'n cymryd yn ganiataol bod y camgymeriadau iaith yn gwbl fwriadol. Os na, dw i wedi rhoi gormod o ffydd yng nghlyfrwch yr awdur! Credaf fod y stori, fel y saif, yn rhy fyr, a bod angen estyn a dehongli rhyw gymaint.

Er bod gwahaniaeth clir yn safon a chyrhaeddiad gwahanol straeon – a dw i'n gobeithio fy mod wedi gwneud hynny'n glir yn y beirniadaethau unigol – roeddwn o'r farn bod i bawb botensial ac nad oeddwn am greu dosbarthiadau a oedd yn llorio ysbryd ymgeiswyr. Serch hynny, penderfynais fod un ymgais – ar ôl i mi ei darllen sawl gwaith – yn waith o ddychymyg eithriadol iawn. Felly, rwyf am roi *Breision* mewn categori arbennig fel enillydd y gystadleuaeth.

Breision: Pan mae beiriniad yn dod o hyd i frawddeg agoriadol fel hon, y mae'n dal ei wynt gan obeithio bod rhagor i ddod: 'Roedd mam wedi diosg iaith fel diosg ei dillad: pob ansoddair, berf a bechingalw fel petai'n bentwr blêr wedi ei adel yn angof yn rhywle a hithau'n gyfan gwbl borcyn hebddynt'. A'r ffaith anhygoel am *Breision* yw ei fod yn gwella ar ei frawddeg agoriadol trwy gydol y stori. Mae'r pwnc yn un sydd eisoes wedi ei drafod: dementia. Mae Glenys Alaw Richards wedi penderfynu chwibanu fel aderyn, ac yn y diwedd, yn ei hofnau cythryblus, y mae'n ei gweld ei hun yn cael ei lladd a'i bwyta. Mae nifer o gystadleuwyr sydd yn sgrifennu'n dda, mae nifer sydd yn trafod pynciau dwys megis heneiddio a phroblemau cysylltiol. Nodwedd arbennig *Breision* yw ei d/ddychymyg: y mae'n hedfan fel un o adar y stori neu fel yr ehedydd yn uwch ac yn uwch o hyd. Wrth gwrs bod yna frychau – e.e. y duedd i wneud pob brawddeg yn stroclyd (fel y cyfeiriad mewn un frawddeg at Exocet a Syr Galahad). Ond mae ffrwythlonder y dychymyg yn syfrdanol. Mae'n cyflwyno cyflwr cymysglyd y meddwl o'r tu mewn, a gwneud hynnny yn drist, yn ddigri, yn ddifyr. I mi, dyma dalent ddiamheuol – ond dw i ddim yn siŵr a all y *Cyfansoddiadau a'r Beirniadaethau* gynnwys ambell air!

Y Stori Fer

Roedd mam wedi diosg iaith fel diosg ei dillad: pob ansoddair, berf a bechingalw fel petai'n bentwr blêr wedi ei adel yn angof yn rhywle a hithau'n gyfan gwbl borcyn hebddynt. Doedd ganddi ddim hyd yn oed y gair 'dementia' i ddisgrifio'i dilema – ei chyflwr digamsyniol-blydi-horibl. Dim modd iddi esbonio ei byd na deall ei byd. Os oedd yr hen Almaenwr 'na yn iawn pan 'wedodd e taw ffiniau fy mywyd yw ffiniau fy iaith, mi roedd mam yn byw mewn byd heb ffin. Os taw byw yw'r gair. Os oes ffin i'w math hi o ddioddefaint.

Y peth rhyfedd yw ei bod hi wedi dechrau chwibanu yn lle siarad, ac nid unrhyw hen chwibanu chwaith (os ŷch chi'n derbyn mai rhyw fath o siarad yw trydar yr adar with chwibanu ben bore – mae 'na ddau dderyn du yn trafod tiriogaethau mewn egwyl rhwng twrio am fwydod reit nawr y tu allan i'r ffenest). Ie, roedd Glenys Alaw Richards yn chwibanwraig gyda'r gorau, gan ledaenu melodïau eosaidd o gwmpas cartref Brynmeillion nes bod y nodau megis yn hofran yn yr awyr – perlau o nodau, dafnau gwlith o nodau – yno ymhlith y celfi-gwynt-pisho a'r rhesi o lygaid marw. Mi wnes i gyffelybu ei llais i lais yr eos, on'd do? Wel, alla i 'weud gyda sicrwydd nad oes 'na unrhyw gân yn debycach i gân mam. Luscinia megarhynchos. Yr eos. 'Aderyn cerdd o faint cymedrol sy'n swil ac yn gelgar a chanddo gynffon melyngoch'. Aderyn sy'n canu gyda'r fath arddeliad yn ystod oriau lloer-olau nes bod ambell un yn cwympo'n gelain farw yng nghanol cymal o gân.

Ac Alaw yw ei henw hi.

Ydy, mae hi'n yffar o chwibanwraig, mam. Petai Tony Bennett yn gorfod canslo gig yn Caesar's Palace, neu John ac Alun yn tynnu mas o noson lawen sha Thudweiliog, byddai mam yn medru camu i'r adwy'n hawdd. Ond druan o'r cwsmeriaid yn Las Vegas pan fyddai hen fenyw crwca dan bwysau yn camu 'mlaen tuag at y meicroffon wrth i'r gerddorfa'n ffres i gyd danio ffanffer i'w chyfarch.

Ond gyda munud neu ddau o amynedd, tra mae hi'n setlo ar ei ffyn cerdded a thynnu anadl – munud neu ddwy o sipian margaritas pwerus a martinis sych fel anialwch y Mojave – dim ond rhoi gymaint â hynny o degwch iddi a byddent yn medru clywed miwsig y sfferau, wir dduw! Y synau mwyaf perffaith yn y bydysawd. Byddai'r gynulleidfa'n medru gadael plisg gwag eu cyrff ar ôl a hedfan fel gwesynnod y neidr prydferth o dan y *chandeliers*. Sŵn sy'n trawsnewid eich bywyd yn hollol. Gwerth tocyn pum can doler ynddo'i hunan, ontife? Neu bris mynediad John ac Al? Yn Chwilog.

Roedd ei nodau hi – y perlau'n sgleinio – y dafnau'n dal yr haul, fel desgant i synau hurt ei chyd-gartrefwyr. Roedd megis graddfa gerddorol yn esgyn yn uwch ac yn uwch nes ei fod fel trac sain i epiffani llawn. Ie, epiffani, er gwaetha'r ffaith ei bod yn gaeth o fewn pedair wal y cartre – lle'r oedd pawb yn ei charu hi fel hen fodryb ac yn ei charu hi'n fwy nag erioed nawr 'i bod hi'n chwibanu'n bert.

Doedd y lle byth yn dawel, rint y dynion-sy'n-cyfarth a'r gwragedd-sy'n-udo a'r rhai sy'n g'neud tipyn bach o'r ddau. Bywyd bob dydd yn yr E.M.I. – *Elderly Mentally Infirm*. Dyna i chi danosodiad. Cracyrs! Allan i ginio! Pethau wedi mynd lan lofft! Dwlali! Dim sens yn ei phen, Napoleon!

Ond pan fyddai pethau'n dawel – ar ôl cinio – neu ar ôl i'r tawelyddion ddechrau cynhyrchu asid gamma aminobutyric – chi'n gwbod – mi fyddai nodau'r hen Alaw yn medru swyno a hudo cystal â'r profiad o weld tair enfys yn y nen 'run pryd, neu syllu ar wyneb babi newydd-anedig. O glywed y chwibanu, byddai nyrsys yn oedi wrth eu gwaith. Byddai'r 'gwesteion' a oedd yn dal ar ddihun yn gwrando mor astud fel y byddai pin yn cwympo ar y leino yn ddigon i'w dychryn.

Doedd hi erioed wedi chwibanu o'r blaen, o beth alla' i 'i gofio. Prin ei bod yn canu chwaith, dim ond yn y ffordd hanner-preifat, hanner-cyhoeddus mae rhywun yn ei wneud yn y capel pan taw eich cymydog yn unig sy'n clywed go iawn. Yn y gynulleidfa yn Gerazim, dim ond Hettie Rhiw Dro oedd yn sefyll wrth ei phwys ac roedd hi'n fyddar fel post gan adael i mam ganu i'r Iôr gydag arddeliad llwyr ond mewn llais egwan.

Ei hoff emyn oedd 'Wele'n sefyll rhwng y myrtwydd', a oedd bron mor agos at ei chalon â 'Que Sera Sera' gan Bob Dylan yn fersiwn y Diliau neu falle'r Meillion: Supremes a Ronettes ein cenedl ni. Roedd mam yn hoffi'r ffaith bod 'Wele'n sefyll ...' wedi ei sgrifennu gan fenyw, ac iddi hi roedd Ann Griffiths yn fardd cystal ag Emily Dickinson. Emily oedd ffefryn mam:

> Os galla' i sicrhau bod calon neb
> Yn torri'n ddarnau bach
> Bydd fy mywyd i'n werth chweil ...

Emily. Byddai Duw yn gwrando arni'n canu yn ei chartref yn y nefoedd. O ie, byddai hi'n sicr o wrando'n astud, yn enwedig ar ddydd Sul. Codwch eich lleisiau, chwi feidrolion y ddaear ...

Roedd gafael mam ar iaith wedi bod yn llithro fel sliwen allan o'i dwylo. Y gystrawen ar chwâl, gramadeg wedi ei rhwygo'n gymalau ac yna'n llythrennau unigol ac felly'n unig. Roedd trefn wedi diflannu – trefn ar oriau, trefn ar atgofion, trefn ar y bali lot.

Doedd ganddi fawr o syniad lle'r oedd hi hanner yr amser. Pan aeth ei chwaer i'w gweld, honnodd ei bod yn Rwsia ac roedd ei disgrifiadau o Nevski Prospekt yn hynod gredadwy. Daeth holl brysurdeb y stryd urddasol honno'n fyw fel sioe *marionette* wrth iddi ddisgrifio dillad y bobl a'r arogl ar hyd y lle nes i Betty gofio nad oedd ei chwaer erioed wedi bod yn Rwsia. Roedd mam wedi bod ym Mwlgaria am wythnos unwaith, ond doedd hynny'n esbonio dim.

Y meddwl. Pa mor rhyfeddol yw ei chwalfa.

Pryd mae person sy'n dal yn fyw yn marw? Hen gwestiwn thanatolegol i chi. Pan maen nhw'n troi'r peiriant bant yn yr ysbyty, neu pryd maen nhw'n dodi'r person ar y peiriant yn y lle cyntaf? *Brain death*, ontife? Pryd mae'n amser gollwng gafael yn y person achos iddi neu iddo hen fynd – er bod y plishgyn yno, a'r 'sgyfaint yn dal i anadlu fel cynrhon mewn ffrwyth pwdr? Ie, pryd? Pan fo'i enw ef neu hi yn mynd yn angof, yn gwibio bant fel brithyll mewn nentig, neu pan nad oes gynnoch chi affliw o ddim cof am ddim byd a ddigwyddodd yng nghwmni eich gilydd? Dim munud wedi ei rannu. Dim chwerthin braf na thrip Ysgol Sul. Dim ymweliad gan Siôn Corn na pharti pen-blwydd. Yn yr un modd, does gen i ddim cof fy hun o bryd yn union y dechreuodd pethau fynd o le. Efallai pan ddechreuodd sgrifennu nodiadau iddi ei hun i'w hatgoffa am bethau yr oedd hi i fod i'w gwneud. 'Talu nwy', 'Mynd â'r allweddi', 'Gwagio'r cwpwrdd'.

Byddai'n dda petai mam yn medru codi deildy cysgodol yng nghanol llwyn. Yno byddai'r drain yn ei chadw'n saff a lle byddai'r nyth, maes o law, yn ei chadw'n gynnes fel wy. Achos roedd pethau'n mynd yn waeth ym Mrynmeillion.

Un diwrnod clir yn Ionawr, roeddwn wedi darganfod gwylan y Gogledd ger yr heliport yng Nghaerdydd pan aeth y ffôn-ar-lôn – un o staff y cartref yn ffonio i ddweud bod mam wedi bod yn ymladd. 'Na chi alwad 'sneb yn disgwyl 'i gael! Eich mam! Yn ymladd! Mam! Y biffwraig! Y boffwraig! Yn mynnu sgrap fel y plentyn drwg ar yr iard. Ond o leia' mi 'nillodd y sgarmes. Sy'n fath newydd, annisgwyl o falchder mewn mab, credwch chi fi. Mae'n debyg bod ryw hen golier wedi trio rhoi wad iddi yn y stafell ginio – anghydfod dros hanner *Rich Tea Biscuit* – ie, hanner yn ôl pob sôn – ac roedd mam wedi talu'r pwyth yn ôl drwy hemo'i drwyn gyda'i llyfr emynau.

Ie, beth sydd 'i angen arni yw nyth. Os gallai ei bysedd-esgyrn-iâr weu unwaith eto, gallai nyddu un bach twt iddi ei hunan. Gallai gasglu'r holl we cop oddi ar walydd y cartref, ac o'r corneli tywyll sy'n baradwys arachnidaidd, ac yna, gyda'r gwawn – sy'n ddigon cryf i reslo cleren las, sy'n ddigon delicét i fod o les yn y gwlith – mi alle hi greu cartref clyd. A leinio'r nyth gyda pheth o'i gwallt ei hun, sy'n sbrowtio fel candi fflos o'i phenglog melyn. Sioc o wallt ydyw, bid siŵr. Ac os ych chi'n meddwl bod menyw'n gwneud nyth mor ffantasïol a ffindo Nevsky Prospekt yn atlas meddyliol mam, rhaid i chi feddwl drachefn. Gwrandewch yn astud ar fy araith fer ornitholegol, os gwnewch chi, plîs?

Ystyriwch y titw gynffon hir, un o ddinasyddion prysuraf a delaf coedwig, llwyn a pherth. Adeilada nyth o fwswg a blew anifeiliaid a hefyd o unrhyw blu sydd ar hyd y lle heb anghofio sment anhygoel, sef gwawn. Hwn yw un o ddeunyddiau mwyaf, wel, adeiladol ei fyd a bydd yn llunio'r rhain i gyd yn siâp gowrd a fydd yn ddigon cryf i ddal hyd at un ar bymtheg o wyau, heb sôn am y cywion ac, yn ddiweddarach, y cywion adar yn gwisgo'u plu go iawn. Mae'n bensaernïaeth anhygoel – sy'n fwy o gamp a rhyfeddod na Machu Picchu ym Mheriw neu'r Alhambra yn Sbaen – pob nyth wedi ei greu gan ddefnyddio hyd at ddwy fil o blu ac mae'n para hyd at ddiwedd y tymor nythu ac yna, fel tase cloc ar waith, mae'n dechrau datgymalu. Cyn bo hir, ni fydd yn ddim byd mwy na dafnau microsgopig yn y gwynt ac ambell dusw bach o fwswg gwlyb dan droed mochyn daear. Ond yn ei dymor, ma' 'na ddrws cyfrin, hefyd, wedi ei fowldio o wawn, a hwn yn ddigon elastig i ganiatáu i'r adar bach fynd a dod, mynd a dod, yn brysurdeb o blu o fore gwyn tan y gwyll, gan gario pryfed, pryfed a mwy o bryfed i'w torred newynog. A hyn oll gan aderyn sydd ag ymennydd maint ffacbysen. Ac nad yw erioed wedi gweld diagram o nyth, na chael gwersi adeiladu nyth, na dim byd felly. Mae 'na wyrthiau ar hyd llwyn a pherth, 'weda i 'tho chi.

A byddai nyth fy mam yn un o wawn a hithau'n eistedd yno ymhlith sglein-ole'r edau arian. Yn dwt fel wy.

Ond dyna'r rhith. A'r realiti yw gweld ei llygaid yn llawn ofn. Mae ei llygaid wedi eu britho gan waed ac os gwir y sôn taw dyma ffenestri'r ysbryd, yna mae'n ddigon posib bod ei henaid hi wedi ei herwgipio a'i gadw'n gaeth, yn rhwym dan y rhaffau, megis mewn seler yn Sadr City.

Roeddwn yn ddyn mewn oed fy hun – yn fy mhedwar degau – cyn y gallwn 'weud wrth fy mam fy mod yn ei charu. Y tro cyntaf roedd 'na syfrdan yn ei llais – efallai ei bod wedi ei pharatoi ei hun, neu ei hamddiffyn ei hun trwy gredu na fyddai hi byth yn clywed y geiriau hynny o enau ei mab.

Dim esgusodion ond roedd fy mywyd wedi bod ar chwâl yn y cyfnod cyn hynny, a minnau wedi bod yn crwydro drwy dirlun emosiynol oedd yn gyfuniad o losgfynyddoedd a rhewlifoedd – rhywbeth tebyg i Wlad yr Iâ – er nad wyf wedi bod yng Ngwlad yr Iâ mwy nag y bu mam yn Rwsia.

Byddwn yn ymweld â hi bob wythnos er mwyn mynd i Safeway, Caerfyrddin (cyn newid yr enw'n Morrisons), ac mi fyddai'n cynnig meistres-wers bob wythnos mewn sut-i-siopa'n-grintachlyd-fel-rhywun-sydd-wedi-byw-drwy-Ryfel-Byd ac roedd hi hyd yn oed yn cario *Ration Book* yn ei bag i'w hatgoffa o wir werth siwgr a the. Byddai'n cael hyd i sticeri disgownt mor gyflym ag Exocet yn cyflymu am y Syr Galahad a byddai wastad yn cymryd y bwyd o gefn y silffoedd, lle'r oedd y stwff-newydd-gyrraedd.

Byddem yn stopio ar y ffordd adre mewn pentref diarffordd: mor ddiarffordd fel y gallech dybio, bron, bod bleidd-ddynion yn sgwlcan o gwmpas y biniau rownd y bac liw nos. Roedd y pentref wastad mewn cysgod – yn debyg iawn i Rydcymerau – gyda phlanhigfeydd o goed sitca yn flanced rhag yr haul. Byddai mam a minnau wastad yn eistedd wrth yr un ford, yn yr un dafarn ac yn chwerthin, wastad, ar ba mor uffernol o wael oedd y paentiadau olew ar y walydd. 'Lluniau Toblerone' y byddai mam yn eu galw nhw, holl Alpau a bythynnod twt gyda llwyaid fawr o sacarin. A byddem yn chwerthin fwy fyth wrth iddyn nhw ddod â'r bwyd achos roedden nhw wastad yn rhoi'r *mixed grill* i mi a'r omlet i mam, a byddem yn mwynhau'r fflwstwr ar wyneb y gweinydd neu'r weinyddes wrth eu newid nhw o gwmpas, gyda mam yn ei hyrddio'i hun at y cig fel hugan yn dala pysgod, bron cyn bod y plât wedi setlo ar y ford. Ond, yn raddol yn ystod y cyfnod hafaidd hwn, dechreuodd anghofio beth oedd ei hoff fwyd a beth oedd Morrisons a sut oedd Deio'n mynd i Dywyn a byddai'n gofyn 'oes na jeli?' bron bob tro a dechrau bihafio'n ditsi iawn sac cyn colli'r plot yn gyfan gwbl. Roedd ei bywyd fel nofel gan Robbe Grillet. Ie, cyn lleied o blot â hynny. Wir i chi.

Dw i am ei hatgoffa o'r dyddiau da, ond ma' rhywun wedi gosod gwydrau dwbl dros ei llygaid ac arllwys hylif sment i lawr camlesi ei chlyw. Dymi yw hi bellach a phetai hi mewn ffenest siop mi fyddai'r math o le sy'n gwerthu crap. Tiwlip mewn fâs o ddŵr gwyrdd. Jig-so gyda 998 darn. Cot ffwr ym mis Awst. Cot ff***n ffwr unrhyw bryd. Ma' gan hyd yn oed y minc deimladau. Wel, falle ddim.

Mae'n fater o feddyginiaeth yn y pen draw. Byddech yn tybio y gallai'r bwystfil cyfalafol hwnnw, y diwydiant fferyllol, ddod lan â rhyw ateb i broblemau dymi-llond-ofn. Mae'r nyrsys yn gweud nad ŷn nhw isie rhoi nocowt drop iddi achos bydde hi'n mynd yn gaeth i'w chadair wedyn a hynny'n arwain, heb amheuaeth, i'r gwely-am-byth. Ond ma'r hen gal yn dal i gael rhithweledigaethau a llond bola o ofn yn eu sgîl ac felly ma' angen rhyw bilsen hud arni. Hyd yn oed os yw e'r math o beth sydd yn medru bwrw tarw eliffant i'r llawr megis bwled o wn llonyddu.

I mam. Anrheg.

Dw i'n nabod y boi 'ma, Billy Wired maen nhw'n 'i alw fe, ac mae e'n honni ei fod e wedi treial pob cyffur yn y byd – cetamin wedi ei chwistrellu rhwng bysedd ei draed rôl i bob gwythïen arall bopio, cymaint o peyote nes y credodd e ei fod wedi troi'n pterodactyl am dridiau ac yn hedfan uwchben Porth Tywyn yn dychryn hen bobl. Unwaith, cafodd gyfle i arbrofi gyda chyffur yr oedd llwyth a oedd yn dal i fyw yn Oes y Cerrig yn Gini Newydd yn ei iwsio mewn defodau troi-bachgen-yn-ddyn ac o fewn nano-eiliad iddo gymryd y stwff lan ei drwyn roedd e'n credu fod ei groen wedi troi'n wyrdd llachar fel madfall. Ar ôl iddo ddihuno, mi welodd fod ei groen *wedi* troi'n wyrdd ac er sgrwbio a sgrwbio, mae 'na olwg ddigon sicli ar y crwt hyd y dydd heddi. Nawr, dw i'n bendant siŵr y gallai Billy roi rhywbeth i mam a fyddai'n lleddfu ei hofnau. Ond am nawr mae hi'n gorfod dibynnu ar ta beth sy'n ratlo ar y troli yn y cartre gofal lle mae'r meddyg teulu sy'n gofalu amdani yn delio 'da'i broblemau fe'i hunan. Dr Bacardi ma' pawb yn Rhydaman yn ei alw fe, ond ma' honna'n stori at 'fory.

Mam, o mam. Ble'r aethoch chi?

Mae hi fel 'sa hi wedi marw'n barod ac mae'n demtasiwn i geisio gweithio mas pryd. Y noson honno gerddodd hi yn ei gŵn nos sha Llanelli? Y tro 'na 'na'th hi gyhuddo'r fenyw drws nesa o ddwyn y bwji (doedd ganddi ddim bwji, wrth gwrs)? Un peth sy'n wir. Nid mami yw'r fenyw 'na. Edrychwch arni!

Allan ar yr iâ mae'r arth eira'n prowlan a chwilio am forloi bach yn ysglyfaeth. Mae mam yn sefyll yno, gan wisgo'r hen got goch 'na oedd hi'n 'i gwisgo i fynd mas 'da fi ar fore Sadwrn, ac mae hi am rybuddio'r morlo, ond er bod ei gwefusau'n gwneud siâp 'O' enfawr, does 'na ddim byd yn dod mas ond hisian ei hanadl. Yna, ar ôl iddi oeri bron hyd at hypothermia, mae'n eistedd ar y sled eira ac yn cychwyn sha thre. (Sy'n blydi stiwpid, achos nid yw mam erioed wedi bod yn berchen sled eira.)

Rowl yp, rowl yp, dewch i weld y fenyw sydd â sinema yn ei phen! Sinema-y-lliwiau-oll. Yn ei phen, yn ei phenglog, mae'r lliwiau ar ddawns, perlewyg o beth, gyda choreograffi cromatig o leilac yn dawnsio rondel urddasol gyda diesel-drydanol-las, gwyrdd mango yn shimian 'da phowdwr llwyd, gwyrdd lliw pys yn trotian 'da du-bola-buwch, gwyrddlas-gwaelod-môr yn closio'n or-gyfarwydd gyda melyn-blodau-haul a gwyn hufen Jersi yn waltsio'n osgeiddig gyda ffrwydrad o geirios. Ac yng nghanol yr holl symud, gan hawlio a hoelio sylw, dyma Frenhines y Ddawns, ei chroen yn ddisglair fel gwyn paent titaniwm ac yn dawnsio disgo i strôb olau ei chroen anhygoel ei hun.

Blydi hel, dyw hyd yn oed Billy pan fydd e'n smocio sgync ddim yn gweld pethau cystal.

Un diwrnod, tua chwe blynedd yn ôl, aeth mam a minnau i weld ymgynghorydd yn ysbyty Bryngolau. Roedd yn un o'r diwrnodau canol gaea hynny pryd mae'r awyr yn las fel glan y môr mewn gwlad drofannol. Pan ddangosodd y siart i ni, meddyliais am y tetradau ar fapiau bridio adar ac un yn arbennig – pibyddion coeswerdd yn llechu rhag bygythiad yn eu nythod yn Sutherland nad oedd ond yn hysbys i'r dyn a wnaeth ddadansoddi'r lluniau lloeren ohonynt. Dyna beth yw llygaid craff.

Ond doedd y sbotiau ar y siart ddim yn dangos nythod adar ond, yn hytrach, lle'r oedd y strôc, pob strôc yn ei thro, wedi digwydd. Brech ohonynt: ffrwydron glynu i chwythu cwch y cof yn ddarnau. Daliodd Mr Evans y siartiau gyda blaen ei fysedd – fel 'tasen nhw ar dân, neu'n wenwynig.

'Do you understand? Chi'n deall, Mrs Richards?'

'Does she understand?' gofynnodd i mi pan na wnaeth hi ddim byd mwy nag edrych arno fel taw fe oedd y gorwel.

Roeddwn i am ofyn iddo am y ffrwydradau tawel 'ma, y gwythiennau'n chwythu'n yfflon gan dduo'i siartiau. Ond allwn i ddim. Roeddwn yn crynu gormod y tu mewn: Richter Wyth yn fy mherfeddion.

'Chi'n gwbod, maen nhw'n medru adnabod cerddorion o edrych ar siartiau felly – yr unig alwedigaeth sy'n dangos lan ar sgan ymenyddol.

Yn stafell Mr Evans, roedd fy mam yn edrych arna i a minnau'n edrych arni hi fel petai am y tro cyntaf – y talcen urddasol, y trwyn siapus, y llygaid gleision yn dal yn glir ac yn glaerwyn. Er gwaetha'i dryswch lluosol dros y misoedd, doedd 'na ddim byd wedi'n paratoi am y funud hon, yr erchyll funud hon a oedd fel gorwedd i lawr yn chwilio am gysur ar bermaffrost Siberia. Y funud orffwyll hon. Yr eiliad oer.

Ar wialen helyg, gan ganu serenâd i'r hwyr a'r gwyll sy'n disgyn fel niwl, mae'r eos heno'n symffoni unigol. Hylif ei llais: nentig o ddileit.

Ond yn ei hystafell, heb addurn na chysur, mae llygaid yr hen fenyw yn lledagored gan ofn. Maen nhw'n dod amdani. Mae'n gwybod hynny'n bendant. Maen nhw'n dod. Mae ei chorff mor fregus ag aderyn ac yn teimlo fel pe bai cocŵn ei phlu yn rhwymo'n dynnach o'i chwmpas – anadlu'n anodd nawr – wrth i'r weiar dynnu caets ei hasennau yn dynnach, dynnach, dynnach. Bron nes bostio. Mewnffrwydrad ei diwedd hi.

Mewn gwlad na welith hi fyth, mae'r Arlywydd – sy'n swp sâl gyda chancr – yn archebu ei bryd olaf un tra bo wrth y llyw. Mae am flasu euogrwydd a ddaw yn siâp *l'ortolan*, un o deulu'r breision, adar bach sy'n dwli ar fwyta hadau. *Emberiza hortoiana*, i chwi siaradwyr Lladin. A hwn yw Arlywydd Ffrainc.

Cafodd yr adar eu dal gan ddynion yn y De yn defnyddio prennau leim a rhwydi wedi eu gwneud o wallt ceffyl. Yna, cafodd y derots eu dallu yn ôl traddodiad ac yna eu cadw mewn bocsys bach am fis, tra'n cael eu bwydo 'da grawnwin a miled a ffigys. *Beccafico*, chwedl y Rhufeiniaid – y pigwr-ffigys bach. A phan oedd yr aderyn wedi tyfu i fod bedair gwaith ei faint arferol, dyma foddi'r pŵr dab, yn llythrennol, mewn *Armagnac*. Mae'r Arlywydd bolrwth hefyd yn bwyta wystrys, *foie de gras* a chaprwn. Ond gwobr fawr i flaen ei dafod yw bras y gerddi. *L'ortolan*! *C'est magnifique!*

Mae gwas yn gosod bib yn ei goler yn dwt ac yn daclus ac, er gwaetha – neu, efallai, oherwydd – ei salwch, mae Francois Maurice Adrien Marie Mitterrand, Arlywydd Sosialaidd Cyntaf y Bumed Weriniaeth, yn glafoerio. Yna, mae un o'r gweision yn gosod lliain gwyn dros ei ben. Offeiriad a gychwynnodd y ddefod hon ganrifoedd ynghynt, er mwyn cuddio'i lythineb rhag Duw.

– Ein Tad, maddau i mi am fwyta pob peth yn yr Arch heblaw am y crwban …

Prysura Fabien, y chef, with ei waith. Dyma'r unig beth y mae'n ei goginio lle mae'n defnyddio llyfr. 'Defnyddiwch ffwrn grasboeth a chadw'r aderyn yno am ddim mwy na thair munud. Dylai'r aderyn fod mor boeth fel bod yn rhaid ei adael e ar y tafod tra'n anadlu'n gyflym drwy'r geg. Mae hyn yn oeri'r aderyn ond gwir bwrpas hyn yw caniatáu i'r braster twym lifo fel ambrosia i lawr y gwddf.' Trici, meddylia Fabien, sy'n hoffi bwyd Indiaidd ei hunan.

Dan ei orchudd gwyn, mae Mitterrand yn cymryd yr aderyn pedair owns i'w geg, y pen y tu allan i'w wefusau. Mae'n cnoi'n gadarn a chael gwared o'r benglog ar blât gerllaw. Fe oedd yr unig Arlywydd yn Ffrainc a wnaeth bara am ddau dymor llawn ac mae ei geg yn llawn corff aderyn. Mae'n cofio'r rheolau bwyta. Dyw e ddim yn llyncu 'to. Nid ei fod e wastad yn cofio'r rheolau. Ddim yn Rwanda, neu pan chwythwyd y 'Rainbow Warrior' o'r dŵr, neu tra'n gwerthu arfau rhad i Iran, neu sbïo ar ei ffrindiau, neu gadw'n ffyddlon i'w wraig. Marianne! Marianne! Blas pomgranad oedd ei gwefusau hi.

Cofia'r rheolau ...

– 'Pan yw'n oer rhaid dechrau cnoi yn araf. Dylai gymryd pymtheng munud i fynd drwy'r frest a'r adenydd, yr esgyrn bach yn craclo 'da blas, ac yna ymlaen at y perfeddion.'

Heno, dyma'r ford fwyaf unig yn y byd, er bod 'na westeion pwysig a chlebran pwrpasol. Achos heno yr Arlywydd yw'r dyn mwyaf unig yn y byd, ar goll yn llwyr yn ei euogrwydd. Ei gydwybod yn glir fel silt.

Gall e flasu holl gylch bywyd y bras – y caeau ŷd yng nghysgod Mynyddoedd yr Atlas, yr awel hallt ar lan y môr, persawr y lafant with i'r mistral chwythu drwy Provence. Mae'r gwefusau tew a'r dannedd-wedi-eu-staenio gan amser yn dod i lawr fel *guillotine* ar yr ysgyfaint a'r galon maint pys, y ddau'n llawn gwirod o'r diwrnod boddi. Hollta'r esgyrn bach yng nghefn y geg gyda sŵn sherbet.

Nos yfory yw ei noson olaf fel tywysydd y Weriniaeth Goll. 'Fory, at ei swper olaf, mae e wedi archebu eos. Mae Fabien yn barod ac mae'r helwyr allan yn y maes, yn ddwfn yng ngwyrddni'r goedwig boplys. Mae Fabien yn paratoi'r cwrs nesa ac yn canu'r gân yr oedd ei fam-gu'n ei chanu'n groten:

> Ehedydd ddaw yfory, i fwydo'r teulu i gyd, ji-binc a thato yw'r peth gorau yn y byd.
> Ehedydd ddaw yfory a thitw yn ei dro, a phei bronfreithod a jac-do ...
> Ehedydd ddaw ...

Nid yw'r aderyn yn cyrraedd nodau ola'r serenâd with i'r rhwyd ddisgyn yn ddiarwybod iddo. Yn y gegin mae sglein ar y gyllell ar ôl hogi'n ddiwyd. 'Dyw Fabien ddim wedi coginio aderyn yn fyw o'r blaen. Cimwch, ie, ond aderyn …?

Ar y bwrdd torri, lluwch o blu.

Oedd, mi roedd yn gwybod eu bod yn dod. I'w rhyddhau, yn ddiffwdan, o gawell ei chorff.

Breision

Casgliad o lên micro hyd at gyfanswm o 1,500 o eiriau: Gwastraff

BEIRNIADAETH ANNES GLYNN

Yn ôl at eiriau Waldo yr af o hyd pan fo gofyn imi ddiffinio beth yw hanfod llên micro. 'Cael neuadd fawr rhwng cyfyng furiau' yw ystyr byw, meddai'r bardd yn ei gerdd oesol, 'Pa beth yw Dyn?'. Creu bydysawd oddi mewn i ffiniau tynn yw hanfod llên micro i minnau. Mynegi hynny wedyn drwy gyfrwng awgrym cynnil yn hytrach na datganiad uniongyrchol, ffeithiol ac yna rhyddhau'r awgrym i hofran yn hyfryd uwchben y ffin ryfedd honno rhwng rhyddiaith a barddoniaeth nes ei fod yn cyffwrdd calon. Am hynny y chwiliwn wrth ddod at y deunydd a anfonwyd i'r gystadleuaeth hon eleni. Daeth deuddeg ymgais i law a dyma nodyn ar bob un yn y drefn y daethant o Swyddfa'r Eisteddfod.

Y Falwen Foliog: Dyma gasgliad eithaf gwastad o straeon, sy'n cadw'n weddol agos at y thema a osodwyd. (Nid pawb a ymgeisiodd a gofiodd am y thema, ond mwy am hynny ymhellach ymlaen!) Gŵyr yr awdur werth awgrym; gwaetha'r modd, mae'r awgrym yn croesi'r ffin i dir amwysedd niwlog ar adegau ac mae'r ystyr yn mynd ar goll. Mi wnes i fwynhau ambell gymal yma ac acw: 'Pan fydd gobaith yn rhewi'n gorn'; 'a chynildeb oedd ei henw canol'. Y darn a fwynheais orau oedd 'Claddu Mam', yn arbennig y frawddeg olaf: '... sylweddolodd fod rhywun wedi gosod carreg fedd fechan (o, mor fechan) rywle yng nghyffiniau ei chroth'. Pe bai gwaith *Y Falwen Foliog* yn cynnwys mwy o ysgrifennu o'r safon honno, byddai'n gystadleuydd dipyn mwy peryglus.

Un o dri: Yn ei feirniadaeth ar y gystadleuaeth hon ddwy flynedd yn ôl, soniodd Arwel 'Rocet' Jones ei fod yn credu bod modd datblygu ffurf llên micro i gyfeiriadau newydd 'trwy ddod â chasgliad mawr o ddarnau bychain at ei gilydd i wneud un darlun mawr'. Ymgais i wneud hynny sydd yma, dw i'n credu. Er yn gwbl destunol, stori fer iawn wedi'i thorri'n ddeg paragraff sydd yma yn anffodus ac nid yw'r paragraffau'n sefyll ar eu pennau eu hunain yn unedau crwn, cyflawn. Fel mewn telyneg, rhoi cipolwg ar un sefyllfa ac awgrymu'r darlun ehangach a wna llên micro yn hytrach na rhoi'r stori'n gyflawn inni. Nid pentyrru cymalau pytiog, ailadroddus – fel a geir yn y gwaith hwn – sy'n creu llên micro chwaith.

Miaw!: 'Hen Folgi o Giath'. Fel a gafwyd gan y cystadleuydd uchod, stori fer, fer wedi'i thorri'n bytiau sydd yma eto. Wedi dweud hynny, dyma ddychymyg amryliw iawn, reiat o ddychymyg, yn wir, ond ai dyma'r cyfrwng addas ar ei gyfer?

Mân Us: Casgliad o ddau ddarn ar hugain sydd yma. Er iddynt gael eu seilio'n gadarn ar y thema dan sylw, gwendid yr awdur hwn yw diffyg cynildeb. Rydym yn cael ein gwaldio â negeseuon rhy amlwg yn rhy aml. Wedi dweud hynny, cefais flas ar y darnau cynilach fel 'Cysgodion', er enghraifft, ac y mae'r frawddeg olaf yn hon ac yn 'Anadl Einioes' yn effeithiol ac yn talu am eu lle.

Morgan: Casgliad o ddeg darn yn ymwneud â'r gwastraff sy'n deillio o lanast' rhyfel sydd yma. Mae'r casgliad yn agor â cherdd y gellid ei hepgor yn fy marn i gan nad yw'n ychwanegu dim at ein dirnadaeth o'r byd a'i bethau nac ychwaith at y casgliad o ddarnau micro sy'n dilyn. Canolbwyntio ar wahanol wledydd lle bu rhyfela ffyrnig, o Nigeria i Biaffra heibio i Irác, a wna'r awdur. Lle bo'n ddigon dewr i droi ei gefn ar adrodd ffeithiau moel a gadael i'w ddawn dweud a'i ddychymyg lifo'n gynilach, mae'n cyrraedd safon uchel yn fy marn i. Mae 'Irác' yn enghraifft o hyn: 'Rhedodd hyd draethau Shatt al Arab, ac agorodd ei breichiau i gofleidio'r haul. Roedd hi wedi dianc o'i gorthrwm. Diwrnod o wyliau haeddiannol. Fel peithon cynnes, lapiodd yr haul ei hun amdani. A brathodd hi.' Cefais flas ar y darnau 'Gaza' a 'Y Lluoedd yn Afghanistan' a'i frawddeg olaf ddirdynnol – 'Un ddeilen grin ddanfonwyd ataf, ac aeth hi'n aeaf arnaf' – am yr un rheswm. Hoffais yr awyrgylch a grëwyd yn y darn 'Nigeria' hefyd. Y trueni yw na lwyddodd *Morgan* i gynnal y safon honno drwyddi draw.

Cipdrem: Seiliodd yr awdur hwn ei ddeunaw darn yn solet ar y thema; gwaetha'r modd, dim digon o awgrymu a gormod o 'ddweud' sydd yma. Er hynny, mwynheais ambell ymadrodd fel y disgrifiad hwn o arian 'yn llithro trwy'i bysedd fel sliwennod' yn y darn 'Cadw-Mi-Gei'.

Tân Coed: Tenau yw cyswllt y casgliad hwn â'r thema a osodwyd eleni. Tybed ai'r rheswm am hynny yw'r ffaith fod ambell stori ynddo wedi'i hanfon i'r gystadleuaeth hon ddwywaith o'r blaen, y llynedd a'r flwyddyn cynt? Wedi dweud hynny, ar ei orau, dyma beth o ysgrifennu disgleiriaf y gystadleuaeth. O ddarllen y darn cyntaf yn y casgliad, 'Hogi', a ddyfynnwyd yn ei grynswth gan Arwel 'Rocet' Jones yng nghyfrol *Cyfansoddiadau a Beirniadaethau* 2006, roedd rhywbeth amdano oedd yn fy atgoffa o ddechrau pryddest Mererid Hopwood, 'Gwreiddiau'. Rwy'n hoff iawn o naws y darn hwn, yn enwedig y cymal 'a chynefindra'n blu o'u cwmpas ...' Cefais flas neilltuol ar y darn olaf, hefyd, sef 'Cregyn' yn ogystal â 'Pietà', ac y mae 'Het' a 'Gwers' yn dynn ar eu sodlau. Gwaetha'r modd, nid yw'r gweddill yn cyrraedd yr un safon uchel – byddai darn fel 'Oen', er enghraifft, ar ei ennill yn arw o'i docio – ac mae ambell wall iaith annisgwyl a chamdeipio. Gair caredig yng nghlust *Tân Coed*. Ewch ati i gyhoeddi goreuon y casgliad hwn ac yna byddwch ddewr a throwch o'r newydd at her y ddalen lân. Mae gennych yr adnoddau'n bendant. Mater o ddal ati i hogi'r arfau yw hi.

Ffranc: Yn wahanol i *Tân Coed*, mae *Ffranc* yn gwbl destunol ond, yn debyg i nifer o'r ymgeiswyr eraill, y mae ar adegau yn rhy awyddus i wneud yn siŵr ein bod ni'r darllenwyr wedi deall ei neges. Er hynny, mae'n dechrau'n drawiadol, ogleisiol gyda darn yn dwyn y teitl 'Dim gwastraff – y bardd sy'n ailgylchu'. 'Baiji' yw un o'r darnau gorau yn y casgliad ond byddai'n well byth o hepgor y ddau baragraff olaf. Felly hefyd 'Gwastraff'. Bron na ellid dibynnu'n gyfan gwbl ar y ddeialog yn y fan hon i gyfleu'r digwydd. Mae'r syniad wrth wraidd 'Pam ein bod mor ddinistriol?' yn un diddorol, ond eto mae angen mwy o awgrymusedd iddo fod yn wirioneddol effeithiol. Mae gwallau iaith yn britho'r gwaith ond gŵyr *Ffranc* beth yw gwerth gair, o'i ddewis a'i ddethol yn ofalus, fel y gair 'sobor' yn 'Hanes "George"', er enghraifft.

Llwch i lwch: Dyma awdur arall sydd ar dân am inni ddeall yr hyn y mae am ei gyfleu. Yn lle gadael i'w waith siarad drosto'i hun – ac y mae casgliad *Llwch i lwch* yn gwneud hynny'n eithaf effeithiol – mae'n teimlo bod yn rhaid cynnwys paragraff bach esboniadol ar y dechrau yn ogystal â dyfyniad gan Saunders Lewis ar y diwedd. Does dim eu hangen. Y darnau 'Alun' a 'Di-enw' wnes i eu mwynhau orau a chefais flas ar ambell gymal yma ac acw fel hwn yn 'Menai': 'Diflannodd y lleuad tu ôl i'r cwmwl yng nghyfrinach y nos'. Mae syniad diddorol wrth wraidd 'Croesffordd' ond mae'n haeddu diweddglo gwell, cryfach,

Habacuc: Cafwyd cyflwyniad diangen gan yr awdur hwn eto. Wyth darn yn ymwneud ag wyth unigolyn gwahanol a gawn yma ond nid oes unrhyw beth trawiadol wreiddiol yn yr hyn sy'n digwydd iddynt a byddai'r casgliad hwn eto ar ei ennill o dynhau ambell ddarn ac awgrymu mwy. Nid cynnwys stori gyflawn a wneir mewn llên micro, dim ond codi cwr y llen arni.

Barbra Alun: Cawn gip ar nodweddion gorau llên micro o bryd i'w gilydd yn y casgliad hwn: yr awgrym cynnil sy'n creu darluniau yn y meddwl, y grefft o greu awyrgylch mewn byr eiriau. Ond – yr hen air bach diflas hwnnw! – rhyw sbecian allan fel pelydrau prin rhwng cymylau y mae. Fel Sian Northey y llynedd, mwynheais innau 'Twll Pin Bach' ac roedd awgrymusedd 'Diwedd' yn apelio. Mae 'na bosibiliadau pendant yn 'Geiriau' ond bod angen tynhau'r dweud ar ddechrau'r stori, a byddai brawddeg gynilach i gloi yn ei chryfhau.

Robin: Mae ambell un o'r darnau hyn hefyd yn taro deuddeg er nad wyf yn sicr pa mor destunol yw'r gwaith yn gyffredinol. Ond dyma awdur sydd â dawn dweud bendant. Hoffais y disgrifiad o garped wedi breuo 'yn dangos ei ddannedd', er enghraifft. Mae 'Miss Poblogaidd' a 'Cymydog' yn awgrymu tueddiadau'r oes yn gynnil a diwastraff a theimlais ias wrth ddarllen brawddeg olaf 'Dim Un Seren'. Pe bai *Robin* wedi 'chwynnu' mwy ar ei ddeunydd a chyflwyno casgliad byrrach, tynnach ei wead byddai yntau/hithau hefyd yn gystadleuydd peryclach.

Mwynheais sawl darn unigol yn y gystadleuaeth hon ac mae nifer o'r rheiny'n cyrraedd safon uchel. *Tân Coed* a *Morgan* a ddaeth agosaf ati yn fy marn i. Gwaetha'r modd, ni lwyddodd yr un o'r ddau gasgliad i gynnal safon uchel y goreuon ynddynt drwyddi draw ac oherwydd hynny mae gen i ofn fod yn rhaid atal y wobr eleni.

Ysgrif ar unrhyw agwedd o fyd chwaraeon

BEIRNIADAETH TONY BIANCHI

Ffurf fach ddigon diymhongar yw'r ysgrif, ar ryw olwg. Wrth gyflwyno'i thestun, ni all fforddio bod yn rhy arbenigol. Rhaid iddi osgoi'r manylu ffeithiol sy'n gweddu i adroddiad mewn papur newydd ond sy'n colli'i werth mewn byr o dro. Rhaid iddi ochel rhag geirfa rhy dechnegol na fyddai neb ond selogion yn ei deall. Ac eto, ni thâl iddi fod yn rhy arwynebol ychwaith: llawn mor ddiflas â'r traethawd gor-ffeithiol yw'r llith nad yw'n ddim byd ond cyfrwng i'r awdur gael doethinebu'n wlanog am ei hoff arwr neu ei gas fwgan. Amcan yr ysgrifwr da, bob amser, yw tynnu pawb i mewn i'r sgwrs, y gwybodus a'r anwybodus fel ei gilydd. Beth bynnag fo'i chynnwys, rhaid i'r ysgrif feddu ar y nodweddion creadigol hynny sy'n gwneud pob gwaith llenyddol o werth yn bleser i'w ddarllen: y nodweddion, yn yr achos presennol, a all droi chwaraeon yn destun difyrrwch a chwilfrydedd hyd yn oed i'r darllenydd nad yw'n hidio dim am dynged y Gweilch na champau Joe Calzhage na llwyddiannau Tanni Grey Thompson. Mewn gair, rhaid troi'r sgwrs yn gelfyddyd.

Dyma sylwadau ar y deg cynnig a ddaeth i law, yn y drefn y'u cefais gan Swyddfa'r Eisteddfod.

Simran: Yn 'Y rhyfel, Tommy Farr a fi', ceir portread o'r paffiwr enwog yn erbyn cefndir ei fagwraeth yng Nghwm Rhondda. Mae'r awdur yn tynnu'n helaeth ar ei brofiad ei hun, a hynny'n rhoi awdurdod a naws bersonol i'r cyfan. Gellid bod wedi trefnu'r deunydd yn well, efallai, a chywiro ambell wall yma ac acw, ond mae hon yn deyrnged deilwng iawn.

Chwerw: Ysgrif fywiog yn nhafodiaith Cwm Tawe yw 'Dylanwadau anfoesol' am atgofion mebyd yr awdur ac yn arbennig am ragfarnau'i athrawon gwlatgar, a gredai fod pêl-droed yn gêm wleidyddol-annerbyniol. Cyflwynir neges bwysig am gulni diwylliannol yn gynnil effeithiol.

Sgarmes Rydd: Cri o'r galon yw 'Chwarae Teg' dros ddiogelu'r mwynhad diniwed a ddylai fod wrth wraidd pob chwarae, a hynny yn wyneb tueddiadau masnachol yr oes. Mae'r awdur yn ysgrifennu'n rhwydd, ond mae tuedd i wibio'n ormodol o un maes i'r llall, gan golli siâp a chyfeiriad yn y pen draw.

Cic Adlam: Teyrnged i dri sylwebydd a geir yn 'Coron Driphlyg': William Morgan Rogers, Howard Spriggs a Thomas Davies. Mae'n ysgrif dwt, gron, ac yn chwarae gyda disgwyliadau'r darllenydd yn y dull traddodiadol. Ond efelychu elfen ffuantus yn y traddodiad hwnnw – i'm chwaeth i, beth bynnag – yw'r myfyrdod estynedig ar arwyddocâd 'triawdau'.

Boris Spassky: Stori fer sydd gan yr awdur hwn, fe ellid dadlau, yn hytrach nag ysgrif. Adroddir yma hanes yr ornest wyddbwyll enwog rhwng Spassky a Fischer yn Reykjavik yn 1972, a hynny trwy lygaid Spassky ei hun. Cynigir sylwebaeth ddiddorol ar seicoleg a gwleidyddiaeth y gêm ond mae'r mynegiant yn anystwyth ar brydiau ac mae angen gwaith pellach i ddod â'r cyfan yn fyw.

Penybryn: Portread o Ivor Jones a geir yma: y chwaraewr rygbi o Gasllwchwr a fu'n un o sêr mwyaf Llanelli a Chymru yn ystod y 1920au a'r 1930au. Cyffelybir, yn briodol iawn, frawdgarwch y gwaith dur a'r cae rygbi, ond tueddir i bentyrru ffeithiau tua'r diwedd: gwendid cyffredin, anochel bron, mewn ysgrifau o'r fath.

Rhif Wyth: Rygbi yw testun 'Popeth newydd yn ddedwydd a da' hefyd, ond y gêm gyfoes sydd dan sylw y tro hwn. Darn piniwn yw'r ysgrif hon, sy'n gofyn a oes y fath beth yn bod â 'dull cynhenid' o chwarae, ac yn pwysleisio'r angen am fod yn fythol ddyfeisgar er mwyn cadw ar y blaen. Mae'r awdur yn sgrifennu â thân yn ei fol, ond gan gynnal y cywair sgyrsiol priodol drwyddi draw. Unwaith eto, byddai cymorth golygyddol wedi bod o fudd.

Soffia: Criced ar gaeau Pontcanna, Caerdydd, sydd dan sylw yn 'Y Maes', ac yn fwyaf arbennig y ffaith fod cricedwyr y brifddinas i gael eu disodli'r haf hwn gan wŷr y wisg wen arall, wrth i'r Eisteddfod Genedlaethol feddiannu'r safle. I Soffia, 'llwyfan dinesig y Gymru gosmopolitan' a 'maen llog y llwyth' yw'r cae criced, a chwaraeir yn ddigon deheuig â'r cyferbyniad rhwng y naill ddiwylliant a'r llall. Mae dychymyg byw ar waith yma, ac mae'r mynegiant yn ystwyth a lliwgar, ond ceir gormod o ebychnodau!

Iolo: Ysgrif dreiddgar a graenus yw 'Chwarae Plant?' sy'n ymrafael â thestun o wir bwys ym maes chwaraeon heddiw: sef, ymddygiad gwael (hyd at drais corfforol ar brydiau) rhieni sy'n mynd i wylio'u plant yn chwarae pêl-droed. Yn dynn ei gwead, yn gynnil a diaddurn ei mynegiant, mae'r ysgrif hon yn taro'r hoelen ar ei phen mewn dull mwy newyddiadurol nag a geir gan y rhan fwyaf o'r ymgeiswyr. Dyma, yn sicr, yr awdur a'm tynnodd i ganol ei 'sgwrs' yn y modd mwyaf uniongyrchol a diymdrech.

Maswr Mawr: Ysgrif uchelgeisiol yw 'Mewn Gair – Rygbi', sy'n trafod sut mae rygbi wedi ysbrydoli awduron creadigol yn y ddwy iaith. Mae'n amlwg bod yr awdur wedi ymchwilio'n fanwl i'r maes ac mae'n cynnig dadansoddiad digon craff o'r canlyniadau, o ystyried cyfyngiadau'r ysgrif fel ffurf ar gyfer cyflwyno beirniadaeth lenyddol. Ond mae gormod o ddefnydd i'w drafod yma, a hwnnw'n ddeunydd cymhleth, ac ni all ambell ddyfyniad neu grynodeb wneud cyfiawnder ag ef. Dyma'r dewraf ac, o bosibl, y mwyaf deallus o'r holl ymgeiswyr ond nid, o reidrwydd, y mwyaf llwyddiannus.

Soniais uchod am y rhinweddau sy'n gwneud yr ysgrif yn bleser i'w darllen, beth bynnag fo'i thestun: y nodweddion sy'n gallu tynnu'r darllenydd anfoddog o'i syrthni difater. Wedi pwyso a mesur y cynigion i gyd, deuthum i'r casgliad mai cynildeb yw'r pwysicaf o'r gofynion hynny: y gallu i ddweud llawer mewn ychydig eiriau. O'r cynildeb gwaelodol hwnnw y deillia pob un o'r nodweddion eraill a gysylltir â'r ysgrif dda: ffraethineb, treiddgarwch, ac yn y blaen. A dyna pam yr wyf am wobrwyo cynnig diffwdan, diwastraff *Iolo*, 'Chwarae Plant', ond gan nodi fod *Soffia* a *Maswr Mawr* yn dynn ar ei sodlau, gyda'u hysgrifau tra gwahanol hwythau.

Yr Ysgrif

CHWARAE PLANT?

Mae'n ddydd Gwener y Groglith, ac un diflas ar y naw yw e hefyd, gyda stormydd cryfion yn chwipio'r wlad, a'r rhagolygon yn darogan y bydd eira yn ystod y deuddydd nesaf. Ar fy nghrwydriad boreol o gwmpas y fro, tynnwyd fy sylw gan dyrfa enfawr o blant ac oedolion a oedd wedi ymgasglu ar feysydd chwarae'r ysgol uwchradd leol, ac wrth agosáu, gallwn weld mai cystadleuaeth bêl-droed i blant oedd yno, a thystiai'r myrdd bysiau fod llawer ohonynt wedi dod o wahanol rannau o Gymru. Gwyliais beth o'r chwarae, yn y glaw a'r gwynt, a sylwi bod pawb yn ddi-hid o'r elfennau ac yn cael boddhad mawr. Y chwaraewyr yn gwneud eu gorau glas, y cefnogwyr yn bloeddio'u cymeradwyaeth a phawb yn ymddwyn yn weddaidd a theilwng.

Ond os yw erthygl a ddarllenais mewn papur Sul beth amser yn ôl yn gywir, nid yw'r math o harmoni a welais y bore 'ma yn beth cyffredin, ac mae llawer yn poeni bod ymddygiad rhai rhieni a chefnogwyr sy'n dod i wylio gemau rhwng timau o blant ymhell o fod yn glodwiw. Mae'n debyg fod casineb a ffyrnigrwydd rhwng cefnogwyr gwahanol dimau plant yn beth cyffredin iawn mewn nifer cynyddol o drefi a phentrefi, a bod y casineb hwnnw'n troi'n ymosodiadau ciaidd ar lawer achlysur. Mae pob math o eiriau cas a gwaradwyddus yn cael eu hanelu at chwaraewyr y gwrthwynebwyr, er bod rhai o'r chwaraewyr hynny cyn ieuanged â chwech neu saith oed. Ac wrth gwrs, bydd unrhyw berson sy'n ddigon dewr i gytuno i ddyfarnu yn un o'r gemau hyn yn gocyn hitio amlwg.

Wrth gwrs, mae dyfarnwyr ar hyd y blynyddoedd wedi bod yn dipyn o gyff gwawd ac yn darged i gefnogwyr sy'n gwybod llawer mwy am y gêm nag unrhyw ddyfarnwr, ac sy'n gallu gweld popeth na welodd y dyfarnwr mohonynt. Anfarwolwyd ambell un oherwydd ei aneffeithiolrwydd a'i ddallineb, megis dyfarnwr dall Gwyddelig Max Boyce. Mae'r rhan fwyaf o'r cellwair a'r herian yn ddigon diniwed, heb unrhyw wir falais yn perthyn iddo, ac mae'r mwyafrif ohonom, siŵr o fod, wedi gweiddi 'Cym on, reff!' neu 'Wyt ti'n ddall, reff?' rywbryd yn ystod ei fywyd. Yn ein pentref ni trigai cymeriad diniwed a hoffus, a oedd a nam difrifol ar ei leferydd, ond a oedd yn barod i ddyfarnu mewn gemau pêl-droed lleol. Guy Morgan oedd ei enw, a braf oedd clywed yn ddiweddar fod aelodau o glwb pêl-droed Pontrhydfendigaid wedi mynd ati i gofio ac i anrhydeddu Guy, gan mai ef oedd y cyntaf, mae'n debyg, i roi ei law yn ei boced pan benderfynwyd ffurfio clwb yn y pentref. Roedd Guy'n dyfarnu gêm unwaith, a rhyw wag lleol ar yr ochr yn galw allan, 'Dim Guy Morgan ddyle dy enw di fod, y diawl, ond Guy Fawkes!' Roedd gan glwb y Bont rai cefnogwyr croch ac uchel eu cloch – un neu ddwy ohonynt yn wragedd amlwg yn y pentref, a doedd dim trugaredd i gefnogwyr y gwrthwynebwyr, na'r dyfarnwr nac i unrhyw un a fyddai mor ffôl â gwirfoddoli i redeg y llinell. Mae'n debyg fod ymbarél yn erfyn digon defnyddiol i'r gwragedd hyn hefyd – i golbio ac i faglu!

Pan ddechreuais ar fy ngyrfa fel athro yn un o ysgolion cynradd Caerdydd, gofynnwyd i mi a fyddwn yn barod i gynorthwyo i hyfforddi tîm yr ysgol, ac i ddyfarnu ambell gêm. Er y gŵyr y rhai hynny sy'n fy adnabod mai cyfyng iawn yw fy ngwybodaeth am y bêl gron, ac mai dyn rygbi ydwyf, cytunais yn llawen i helpu a chefais flas mawr yn gwneud hynny. Rhoddai fy nghyd-hyfforddwr a minnau bwyslais mawr ar chwarae'r gêm yn yr ysbryd iawn, gan sicrhau bod y chwarae'n deg a gwaraidd. Bryd hynny roedd cynghrair cryf iawn ar gyfer ysgolion cynradd Caerdydd, ac roedd y cystadlu'n galed a brwd. Er y byddai ambell riant (ac yn wir, ambell athro!) yn colli ei ben weithiau ac yn bloeddio pethau digon amheus o ochr y cae, roedd eu hymddygiad ar y cyfan yn ddigon derbyniol.

Ond yn ôl yr erthygl yn y papur, nid felly y mae hi bellach mewn rhai lleoedd, a dyfynnir enghreifftiau sy'n ddigon i godi gwallt eich pen. Dau dad yn ymosod ar ei gilydd wrth wylio gêm rhwng timau o blant naw oed, ac un yn torri trwyn y llall drwy ei daro â'i dalcen, a'r cyfan oherwydd rhyw dacl ddiniwed ar y cae. Ymosod ar ddyfarnwyr a'u cynorthwywyr, gan eu taro i'r llawr – yn Huddersfield yn ddiweddar, mae'n debyg i un cynorthwywr a ofalai am y llinell gael ei daro'n anymwybodol gan wraig ddeugain oed a llanc un ar bymtheg oed. Yn Somerset wedyn, ymladd rhwng rhieni ar ochr y cae ar ôl i rai ohonynt ddechrau baglu plant saith oed wrth iddynt redeg i lawr yr asgell. Dyfynnwyd nifer o enghreifftiau eraill o ymddygiad o'r fath, a pha ryfedd fod y cymdeithasau pêl-droed ar ben eu tennyn wrth geisio cael trefn ar bethau a chadw'r sefyllfa dan reolaeth.

Bu dirywiad hefyd yn ymddygiad llawer o'r chwaraewyr ifanc ac yn eu hagwedd at ddyfarnwyr a chynorthwywyr. Mae llawer mwy o barodrwydd i gwestiynu a dadlau am benderfyniadau a wneir ar y cae, ac i ddangos anghytundeb tuag at ddyfarniadau sy'n mynd yn eu herbyn. Heddiw, yn fwy nag erioed, mae dyfarnwyr mewn gemau oedolion o dan chwyddwydr didrugaredd y teledu, gyda'i allu i ail-ddangos rhannau o'r chwarae ac i amlygu unrhyw gamgymeriadau a wneir gan ddyfarnwyr. Ac mae sylwebyddion hefyd, wrth feio ac arthio ar y dyfarnwyr, yn megino'r ddadl ac yn rhoi'r argraff ei bod yn gwbl dderbyniol i gwestiynu ac i anghytuno'n ffyrnig â phenderfyniadau dyfarnwyr. Trosglwyddir yr agwedd hon wedyn i'r meysydd lle mae plant yn chwarae, gan beri dadlau a gwrthdaro rhwng rhieni a chefnogwyr. Ac o sôn am rieni, mae'n debyg fod rhai mamau ganwaith gwaeth na'r tadau pan ddaw'n fater o weiddi pethau anweddus neu greulon. Mae'n siŵr fod gan y gwrthdaro traddodiadol rhwng carfanau o gefnogwyr pêl-droed ran i'w chwarae hefyd a'n bod yn medi ffrwyth brwydrau'r dyddiau cythryblus a fu.

Mae'n siŵr nad fi yw'r unig un sy'n edrych yn ôl yn hiraethus ar ddyddiau plentyndod ac ieuenctid ac yn meddwl y gallwn innau fod wedi cyflawni gwyrthiau ar y maes pêl-droed neu rygbi pe bawn i ond wedi cael y cyfle, ac y byddwn wedi gallu bod yn un o eilunod y genedl, ac yn werth fy ffortiwn. Ac o fod wedi methu cyrraedd yr uchelfannau ein hunain, yna rhaid bwrw ati i hyrwyddo ac i wthio ein plant i geisio cyflawni'r hyn y methasom ni ei gyflawni. Ac i'r diawl ag unrhyw un neu unrhyw beth sy'n sefyll yn ein ffordd. Rwy'n siŵr fod gan y math hwn o anoddefgarwch lawer i'w wneud ag ymddygiad rhieni sy'n dod i gefnogi eu plant. Yna'r freuddwyd fawr o weld eich plentyn yn Beckham neu Rooney'r dyfodol ac yn arwr cenedl. Byw eu breuddwydion drwy eu plant wna'r rhieni hyn, ac ennill sy'n bwysig, beth bynnag fo'r gost. Maent mewn stad o uchel gynnwrf cyn ac yn ystod y gêm, ac mae rhwystredigaeth yn rhemp os gwna'r crwtyn druan gamgymeriad neu os caiff ei daclo, neu os gwna'r dyfarnwr benderfyniad yn ei erbyn. Rhaid gollwng eu llid a'u rhwystredigaeth ar rywun, ac yn aml dyna ddechrau cweryl neu ffrwgwd.

Y perygl yw fod llawer o'r gemau bellach wedi dod yn fwy o ddigwyddiadau i'r rhieni nag i'r plant. Bydd y tad a'r fam yn aml yn edrych ymlaen fwy at y gêm nag y bydd y plentyn ei hun. Gall effaith agwedd ac ymddygiad rhieni ar y plant fod yn ddwfn a phellgyrhaeddol. Mae'r holl floeddio cyson gan rieni a hyfforddwyr yn siŵr o effeithio ar eu hyder a'u datblygiad, gan beri diflastod a cholli diddordeb. Mae'n rhwystro'u datblygiad fel pêl-droedwyr, gan eu bod yn rhy ofnus i fentro rhoi cynnig ar ryw symudiad greddfol neu newydd. Mae'r cyfan yn cyfyngu ar eu hystod o sgiliau ac yn arwain at gyffredinedd. Nid yw llawer o rieni fel pe baent yn sylweddoli pa mor niweidiol yw eu hymddygiad i les eu plant.

Un peth calonogol yn ystod y blynyddoedd diwethaf yw'r nifer o bobl ifanc yn eu harddegau, a llawer ohonynt yn ferched, sydd wedi rhoi cynnig ar ddod yn ddyfarnwyr, a hynny dan yr argraff mai gorchwyl pleserus yw rheoli gemau rhwng timau o blant ac ieuenctid. Ond, wrth gwrs, nid yw'r profiad na'r aeddfedrwydd ganddynt i allu gwrthsefyll y bygythiadau a'r sarhad a hyrddir atynt gan wylwyr unllygeidiog a gelyniaethus. Yn fuan bydd y freuddwyd yn chwilfriw, a byddant yn dewis peidio â pharhau i fod yn ddyfarnwyr, a chiliant, er mawr golled i'r chwaraewyr ifanc ac i'r cymdeithasau pêl-droed. Mae'r Gymdeithas Bêl-droed, yr *F.A.*, yn cyfaddef bod prinder dybryd o ddyfarnwyr, a'r llynedd mae'n debyg i saith mil ohonynt roi'r gorau iddi, nifer go dda ohonynt mae'n siŵr oherwydd y gwaradwydd a brofant o wythnos i wythnos.

Yn naturiol, mae sut i ddelio â'r fath broblem yn cael cryn sylw gan y cymdeithasau pêl-droed, ac maent yn cydnabod nad oes ateb parod i'w gael. Gobeithir gallu cyflwyno côd ymddygiad i wylwyr, gyda chosb os tramgwyddir ef. Mae rhai cynghreiriau'n defnyddio rhaffau a ffensys plastig i gadw cefnogwyr bellter da i ffwrdd o'r llain chwarae, ac mae eraill yn gwneud eu gorau i gadw cefnogwyr gwahanol dimau ar wahân. Cred eraill yw fod llawer gormod o bwyslais ar ennill, yn hytrach na chwarae'r gêm er mwyn mwynhad. Argymhellant wneud i ffwrdd â chynghreiriau, gwobrwyon a thlysau mewn gemau pêl-droed i blant o dan un ar ddeg oed.

Dagrau pethau yw fod gweithgaredd a ddylai fod yn bleserus ac ymlaciol i blant wedi troi i fod yn brofiad anghyfeillgar a llawn pwysedd. Yn rhy aml o lawer, fe ymddengys, mae maes chwarae'n troi'n faes brwydr i rieni a chefnogwyr ymwthgar ac uchelgeisiol. Ar glawr ambell raglen eisteddfod arferid rhoi'r geiriau, 'Enillwch yn wylaidd; collwch yn anrhydeddus', ond cyn belled â bod llawer o gemau pêl-droed yn y cwestiwn, byddai 'Enillwch ar bob cyfrif; gwae chi os collwch' yn llawer mwy pwrpasol. Er hynny, diolch byth, nid yw'r darlun yn un cwbl dywyll o bell ffordd, ac mae miloedd o blant yn dal i gael y pleser o fwynhau gêm o bêl-droed dan gyfarwyddyd hyfforddwyr synhwyrol a chydwybodol, a chyda chefnogaeth rhieni sydd â'u traed ar y ddaear ac sy'n rhoi lles y plentyn o flaen uchelgais. Ac rwy'n rhyw amau mai pobl o'r math yna oedd allan y bore 'ma yn herio'r elfennau ac yn cymeradwyo ymdrechion eu plant.

Iolo

Dyddiadur Dynes Ddŵad

BEIRNIADAETH HYWEL GWYNFRYN

Ym 1978, pan oedd yr Eisteddfod yng Nghaerdydd, fe gyhoeddodd 'Goronwy Jones', gyda chymorth yr awdur Dafydd Huws, ddyddiadur am helyntion dyn o Gaernarfon a symudodd i Gaerdydd i chwilio am waith. Teitl y dyddiadur oedd *Dyddiadur Dyn Dwad*. Dyna roddodd y syniad i'r Panel Llên i fynd ati i roi cyfle i'r ddynes ddŵad dd'eud ei d'eud ddeng mlynedd ar hugain yn ddiweddarach. Mae gofynion y gystadleuaeth hon yn glir: dyddiadur gwraig sydd wedi symud o un lle i'r llall. Nid nofel fer, ysgrif, stori fer, na phortread, ond dyddiadur – cofnod rheolaidd o ddigwyddiadau, personol fel arfer, ac ymateb y dyddiadurwr i'r digwyddiadau hynny. Neu, yng ngeiriau'r emynydd, 'cudd feddyliau'r galon, a chrwydradau mynych hon'.

Marged: Anfonodd ddyddiadur go iawn i'r gystadleuaeth, un lliwgar efo cylchoedd fel licris olsorts ar ei glawr. Sôn y mae hi'n fras am rai o gymeriadau pentref busneslyd Abermor, a'r cymeriadau Marcus, Tristan a Gus y ci yn eu plith. Gwaetha'r modd, doedd y cynnwys ddim hanner mor ddiddorol â chloriau'r dyddiadur, ac er mor daclus yw llawysgrifen *Marged*, dylai fod wedi anfon y dyddiadur i'r gystadleuaeth wedi ei deipio.

Magiceirwen: Pe bawn i'n gynhyrchydd y Sioe Gelf ar S4C, fe fyddwn yn rhoi caniad i *Magiceirwen* a gofyn iddi adolygu ffilmiau a *dvds* a chynyrchiadau theatrig i'r rhaglen. Dyna a gefais ganddi: cyfres o adolygiadau – nid dyddiadur. Mae un dyfyniad o waith y cystadleuydd yma yn dweud y cyfan: 'hunanymwybodol, undonog, ac yn llawn ffeithiau sydd yn cael eu hailadrodd ad nauseam'.

Merch Lleiniog: Nid dyddiadur a ysgrifennodd y cystadleuydd yma, chwaith, ond stori fer, am ferch ifanc yn cyfarfod dyn yn Oxfam sy'n mwynhau gwisgo dillad merched. Mae'n bur debyg y byddwn innau yn cael mwy o bleser o wneud hynny hefyd yn hytrach na darllen cyfraniad *Merch Lleiniog* i'r gystadleuaeth.

Bridget Jones: Gwelais y ffugenw a llamodd fy nghalon i'r entrychion. Bridget Jones! O'r diwedd, dyddiadur go iawn. Darllenais y dudalen gyntaf yn awchus. Yna clywais sŵn. Sŵn fy nghalon yn disgyn o'r entrychion fel bricsen wydr ac yn malu'n deilchion ar y llawr. Dyma ddyfyniad o'r dyddiadur (hyd y gwn i, nid Daniel Owen yw'r ymgeisydd.): 'Pan gyrhaeddais lannau Llychlyn mor hudolus ymddangosodd yr amgylchoedd. Cefais fy mesmereiddio gan y teios cochlyd gwasgarog a'u caeadau gwyn … a'r llynnoedd di-ben-draw a'u dyfroedd gloyw heb eu llygru. Teimlais fy mod wedi cyrraedd Tir Na N'og'. Teimlais innau, wrth ddarllen, fy mod wedi cyrraedd Oes Victoria!

Eira: O'r diwedd! Golau ym mhen draw'r twnnel. O leia' mae *Eira* wedi sgwennu dyddiadur – dyddiadur am fywyd curad mewn ardal wledig. Mae hi'n cofnodi ei theimladau personol: 'Dw i'n teimlo euogrwydd yn rhy amal, a does dim achos i mi wneud'. Ond mae'r cynnwys mor anniddorol – cyfarfod o'r Siapter … dechrau paratoi pregeth at y Sul … cyfarfod pwyllgor y Ddeoniaeth … cyfarfod athrawon yr Ysgol Sul, ac yn y blaen. Ar dudalen olaf ei dyddiadur, mae'n cyfeirio at ei ffrind Linda: 'Llythyr gan Linda. Awstralia yn ddiddorol iawn. Tywydd yn boeth, nofio bob dydd. Na, ddim i mi, diolch yn fawr'. Biti na f'asa Linda wedi cystadlu.

Martha: Gyrrwr lori sy'n teithio i'r cyfandir ydi George, gŵr Martha. Mae hi wedi symud i Faldwyn i fyw efo'i mab Eifion. Mae hi'n treulio bron i ddwy dudalen o'i dyddiadur, gormod o lawer, yn sôn am y geiriau sy'n berthnasol i'r ardal ac yn ddieithr iddi hi. Mae pobol yn siarad am ei gŵr y tu ôl i'w chefn: 'Sais ydi o, beth bynnag'. Ar ôl i ffrindiau alw, mae hi'n dechrau cael amheuon: 'Pam ar wyneb y ddaear wnes i gytuno i ddod mor bell oddi wrth fy ngwreiddiau?' Am ryw reswm neu'i gilydd, mae'n sgwennu llai a llai yn y dyddiadur o ddydd i ddydd, sy'n golygu bod gan y darllenydd lai a llai o ddiddordeb yn yr hyn sy'n digwydd iddi hi. Ond mae 'na dro yng nghynffon y dyddiadur. Ar ôl ffrae, mae George yn gadael yn ei lori. Ymhen ychydig oriau, mae'r heddlu'n cnocio ar ddrws Martha, ac er nad yw'r dyddiadur yn dweud wrthym gallwn gymryd yn ganiataol fod George wedi cael damwain angheuol. Biti na fyddai *Martha* wedi symud y digwyddiad yma i ddechrau'r dyddiadur. Byddai'n fwy diddorol o lawer darllen am ei hymateb hi i'r ddamwain nag oedd hi i ddarllen am George yn paentio'r llofft a'r gweinidog yn galw. Mae'r arddull, fodd bynnag, yn dda iawn.

Siw: Mae *Siw* yn gwybod sut i sgwennu. Sôn y mae hi am ddynes ddŵad yn ceisio setlo yng Nghaerdydd, a'i hargraffiadau cyntaf o'r brifddinas: 'Slyms a sgeiscarpers drws nesa' i'w gilydd … Loetris i fymryn – a cha'l 'y mhestro gan chwech o fois tacsi, dau mewn Ladas myglyd a'u tshôc nhw'n g'neud i'r injians rasio, a thri mewn Ffords efo mwy o dolciau na iard sgrap'. Ac eto: 'Caerdydd, myn diain i – oedd hi'n dywyll nos! Landio mewn warin gwningod o le bysys ac ogla piso'n gry' ym mhob shelter. Allan efo 'nghês – reit ar stepan drws stesion a stadium – a dim ffliwjan o syniad ffor' i fynd'. Ydi, mae *Siw* yn medru sgwennu – ond nid wedi sgwennu dyddiadur y mae hi. Mae yma dudalennau o ddeialog (clyfar iawn) ond nid yw'n gweddu i gystadleuaeth sgwennu dyddiadur. Sgript ffilm, efallai – neu, yn ei geiriau hi ei hun: 'Faswn i'n medru sgwennu nofal o'r petha' dw i'n gl'wad wrth handlo'r platiau yn y dŵs, 'ma'. Wel, ewch ati, *Siw*.

Nia Parry: Dyma ddyddiadur Shirley Heathcote, gwraig sydd wedi dysgu Cymraeg ac wedi cyrraedd Dyffryn Ogwen 'ac yn barod ar gyfer *the Welsh life*'. A dyna sydd yn y dyddiadur – golwg ar wahanol agweddau o'r bywyd Cymraeg yn Nyffryn Ogwen, sydd yn mynd i roi bywyd yng Nghymraeg Shirley. Noson plygu'r papur bro, lle mae hi'n dweud gyda'i thafod yn ei boch: 'Mae'n anhygoel y gwaith mae Cymry Cymraeg yn ei wneud i gadw a chynnal eu diwylliant'. Mynd i'r capel, ond ddim yn cael fawr o groeso, 'This is not a service for visitors'. Galw heibio'r Clwb Cŵn: 'Roedd llawer mwy o lewyrch ar y Clwb Cŵn na'r capel – ond nid pobol leol mohonynt'. Mae hi hyd yn oed yn rhoi cic fach ysgafn o dan din Radio Cymru: 'Wedi gwneud llw i wrando ar Radio Cymru yn unig … maent yn rhoi hysbysebion am bethau sy'n digwydd drwy Gymru gyfan. Fedra i ddim dychmygu Radio Pedwar yn gwneud hynny'. Mae 'na glyfrwch geiriol yma hefyd: 'brogafrwch' yn lle 'brogarwch' a Chyrsiau 'Gliwio' yn hytrach na 'gloywi' y Gymraeg. Da – ond gellir gwell.

Cadilow: 'Croeso i'r Llan … Mwmian wnaeth hi, heb edrych ym myw fy llygad i. Mwmian rhywbeth wnes innau hefyd. Wyddwn i ddim beth i'w ddweud. Oedd hi wir yn fy 'nghroesawu! Ffalsio? Pwy ydi hon, tybed?' O'r diwedd, 'cudd feddyliau'r galon'. Dyddiadur merch sydd wedi symud o'r De i'r Gogledd. Mae hi'n cofio'r cyni yn y cymoedd: 'Twb pren o flaen y tân … Yncl Windsor yn dod adre o'r Pwll yn ddu i gyd, a minne'n blentyn bach yn cael bath hefo fo!' Mor wahanol ydi'r ardal lle mae'n byw erbyn hyn: 'Ffermwyr sydd yma, ran fwyaf, a nifer ohonyn nhw'n gefnog iawn, hefo'u Mercs a'u Ffor-bai-Ffors newydd sbon yn cwyno'n arw am eu byd …' Mae hi'n cwestiynu ei phenderfyniad i symud drwy'r amser ac yn rhannu'r amheuon hynny, nid yn unig efo'i dyddiadur ond efo'r darllenydd hefyd. 'Go brin yr af yn ôl at fy ngwreiddiau – fydda hi ddim yr un fath, na fydda. Dynes ddŵad fydda i am byth – yn anffodus'. Byddwn yn hapus i roi'r wobr i *Cadilow* – ond mae 'na un cystadleuydd ar ôl.

Neb ond Fi: 'Ydi cyrraedd yn anoddach na gadael?' Dyna frawddeg agoriadol syml y dyddiadur. Gadael y wlad am y ddinas, a gadael ei ffrind gorau, Gwladys. Mae hi wedi suro ac wedi 'laru llyfu briwiau'. Mae'r dyddiadurwr yma yn grefftwr ar baentio lluniau geiriol. Disgrifia'r gerddi o gwmpas ei fflat newydd yn y ddinas fel 'sgwariau bach gwyrdd fel hancesi wedi cael eu chwythu yma ac acw'. Ydi hi eisoes yn dechrau hiraethu: 'Rhyfedd nad oes yna fachlud yma, dim lliwiau'n newid wrth i'r haul dynnu at y gorwel a'r tawelwch sydyn wedyn'? Mewn ardal Iddewig o'r ddinas y mae ei chartref newydd, 'ac ar fore Sadwrn maen nhw'n ddu i gyd ar y stryd, capiau bach crwn fel crempog wedi llosgi ar ben sawl un'.

Cyfarfod Calley, y Gwyddel: 'Calley sydd wedi creu rhyw hen gynnwrf, gweld osgo mor debyg i 'nhad, gwybod mai wedi gadael ei gynefin y mae yntau'. Mae Calley yn gofyn iddi hi fynd i Iwerddon ond mae hi'n penderfynu aros. Mae'n cyfarfod Pwyles o'r enw Madge: 'Dynes ddŵad ydi hithau hefyd, a dyna pam efallai ein bod yn cyd-fynd mor dda. Dwy iaith, dwy ferch, ond mewn iaith rhywun arall rydan ni'n siarad. Dyna mae'n siŵr ydi gadael'.

Down i ddeall ar ddiwedd y dyddiadur mai ymddygiad brawd Gwladys a wnaeth iddi godi ei phac a mynd. Ac mae hi'n gwneud addewid y bydd hi'n anfon copi o'r dyddiadur i Gwladys ar ddiwedd pob blwyddyn, 'iddi hi gael sylweddoli beth wnaeth ei brawd hi imi wrth dorri ei air'. Fe hoffwn yn fawr pe bai *Neb ond Fi* yn datblygu'r syniadau yn y dyddiadur hwn. Mae yma ddeunydd nofel afaelgar.

Diolch i bawb am gystadlu ond *Neb ond Fi* sy'n ennill y gystadleuaeth, gyda chanmoliaeth uchel iawn.

Y Dyddiadur

DYDDIADUR DYNES DDŴAD

Dydd Sadwrn, Mai 5ed

Ydi cyrraedd yn anoddach na gadael? Dw i'n cyfaddef mod i'n ofni'r ddau, ond dim ar bapur dw i'n dweud hynny. Heddiw dw i'n gadael, nid am fod rhaid i mi ond am na fedra i beidio. Colli nabod ar un lle a dysgu adnabod lle arall, dyna fydd fy hanes, ac wrth bacio'r pethau olaf neithiwr roedd y clymau sydd wedi 'nghadw i yma wedi dechrau llacio. Atgofion fydd yr holl bethau a phrofiadau sydd wedi digwydd yma, pethau i edrych yn ôl arnynt fel yr hen luniau sydd yn yr albwm brown yn y llofft gefn, a does gen i ddim bwriad mynd â hwnnw. Dw i wedi gwneud y penderfyniad na ddo' i fyth yn ôl yma, dim hyd yn oed ar wyliau na phenwythnos na dim felly, am fod dychwelyd bob amser yn codi hiraeth. A fedra i ddim dioddef hiraeth. Dw i wedi gweld beth mae hiraeth yn gallu'i wneud i bobol. Nid teimlad ydi hiraeth, ond salwch.

Gadael cefn gwlad a mynd i fyw i ganol dinas, ac mae llawer yn wfftio hynny. Troi cefn, meddai rhai. Gadael y traeth bach yma sydd fel llafn cryman o flaen y tŷ, y tywod yn felyn a haul haf cynnar yn sglein ar y tonnau wrth iddynt lepian ar y cerrig mân. Gadael y Foel yn y cefn a'r llwybrau bach yna sydd fel llinynnau wedi fy nghlymu yma ers bron i ddeugain mlynedd bellach, a symud i fflat mewn lle na fydda i'n adnabod neb. A dyna dw i isio, a dyna pam dw i'n sgwennu hwn. Dw i'n nabod fawr neb yn y fan yma bellach chwaith, dim ond nabod o ran gweld, a phobol sydd wedi dod yma i farw ydi'r rhan fwyaf, er nad oes gen i hawl i ddweud y ffasiwn beth, mae'n siŵr. Marw wna inna os arhosa i, dw i'n gwybod hynny.

I'r fan yma dw i'n perthyn, meddan nhw, ond mae perthynas yn gallu suro, yn gallu brifo ac mae hynny wedi digwydd, a dw i wedi laru ar lyfu briwiau. Mi wn yn iawn beth ydi briw nad ydi o byth yn cau, briw sy'n gwrthod magu cramen na sychu'n iawn, ond briw sydd o'r golwg ydi o, a does neb i gael ei weld na'i deimlo ond fi. Dim ond y llyfr bach yma a fi. Nid eiddo i bobol fel fi ydi'r lle yma bellach, er mai gweld bai y bydd llawer, ac mae rhai wedi dweud hynny eisoes a sôn am fradychu a throi cefn a phethau tebyg, heb sylweddoli yn aml mai nhw sy'n bradychu wrth aros.

Dydd Sul, Mai 6ed

Gair da ydi 'cyrraedd', gair sy'n cyfleu llwyddiant a gwireddu uchelgais, a dw i wedi cyrraedd Rhif 201 ar yr ail lawr yn Penlington Gardens, er nad oes yma ardd yn unman, dim ond sgwariau bach gwyrdd fel hancesi wedi cael eu chwythu yma ac acw.

Wnes i ddim edrych yn ôl wrth adael chwaith, dim unwaith, dim ond codi llaw ar Gwladys wrth gerdded at y tacsi. Wnes i rioed feddwl peth mor anodd ydi codi llaw am y tro olaf a gwybod na fydd yna air rhyngom fyth eto. Roedd hi wedi cynnig dod i'r stesion efo fi; gwrthod wnes i am y gwyddwn yn iawn beth fyddai'n digwydd. Dagrau, ysgwyd llaw a chofleidio a dyna'r pethau olaf yr oedd eu hangen arna i. Hen stesion ddigon blêr ydi hi erbyn hyn, mwg hen drenau stem ers talwm wedi treiddio i'r distiau mawr fel gweddïau mewn eglwys. Dim ond ar bapur y medra i ddweud pethau fel yna.

Does 'na ddim stesion nac eglwys ar gyfyl y lle yma, a doedd 'na neb i roi croeso i mi chwaith, ond roedd Gwladys wedi dweud mai felly y byddai pethau. Hel meddyliau wnes i ar y daith, yn enwedig wrth basio ambell le. Pasio'r eglwys wrth adael y pentre, cip sydyn a gwybod mai yno roedd o a minnau i fod i fod wedi priodi bron i ugain mlynedd yn ôl bellach. A wnaethom ni ddim. Fe arafodd y tacsi with y goleuadau yn ymyl yr hen sinema, ac i'r fan honno yr aethom ni'n dau sawl tro. Dw i'n cofio enw'r ffilm gyntaf un i ni ei gweld, a blas ei gusan hefyd.

Fydd dim angen i mi wneud fawr ddim yma, dim hyd yn oed glanhau'r ffenestri, ac roedd gas gen i hynny. Dydi gwynt môr ddim yn garedig wrth ffenestri. Mae'r lle 'ma'n gynnes hefyd, dim hen wynt oer dan y drysau ac yn chwibanu o gylch y muriau ganol gaeaf. Fe fydd cyfle yfory i roi trefn ar y lle, rhoi'r llyfrau ar y silffoedd a'r llestri glas yn y cypyrddau. Rhyfedd nad oes yna fachlud yma, dim lliwiau'n newid wrth i'r haul dynnu at y gorwel a'r tawelwch sydyn wedyn. Fe fydd rhaid i mi anghofio pethau felly, ac fe fydda i'n falch o wneud, am mai ar adegau felly y mae rhywun yn cofio colli. Cofia sgwennu, ddywedodd Gwladys, ond wna i ddim, ati hi na neb arall.

Mae yma fynd a dŵad, mae hynny'n amlwg ddigon wrth i mi edrych allan. Goleuadau mawr melyn ar y stryd, ond mae'r gwydr dwbl yn rhoi taw ar bob sŵn. Fydd yna neb i fusnesu heno, neb o gwbl.

Dydd Sul, Mai 20fed

Mae pythefnos wedi mynd heibio ers i mi roi gair ar bapur, nid am nad oes yna ddim i'w ddweud ond am na chefais i fawr o gyfle rhwng popeth. Cymryd amser mae addasu, ac nid mewn ychydig ddyddiau y mae cyrraedd chwaith. Dod i adnabod ydi cyrraedd, a cholli adnabod ydi gadael a phroses araf fydd y ddau. Mae yna debygrwydd rhwng gadael ardal a gadael person hefyd, a dw i'n gwybod hynny o brofiad rŵan.

Mynd i'r siop bapur-newydd wnes i un diwrnod yr wythnos o'r blaen a gofyn a oedd bosib iddynt archebu cylchgrawn Cymraeg i mi gyda'r bwriad o gael un yn rheolaidd. Gŵr tywyll ei groen ydi'r rheolwr yno, ei wên yn dragwyddol a'i ddannedd yn wyn wyn, fel eira ar goeden drain duon. 'Welsh?' medda fo mewn Saesneg coeth ac edrych arna i fel 'taswn i wedi gofyn am ddarn o'r lleuad. Roedd ei acen ymhell o iaith y frenhines, ac ymlaen â fo am y ffaith nad oedd neb o'r blaen wedi sôn bod y ffasiwn beth yn bodoli. 'Most sorry,' medda fo wedyn a diflannu i gornel bellaf ei siop. Dyn dŵad yn troi cefn ar ddynes ddŵad am ei fod o wedi llwyddo i golli ei wreiddiau.

Mae'n haws sgwennu ar ddydd Sul rywsut, am ei bod yn anoddach anghofio efallai, a dydi cloch yr eglwys fawr o help er ei bod ymhell i ffwrdd. Fedra i sgwennu dim ar ddydd Sadwrn yn enwedig yn y bore, ac felly roedd hi ddoe hefyd. Pobol y Beibl oedd yr Iddewon, pobol o wlad bell, pobol oedd wedi dioddef yn enbyd a hen enwau fel Belsen a Jeriwsalem yn gymysgfa egr yn eu hanes. Ond maen nhw yma, rhai yn byw drws nesa, yn cadw siopau a stondinau yn y farchnad, ac ar fore Sadwrn maen nhw'n ddu i gyd ar y stryd, capiau bach crwn fel crempog wedi llosgi ar ben sawl un, a barf yn britho'n gynnar yn amlach na pheidio. Gweddillion hen genedl yma rhwng anialwch o dai coch, ond eto ymhell o Gazza a hen elyniaeth. Efallai mai gweddill fydd y Cymry adra cyn bo hir hefyd, criw bach yn ei throi hi am ei Horeb a'i Hebron, ac enwau fel Siân, Geraint a Gwen yn ddim ond adlais o linach, yn union fel y mae Jacob ac Isaac yn pasio'r drws yma ar fore Sadwrn. Yfory, fydd neb yn sylweddoli mai Iddewon ydyn nhw. Mi a' i draw at y Synagog un bore, gwrando ar y canu sydd yno. Wedi meddwl, wna i ddim chwaith rhag ofn i hynny godi hiraeth, a fedrwn i ddim dioddef pwl o hwnnw.

Dydd Sul, Mehefin 17eg

Mae sawl wyneb yn dechrau dod yn gyfarwydd, pobol sy'n trafaelio'r un ffordd â mi, ar yr un amser ac i'r un cyfeiriad. Ydi hynny'n dweud mod i'n gwreiddio chydig? Peth od ydi arferiad. Ac eto, dyna oedd wedi dod yn fwrn gartra, arfer gyda'r hyn a'r llall a dyddiau'n rhedeg i'w gilydd fel dŵr glaw i'r gwter. Hanner gwên sydd gan ambell un, dim cyfarchiad, dim gair iawn, ac yn sicr dim codi llaw na dim felly.

Mae hi wedi bod yn ddyddiau poeth braf a'r ffenestri'n dechrau mynd yn fudr braidd wrth i lafnau hir o haul dreiddio trwyddynt. Aroglau gwahanol sydd ar y stryd pan mae'r haul yn sglein i gyd, aroglau llwch ac aroglau sbeis o'r siop Indiaidd i lawr y stryd, a hwnnw'n treiddio a chosi'n gynnes yn fy ffroenau. Rhyfedd fel y mae aroglau fel'na yn fy atgoffa o enwau yn y gwersi Daearyddiaeth ers talwm – Dehli, Bombay – ac Anti Gwen yn sôn am genhadon a 'phlant bach melynion'. A heddiw dyma fi yn eu canol. Does yna ddim aroglau heli yn unman chwaith.

Pan ddaeth y glaw heddiw yn gynnar, roedd popeth yn wahanol. Olwynion y bysiau'n hisian ar y stryd dan y ffenestr ac yna'r glaw'n rhedeg yn fudr i'r gwter yn fwrlwm brown. Erbyn heno mae'r lampau'n felyn oren a dagrau'r niwl yn hongian fel dagrau arnynt. Wnes i ddim meddwl am ddagrau ar ôl gadael nes i'r glaw yma ddod, ond nid hiraeth sy'n achosi hynny chwaith. Mae yna ddagrau mewn gadael a chyrraedd. Mae'r hances boced o lawnt yn edrych yn well ar ôl y glaw, er bod rhywun wedi taflu can gwag i'r canol ac mae'r gath felen yn ei arogli'n obeithiol. Wn i ddim pam dw i'n cofnodi pethau fel yna chwaith.

Mynd i'r parc bach wnes i'r pnawn yma ar ôl i'r glaw beidio, er mai esgus o barc ydi o hefyd. Darn hirsgwar o laswellt, a thair sedd yma ac acw ar y llwybr cul o'i gwmpas, a phob un yn anrheg er cof am rywun neu'i gilydd, a'r geiriau fel cerrig beddau ar y platiau. Tybed oes yna rywun yn cofio pwy oedd y bobol yma? Dim ond dau arall oedd yn y parc ac alla i yn fy myw f'uniaethu fy hun gyda'r lle hyd yma. Clwstwr o adar to yn pigo'n obeithiol a choeden neu ddwy heb fawr o orchest gwanwyn na glesni haf arnynt, y brigau'n fain fel pegiau cotiau yn y capel adra, a hetiau o ddail yn llipa arnynt. Roedd yna sawl nodwydd dan fy sedd, ac mae'r doreth o ganiau Carling gwag yn powlio yn ymyl y bin sbwriel. Fydd dod i arfer ddim yn hawdd.

Dydd Sul, Tachwedd 3ydd

Mae'r clawr wedi dechrau hel llwch ers misoedd, ac wn i ddim yn iawn pam, ond heddiw dw i'n ailddechrau; efallai am mai heddiw yw diwrnod fy mhen-blwydd, ac mae diwrnod felly yn ddiwedd ac yn ddechrau. Ddaeth yna 'run cerdyn. Doeddwn i'n disgwyl 'run chwaith.

Efallai mai ar Calley y mae'r bai nad ydw i wedi bod yn ffyddlon i'r dyddiadur, ac efallai nad ydw i wedi bod yn ffyddlon i mi fy hun chwaith, ac mai ar Calley y mae'r bai am hynny hefyd. Gwyddel ydi o a dw i wrth fy modd yn ei gwmni. Fûm i erioed yn un dda am gyfaddef ond fedra i ddim peidio dweud hynny chwaith er gwaetha'r ofn, ac mae gen i ofn. Ofn i bethau fynd yn rhy bell, nid ei ofn o fel person, ond ofn rhoi'r cwbl unwaith eto. Dydi ddoe ddim yn bwysig, medda fo, rhaid anghofio pob ddoe a meddwl am bob yfory. Ond dyna ddywedais inna wrth adael ac wrth gyrraedd yma. Dw i'n cofio'r poster ar y wal yn yr ysgol ers talwm, poster glas golau a mynyddoedd yn y cefndir arno a'r gair 'Hon' yn destun i'r farddoniaeth. Fedra i ddim cofio'r llinellau i gyd, ond dw i'n cofio 'Ni allaf ddianc rhag hon'. Ond dw i'n gwneud fy ngorau i wneud. Neu roeddwn i wedi gwneud.

Calley sydd wedi creu rhyw hen gynnwrf, gweld ei osgo mor debyg i 'nhad, gwybod mai wedi gadael ei gynefin y mae yntau. Mae o wedi sôn am fynd yn ôl i Iwerddon am gyfnod, wedi dangos llun neu ddau o'r 'hen le', ac wedi defnyddio'r gair 'hiraeth' sawl tro. Damia fo. Neithiwr mi aeth â fi i'r Cow and Fiddle, tafarn hen ffasiwn a llwch llif ar y llawr, ac yn gyrchfan i Wyddelod yr ardal, a rhai hyd yn oed yn siarad yr iaith. 'Home from home', medda fo, a dyna'r peth olaf oedd arna i eisiau'i glywed. Dydi brawddeg fel yna fawr o help i ddynas dŵad.

Gofyn i mi fynd efo fo wnaeth o, crefu arna i, a dweud y gwir, a'i lygaid mawr glas yn sglein i gyd. Fe fydd rhaid gwneud penderfyniad a hynny'n fuan, a fi fydd raid wynebu canlyniadau hynny. A dyna ydi'r ofn. Ydi gadael yn golygu gadael am byth? Calley roddodd y botel win yma i mi hefyd, ond wna i mo'i hagor hi heno.

Dydd Sul, Rhagfyr 17eg

Pethau'r Nadolig sydd ymhobman, a sawl ffenestr yn llawn golau, yn glychau, yn geirw, yn Santa. Siôn Corn fyddai 'nhad yn ei ddeud, ac mae'r ffaith mai Santa ydi o gen i bellach yn dweud cyfrolau, mae'n siŵr. Dim ond adra mae o'n Siôn Corn. Ac eto mewn Cymraeg dw i'n sgwennu hwn, am na fedra i ddim peidio, a fedra i yn fy myw dd'eud 'Christmas' chwaith. Taswn i'n colli fy Nghymraeg, fasa gen i hawl i gasáu hiraeth wedyn? Oes yna'r ffasiwn beth â hiraeth am iaith? Nid hiraeth am ei chlywed hi dw i'n 'i feddwl, mi allwn ddefnyddio radio i leddfu hynny, ond hiraeth am y gallu i ddweud a defnyddio geiriau bach sydd wedi bod efo fi ers erioed. Mi faswn ofn colli hynny.

Synnu bod pobol yn defnyddio'r Nadolig ydw i, pobol sy'n amlwg ddim yn credu yn rhyw hanner dathlu er mwyn gwerthu pethau. Gair od ydi gwerthu. Ydw i wedi gwerthu Cymru a Chymreictod wrth adael a cheisio setlo yn y fan yma? Cymraes fydda i am byth, dw i'n gwybod hynny, hyd yn oed pe bawn i wedi mynd i Iwerddon hefo Calley. Gwrthod wnes i er iddo fo grefu arna i, a dw i'n gwybod na wnaiff o ofyn eto, a dw i'n gwybod imi ei frifo fo wrth wneud. 'Gas gen i frifo pobol, ond mi welais i'r boen yn ei lygaid o, ond fedrwn i ddim byw mewn dau fyd chwaith fel mae o. Weithiau Iwerddon, weithiau yma. Does gen i ddim dewis bellach, dim ond fama.

Ond mae fama wedi nerbyn i diolch byth, er imi ambell dro deimlo dirmyg wrth iddynt sarhau fy acen. Mae honno gen i beth bynnag fydd fy iaith. 'Come on, Welshie,' meddan nhw, wrth i ni gael noson allan, er na wnaeth Madge erioed ddweud hynny chwaith. Pwyles ydi Madge, a Magdelina ydi ei henw'n iawn, ond does neb yn meddwl ei galw felly. Dynes ddŵad ydi hithau hefyd a dyna pam efallai ein bod yn cyd-fynd mor dda. Dwy iaith, dwy ferch, ond yn iaith rhywun arall rydan ni'n siarad. Dyna mae'n siŵr ydi gadael.

Dydd Sul, Ionawr 1af

Mae'r Nadolig a'r Flwyddyn Newydd wedi mynd, a wnaeth Calley ddim anfon cerdyn. Efallai ei fod yntau'n dysgu anghofio fel finna. Roeddwn i wedi ofni'r 'Dolig yn fwy na'r flwyddyn newydd, ond fe fu rhialtwch parti'r gwaith yn help i leddfu'r ofn hwnnw. Hynny a'r gwin, a dw i'n hanner cywilyddio wrth gofnodi hynny. Diwrnod hir fu'r Nadolig, hen fwrllwch o niwl lond y stryd i ddechrau a glaw mân wedyn, ac er imi gael gwahoddiad i ginio gan Madge, aros yma wnes i. Roedd yna barti drws nesa' a chwerthin uchel dro ar ôl tro nes imi ddechrau laru a chefais i fawr o flas ar y teledu chwaith. A bod yn onest, mae'n well gen i radio.

Mi wnes i addewid ddechrau'r flwyddyn, a hyd yma dw i heb dorri'r addewid honno! Nid peth hawdd i eneth ydi sylweddoli na fydd hi fyth yn briod, ond dw i ddim am suro chwaith na gweld bai ar neb. 'Ella gwnei di gyfarfod rhywun', oedd Gwladys wedi'i ddweud sawl tro wrtha i ers yr holl amser, ac fe allai Calley fod wedi bod y rhywun hwnnw. Roedd gen i hawl i suro pan gefais i fy siomi o'r blaen, ac efallai i hynny ddigwydd heb imi sylweddoli'n iawn, ond mae anghofio'n haws wrth roi pethau ar bapur. A dyna ydi'r addewid. Nid gair bob hyn a hyn fydd hi o hyn allan, ond ar ddiwedd pob diwrnod dweud rhywbeth am y diwrnod hwnnw, boed dda neu ddrwg, glaw neu hindda.

Ond dw i am dorri un addewid wnes i wrth adael. Ar ddiwedd pob blwyddyn fe anfona i fy nyddiadur i Gwladys, dim ond iddi gael gwybod sut rydw i, iddi hi gael sylweddoli beth wnaeth ei brawd hi imi wrth dorri ei air. Efallai y bydd hi'n deall wedyn pam mai dim ond codi llaw wnes i wrth adael a pham na ddo' i fyth yn ôl chwaith.

Neb ond fi

Pennod gyntaf cofiant/bywgraffiad hyd at 3,000 o eiriau

BEIRNIADAETH HARRI PRITCHARD JONES

Mae Robin Chapman wedi dweud bod cofiant ar gyfer person marw a bywgraffiad ar gyfer un byw. Mae hunangofiant yn rhywbeth arall a heb fod yn cydymffurfio ag amodau'r gystadleuaeth hon (sydd hefyd yn cyfyngu'r nifer geiriau i 3000 ar y mwyaf). Mi dderbyniwyd gweithiau o'r tri math, ond roedd y safon yn siomedig.

Cafwyd nifer o hunangofiannau'n dwyn atgofion am ieuenctid hapus mewn byd gwledig, Cymraeg, lawer symlach na'n byd cyfoes ni. Gwaetha'r modd, mae llawer o'r ymdrechion hyn braidd yn ystrydebol. Mae'n rhaid sôn am yr hyn sy'n gyffredinol i hanes llawer ohonon ni, a hyd yn oed y cyffredin, ond rhaid gwrthbwyntio hynny gyda'r arbennig a'r unigryw sydd ar gael ym mhob person a sefyllfa.

Daeth i law ambell egin-gofiant i bobl hanesyddol go iawn, ac ôl ymchwil arnyn nhw. Gwendid y rhain oedd eu bod yn gatalogaidd, yn rhestru digwyddiadau a dyddiadau heb wneud inni ddechrau adnabod ac ymddiddori yn y gwrthrych.

Manylaf yn ôl gwerth llenyddol. Yn y dosbarth isaf, mae gwaith:

Tad Es: Atgof am un digwyddiad cythryblus o enedigaeth a beryglodd fywydau'r fam a'r baban a geir yma, i gyd wedi digwydd adeg Ffair Borth (Porthaethwy). A ffair ddiweddarach yn dwyn yr atgofion yn ôl. Ond nid dechrau cofiant neu fywgraffiad sydd yma, ond atgof.

Yn y dosbarth nesaf, mae:

Ffawydd: Cofiant i dad oedd yn arloeswr ym myd datblygu gwasanaethau trydan yng Ngheredigion. Dechreuir trwy brofi'r galar wrth iddo farw. Braidd yn gatalogaidd, a digyffro, yw'r ymgais ac mae mwy am gampau'r tad nag am ei fywyd teuluol a chymdeithasol.

Pengwyn: Atgofion am blentyndod diniwed yn ardal Hendy-gwyn ar Daf ddechrau'r ganrif ddiwethaf sydd yma, ynghyd â ffotograffau. Mae'n disgrifio byd teiliwr a gwniadwraig yn ddigon annwyl ond yn ddi-fflach. Hunangofiant arall!

Twtsen: Darn o hunangofiant merch a gawn yma am gael ei gwisgo mewn gwisg Gymreig ar gyfer Gŵyl Dewi. Braidd yn ystrydebol ac mewn iaith wallus.

Draig Bryn Iago: Hel atgofion braidd yn ystrydebol am blentyndod yn gwylio trenau a chael taith ar ambell un. Hunangofiant unwaith eto!

Tirphil: Cofiant i'r diweddar Phil Williams sydd ar y gweill yma. Ond yr hyn a geir yn bennaf ydi mawl i Phil Williams, ochr yn ochr â dilorniad llwyr o gyn-aelod arall o Ysgol Lewis Pengam, sef Neil Kinnock. Mae'r darn yn argyhoeddi dyn o ddysg a dawn Dr Williams, a cheir rhestr o bynciau eraill y bwriedir eu trafod. Ond does fawr ddim cofiannu yma, na phortreadu'r gwrthrych.

Na'd Fi'n Angof: Atgofion hunangofiannol merch o Gasllwchwr am fywyd gwledig a hen eglwys Llandeilo-Tal-y-Bont, sydd bellach yn Amgueddfa Sain Ffagan. Mae yma dipyn o ddisgrifio diddorol, ond does dim digon o gamp ar hwnnw nac ar yr iaith.

Nantwr: Cofiant i ddyn go iawn sydd ar y gweill yma, sef Ellis Pierce, neu Ellis o'r Nant. Dyma awdur ac ymgyrchwr yn erbyn gormes landlordiaid a Thorïaid yn gyffredinol, a bu raid iddo ffoi i'r Unol Daleithiau rhag eu dicter. Daeth yn ôl a bu'n llenydda a gwerthu llyfrau ac ymgyrchu eto. Mae'n wrthrych teilwng o gofiant, ond does dim digon o fflach yn y darn yma i fy argyhoeddi i y byddai cyfrol gan yr awdur yn ddiddorol iawn.

Pen y Garth: Gwrthrych y bennod gofiannol hon ydy 'Edith Wynne 1842-1897: Ein Pencerddes Gyntaf'. Mae yma ddigon o ffeithiau ac ambell stori, ond mae'r gwaith braidd yn gatalogaidd, ac mae'n anodd gweld patrwm i gynnal cofiant llawn heblaw rhes o ffeithiau.

Fordham: Atgofion bore oes o ardal Gorslas ger Rhydaman. Digon swynol, ond fymryn yn ystrydebol, ac â gwallau iaith. Mae hefyd yn cynnwys mwy na'r nifer o eiriau a ganiateir yn y gystadleuaeth. Hunangofiant sydd yma eto.

B.T.: Atgofion bore oes arall, gan fab y mans sydd wedi ei fagu mewn gwahanol leoedd yng Nghymru. Mae'n ddigon swynol, ond ystrydebol braidd, gan fod y profiadau'n ddigon cyffredin. Ac, yn ogystal â bod yn hunangofiant, mae'n hirach o ran nifer geiriau na'r hyn a ganiateir yn y gystadleuaeth.

Minafon: Dechrau cofiant i Cynddylan, sef John Jones: 'Gweinidog yr Efengyl; ysgrifennydd Cymdeithas y Beibl; bardd; newyddiadurwr; awdur, a diwinydd'. Gwrthrych teilwng iawn, ond mae'r gwaith yn gatalogaidd, ac yn llawn o enwau a dyddiadau ac achau ac ati, heb inni gael ein bachu gan syniad o natur y dyn ei hun.

Mewn dosbarth uwch y mae:

Magnolia: Teitl y gwaith ydi 'Gŵr y Byd Hud a Lledrith', sef Al a Dorothy Roberts, y consuriwr a'i bartner. Ceir atgofion difyr a disgrifio cynnil, ond mae'r awdur yn gorfod cydnabod nad oes bron ddim yn wybyddus am gefndir y ddau. Efallai ei fod am ymchwilio ymhellach ond mae'r gwrthrychau'n deffro chwilfrydedd dyn.

Idris: Dechrau cofiant i ddyn go iawn, sef John Tywi Jones, gweinidog, awdur a golygydd, sydd yma. A'r cyfnod ydi diwedd y bedwaredd ganrif ar bymtheg a rhan gyntaf yr ugeinfed. Mae yma ar y mwyaf o fanylion hanesyddol a phersonol sydd weithiau'n mynd yn gatalogaidd. Ond mae'r darllenydd yn cael ei fachu i raddau gan ran agoriadol y bennod ac, ar y diwedd, yn gweld fod yma ddechrau cofiant cyfan.

Cardi Bach: Sôn y mae hwn am ei filltir sgwâr. Pennod ddigon rhagweladwy am deulu a ddychwelodd o Affrica i'w gwreiddiau yng Ngogledd Ceredigion, yn ardal hollol Gymraeg bryd hynny. Ceir dadrithiad dros y blynyddoedd wrth iddi Seisnigeiddio, a chymhariaeth rhwng y profiad yna a'r adferiad yn y de-ddwyrain. Mae yna elfen o'r ystrydebol yn hyn'na, ond ceir yma hefyd ddisgrifio'r ardal yn y gorllewin sy'n hyfryd. Dyma'r bennod orau a gyflwynwyd ond mae'r gwaith hwn, eto, yn hunangofiant.

Gwaetha'r modd, dydi hunangofiannau ddim yn cydymffurfio ag amodau'r gystadleuaeth. Felly, mae'n ddrwg gen i orfod atal y wobr.

Erthygl grafog hyd at 2,000 o eiriau

BEIRNIADAETH SIMON BROOKS

Mewn erthygl grafog chwiliwn am feirniadaeth dreiddgar ar ryw sefydliad neu bolisi neu feddylfryd neu'i gilydd wedi ei mynegi'n lled gynnil ond gyda brath hefyd. O'r pum ymgais a ddaeth i law, dim ond dau a lwyddodd i gyflawni hyn, mewn gwirionedd.

Cafwyd dwy erthygl yn trafod diffygion y drefn addysg alwedigaethol. Yn nhyb *Ceri,* mae prentisiaethau traddodiadol yn ffordd well o hyfforddi gweithlu na chyrsiau sy'n arwain at gymwysterau megis *NVQ*. Barn *Siân* yw bod twf yn nifer ein prifysgolion wedi peri i Golegau Addysg Technegol gael eu hesgeuluso, gan wanhau addysg alwedigaethol. Erthyglau polisi yn hytrach nag erthyglau crafog yw'r rhain yn fy marn i.

Rhagrith gweinidog yn ystod y tri degau a'r Ail Ryfel Byd sy'n mynd â bryd *Tad Bobi*. Tybiaf, fodd bynnag, mai diddordeb hanesyddol yn hytrach na naws grafog sydd i'r math yma o waith erbyn hyn. Os am weld dychan o'r math hwn ar ei orau, dylai'r ymgeisydd droi at gyfrol megis *Gyda'r Glannau sef Atgofion y Parchedig William Cicero-Williams,* E. Tegla Davies (1941).

Mae erthygl *Bîff Byrgyr* yn un grafog ond dydw i ddim yn siŵr beth sy'n cael ei grafu. Mewn arddull ffug-fombastaidd, gelwir am grwsâd cenedlaetholgar yn erbyn y 'glêt inglysh blecwast' yng Nghymru. Rwy'n ei chael yn anodd i gymryd ymgyrch o'r fath o ddifri. Ai dychan ar sosejys ynteu ar genedlaetholdeb yw hyn?

Pentref Cwm Penmachno ym mhen uchaf Sir Conwy yw pwnc *Rhys* yn ei erthygl, 'Mewn bri braf cofiaf y Cwm'. Fe'n hatgoffir gan *Rhys* mai hwn yw'r pentref a fu'n sail i awdl fuddugol Gwilym R. Tilsley yn Eisteddfod Genedlaethol 1957, 'Cwm Carnedd', awdl a welodd fai ar bolisi addysg am ddirywiad y gymdeithas Gymraeg wledig: 'Daw'r bws i gludo'r rhai bach/ Ar wib oll i'r dre, bellach;/ Rhaid, medd Addysg, eu llusgo/ I ysgol fras o'u gwael fro', ys dywedodd Tilsley yn ei awdl.

Diben erthygl *Rhys* yw dangos y gwireddwyd ofnau gwaetha'r bardd: caewyd yr ysgol yn 1964, a disodlwyd y boblogaeth frodorol gan fewnfudwyr di-Gymraeg o Loegr. Ar sail ei chyfuniad o hanes lleol, beirniadaeth lenyddol ac ymwybod cymdeithasol, dyma ysgrif dra diddorol. Ac eto, beth sy'n ei gwneud yn grafog? Onid erthygl yn trafod hanes sydd yma? Ond, er na cheir unrhyw gyfeiriad ynddi at drafodaethau cyfredol ynghylch cau ysgolion gwledig bychain, mae'n anodd gen i gredu nad y polisïau hyn yw gwir ergyd yr erthygl hon. Mae derbyn erthygl sy'n gynnil wrth grafu, a hynny ar bwnc mor gyfoes a pherthnasol â hyn, yn amheuthun: dyfarnaf y wobr i *Rhys*.

Yr Erthygl Grafog

'MEWN BRI BRAF COFIAF Y CWM'

Clywsom sôn droeon am gymunedau ledled Cymru yn cael eu gweddnewid gyda dyfodiad mewnfudwyr. Bu pentref bychan Rhyd, ger Llanfrothen yng Ngwynedd, dan sylw manwl y wasg a'r cyfryngau ers diwedd y 1960au, wrth i'w ddyrnaid o dai gael eu prynu fesul un gan estroniaid i'r fro. Felly hefyd sawl cymuned o'r fath, nad oedd gan drigolion cynhenid y modd, na'r gobaith, i gystadlu â'r mewnfudwyr ariannog hynny. Gwnaed môr a mynydd o gyrhaeddiad y newydd-ddyfodiaid, Saeson ar y cyfan, i'w cymunedau newydd, yn gyntaf fel preswylwyr penwythnosau'n unig ac, yn ddiweddarach, i gartrefu yno.

Ym mhen uchaf sir Conwy, saif pentref, sylweddol ei faint, o'i gymharu â Rhyd, a ddechreuodd fod yn 'sglyfaeth i'r drefn Seisnigeiddio rai blynyddoedd cyn i fewnfudo i gefn gwlad ddod yn ffasiynol. Y syndod mawr yw na chafodd Cwm Penmachno, y pentref chwarelyddol hwnnw sydd yn rhan o blwyf Penmachno, mo'r cyhoeddusrwydd amlwg a ddaeth i ran Rhyd. Er colli poblogaeth Gymraeg ddiwylliedig, a gweld ysgol, tri chapel, eglwys, a nifer o siopau yn cau yno, dros nos fwy neu lai, ni chodwyd llais gan yr un gwleidydd, sirol na chenedlaethol, yn erbyn tranc y pentref. Ni welwyd camerâu teledu, sylwebyddion radio na'r un newyddiadurwr yn dod i strydoedd y Cwm pan ddaeth y newydd drwg fod chwarel Rhiwfachno, chwarel olaf yr ardal a ffon-fara'r rhai hyn oedd yn weddill trigolion y fro, i'w chau yn 1962. Caewyd Rhiwbach, y chwarel lechi fwyaf ym Mro Machno, ddeng mlynedd ynghynt, a bu hynny'n ergyd enfawr ar y pryd ac yn ddechrau ar y dirywiad truenus a ddaeth i'r gymuned falch honno. Roedd bron i ddwy fil yn trigo ym mhlwyf Penmachno gyfan (y Llan a'r Cwm) ddiwedd y bedwaredd ganrif ar bymtheg, gyda thros ddeg ar hugain o fasnachdai ar agor yno. Cymaint y bwrlwm a'r hyder fel, yn 1901, trafodwyd y posibilrwydd o gael pwerau dinesig i'r plwyf. Yn arwyddocaol, roedd dros 98% o'r bobl yno yn siarad Cymraeg, a chyfran uchel ohonynt yn uniaith. Erbyn heddiw, oddeutu chwe chant yw'r boblogaeth gyfan, a'r Cymry Cymraeg yn lleiafrif yn eu cynefin eu hunain. Tybed beth fyddai ymateb dinasyddion rhai o bentrefi hynafol Lloegr, a'u gwleidyddion, petai dirywiad o'r fath yn digwydd yno, a gweld dwy ran dair o'r bob1ogaeth yn diflannu?

Yn arwyddocaol o'r oes hon, ac o neges y llith hon, dengys ystadegau swyddogol mai ym Mhenmachno y mae'r cyfartaledd uchaf o dai haf yng Ngwynedd. Ond i'r rhan uchaf o'r plwyf, y Cwm, y bydd rhaid troi i draddodi ystadegau sy'n ddigon i dorri calon unrhyw Gymro o'r iawn ryw.

Cwm Penmachno yw'r gwrthrych a ddefnyddiodd y Parchedig Gwilym R. Tilsley hanner can mlynedd yn ôl, yn ei awdl fuddugol, *Cwm Carnedd*, yn Eisteddfod Genedlaethol Môn yn 1957, lle disgrifir y dirywiad hwnnw mor fyw gan y bardd. Mor wir y daeth proffwydoliaeth Tilsley, a oedd â Chapel Shiloh yn y Cwm dan ei ofalaeth, ynglŷn â thranc y pentref ymhen ychydig flynyddoedd wedi iddo gael ei Gadeirio. Pwy all anghofio'r geiriau iasol hynny yng nghwpled agoriadol yr awdl:

Mae wyneb llwm y Cwm cau
Yn braenu rhwng y bryniau.

Er nad oedd yr ysgol wedi'i chau yn 1957, buan iawn y gwelid gwireddu'r broffwydoliaeth yn yr englyn a ganlyn:

Ysgol yn wag o'i desgiau, – heb na mab
Na merch rhwng ei muriau,
Na disgybl rhwng ei dasgau,
Na Huw'r Sgŵl ger ei drws cau.

Mewn pentref â chymaint hyder yn ei ddyfodol hanner canrif ynghynt, a phedair chwarel lechi'n ffynnu yno, a'r hyder hwnnw'n cael ei adlewyrchu ym mwrlwm cymdeithas y fro, roedd gweld cau'r ysgol yn 1964 yn arwydd pendant fod diwedd y Cwm fel cymuned Gymraeg, ddiwylliedig yn nesáu. Eisoes, roedd nifer o'r chwarelwyr di-waith a'u teuluoedd, llawer ohonynt â'u gwreiddiau'n ddwfn ym mhridd y plwyf, wedi llifo oddi yno i geisio bywoliaeth newydd mewn ardaloedd eraill.

I geisio tanlinellu beth yw gwir ystyr y geiriau 'dirywiad cymdeithasol', ystyriwch hyn: ychydig cyn y Rhyfel Mawr, roedd tair ysgol ar agor yng Nghwm Penmachno, allan o *chwech* yn gyfan gwbl ym mhlwyf Penmachno ar y pryd, a bron i bedwar cant o ddisgyblion yn derbyn addysg ynddynt. Heddiw, *un* ysgol yn unig sydd yn weddill o holl ganolfannau dysg y fro, a thua dau ddwsin o ddisgyblion ar gyfartaledd ynddi'n flynyddol. Bu ymgecru ac, yn wir, tair streic, i hawlio ysgol fwy yn y Cwm rhwng 1913 a 1920, wrth i'r rhieni amddifadu'r plant o addysg am gyfnodau hyd at wyth mis ar y tro, a'u cadw adref o'u gwersi, oherwydd y gorlenwi a'r diffygion yn yr ysgol eglwysig. Anodd heddiw yw dirnad aberth y bobl ddewr hynny a heriodd rym yr awdurdodau i fynnu gwell adnoddau addysg i'w plant.

Lle bu cymuned Gymreig, a phwysicach, gymuned Gymraeg ei hiaith yn cydweithio; lle bu un diwydiant yn rheoli'r economi leol am gymaint o amser. Byrlymai'r gymdeithas gyda nifer o weithgareddau'n cael eu cynnal trwy gyfrwng y famiaith; eisteddfodau, cyngherddau, cymanfaoedd a chyfarfodydd cyffelyb, a'r tri chapel yn fynych dan eu sang o addolwyr. O'r melinau diwylliannol hynny y cynhyrchwyd sawl athrylith na fedrai'r fro fforddio cynnig cynhaliaeth iddynt mewn blynyddoedd diweddarach, er mawr golled i'w dyfodol. Gwelodd cabanau'r chwareli godi nifer o arweinwyr y gymdeithas o'u sesiynau-hanner-awr-ginio; dyna oedd colegau'r gweithwyr. Cynhelid oratorïau uchelgeisiol gan gapel Rhydymeirch hyd at y 1940au, gan ddenu cantorion o fri i gymryd rhan, a chynulleidfaoedd o bob cwr o ogledd Cymru.

Lle bu bron i bum cant yn trigo lai na hanner canrif yn ôl, a llawer mwy na hynny yn ystod yr 'oes aur', wrth gwrs, disbyddwyd y Cwm o'i Chymry Cymraeg, wedi darfod ar y diwydiant llechi yno, a disodlwyd y gymdeithas â diwylliant hollol estron. Er i'r boblogaeth sefydlogi dros y blynyddoedd diweddaraf, ac nid oes un tŷ gwag yno, gostwng yn drychinebus wnaeth niferoedd mynychwyr yr ysgol a'r capeli. Y rhain oedd cartrefi tlodaidd y chwarelwyr gynt, a werthwyd yn wreiddiol i'r preswylwyr penwythnosau o Lerpwl a Manceinion am gyn lleied â chan punt yr un yn 1964. Erbyn heddiw, gwelir yr union dai dwy lofft yn newid dwylo am gymaint â £160,000, ac oherwydd lefel isel incwm yr ardal, nid oes gobaith i unrhyw un o bobl ifainc yr ardal gystadlu â'r mewnfudwr am y fraint o gael to uwch eu pennau yn eu bro enedigol.

Un frodores gynhenid Gymraeg ei hiaith sy'n trigo ym mhentref Cwm Penmachno bellach, a hithau ymhell dros oed yr addewid; Saesneg yw iaith y stryd yn gyfan gwbl. Er i gnewyllyn o'r ymfudwyr di-Gymraeg wneud ymdrech i ddysgu'r iaith gynhenid, aros yn y lleiafrif bychan iawn a wna'r garfan honno, yn anffodus, er yr holl adnoddau sydd ar gael erbyn hyn i'w perswadio i siarad Cymraeg.

Mae adeilad Ysgol y Cyngor gynt, a fu ar agor am ddim ond cwta ddeugain mlynedd, er y streiciau, bellach yn ganolfan i awdurdod addysg un o ddinasoedd Lloegr. Mae'r tri chapel, a godwyd trwy frwdfrydedd a chwys gwirfoddol, a dyledion a gymerodd ddegawdau i'w clirio, wedi cau ers tro, ynghyd â'r eglwys, sydd hefyd yn ganolfan i awdurdod estron. Allan o wyth lle o addoliad a fu ar agor yn y plwyf yn gyfan gwbl ar un adeg, dim ond un, Salem, sydd ar ôl fel capel unedig ar gyfer gwasanaethau y dyddiau hyn.

Y mae diwedd Llan Penmachno, prif ganolfan y plwyf, fel cymuned Gymraeg, yn prysur nesáu hefyd, gyda'r siaradwyr Cymraeg yn y lleiafrif yno bellach, fel bron i bob un o gymunedau Dyffryn Conwy yn y flwyddyn 2008.

Dyna, felly, geisio tanlinellu sgîl-effeithiau diweithdra a diboblogi ar gymuned Gymraeg ei hiaith, petai'r gwleidyddion yn sylweddoli hynny.

I gloi'r ysgrif, rhaid troi'n ôl at y gyfundrefn addysg yn y Cwm. A hithau'n unfed awr ar ddeg arni, ac ar y gymuned Gymraeg yno, anfonwyd llythyr gan Fwrdd Rheoli Ysgol y Cwm ar Fehefin 22 1964, yn erfyn ar

Gyfarwyddwr Addysg Sir Gaernarfon i ymatal rhag cau'r ysgol, gan roi rhesymau iddo dros ailystyried ei benderfyniad. Ceisiwyd ei ddarbwyllo mai cynyddu fyddai rhifau'r plant yn y dyfodol agos, ac y byddai cau yn hyrwyddo'r broses o ddiboblogi'r ardal a 'fu'n gwanhau a nychu bywyd y cylch yn ystod y deng mlynedd diwethaf ...' Ychwanegwyd y geiriau a ganlyn, sy'n dweud y cyfan am newidiadau anferthol a ddaeth gerbron addysg a chymdeithas plwyf Penmachno dros gyfnod cymharol fychan:

> Byddai cau'r ysgol yn ergyd ychwanegol i ardal sydd eisoes ym mhlith y mwyaf diwylliedig yng Nghymru, ac ardal sy'n dal i warchod yn eiddigeddus y diwylliant hwnnw, a hynny er gwaethaf bygwth y dirwasgiad economaidd a ysigodd ei bywyd yn y blynyddoedd diwethaf.

Serch hynny, caewyd Ysgol y Cyngor Cwm Penmachno fis Rhagfyr 1964, a throsglwyddwyd yr wyth disgybl i ysgol Llan Penmachno. Yn greulon o eironig, fel y nodwyd eisoes, gwerthwyd yr adeilad i awdurdod addysg o Loegr fel canolfan i blant Saesneg eu hiaith gael treulio gwyliau ynddi i werthfawrogi'r fro Gymraeg.

Tua'r un adeg, gofynnodd y Gweinidog Addysg ar y pryd, Syr Edward Boyle, i'r Cyngor Ymgynghorol Canolog ar Addysg (Cymru) am adroddiad cyflawn ar addysg gynradd y wlad. Arwyddocaol, yng nghyswllt Cwm Penmachno'n arbennig, yw rhannau o'r adroddiad hwnnw.

> Yn yr ardaloedd Cymraeg, lle mae cyfran uchel o ysgolion bychain, mae'r ysgol wledig wedi gwreiddio'n ddwfn i fywyd a diwylliant yr iaith ac, ar ei gorau, wedi noddi'r gwerthoedd gorau a geir yn y cefndir gwledig.

Ac fel petai i gadarnhau rhybuddion rheolwyr ysgol y Cwm ategwyd:

> Mae'r effaith a geir ar y gyfundrefn addysg gan leihad y boblogaeth yn dra phwysig ... os cedwir y duedd hon, yna fe fydd problemau addysgol yn yr ardaloedd gwledig yn siŵr o fod yn ddifrifol iawn.

Ond nid problemau addysgol yn unig a ddaeth yn sgîl cau ysgol Cwm Penmachno, ond problemau ieithyddol a chymdeithasol hefyd, ym mhob ystyr y geiriau, fel y gŵyr pob un ohonom sydd â chysylltiad â'r lle. Trueni na fyddai'r sawl mewn awdurdod wedi sylweddoli hynny yn y 1960au.

Pa well ffordd i gau pen y mwdwl na dyfynnu Tilsley eto:

> Dywed Rhys, o'th droedio trwm – ai yma
> Y bu'r rhamant 'stalwm?
> 'Mewn bri braf cofiaf y Cwm'.

Rhys

Gohebiaeth rhwng dau berson o ddwy genhedlaeth

BEIRNIADAETH FFLUR DAFYDD

Un ymgeisydd yn unig a fentrodd i'r gystadleuaeth hon. Cyflwynodd *Nania* gyfres o negeseuon e-bost rhwng merch ifanc a'i modryb, gan ddefnyddio'r cyfrwng hwnnw fel modd o archwilio'r bwlch rhwng y ddwy, a dadansoddi eu perthynas â'i gilydd. Gwaetha'r modd, mae'r dweud yn ystrydebol, a'r cyfan yn cael ei ddatgelu'n rhy rwydd o lawer. Ar y cyfan, mae'r ohebiaeth yn rhy bytiog i ni allu dod i adnabod y cymeriadau'n ddigonol (pum e-bost byr sydd yma i gyd) ac mae'r awdur yn dueddol o ildio gwybodaeth yn hytrach na'i awgrymu'n gynnil. Mae'r gwaith hefyd yn frith o gamgymeriadau teipio sy'n tarfu ar lif y cyfanwaith. Gwaetha'r modd, nid yw gwaith *Nania* yn cyrraedd y safon angenrheidiol, ac mi fydd yn rhaid i mi atal y wobr y tro hwn.

Cardiau Nabod (set o 30) ym maes llenyddiaeth Gymraeg, yn null cardiau *Top Trumps* a *Dr Who*

BEIRNIADAETH MYRDDIN AP DAFYDD

Syniad gwych oedd y gystadleuaeth hon – diolch am weledigaeth y Pwyllgor Llên. Diolch hefyd i'r pedwar ymgeisydd am gyfuno diwylliant a dychymyg yn eu hymdrechion. Mwynheais chwarae'r pedair gêm a ddaeth i law.

Llinos: Mae'r cystadleuydd hwn yn nodi'i ffynonellau ac yn esbonio'r rheolau yn glir ar gyfer pedair ffordd wahanol o chwarae gyda'r cardiau. Mae colli'r elfen sgorio yn hepgor yr elfen 'marcio hawdd' o'r gemau ac yn eu gwneud yn gardiau adolygu ffeithiau yn hytrach na gêm yn steil *Top Trumps*. Mae'r ffeithiau'n foel ac anghyflawn ar ambell gerdyn ond casgliad difyr o enwau cyfoes ar y cyfan a sail dda i adeiladu arno.

Xathras: Campau eisteddfodol a ddewiswyd yn ganllawiau i roi sgôr i'r cewri llenyddol hyn. Mae yma batrwm destlus o 10 pwynt am bob cadair/coron/medal lên/gwobr Daniel Owen a thymor archdderwyddol. Y testun trafod efallai yw'r sgôr a roddir am yr amwys 'enwogrwydd' ar ben hynny – mae Iolo Morganwg yn cael 60 pwynt am ei enwogrwydd; Daniel Owen (nad enillodd y Daniel Owen, gyda llaw) yn cael 65 pwynt; Cynan yn derbyn 14 pwynt. Gwnaed ymdrech glodwiw i gyflwyno'r cardiau mewn diwyg lliwgar, gorffenedig.

Brigyn: Daeth y pecyn hwn mewn bocs, gyda phob cerdyn wedi'i lamineiddio – mae'n barod i'w chwarae. Dyluniad da a llawer o wybodaeth ar bob cerdyn. Mae'r categorïau – sef prif hanfod y gêm – yn ddiddorol yn hytrach nag yn ddifyr. Go brin ei bod yn gêm deuluol a fyddai'n apelio at oedran *Top Trumps* a *Dr Who* gyda phenawdau fel 'athronyddu' a 'chenhadu'. Byddai'r sgôr a roddwyd i bob llenor, a'u cymharu â sgôr llenorion eraill, yn destun trafodaeth gecrus yn y Babell Lên neu seminarau prifysgol, rwy'n siŵr! Casgliad ardderchog o enwau llenorion Cymraeg ar draws y canrifoedd – maen nhw i gyd yn haeddu'u lle o Daliesin ac Aneirin i'r Bardd Cwsg i Lyfr Mawr y Plant i Iwan Llwyd. Gêm yn adlen y garafán gyda photel o Medoc ar ôl darllen y *Cyfansoddiadau a Beirniadaethau* efallai.

Gwern: Mae'r dylunio'n drawiadol ac mae'r syniad o sylfaenu'r gêm gyfan ar gymeriadau'r Mabinogi yn ddeniadol. Ceir esboniad clir ar reolau'r gêm a pha ganllawiau a ystyriwyd wrth bennu sgôr ar gyfer y gwahanol benawdau. Yn ogystal â llun, logo, rhifau'r ceinciau y perthyn y cymeriad iddo/iddynt a phanel sgorio, ceir ychydig frawddegau cryno am y cymeriad ar bob cerdyn. Mae rhai enwau'n gyfarwydd inni eisoes, ond mae eraill yn llai adnabyddus, eto'n llawn apêl. Yng ngwir naws y Mabinogi, nid oes ffiniau rhwng cymeriadau dynol a chymeriadau anifeilaidd a llwyddwyd i greu difyrrwch ar bob cerdyn. Defnyddiwyd llawer o 'actorion' i bortreadu nifer o'r cymeriadau a chymhwyso'r wynebau yn ddigidol gyfrwys a chrëwyd arlunwaith gwreiddiol ar gyfer pob logo – cyfuniad o dalentau sydd wedi creu set wych o 30 cerdyn, ac un 'carden arbennig' ar gyfer y cymeriad Gwydion. Byddai'n gaffaeliad cyhoeddi'r casgliad hwn a'u gwerthu ar faes y Steddfod, ym mhob siop Gymraeg, amgueddfa a chastell drwy Gymru.

Mae *Gwern* yn llawn haeddu'r wobr gyntaf – mae'n gêm ag apêl deuluol iddi, yn cyfuno'r llenyddol a'r cyfareddol ac yn ymestyn ein gwybodaeth o'r Mabinogi drwy chwilfrydedd nid drwy addysgu ffurfiol.

Casgliad o hyd at ugain o sloganau slic

BEIRNIADAETH WYNNE MELVILLE JONES

Y gair hud yn y byd hysbysebu yw 'newydd'. Mae unrhyw beth sy'n newydd yn ddeniadol, yn flaengar ac yn creu ysfa ynom fod yn rhaid i ni ei gael. Mae'r gystadleuaeth hon yn torri tir newydd yn hanes yr Eisteddfod Genedlaethol ac mae'n dda gweld y Brifwyl yn hyrwyddo creadigrwydd o'r math hwn sy'n cadarnhau bod y Gymraeg yn gyfrwng hyblyg ym maes cyfathrebu slic. Y man cychwyn, felly, yw diffinio beth yw 'slogan' a beth yw 'slic'. Cefais gynnig ar egluro ystyr 'slogan' ar ffurf eiriadurol gan un o'r ymgeiswyr, *Llais*, fel a ganlyn: *slogan eg.b, ll. –au. Ymadrodd a ailadroddir er mwyn mynegi neu wneud yn hysbys farn, safbwynt, neu nod penodol ymadrodd byr a bachog a ddefnyddir i hysbysebu neu i hyrwyddo*. Dyna un cynnig ar esboniad.

Beth, wedyn, sy'n gwneud rhywbeth yn 'slic'? Mae slic yn awgrymu clyfrwch. Mae 'slogan slic' yn golygu saernïo geiriau sy'n creu sŵn sy'n dlws i'r glust ac sy'n aros yn y cof wedi i ni ei glywed unwaith yn unig. Rwyf felly'n chwilio am jingl geiriol.

Bwriad slogan yw cyflwyno neges sydd, dros amser, yn tyfu'n rhan allweddol o ddelwedd ac yn gorwedd ochr yn ochr â delwedd weledol ac yn rhan hanfodol o'r brand. Y gamp yw llunio brawddeg na fyddwn yn blino'i chlywed dro ar ôl tro.

Derbyniais gynnyrch oddi wrth chwe ymgeisydd. Gan mai cystadleuaeth sy'n gasgliad o hyd at ugain o sloganau slic yw hon, rwy'n seilio fy meirniadaeth ar y cyfanswm uchaf o sloganau gan bob cystadleuydd y teimlaf y gellid eu defnyddio mewn ymgyrchoedd hyrwyddo yn y 'byd real'.

Mae mwy nag un o'r ymgeiswyr wedi syrthio i'r trap o geisio llunio diarhebion yn hytrach na sloganau. Does dim rhaid i slogan llwyddiannus gynnwys rhyw wirionedd oesol. Dydi ceisio bod yn rhy glyfar ddim bob amser yn llwyddo yn y maes hwn. Y syniad syml sydd fel rheol yn taro deuddeg. Roeddwn hefyd yn chwilio am naws creadigol a gwreiddiol, beth bynnag yw ystyr hynny y dyddiau hyn.

Ceirfon: Mae ymgais y cystadleuydd hwn yn wahanol i'r lleill ac yn cyfuno sloganau gyda delweddau gweledol, rhai ohonynt yn fwy llwyddiannus na'i gilydd. Er iddo gynnig un o'r sloganau gorau yn y gystadleuaeth a hynny ar gyfer Eisteddfod Genedlaethol 2009 ('Y Pethe, Penllyn a Phopeth'), prin yw'r enghreifftiau eraill sy'n cynnig potensial.

Dic Slic: Cynnig gwahanol eto, gyda phob slogan wedi ei seilio ar fusnesau penodol gyda naw ohonynt yn rhai posibl, yn eu plith: 'Barbwr – Pen dyn pen pob dyn'; 'Cwmni bysiau – Ein busnes yw'r bws nesaf'; 'Swyddfa Waith – Swyddfa waith sy'n gweithio'.

Strata Ffenics: Ffugenw sy'n plesio'r beirniad ond trueni nad yw'r cynigion yn eu cyfanrwydd cweit cystal â'r enw. Mae'n cyflwyno rhai syniadau bachog; felly, dalier ati. Dyma ambell enghraifft: 'Os am ddŵr sydd fel y nant/ Mynnwch botel o Tŷ Nant'; 'Os am barti gyda sbarc/ Trefnwch ddêt yn Llety Parc'; 'Arafwch – Arbedwch'.

Un Slo' ei Gân: Dyma un sy'n syrthio i'r trap o feddwl mai creu diarhebion yw'r gystadleuaeth ond mae yma ambell fflach: 'Ust! Mae Cymru'n deffro'; 'Gwell can o bys na chanabis'; 'Peth mawr yw bod yn fyr'.

Y ddau sy'n cynnig y syniadau gorau yw *Mellten* a *Llais*

Llais: Ymhlith ei oreuon, mae: 'Oes o smygu, eiliad i ddiffodd y fflam'; 'Oedwch, daw dydd i dalu'; 'Briwsion i ni ond bywyd i'r trydydd byd'; 'Unig le geiriau croes – mewn croesair'.

Mellten: Mae'r ymgeisydd hwn yn cynnig mwy: 'Os am faeth, yfwch laeth'; 'Cancr, fe'i concrwn'; 'Deddf Iaith – dyfodol i'th dafodiaith'; 'Wedi pwyso a mesur? Weightwatchers amdani'; 'Yr Ŵyl sy'n taro tant – yr Ŵyl Gerdd Dant'; 'Llanelwedd – y sioe sy'n ddigon o sioe'; 'Plaid – o'ch plaid chi'; 'Cofiwch neges Nagasaki'; 'Toffoc i'r "Taffy" ynoch chi'.

Mae'r sloganau hyn yn cyfathrebu'n dda. *Mellten* sy'n mynd â hi ac yn llawn haeddu'r wobr o £200. Fy nghyngor i weddill y cystadleuwyr yw 'Daliwch ati!' Mae pob un yn dangos potensial. Rwy'n gwybod am rai yn y maes sydd wedi gwneud ffortiwn ar sail dim ond *un* slogan da.

Y Casgliad o sloganau slic

1. Os am faeth, yfwch laeth.
2. *Y Byd* ... ar stepen eich drws bob bore.
3. Cancr, fe'i concrwn.
4. S4C ... am y rhaglenni sy'n dadlenni [*sic*].
5. Deddf Iaith: dyfodol i'th dafodiaith.
6. Wedi pwyso a mesur? *Weightwatchers* amdani.
7. Dewch, mwynhewch, ond wedyn, ewch.
8. Edwina ydi'n dewin ni,
   Mynnwn ni ei chadw hi.
9. *Toffoc* — i'r 'Taffy' ynoch chi.
10. Yfed gormod? Dywedwch 'ta-ta' wrth 'iechyd da'.
11. Cig oen ... Coginiwch o.
12. Yr ŵyl sy'n taro tant — yr Ŵyl Gerdd Dant.
13. *PLAID* — o'ch plaid chi.
14. Dringo'r Wyddfa — am binacl i'ch gwyliau.
15. *Llanelwedd* — y sioe sy'n ddigon o sioe.
16. Garddiwch ... er mwyn bod yn eich blodau.
17. Llond bol o anghyfiawnder? Trowch at fwydydd Masnach Teg.
18. *SAIN* — sôn am safon.
19. Ysmygu? ... gwynt teg ar ei ôl o.
20. Cofiwch neges Nagasaki.

Mellten

Cystadleuaeth i rai sydd wedi byw yn y Wladfa ar hyd eu hoes ac yn dal i fyw yn yr Ariannin. Teithio yn y Wladfa

---

BEIRNIADAETH NANS ROWLANDS

Mae'r testun eleni yn un eang a phenagored. Derbyniwyd pum ymgais. Gwnaeth pedwar o'r pump ddefnydd o'r cyfrifiadur i gyflwyno gwaith cymen. Maent i gyd i'w llongyfarch ar eu camp. Dyma air am y pump fel y cawsant eu cofrestru.

Myfanwy: Mae'r gwaith mewn dwy ran. Dilynir taith Nanw a'i hŵyr, Ian, o'r Andes i'r Gaiman yn y rhan gyntaf. Mae Nanw wedi ymgolli yn ei hatgofion a cheir gwead o ddisgrifiadau golygfeydd, teuluoedd ac arferion. Mewn sgwrs rhwng y ddau, cawn hanes John Daniel Evans a'i geffyl, Malacara; taith gyntaf Nanw i'r Dyffryn a hanes cenhedlaeth ei mam hithau yn ymfudo i Gwm Hyfryd yn rhan o bedwar neu bump o deuluoedd. Mae Ian yn mwynhau hanes y troliau, yr ysgol, y coginio, y golchi dillad a'r ffordd o fyw ond mae'n cyfaddef ei fod yn falch o gael teithio mewn car ar ffordd wastad gyda goleuadau Trelew o'u blaenau. Hanes taith gyntaf Nanw i'r Dyffryn gyda'i mam a'i nain yw cynnwys ail ran y gwaith. Ian, yr ŵyr, sy'n darllen yr hanes ar ffurf dyddiadur. Y tro hwn, bws yw'r dull o deithio a Miguelito yw'r gyrrwr. Cyfeirir at leoedd ar y daith megis Nant y Pysgod a Dôl y Plu hyd nes cyrraedd y Gaiman. Ar ôl cau clawr y dyddiadur, mae Ian yn ddiolchgar o gael byw yn oes y car. Mae'r gwaith hwn wedi ei gyflwyno'n gyfan gwbl yng Nghymraeg gwreiddiol y Wladfa a thybiaf mai profiad dieithr yw ysgrifennu'r iaith i *Myfanwy*. Er gwaethaf y gwallau sy'n britho'r gwaith, mae'r cynnwys bob amser yn ddifyr ac yn haws i'w ddeall o'i ddarllen yn uchel. Ceir yma gofnod pwysig o arferion teithio yn y Wladfa dros bum cenhedlaeth.

Roberta: Ar ôl pendroni ar sut i ymdrin â'r testun, penderfyniad *Roberta* oedd mynd yn ôl i'r dechrau ac ymchwilio i ddulliau teithio'r brodorion. Yn wreiddiol, symud ar droed oedd eu dull hyd at ddyfodiad y ceffyl. Cyfeiria at lyfr Musters, *At home with the Patagonians*. Eir ymlaen ymhellach i olrhain taith gyntaf y Cymry i'r Wladfa. Nid ffeithiau moel yn unig a geir yma ond, yn hytrach, cydymdeimla â'r trueiniaid hynny a ddioddefodd gymaint yn ystod y fordaith. Heb grwydro oddi wrth y testun canolog, llwyddodd i sôn am y teithiau cyntaf, ar droed, dilyn yr afon, y marchogaeth ar y paith a'r hela. Sonnir am orymdeithiau priodasol, y troliau a'r llongau bychain, bregus a ddefnyddid ar y dechrau er mwyn cysylltu â lleoedd fel Patagones a Buenos Aires. Y blys am ragor o dir a arweiniodd at y daith tua'r gorllewin a gymerodd wythnosau ar wagenni.

Yn 1984 bu taith arall i goffáu'r bechgyn ifanc a laddwyd yn Nyffryn y Merthyron gan mlynedd ynghynt. Mulod a dynnai'r wagenni gwlân i lawr o'r Andes a llwythwyd troliau gyda nwyddau i'w cario'n ôl i drigolion godre'r mynyddoedd. Profodd teithiau'r llongau yn beryglus a daeth y trên i fodolaeth. Roedd tripiau'r Ysgol Sul i Fadryn yn uchafbwynt y flwyddyn. Mae anffawd y gweinidog yn colli ei ddannedd gosod wrth blymio oddi ar y pier yn codi gwên. Cofnodir hanes hafau yn Playa Union; rhentu tŷ ym Madryn er mwyn cael awyr iach i osgoi annwyd yn y gaeaf a direidi'r bechgyn ifanc yn tynnu'r ceffyl o'r siafft cyn mynd i'r capel.

Daeth oes y 'camions' a chariwyd tatws a phoncyns gyn belled â Chomodoro Rivadavia. Wedyn bws a thrên a gludai ieuenctid y Dyffryn i weithio ym Muenos Aires. Mae *Roberta* yn hel atgofion am daith i'r ddinas honno, flynyddoedd yn ddiweddarach, gyda'i gŵr a'i phlentyn cyntaf, a theithio adref mewn jîp to-cynfas a brynwyd yno 'a chael teithio'n foethus ac annibynnol fel teulu brenhinol'. Ceir hanes teithiau ysgol i Geg y Ffos a mynd am wib i Argae Ameghino. Daeth y beic ag annibyniaeth i'r ieuenctid. Prawf o'r synnwyr digrifwch sy'n wythïen barhaus o dan yr wyneb yw'r disgrifiad byw o gŵn yr ardal yn brathu coesau'r hogiau wrth iddynt bedalu'n wyllt. Terfynir gyda'r daith olaf, sef y cynhebrwng. Ada Jones fu'n cynnig y gymwynas ond erbyn hyn defnyddir yr hers. Awyrennau a gwiblongau sy'n cario ymwelwyr i'r Wladfa heddiw. Daw Cymry i gael blas ar y lle a'i thrigolion.

Dyma draethawd cynhwysfawr. Mae'r mynegiant yn llyfn a naturiol. Llwyddodd *Roberta* â'i hiwmor cynnil i gynnal y diddordeb o'r dechrau i'r diwedd.

Eithin: Mae *Eithin* yn agor y traethawd gyda'r cyfaddefiad nad oes ganddi/ganddo ddim syfrdanol na diddorol i'w ddweud am deithio. Profi i'r gwrthwyneb y mae gweddill ei sylwadau. Ar y dechrau, ceir rhestr o wahanol deithiau dyn, ci, cath, ceffyl, buwch ac aderyn. Wedyn eir ymlaen i ddisgrifio taith y cyndeidiau i Batagonia, gan grisialu'r cyfan yn y frawddeg 'Dyna beth oedd taith!' Ond, yr oedd gwaeth taith yn eu haros. Ar ôl brwydro a gweithio'n ddiflino i ymsefydlu, daeth yr ysfa i deithio tua'r mynyddoedd i chwilio am wlad well. Teithio'n ôl a blaen ar wagenni i Ddyffryn Camwy fu eu hanes. Disgrifir y cyfeillgarwch o gwmpas y tân gyda'r nos, y canu, yr adrodd straeon, y tynnu coes a'r chwerthin iach. O ganlyniad i'r teithiau hyn, ymsefydlodd taid *Eithin* a'i deulu ym mhen pellaf Cwm Hyfryd. Pan oedd yn blentyn, digwyddiad cyfarwydd fyddai gweld pobl yn teithio pellter drwy'r bwlch rhwng y mynyddoedd o Chile a mynd heibio i'r tŷ mewn troliau cyntefig ag ychen dof yn eu tynnu'n araf. Yr oedd y teulu'n berchen ar ddau geffyl bywiog a cherbyd mawr i'w cario'n griw. Teithient i'r capel yn y bore fel pawb arall. Byddai rhes o gerbydau wrth y ffens a'r ceffylau'n cael eu gollwng am sbel. Ni chymerai neb y pellter yn esgus i aros gartref o'r capel. Teithient i'r ysgol hefyd, yn ddau neu dri ar yr un ceffyl a hynny bellter o bum cilomedr a chyfarfod plant eraill ar y groesffordd. Pe digwyddai iddynt golli ei gilydd, yna symudent garreg fel arwydd i'r naill a'r llall. Hoffais yr ansoddeiriau a ddefnyddiwyd i ddisgrifio'r ceffyl: nobl, llawn castiau a stranclyd. Yn y gaeaf, waeth beth fo'r tywydd, yr un oedd yr hanes: teithio ar gefn ceffyl ond y tro hwn gwisgo ponsio a menig gwlân i gadw'n sych a chynnes. Ymhen rhai blynyddoedd, ar drên bach a thrên mawr y teithiodd *Eithin* am dridiau hir tua Buenos Aires i ddysgu bod yn nyrs. Bob haf teithiai'n ôl yr un ffordd i dreulio pythefnos o ryddid gartref gyda'i theulu. Ar ôl priodi a mynd i fyw ar fferm ar gyrion y paith, rhaid oedd symud miloedd o ddefaid o un tir i'r llall ar ddechrau tymor. Pan ddaeth y plant, byddent yn mynd yn y car, heb wresogydd â phawb wedi eu lapio mewn blancedi a photel ddŵr poeth i'w cadw'n gynnes. Antur oedd teithio felly, a braf oedd cyrraedd tŷ taid a nain. Taith bryderus fyddai'r un honno i'r claf a'i deulu i'r ysbyty ym Muenos Aires, heb ffôn na chysylltiad ond llythyr. Daeth gwell ffyrdd, ceir a lorïau â newid mawr i'r teithio. Er hynny, unig oedd bywyd ei gŵr pan âi i ddidoli a dewis defaid ar ffermydd mawr, weithiau heb weld yr un enaid byw am filltiroedd. Tro cenhedlaeth y plant yw teithio heddiw, pob un yn ei dro i'r Brifysgol. Y bysys mawr a'r awyrennau sy'n cario pobl erbyn hyn. Daeth twristiaid o bob man gyda'u camerâu a'u hoffer sgïo; ac ar yr un pryd, teithia pobl y Wladfa i bob cwr; y pensiynwyr i Iguazu gyda nyrs a rheolwr yn gydymaith iddynt. Gweithia arweinwyr yr ardal i wneud y Wladfa'n lle addas ar gyfer miloedd o ymwelwyr drwy'r flwyddyn. I'r rhai a etifeddodd ran fach o freuddwydion gwroniaid y Mimosa, pleser yw cael croesawu cyfeillion o Gymru er mwyn iddynt hwy gadw gafael ar eu Cymreictod. Taith trwy'r byd yw bywyd i *Eithin* a'i dymuniad yw cael ei mwynhau. Dyma draethawd o strwythur cadarn, gofalus. Mae'r Gymraeg yn llawn disgrifiadau a chymariaethau a theimlir agosatrwydd a chynhesrwydd diffuant yn yr arddull. Yr oedd yn bleser darllen iaith ryfeddol o gywir a Chymraeg heb ei lastwreiddio.

Archentwr: Dyma waith mwyaf swmpus y gystadleuaeth; deunaw tudalen, tri llun a dau fap. Ceir pennod ragarweiniol sydd yn dilyn y daith o Ddyffryn Camwy er mwyn ymsefydlu yng Nghwm Hyfryd. Cofnodir ffeithiau hanesyddol a dyddiadau ac mae cyfeirnodau ar fôn pob tudalen. Er mor fanwl y gwaith, mae'n amheus ai teithio yw'r pwnc canolog. Ceir adran estynedig ar y teuluoedd cyntaf wedi ei rannu'n dair rhan ar ddeg. Dyddiadau a hanes gweinidogion yw rhan olaf yr adran hon. Cofio'r Eisteddfod sydd yn dilyn. Dyma'r adran fwyaf naturiol. Mae'r ysgrifennu'n llifo'n rhwyddach ac mae'n llai cofnodol, hanesyddol. Er hynny, tenau yw'r cysylltiad â'r testun. Teithio i'r werinbleidlais yw'r hanes nesaf. Ar ôl gorffen ei waith yng Nghwm Hyfryd, aeth Syr Thomas Holdich â'i gwmni ar geffyl i'r de. Wrth groesi'r afon Rosario, syrthiodd ei bwn a'r dillad gwely i'r dŵr a gwlychodd y cwbl. Y noson honno, bu'n bwrw glaw a hwythau'n gwersylla ar ochr y ffordd. Diweddglo'r gwaith yw disgrifiad o'r Nadolig ym Methel, Trevelin. Deuai'r rhan fwyaf o'r bobl i'r capel mewn cerbyd a cheffyl gan groesi'r afon Percy a mynd ar hyd llwybr tyllog, llychlyd drwy'r ffermydd. Yn ddiamau, mae *Archentwr* wedi treulio oriau maith yn ymchwilio'n fanwl er mwyn cynhyrchu'r gwaith estynedig hwn. Hanes y sefydlu yn y Gorllewin a geir yma yn hytrach na hanes y teithio i gyrraedd yno. Braidd yn feichus oedd y darllen. Gresyn na lwyddodd *Archentwr* i ganfod y cydbwysedd rhwng difyrru a chyflwyno gwybodaeth. Yn ogystal â hyn, rhaid cadw'r testun yn ganolog i'r gwaith mewn cystadleuaeth.

Crwydro: Cyflwynwyd y gwaith hwn yn drefnus mewn plygell. Agorir gyda pharagraff rhagarweiniol sydd yn crynhoi hanes taith y Cymry cyntaf i'r Wladfa 143 o flynyddoedd yn ôl. Dyfynnir geiriau Serrat, y bardd o Gataluyna 'Teithiwr, nid oes ffyrdd; ti dy hun sydd yn agor yn agor y ffordd wrth ei cherdded'. Manylir ar yr amrywiol ddulliau o deithio dan y penawdau a ganlyn: y drol gyntaf, cerbyd a cheffyl, croesi'r afon, y rheilffordd, y moduron, mynd i'r ysgol, priodasau ac angladdau. Adran estynedig ar Ffyrdd yn y Wladfa sy'n cloi'r gwaith. Hugh Hughes, Cadfan, a luniodd y drol gyntaf o goed helyg. Defnyddiwyd cylchoedd y casgenni i wneud dwy olwyn a byrddau, a galwyd y lle yn Pant y Byrddau. Cafwyd cerbyd bychan o Batagones i alluogi i Richard Jones, Berwyn, i fynd i Borth Madryn i gwrdd â'r llongau a oedd yn gadael llythyrau a phapurau i'w dosbarthu. Yn 1890, cyrhaeddodd y cerbydau gyda tho a phedair olwyn ac yn ddiweddarach daeth rhai gyda dwy sedd i bedwar eistedd gefn wrth gefn a cherbydau mawr gyda phedwar drws i gario tua wyth o bobl. Nid oedd pontydd yn y blynyddoedd cyntaf a cheid sefydlwyr ar y ddwy lan. Roedd angen cwch i groesi'r afon a gelwid ar y cychwr. Pe rhwystrid ei lais gan y gwynt, chwifiwyd cadach gwyn i dynnu ei sylw. Tua 1899, codwyd y bont gyntaf gan y bardd Gutyn Ebrill; 'saer geiriau a phontydd'. Bu ynghlwm â'r gwaith saer ar orsafoedd y rheilffordd hefyd. O ganlyniad i ddyfodiad y trên, dechreuwyd poblogi Trelew a bu hynny'n foddion i'r Wladfa ddatblygu. Ymestynnodd y rheilffordd nes cyrraedd y Gaiman, Dolavon a Dôl y Plu a chafwyd amser hapus iawn pan gyrhaeddodd lan y môr Playa Union. Tua'r flwyddyn 1914, daeth y modur cyntaf i'r Wladfa, sef y Ford T. Yr oedd bod yn berchen ar gar yn arwydd o statws a mynd i fyny yn y byd neu 'newid ei le er gwell', fel y dywed *Crwydro*. Daeth yr atgofion hyn ar lafar o genhedlaeth i genhedlaeth a chofia am hanes y tad yn dychwelyd adref o'r Eisteddfod yn hwyr y nos ac yn dychryn y ddau was oedd wedi mynd i gysgu'n flinedig o dan y wagen ar fuarth y fferm. Deffrodd y ddau'n wyllt wrth weld golau'r car yn disgleirio gan dybio mai'r *gwalitso*, neu'r gŵr drwg, oedd wedi dod amdanynt. Cofnodir hanesion diddorol am fynd yn sownd mewn mwd a gorfod cysgu'r nos mewn twmpathau. Ceir hanes Uriena Lewis yn cael ei dychryn 'bron i ffit' wrth weld neidr yn ffoi o dan ddillad y gwely. Mynd i'r ysgol yw'r adran nesaf. Sonnir am y tadau'n agor cwys gydag aradr o'r cartref i'r ysgol er mwyn i'r plant gael addysg. Ceir hanes y chwaraeon, y triciau a'r difyrru ar y ffordd. Ar geffyl yr âi'r cyplau ifanc i'w priodi. Yn yr amser gynt, byddai sawl angladd yn cychwyn yn araf gyda wagen a thri cheffyl. Y moduron sydd wedi cymryd lle'r rhain yn awr. Mae'r adran estynedig ar ffyrdd yn y Wladfa yn rhoi cyfle i *Crwydro* sôn am deithiau amrywiol o blentyndod hyd at y presennol, o'r wagen a'r drol a'r ceffyl hyd at y moduron, y trên, y bws a'r awyren. Ni chafodd gyfle i fynd mewn llong erioed. Teithiodd lawer i Gomodoro Rivadavia i ymweld â'i rhieni a theithiau unig iawn oedd y rheini i'w gwaith fel athrawes mewn man unig iawn yn agos i'r Andes. Mae hanesion niferus yn yr adran hon. Ceir gair o rybudd fod mwy o ddamweiniau'n digwydd heddiw gyda'r ceir modern a'r ffyrdd cyfforddus. Er hynny, terfynir gyda chroeso cynnes i'r Wladfa a chynghorir pawb i gario gyda hwy deithlyfr defnyddiol Cathrin Williams. Dyma astudiaeth gynhwysfawr. Mae traethawd *Crwydro* yn nodedig gan mai gwaith ymchwil bersonol a geir yma ac nid aralleiriad o wybodaeth o lyfrau taith a hanes. Dyma waith caboledig.

Am waith gwreiddiol, dyfarnaf y wobr gyntaf o £60 i *Crwydro*; yn gyfartal ail agos iawn y mae *Eithin* a *Roberta* yn cael £50 yr un ac, yn gydradd drydydd, mae *Myfanwy* ac *Archentwr* yn cael £20 yr un.

TEITHIO YN Y WLADFA

Buan iawn y bydd y Wladfa'n dathlu 143 o flynyddoedd er pan roddodd y Cymry eu traed ar dywod Porth Madryn. Wrth godi eu golygon, dim ond diffeithwch oedd o'u blaenau. Ychydig yr ydym yn sylweddoli beth oedd cychwyn yng nghanol y gaeaf heb ffyrdd, trwy'r drysni a'r drain, i chwilio am yr afon oedd ar y map. Mae hyn yn gwneud i mi feddwl am eiriau bardd adnabyddus yn Sbaen sydd yn cael eu canu gan Joan Manuel Serrat o Catalugna: 'Teithiwr, nid oes ffyrdd; ti dy hun sydd yn agor y ffordd, wrth ei cherdded'. Ac felly y bu. Cefnu ar y môr oedd rhyngddynt a'u hen gartref gyda chwmpawd yn eu llaw i droedio deugain milltir. Roedd ceffyl ar gyfer pob criw i gario'r hyn yr oedd ei angen arnynt i wynebu'r paith, tir a deimlodd cyn hynny fywyd gwyllt yr anifeiliaid ac ambell lwyth o'r Indiaid Tehueiches oedd yn crwydro yma ac acw ar eu ceffylau yn yr haf.

Mae llawer o newid ar deithio wedi digwydd wedi hyn fel yng ngweddill y byd. Wedi cychwyn y sefydliad, yr unig ffordd i deithio oedd yn y dull cyntefig sef ar ddwy droed neu ar geffyl ond nid oedd y rhai a ddaeth gyda Lewis Jones ac Edwin Roberts o Batagones yn ddof iawn i'w marchogaeth. Ymhellach ymlaen bu'r ceffyl yn angenrheidiol i'w ddefnyddio at bob gorchwyl yn enwedig i gario pobl ar ei gefn.

Y drol gyntaf

Hugh Hughes, Cadfan, Gwynedd, aeth ati i lunio'r drol gyntaf, gyda phlanciau o goed helyg oedd yn tyfu'n naturiol ar lan yr afon. Mi ddaru hefyd gario i'r lan o'r môr ddarnau o goed a oedd yn perthyn i long oedd wedi dryllio cyn iddynt hwy gyrraedd Rawson. Yr oedd y llong honno wedi bod â llwyth o gasgenni arni a bu cylchau'r top a'r gwaelod yn addas i wneud byrddau a hefyd y ddwy olwyn i'r drol. Galwyd y lle yn ddaearyddol yn 'Pant y Byrddau'. Bu'r drol yn llesol am flynyddoedd i gario pobl a nwyddau, coed tân ac ambell beiriant i agor y tir. Mae llun ohoni i'w weld y tu ôl i griw o'r hen wladfawyr 25 o flynyddoedd wedi iddynt gyrraedd ac mae'n sefyll yn awr mewn amgueddfa hanes yn Rawson.

Cerbyd a cheffyl

Cafwyd cerbyd bach o Batagones i Richard Jones Berwyn fedru mynd i Borth Madryn yn lle siwrnai hir ar geffyl a oedd yn ei orfodi i gysgu allan noson neu ddwy a bwyta tipyn o fara caled ar y ffordd, i gwrdd â'r llongau oedd yn gadael llythyrau a phapurau i'r Wladfa fach.

Tua 1890 cyrhaeddodd y cerbydau cyntaf gyda tho a phedair olwyn. Roedd un ohonynt gan y Parchedig Abraham Matthews i gyrraedd Capel Moriah.

Ymhellach ymlaen, daeth *sulkys* a phatrymau eraill, sef rhai gyda dwy set i bedwar eistedd gefn wrth gefn a cherbydau mawr gyda phedwar drws i gario tua wyth o bobl.

Croesi'r afon

Yn ystod y blynyddoedd cyntaf, nid oedd pontydd i groesi'r afon a cheid sefydlwyr yn eu ffermydd ar y ddwy ochr. I groesi'r afon yr oedd angen cwch ac, felly, wedi dod at y lan roedd rhaid galw amdano. Os oedd y gwynt yn rhwystro'r llais, roeddynt yn chwifio cadach gwyn a disgwyl am y cychwr. Wedi gwneud neges neu ddychwel o'r Capel neu'r ysgol, 'roedd y siwrnai i groesi eto adref. Cafwyd wagen i gario plant i'r ysgol wedi iddynt groesi gan fod y Capeli a'r ysgol ar yr ochr ogleddol i'r afon.

Tua 1889 codwyd pont tua 'Thre Rawson' i groesi'r afon gan y saer a'r bardd enwog Gruffydd Griffiths (*Gutyn Ebrill*) a oedd wedi cyrraedd y Wladfa gyda'i deulu. Nid hon oedd yr unig un a wnaethpwyd ganddo ond, yn anffodus, ymhen deng mlynedd daeth llif mawr 1899 ac ysgubo dwy ohonynt i ffwrdd. Bu Rawson ryw ugain mlynedd cyn cael pont gref o haearn gan y Llywodraeth a chafodd y llall, sef Pont yr Hendre, ei chodi gan beiriannydd oedd yn perthyn i Gwmni'r Rheilffordd. Ond erys cof da am Gutyn Ebrill am ei holl waith fel 'saer geiriau a phontydd'.

Y Rheilffordd

Tua 1887, gorffennwyd y ffordd haearn pan gwrddodd y ddau ben â'i gilydd. Roedd un pen wedi cychwyn yn Nhrelew, yn rhan o waith y dynion priod, a'r llall yn cychwyn o Borth Madryn yn nwylo'r bechgyn di-briod. Y rheswm am hynny oedd bod pentref bach wedi ei godi yn Nhrelew lle cadwyd rhai defnyddiau at y rheilffordd ac ambell deulu oedd heb gael meddiant ar dir ffarm eto. Gorfu i ambell ben teulu gerdded ymhell i gyflawni ei waith ac mae llawer hanesyn am y gwragedd ifanc oedd yn cael eu siawnsio gyda'u plant mân am dros wythnos tra bo'r gwŷr gyda'u gwaith ar y ffordd hir. O ganlyniad, dechreuodd Trelew gael ei phoblogi a bu'r trên yn rhan bwysig iawn i'r Wladfa symud ymlaen. Cludwyd y peli gwair, y gwlân o'r paith, sacheidiau o hada gwenith ac alffalffa i'w allforio gyda'r llongau oedd yn mynd heibio Porth Madryn. Yno y cafwyd y pier cyntaf, wedi'i godi gan Gutyn Ebrill eto fel y rhan fwyaf o'r gwaith saer ar y stesions.

Hefyd bu'r rheilffordd yn gymorth hawdd i bobl deithio, er ei bod braidd yn araf ond yn gyfforddus ac yn torri ar unigrwydd y paith eang oedd o gwmpas. Bob yn dipyn, ymestynnodd y rheilffordd nes cyrraedd y Gaiman, Dolavon a Dôl y Plu ac yr oedd yn hwylus iawn i deithio i bawb. Cafwyd llawer o amser hapus pan oedd yn cyrraedd glan y môr tua 6km o Rawson mewn lle a alwyd yn Playa Union.

Erbyn heddiw nid yw chwiban y trên yn torri ar ddistawrwydd y paith gan fod Llywodraeth yr Ariannin wedi codi llawer o'r rheilffyrdd i roi lle i lorïau i gario nwyddau ar draws y Wlad bron yn gyfan. Eto, yn ddiweddar iawn, maent yn sôn ei bod yn werth ei chael eto o Buenos Aires i Drelew Pwy a ŵyr?

Y moduron

Daeth y cyntaf ohonynt sef y Ford T, tua 1914, a syndod i bawb oedd gweld nad oedd angen ceffyl i dynnu hwn! Ond medraf ddweud hyn: unwaith eu bod ar dir Patagonia roedd angen ceffyl neu ddau i'w tynnu o drwbl yn aml iawn. O'r Unol Daleithiau ac i'r Cop (Cwmni Masnachol y Camwy) y cyrhaeddodd y rhai cyntaf ac erbyn hanner can mlwyddiant y Wladfa roedd rhyw ddeuddeg ohonynt yn cludo pobl o Drelew i'r dathliad swyddogol yn Rawson. Cofiai fy mam eu bod yn gorymdeithio ar hyd y ffordd garegog yn y bore ac yna'n cario pawb yn ôl yn y prydnawn i Neuadd Dewi Sant i gael te a chyngerdd. Adeiladwyd y Neuadd hon gan y gwladfawyr er cof, parch ac edmygedd i ymdrech eu tadau a ddaeth i sefydlu yn y Wladfa. Nid oedd yn hawdd i bawb gael modur gan fod llawer yn ymdrechu i geisio peiriannau at weithio tir ac injan ddyrnu a weithiai gyda stêm. Wrth weld ambell ffarmwr a fyddai'n gyrru ei fodur, roedd yn amlwg ei fod wedi gwella'n dda ar ei safle.

Roedd cyfaill i 'nhad wedi newid ei le er gwell pan aeth i'r Andes (Cwm Hyfryd) gyda chriw o deuluoedd eraill i boblogi a chadw anifeiliaid (defaid yn bennaf). Ryw ddiwrnod, daeth yn ôl am dro i'w hen gartref yn y Dyffryn a phrynodd Ford T yn y Cop. Bu mantais iddo gael Eisteddfod ar yr un adeg. Daeth o'r cwrdd nos adref i'r ffarm, yn reit hwyr. Yr un diwrnod, roedd dau was iddo wedi cyrraedd o'r Andes gyda wagen a llwyth o wlân arni i fynd i gwrdd â'r trên i Madryn y dydd canlynol. Wedi siwrnai hir ar ddiwrnod poeth a neb gartref, aethant i gysgu yn flinedig dan y wagen. Pan gyrhaeddodd Arthur yn y car at y giât a chodi'r golau i weld y buarth, deffrodd un ohonynt mewn braw wrth glywed y sŵn rhyfeddol a'r fflach yn disgleirio, a bloeddiodd wrth ei bartner 'Cwyd, Juan, i ni ddengid – mae'r *gwalitso* (y gŵr drwg) wedi dod amdanom!' Nid oeddynt wedi gweld modur erioed cyn hynny a buont am oriau'n cuddio i sicrhau bod popeth yn dawel cyn dychwelyd yn y bore. Adroddsant yn syn yr hanes wrth Arthur ac yntau'n cymryd arno na wyddai am y peth ond, yn hwyrach, aethant i weld y modur yn y sied er syndod mawr i'r ddau greadur gwyllt o'r paith.

Mae llawer o hanesion diddorol wedi aros ar gof er pan oedd y moduron cyntaf yn mentro ar lwybrau caregog a llychlyd. Clywais gan Uriena Lewis, sydd bellach yn ei naw degau, ei stori'n ferch ifanc iawn yn gyrru car Ford A i gario ei modryb a'i hewyrth i Gwm Hyfryd. Yng nghanol y gwastadedd, aeth yn sownd mewn tir tywodlyd a oedd yn peri trafferth bron i bawb a oedd ar daith. Wedi ymdrechu'n ofer i'w gael yn rhydd, doedd dim i'w wneud ond disgwyl tan olau dydd y diwrnod wedyn. Taenu gwlâu yng nghysgod twmpathau uchel i gysgu a deffro'n fore gyda'r gobaith y deuai rhyw greadur heibio gyda cheffyl neu ddau i'w tynnu allan. Pan gododd Uriena, cafodd fraw gan fod neidr yn ffoi o dan y dillad gwely a'i dychryn bron i ffit!

Roedd rhyd i groesi afon Camwy am fod hon yn isel yn yr haf. Erbyn amser y moduron, gwnaethpwyd pont i groesi a'r gyntaf a gyrhaeddodd o Esquel i'r Dyffryn oedd y fonesig Coni Freeman de Owen yn gyrru modur a hi gafodd y fraint o fod y gyntaf i groesi'r bont newydd yn Nôl y Plu. Roedd hon yn ddynas a ddaeth yn enwog am ei gwroldeb i drin ei champ â'r anifeiliaid wedi iddi golli ei phriod yn ifanc, a chael ei gadael gyda saith o blant. Chwaer ieuengaf Peithgan Freeman, a gafodd ei geni ar y paith pan ymfudodd teulu William Freeman a Mary Ann Thomas gydag wyth o blant am yr Andes yn 1891. Cawsant bedwar ar ddeg o blant a Constance (Coni) oedd yr ieuengaf ohonynt.

Ar geffylau neu wagenni yr oeddynt yn trafeilio gan gymryd mis neu fwy i wneud y daith. Wrth fynd â'r defaid cyntaf y bu'r drafferth fwyaf i groesi'r afon. Cychwynnodd criw o ddynion ar geffylau i arwain a hefyd wagen i gario bwyd a dillad gwlâu ar y daith o 600km. Buont fisoedd ar y ffordd. Aros i gneifio'r defaid ac aros i dderbyn ŵyn bach. Wrth gyrraedd yr afon, mae'r hanes yn dweud bod un o'r dynion wedi sicrhau y medrai basio'r ddiadell trwy'r dŵr dim ond iddo gael arwain yr hwrdd i ddechrau. Rhoddodd raff am ei wddf a chlymodd y pen arall am ei ganol i ddechrau tynnu ond siom fu'r profiad gan fod yr hwrdd wedi boddi ar y ffordd cyn cyrraedd y lan! Gallwn ddychmygu pa mor ffraeth fu'r gomedi gan ei gydweithwyr wedi'r digwyddiad. Diwedd y gân oedd bod rhaid tynnu llawr y wagen a'u croesi arni bob yn griw ac yna ail-fframio'r wagen ar yr ochr arall i fynd ymlaen!

Diolch i gof pobl mewn oed yn adrodd neu adael tystiolaeth o'r hyn sydd wedi digwydd wrth deithio ymhell i ymfudo o Ddyffryn Camwy.

Darllenais unwaith ddyddlyfr o nodiadau yr oedd modryb i mi yn ddeunaw oed wedi'i sgwennu ar ei thaith i'r Andes gyda gŵr a gwraig a geneth fach dair oed. Trwy hwn, cawn syniad pa mor ddifyr oedd hi arnynt weithiau ac mor ddiflas dro arall i wynebu'r anawsterau a'r peryglon o'u blaen ond gwelwn foddlonrwydd ym mhob amgylchiad.

Mae'r ffordd hon i'r Andes wedi ei phalmantu erbyn hyn ac mae'r daith yn bleserus iawn. Yr ydym yn gweld llawer o fywyd gwyllt sef ysgyfarnogod, armadulos, gwanacos, sgync, dwcwdwc ac estrysod (sydd yn dianc yn gyflym ac yn gofalu cysgodi eu cywion wrth redeg).

Mynd i'r ysgol

Mae awduron y llyfrau hanes cyntaf, fel Abraham Mathews, Lewis Jones ac eraill, yn cyfeirio'n aml at y diddordeb mawr oedd yn ysbryd y tadau am i'r plant gael addysg. Mae esiampl o hynny yn sôn am gynllun Evan Roberts, 'Parc y Llyn', Bryn Gwyn, yn agor cwys gyda'i aradr o'i gartref hyd at ysgol Cefnhir tua 1880, rhag i'w blant fynd ar goll yn nrysni'r twmpathau. Mae ei fab hynaf, Edward Morgan Roberts, a ddaeth gyda'i rieni o Gymru, wedi gadael penillion teimladwy wrth gofio am 'Y gŵys agorodd fy nhad'. Ei ffugenw barddonol oedd Llynfab.

Yr oedd cof da gan fy mam am yr amser pan oedd y plant yn mynd i'r ysgol. Roedd ceffyl yn cario tri neu bedwar o blant ar ei gefn ac aml i dad yn magu poni hefyd ar eu cyfer. Llawer o chwaraeon a thriciau oedd yn eu difyrru ar y ffordd ond yn ffodus roedd y ceffylau'n ddof ac amyneddgar. Tyfai'r plant mewn awyrgylch naturiol a di-boen ond rhybudd cyson y rhieni oedd iddynt fod yn gyfrifol a pharchus.

Priodasau

Marchogai'r merched a'r bechgyn a oedd yn mynd i briodi, ar geffyl i Rawson, Trelew neu'r Gaiman, lle'r oedd yr ynad a berthynai i'r ardal. Byddai'r gwahoddedigion ifainc yn eu canlyn yn yr un modd ac roedd fy mam, yn blentyn yng nghwmni plant eraill, yn dringo i le uchel i gyfri faint o fflagiau gwyn oedd yn chwifio uwchben y tai. Os oedd llawer ohonynt, roedd yn sicr o fod yn briodas bwysig a'r ardal i gyd yn dymuno'n dda iddynt.

Angladdau

Hefyd adroddai'r hen bobl am lawer o angladdau yn yr amser gynt lle'r oedd wagen a thri cheffyl yn cychwyn yn araf, yn cludo'r merched a'r plant. Dilynai'r dynion y cynhebrwng ar geffylau a doedd neb yn cyfri maint y ffordd i ddanfon gweddillion rhywun i'r fynwent. Claddwyd rhai yn Moriah ac eraill yn y Gaiman neu ym mynwent Trelew. Cofiaf i'r ymdaith mewn cerbydau lawer ond moduron sydd yn cymryd y lle yn awr a cherbyd pwrpasol i gario'r arch.

Y ffyrdd yn y Wladfa

Mae llawer o ddynion wedi aberthu i agor ffyrdd ar hyd ac ar draws y Wladfa. Allan am wythnosau, byw dan babell neu wersyllu fel yr oedd yn bosibl. Bwyta cig wedi ei rostio (*asado*) ar ddarn o haearn main gyda bara caled, a'r cig, pan oedd yn barod, yn crincian rhwng y dannedd oherwydd y llwch a'r tywod oedd yn cael ei chwythu gyda'r gwynt cyson. Medrwn deithio'n awr ar heolydd o balmant, ond mae llawer o'r ardaloedd a'r ffermydd yn disgwyl am welliant. Oherwydd y sychder parhaol sydd yn ein pryderu'n aml fel yn 2007 – heb law am fisoedd – mae'r llwybrau'n dal yn llychlyd ond mae pawb yn teithio'n naturiol fel arfer. Yn ffodus, mae'r prif ffyrdd sydd yn croesi'r paith ac yn arwain allan o'r Wladfa wedi eu palmantu ac mae llawer o dwristiaid ac ymwelwyr yn dod i weld rhyfeddodau Patagonia.

Mae'r gystadleuaeth hon wedi rhoi cyfle i ni ysgrifennu o safbwynt hanesyddol a gallaf ddweud bod gennyf yn bersonol brofiadau hael am deithio yn y Wladfa. Pan oeddwn i'n blentyn bach, mi wnes deithiau lawer gyda fy rhieni mewn cerbyd a cheffyl! Mynd am dro i weld ffrindiau neu ar neges. Yn selog i'r Capel a'r Band of Hope neu gyrddau eraill. Pan oeddwn yn hŷn, canlyn fy nhad yn y wagen neu'r drol. Amser ysgol, reidio ar geffyl neu ar fy nhraed. Cefais sawl cyfle i fynd mewn moduron, ac mewn trên, a hynny oedd wrth fy modd. Pan deithiais tua'r gogledd yn eneth ifanc, rhaid oedd cymryd y bws ac wedyn y trên at ddiwedd y ffordd. Pan oeddwn yn gweithio, bu angen teithio weithiau gyda lori, ac ar fy ngwyliau cefais fynd mewn awyren a dyna sydd yn hwylus yn awr i fedru cyrraedd mewn byr amser. Ni chefais gyfle i fynd mewn llong erioed. Rwy'n sicr fy mod wedi tasgu miloedd o gerrig wrth yrru modur ond nid wyf yn hoff o yrru. Gwell gennyf gael fy nghario erbyn heddiw. Lawer gwaith teithiais o'r Dyffryn i Comodoro Rivadavia, ardal yr olew, gan fod fy rhieni wedi ymfudo yno. Nid oedd palmant yn y dyddiau hynny a'r ffordd yn hir a blinedig. Cymylau o lwch a gwastadedd y paith yn ymestyn 400km. Y planhigion naturiol yn isel gyda dail caled, pigog i arbed yr ychydig damprwydd sydd wrth eu gwreiddiau. Gwelwn wrth fynd heibio anifeiliaid gwyllt yn dianc i ffwrdd wrth glywed y bws. Cyrraedd i le diarth iawn gyda llawer o beiriannau'n symud i godi'r olew. Roedd yno ddigon o waith a buan iawn y cynyddodd y boblogaeth pan ddaeth llawer o ymfudwyr o Ewrop wedi'r Rhyfel i gymryd gorchwylion i gynnal eu teuluoedd.

Cefais ran o'r ysgol gynradd yma a mantais i gael addysg uwch ond roedd angen teithio am y gogledd i gyfeiriad y Brifddinas, Buenos Aires. Wedi gorffen, cefais waith yn agos i'r Andes a dyna ddechrau teithio ar hyd heolydd llychlyd y paith eto. Gweithio fel athrawes am bum mlynedd mewn ysgol gynradd unig a'r tymor yn ymestyn o fis Awst hyd fis Mai, sef y gwanwyn a'r haf, a chael gwyliau yn ystod y gaeaf. Yma, un tro, cefais siwrnai mewn *catango,* trol o goed gyda dwy olwyn fawr yn cael ei thynnu gydag ychen yn araf a dyn yn arwain gyda ffon hir yn ei law. Mae llawer o'r brodorion yn defnyddio'r *catango* i fynd i hel coed yn y coedwigoedd sydd ar y mynyddoedd. Cariai lwyth ohonynt at eu hiws neu i'w gwerthu.

Mewn bws yr oeddwn yn teithio ac yn cymryd bron i ddau ddiwrnod o'r môr i fyny am yr Andes. Yn ystod y siwrne roedd y bws yn codi pobl gyffredin o'r paith hyd y dref gyfagos. Os oedd yn dywyll roedd y teithwyr yn cynnau tân bach ar ymyl y ffordd i roi rhybudd i'r gyrrwr. Ambell waith dim ond disgwyl i anfon llythyr neu barsel oeddynt, a'r gyriedydd yn barod i wneud y gymwynas a chario yn ôl hynny roedd ei angen. Cyrraedd y gwesty i gael pryd o fwyd a gwely i ddadflino ond hoffwn weld y ffordd nodedig o fyw oedd o gwmpas. Gwisg arferol y dynion oedd trowsus llydan a strapen o wlân wedi ei gweithio gan y brodorion o wahanol liwiau i'w rhwymo am ei ganol. Hances am ei wddf a phâr o fwtsias neu esgidiau o ddefnydd cryf gyda gwadnau wedi eu rhaffu (*alpargatas*) yn yr haf. Ar eu hysgwyddau, roeddynt yn gwisgo ponsio o wlân eto wedi ei gweithio a'i gweu'n gain.

Wedi'r swper, cymerai un ohonynt y gitâr neu'r cordian i ddifyrru'r bobl o'r camp oedd ar dro yno neu hefyd i'r teithwyr oedd ar eu ffordd. Ymlaen â ni am bron i ddiwrnod arall ac wedi i mi ddisgyn mewn tref fechan, âi'r bws ymlaen am Esquel.

Teithio'n ôl yng nghanol y gaeaf oedd yn galed. Nid oedd cynhesrwydd yn y bysiau'r adeg honno ac felly roeddym yn cychwyn gyda photel rwber â dŵr poeth ynddi. Os oedd trwch o eira, araf iawn oedd y daith a gofal mawr a gymerai'r gyrrwr i ddreifio. Basg oedd hwn ac nid oedd llawer o amynedd ganddo. Roedd ei fywyd wedi bod yn galed gan ei fod wedi byw amser y rhyfel yn Sbaen ac wedi medru ffoi trwy nofio rhai milltiroedd yn y môr Canol gyda phartner arall. Cymerai arno ei fod yn feistr ar bob gwaith ond trwy ei fod yn benderfynol, neu'n 'bengaled' fel y'i galwyd ef yn y wlad yma, mentrai groesi afonydd bychain ar y ffordd. Un tro, rhybuddiwyd ef i beidio mynd dros afon Apeleg gan ei bod yn cario llawer o ddŵr ond ymlaen yr aeth y Vasco a mynd yn sownd yn y canol. Gyda'r nos yr oedd rhew yn llifo yn y dŵr a hwnnw'n codi wrth gael ei atal gan y bws. Erbyn y bore, roeddym i gyd ar ein gliniau ar y seti ac wrth weled y perygl yn cynyddu aeth dau ddyn allan trwy'r ffenestr, nofio i'r lan a dechrau rhedeg yn gyflym i gyrraedd *estancia* a oedd ryw fil o fitars yn ôl. Ddiwedd y prydnawn, daeth gwedd o geffylau i'n tynnu'n ôl nes i'r modur fynd yn sownd yn y mwd ar ochr y ffordd ac yno y cafodd ei adael tan y diwrnod canlynol. Ninnau'n rhedeg am y tŷ a'n bysedd yn rhewi ac yn brifo'n eithriadol, ond daethom atom ein hunain o flaen coelcerth o dân. Wedi ailgychwyn, buom agos i bum diwrnod ar y ffordd i gyrraedd adref heb fedru hysbysu'r teulu i wybod beth oedd ein hynt.

Mae hanes lawer i'w gael am ddigwyddiadau o'r fath ar hyd y can mlynedd cyntaf yn y Wladfa. Ond credaf fod llawer mwy o ddamweiniau'n digwydd heddiw gyda'r moduron modern ar ffyrdd cyfforddus. Brys a chyflymder gyda diffyg gofal sydd yn peri digwyddiadau annisgwyl. Rhaid symud ymlaen gyda'r amser ac felly estynnaf wahoddiad i'r darllenwyr: Dewch am daith i'r Wladfa. Bydd croeso cynnes! A dewch â theithlyfr defnyddiol Miss Cathrin Williams yn eich poced!

Crwydro

ADRAN DRAMA

Drama hir agored, lleiafswm o 50 munud

BEIRNIADAETH BETHAN JONES A RHYS POWYS

Daeth naw drama hir i law ac er bod y safon yn amrywio'n fawr roeddem yn falch iawn fod cymaint wedi ymgymryd â'r dasg anodd o ysgrifennu drama hir.

Ni fydd drama'n orffenedig tan y perfformiad cyntaf – yn dilyn cyfnod o ymarfer a thrafod gyda chyfarwyddyd ac actorion. Am botensial yr oeddem ni'n chwilio, felly, yn hytrach nag am ddrama orffenedig – dramodydd a oedd â rhywbeth i'w ddweud am y ddynoliaeth, ac am ffordd ddifyr, theatrig o ddatblygu'r thema a'i chyflwyno i gynulleidfa; am wrthdaro rhwng cymeriadau clir, am ddeialogi da a strwythur pendant yn ogystal ag ymwybyddiaeth o'r potensial gweledol yn y llwyfannu.

Os yw'r ddrama fer i fod yn addas 'i'w llwyfannu gan gwmnïau amatur', yna roeddem yn chwilio am ddrama hir a fyddai'n addas i'w llwyfannu ar y llwyfan proffesiynol.

Rhennir y dramâu a dderbyniwyd yn dri dosbarth. Yn y trydydd dosbarth, mae'r dramodwyr hynny sydd wedi bod yn rhy uchelgeisiol – sydd wedi dewis adrodd stori sy'n rhy gymhleth, yn rhy astrus neu'n rhy eang ei rhychwant i'w profiad fel dramodwyr. Dydi uchelgais ddim yn beth drwg, wrth gwrs, ond mae'r dramodwyr hyn wedi ceisio mynegi profiadau sydd y tu hwnt i'w gallu fel awduron ar hyn o bryd a hynny ar gynfas rhy eang i'w liwio a'i lenwi'n effeithiol. Mae'r dramâu yn yr ail ddosbarth yn dangos addewid pendant ac yn cynnwys cyffyrddiadau canmoladwy er nad yw'r cyfanwaith yn llwyddiannus drwyddo draw. Symleiddio yw'r allwedd yma eto – troi llaw at lunio drama fer, gryno, efallai, cyn ymestyn at ddrama hir. Mae'r dramâu yn y dosbarth cyntaf yn safonol, yn ogleisiol ac yn grefftus. Manylwn isod.

DOSBARTH 3

Twll mewn un ergyd: 'Y Pedwerydd Twll ar Bymtheg'. Ffars gonfensiynol yw hon, wedi ei lleoli mewn Clwb Golff. Mae'r cymeriadau'n dilyn y confensiwn hefyd – y Capten, y Stiward, y Ditectif, Uwch Arolygydd yr Heddlu a'u gwragedd, ac mae'r ddrama'n ymwneud â lladrad gemau, arian ffug a dillad isaf yn cael eu dwyn. Gwaetha'r modd, does yma mo'r egni, y clyfrwch na'r cyflymder sydd eu hangen mewn ffars lwyddiannus. Rhaid i ddeialog ffars glecian – ond clogyrnaidd yw'r llinellau yma sy'n dipyn o 'handicap' i *Twll mewn un ergyd*.

Goreb: 'Ffatri Breuddwydion'. Drama hanesyddol yw hon yn seiliedig ar ymgais a fu yn 1918 i gynhyrchu'r ffilm 'The Life Story of David Lloyd George' ac mae'n amlwg fod gan y dramodydd gryn ddiddordeb yn yr hanes ac iddo wneud llawer o waith ymchwil manwl. Rhaid dweud bod y cefndir hanesyddol a gwleidyddol yn wirioneddol ddiddorol. Ond dydi *Goreb* ddim yn llwyddo i droi'r ymchwil hanesyddol yn ddrama fyw, fyrlymus. Er bod y strwythur yn ddigon cymen, gan neidio o swyddfa'r Cynhyrchwyr Ffilm i swyddfa Lloyd George ei hun, dydi'r cymeriadau ddim yn cyffwrdd â'r gynulleidfa nac yn ennyn ymateb emosiynol. Mae gormod o adrodd y stori yn hytrach na chreu sefyllfaoedd o wrthdaro dramatig ar y llwyfan. Ceir digon i'r pen, felly – ond ychydig iawn i'r galon.

Cawl: 'Cymorth Cymru'. Dyma i chi ddrama uchelgeisiol sy'n ceisio neidio rhwng bywydau criw o wirfoddolwyr ifanc sy'n dysgu mewn ysgol yn Affrica a bywydau eu teuluoedd gartref yng Nghymru – a hynny dros bron i flwyddyn o amser, gyda'r rhyfel yn Irác yn gefndir cyson. Mae ôl llawer o ymchwil yma, o ran yr iaith a'r math o fywyd y mae gwirfoddolwyr ifanc yn ei fyw dramor ond mae ceisio creu tua dwsin o brif gymeriadau credadwy, a nifer o fân gymeriadau eraill, yn ormod o goflaid i'r dramodydd hwn ar hyn o bryd. Mae yma gyffyrddiadau bywiog, a syniadau llwyfannu gwreiddiol, sy'n awgrymu na ddylai *Cawl* roi'r ffidil yn y to. Byddai canolbwyntio ar berthynas un neu ddau o'r criw wedi arwain at ddrama dynnach – a mwy dirdynnol. Rydym hefyd yn amau ai theatr yw'r cyfrwng mwyaf addas ar gyfer yr hyn y mae *Cawl* yn ceisio'i wneud gyda'r testun. Efallai y byddai cyfrwng nofel yn caniatáu iddo ddatblygu'n fanylach y themâu y mae'n ceisio'u trafod.

Clysgafn: 'Unwaith Eto yng Nghymru Annwyl'. Athro canol oed yw prif gymeriad y ddrama; gŵr sydd â'i fryd ar symud ei deulu yn ôl i Gymru trwy gipio swydd mewn ysgol yn ei fro enedigol. Gwaetha'r modd, mae gwleidyddiaeth leol, a gweithredoedd ei wraig, yn ei rwystro ac fe benderfyna y byddai'n well ganddo weithio fel glöwr cyffredin yn y cwm na threulio mwy o amser yn Llundain estron. Dyma awdur sydd â'i gariad at Gymru yn llifo trwy'r ddrama, ac mae ynddi gyffyrddiadau a delweddau barddonol. Er bod bois y cwm yn siarad iaith liwgar, nid yw'r ddeialog yn taro deuddeg bob tro ac mae gormod o'r cymeriadau'n dueddol o siarad yr un fath – boed yn Gynghorydd Sir, yn blentyn ysgol neu'n wraig sydd i fod i fod wedi dysgu'r Gymraeg yn bur ddiweddar. Mae'r defnydd o ôl-fflachiadau i egluro digwyddiadau yn rhwystro'r potensial am olygfeydd dramatig rhwng y prif gymeriadau

DOSBARTH 2

Promethiws: 'Tymhorau'. Hanes teulu'n dadfeilio sydd yma; dadfeilio dan bwysau cyfrinachau, celwyddau, afiechyd ac effaith gwrthdaro gyda rhyw 'gythreuliaid' annelwig. Does dim llawer yn digwydd. Trafod a sgwrsio, rhwng dau neu dri, yw'r ffurf. Does dim byd newydd yn stori'r gŵr yn cynnal perthynas heb yn wybod i'w wraig sâl, ac ystrydebol yw rhannu'r ddrama'n bedwar tymor, ond mae yma sawl cyffyrddiad barddonol hyfryd ac ysgrifennu pwyllog a deallus drwyddi draw. Mae *Promethiws* yn llwyddo i ddatgelu cyfrinach yn gelfydd drwy'r ddrama, ond rhaid gwylio rhag y tueddiad i wneud i'r cymeriadau egluro gormod yn y ddeialog.

Begw: 'Glaw Mân'. Dyma ddramodydd sydd wedi 'gweld' y ddrama gyfan yn ei ddychymyg. Mae yma ddefnydd cymhleth o'r llwyfan ac effeithiau goleuo ac effeithiau technegol trawiadol. Er hynny, tybed a oes yna rywfaint o dyndra rhwng naturoliaeth y set ac arddull swreal y ddrama? Drama episodig yw hi – cyfres o olygfeydd yn lle patrwm dwy neu dair act gonfensiynol. Prif wendid *Begw* yw'r tueddiad i egluro gormod yn rhy fuan. Mae'r thema, sef sgitsoffrenia ac afiechyd meddwl, yn un uchelgeisiol – yn rhy uchelgeisiol, o bosib, i brofiad y dramodydd ar hyn o bryd. Ond mae yma botensial gwirioneddol a gaiff ei wireddu, gobeithio, wrth i'r awdur aeddfedu.

Ratax: Ar frig yr Ail Ddosbarth ac yn agos iawn i'r Dosbarth Cyntaf y mae 'Llygod yn y Wal'. Mae'r syniad yn un gogleisiol! Gŵr a gwraig yn symud i dŷ newydd ysblennydd lle nad oes ond un broblem – y llygod sy'n byw y tu ôl i'r wal. Ar yr un pryd, gwelwn y llygod yn sgwrsio ac yn trafod perchnogion newydd y tŷ! O dipyn i beth, mae straeon y ddau 'deulu' yn cydblethu ac fe welwn fod llawer yn gyffredin rhwng bywydau'r bodau dynol a rhai'r llygod. Gwaetha'r modd, er ei ddawn i lunio deialog, ac er mor wreiddiol yw'r syniad, a'r cymeriadu sy'n llawn dychymyg, dydi *Ratax* ddim yn datblygu ei thema a dyw'r difyrrwch ddim cweit yn ddigon i gynnal drama hir.

DOSBARTH 1

Y Priodfab: 'Cors Oer'. Deialog dynn, gynnil yw arddull *Y Priodfab* a hynny'n gweddu, rywsut, i sefyllfa ddwys a chynnwys trwm 'Cors Oer' pan ddaw aelodau teulu ynghyd, ar fferm ddiarffordd, i gladdu eu mam. Does yr un gair yn wastraff, gan atgoffa rhywun ar brydiau o ddrama Harold Pinter, 'The Homecoming'. Rydym yn neidio'n syth i'r gwrthdaro rhwng y cymeriadau gan ddod i wybod beth yw'r berthynas rhyngddynt heb egluro diangen. Mae'n arddull farddonol ond yn rhyfedd o gredadwy ar yr un pryd. Mae'n glyfar, yn ailadrodd delweddau, yn adeiladu rhythmau, yn creu awyrgylch. Mae potensial mawr yma er bod angen datblygu ymhellach. Mae angen gwylio nad yw cymeriad Gwen yn troi'n gymeriad melodramatig ar y diwedd – ac a oes yna un cam ar goll ym mherthynas Richard ac Ethlin? Wedi dweud hynny, mae delweddau 'Cors Oer' yn rhai cryfion a dirdynnol sy'n aros yn y cof ac rydym yn argyhoeddedig y gall hon, yn dilyn gwaith manwl gydag actorion a chyfarwyddydd, fod yn ddrama ddiddorol iawn.

Eric: 'Galles'. Criw o ffrindiau ysgol sydd yma, yn cyfarfod ar ôl blynyddoedd, pan fydd un ohonynt yn agor bwyty, gyda'i chariad newydd, yn yr Eidal. Hen syniad, efallai – ond mae'r ysgrifennu'n hollol ffres, y ddeialog yn llawn bywyd, egni ac afiaith a'r cefndir tramor yn rhoi lliw anarferol a gwreiddiol i'r cyfan. Wrth i'r pryd bwyd dathlu fynd rhagddo, mae'r ddeialog yn clecian yn hwyliog a'n hadnabyddiaeth o'r cymeriadau'n dyfnhau rhwng y 'primo plato' a'r prif gwrs. Mae'r ddrama'n digwydd mewn un lleoliad sy'n ychwanegu at y tyndra. Buan y mae'r melys yn troi'n chwerw wrth i'r gwin ryddhau tafodau ac mae'r ddrama'n gorffen ar nodyn gwirioneddol dywyll, arswydus ac annisgwyl. Dyma ddramodydd sy'n deall ei gymeriadau (neu ei chymeriadau), rhythm deialog, a phryd i ryddhau gwybodaeth – ac sy'n gallu ysgogi gwir emosiynau yn y gynulleidfa. Er bod potensial mawr yn yr arswyd a grëir gan gymeriad Iwan, efallai i'r diwedd gael ei ruthro, a bod y weithred o ladd cymeriadau (nad ydym ni wedi eu cyfarfod) oddi ar y llwyfan yn ymylu ar fod yn felodramatig. Gwylier hefyd y tueddiad i gymeriadau adael y llwyfan heb reswm er mwyn hwyluso llif y ddrama.

Rydym ni'n dau'n credu bod potensial yn 'Galles' gan *Eric* a 'Cors Oer' gan *Y Priodfab* – digon o botensial fel y gellid gwobrwyo'r ddwy. Ond, gwaetha'r modd, un enillydd sydd, ac efallai fod *Y Priodfab* yn dangos ychydig mwy o aeddfedrwydd wrth ymdrin â'i gymeriadau a'u sefyllfa – ond trwch blewyn sydd ynddi. Gwobrwyer 'Cors Oer' gan *Y Priodfab*.

Drama fer agored, rhwng 20-50 munud o hyd i'w llwyfannu gan gwmnïau amatur

---

BEIRNIADAETH BETHAN JONES A RHYS POWYS

Daeth wyth drama fer i law a oedd, ar y cyfan, yn dywyll a dwys gydag ychydig iawn o'r dramodwyr yn rhoi cynnig ar gomedi. Mae drama fer yn gofyn am gymeriadu clir, dawn dweud stori a deialogi cynnil. Am hynny yr oeddem ni'n chwilio, yn ogystal ag am y ddawn i ddifyrru. Roeddem yn bryderus iawn ynghylch nifer y dramâu a ddaeth i law a oedd â gwallgofrwydd un neu fwy o'r cymeriadau yn egluro'u hymddygiad. Oni thrafodir hyn yn gelfydd, fe all ymddangos fel ymdriniaeth arwynebol iawn o gyflwr difrifol. Ar y cyfan, siomedig oedd safon y gystadleuaeth ac felly, gan adlewyrchu hynny, rhennir y dramâu'n ddau ddosbarth yn unig.

YR AIL DDOSBARTH

Dan Sherus: 'Stopo credu yn Siôn Corn'. Drama dywyll, anghynnes yw hon, yn ymdrin ag atgofion dyn ifanc am gael ei gam-drin yn rhywiol pan oedd yn fachgen. Mae'n fwriadol annelwig, ac mae'r dramodydd yn dal gwybodaeth yn ôl sydd, o'i defnyddio'n gelfydd fel dyfais, yn gallu ychwanegu at dyndra ond, yn yr achos yma, ynghyd â diffyg gallu i strwythuro, mae'n gwneud y ddrama'n aneglur a diffocws.

Clysgafn: 'Cwpan y Morfa'. Dyma ddramodydd sydd wedi ffoli ar Dan Brown a'i 'Da Vinci Code'. Cawn ddrama bur anhygoel sy'n dangos llawer o ddychymyg – mae'r digwyddiadau'n troi o amgylch Sataniaid a'r Greal Sanctaidd sy'n dod i'r golwg ger Eglwys y Morfa ar Forfa Llwchwr. Llofruddiaeth, seremonïau paganaidd, dal a phoenydio 'dynion bach' ..., ond does dim digon o glyfrwch gan yr awdur i ddweud ei stori anhygoel mewn ffordd sy'n apelio. Yn rhy aml, hefyd, ceir deialog chwithig a chyfieithiadau o idiomau Saesneg.

Wilobren: 'Cariad Mam'. Dyma fam yn gofalu am Corlys (a'i ofn o'r ysbrydion cythryblus sy'n ei boeni) trwy roi cyffuriau i'w dawelu. Bydd Ffotograffydd dienw yn tynnu lluniau'n achlysurol o'i safle ymhlith y gynulleidfa. Gwaetha'r modd, nid yw'r stori'n cael ei datgelu'n gelfydd ac o'r herwydd nid yw dilema'r cymeriadau gwallgof yn ein cyffwrdd. Ar ôl dweud hynny, mae *Wilobren* i'w gymeradwyo am ei allu i ddeialogi'n effeithiol yn nhafodiaith braf ardal Pontarddulais.

Dithyramb: 'Y Gadwyn'. Mae hon yn ddrama fer hir iawn! Monologau sydd yma, addasiad o gyfres o lythyrau rhwng Dietrich Bonhoffer a Maria von

Wedemeyer pan oedd ef mewn carchar Naziaidd yn Berlin. Mae ôl ymchwil manwl yma, ac ysgrifennu deallus – ond mae ffurf gaeth y gwaith yn golygu nad oes modd creu gwrthdaro na chwaith fawr o amrywiaeth yn y rhythm – a buan y try'n undonog. Efallai y dylai *Dithyramb* fod wedi dychmygu cyfarfyddiad rhwng y ddau gymeriad i greu gwrthdaro a drama.

Blas y Wermod: 'Wrth Dorri Gair'. Hwn sydd ar frig y dosbarth. Tri monolog sydd yma (ffurf nid anarferol i ddrama fer): Tom, gŵr canol oed ag atal dweud; Connie, ei unig ffrind yn yr ysgol; a'i fam. Mae'r tri'n siarad yn uniongyrchol â'r gynulleidfa ac mae stori'r tri monolog wedi eu gweu at ei gilydd. Mae arddull rwydd, gynnes, naturiol i'r ddeialog a cheir cyffyrddiadau doniol iawn a theimladwy hefyd – heb fynd yn sentimental. Ond does dim gwrthdaro yma, dim ond datganiad o sefyllfa'r tri. Mae'n bosib hefyd y gallai *Blas y Wermod* fod wedi defnyddio atal dweud Tom yn fwy dramatig – tybed a fyddai wedi bod yn fwy effeithiol pe na bai ond ag atal dweud yng ngŵydd rhai cymeriadau – er enghraifft, ei fam? Mae rhyw led awgrym o hyn ond mae lle i ddatblygu.

Y DOSBARTH CYNTAF

Iolo: 'Pris Cezanne'. Dyma ddrama a ddechreuodd yn drawiadol ac a oedd yn ennyn chwilfrydedd yn syth, a dyna pam mae hi wedi cael ei gosod yn y dosbarth yma. Byd tywyll y gwasanaethau cudd sydd yma, yn trefnu i gipio gŵr sy'n defnyddio'i gyfoeth i ariannu terfysgwyr – sefyllfa wreiddiol, heriol ac uchelgeisiol. Mae'r dramodydd yn llwyddo, gyda'i dri chymeriad, i greu sefyllfa lawn tyndra. Ond, gwaetha'r modd, nid yw'r ddrama'n cynnal diddordeb nac yn adeiladu'n ddramatig. Nid yw'r wybodaeth yn cael ei datgelu'n ddigon celfydd trwy'r ddeialog ac mae tueddiad gan y cymeriadau i siarad yr un fath.

Un Sy'n Aros: 'Wrth Aros yr Hogia'. Dyma ddramodydd sy'n ffan mawr o Samuel Beckett – a Hogia Llandegai! Mae'r syniad yn ddifyr – dau *super-fan* yn aros, nid am Godot ond am gyngerdd gan Hogia Llandegai. Buan iawn y try'r ddeialog yn esgus i gyflwyno cân adnabyddus arall – ac mae'r patrymau'n benthyca o ddrama Beckett. Gall y diweddglo ymddangos yn ddiddychymyg – ond ai sylw tafod yn y boch ar y math o bobol sy'n ffans o'r 'Hogia' sydd gan y dramodydd, tybed? Er bod y ddrama braidd yn arwynebol ac ailadroddllyd, heb ddyfnder na chlyfrwch is-destun drama Beckett, rydym yn siŵr y byddai cryn hwyl wrth berfformio hon gan gwmnïau amatur.

Iliad: 'Apocalyps'. Drama syml, drist am ŵr a gwraig yn cofio ac ail-fyw eu gorffennol poenus. Llwyfannu syml – dwy gadair, goleuo. Mae'n ddrama ddigon taclus – heb dorri tir newydd ond mae'n adrodd y stori'n gelfydd a'r cymeriadu'n glir. Er tristed y stori, mae cyfle o fewn y ddeialog am wên, os nad chwerthin llond bol, fel sy'n digwydd gydag *Un sy'n aros.*

Mae'n agos iawn rhwng *Un sy'n Aros* ac *Iliad* ond, oherwydd ei fod yn fwy uchelgeisiol, rydym yn dewis gwobrwyo *Iliad.*

Y Fedal Ddrama

Drama fuddugol cystadleuaeth y Ddrama Hir, sef 'Cors Oer' gan *Y Priodfab,* sydd hefyd yn ennill y Fedal Ddrama.

Trosi Drama i'r Gymraeg

BEIRNIADAETH LISA LEWIS

Dwy ddrama a osodwyd i'w trosi, sef *Danny the Champion of the World*, addasiad theatraidd David Wood o nofel Roald Dahl, a *The Mad Millenium* (drama'n seiliedig ar un o'r gyfres *Horrible Histories* gan Terry Deary). Daeth pum trosiad i law: pedwar o *Danny the Champion of the World* ac un o *The Mad Millenium*. Does dim dwywaith nad yw'r ddrama gyntaf yn cynnig llawer mwy ar gyfer ei throsi gan mor graff yw'r addasiad gwreiddiol. Ceir digwyddiadau dramataidd iawn, gwibio cyflym rhwng golygfeydd a stori nerthol am gariad tad a mab. Mae'r ddrama *The Mad Millenium*, ar y llaw arall, yn cyflwyno gwybodaeth hanesyddol am frenhinoedd Lloegr ar ffurf deialog rhwng plant ysgol, ac mae'r ddrama'n brinnach ynddi, mewn gwirionedd.

Gwnaeth yr ymgeiswyr i gyd waith da wrth drosi. Ymhob trosiad cafwyd defnydd effeithiol o iaith, a llwyddwyd – ar lefel deialog, beth bynnag – i gyflwyno darluniau Cymreig iawn o'r dramâu. Ond mae drama'n llawer mwy na deialog, wrth gwrs, ac roedd hi'n anffodus fod sawl ymgeisydd wedi hepgor darnau sylweddol o wybodaeth: rhestri cymeriadau a chyfarwyddiadau llwyfan ac ati, sydd yn rhan o'r ddrama gymaint ag yw'r ddeialog ei hun. Llwyddodd rhai, yn fwy nag eraill, i gyflwyno trosiadau a fyddai'n cyflwyno byd cyflawn a chredadwy, ac mae'r defnydd o rythmau iaith yn bwysig iawn yn y cyswllt hwn.

Cynigia *Danny the Champion of the World* ddarlun o gymdeithas wledig sy'n trosi'n dda fel pentref cymdogol Cymreig. Ac fe aeth *Llifon, Wiliwonca, Tess* a *Twtmot* ar ôl yr elfen honno, gan efelychu naws a thinc bywyd gweledig yn y ddeialog drwyddi draw.

Llifon: Mae addasiad *Llifon* yn dda ac mae ganddo gyffyrddiadau arbennig sy'n gwneud ei ddarllen yn bleser; 'cap stabl' yw cap tad Danny, er enghraifft. Mae'r trosiad yn glynu'n dynn iawn wrth y gwreiddiol ond efallai y gallai'r ymgeisydd fod wedi mentro mwy wrth drosi, gan gofio bod cadw'n driw i effaith ddramataidd weithiau'n bwysicach na cheisio tebygrwydd manwl wrth gyfieithu. Mae'r ddeialog weithiau ychydig yn rhy lenyddol er yr holl ddywediadau tafodieithol hyfryd a ddefnyddir, a'r ddrama wedyn yn colli ei hystwythder.

Wiliwonca: Mae'r dafodiaith ddeheuol a ddefnyddir gan *Wiliwonca* yn arbennig o effeithiol; cyflwynir cynhesrwydd y perthnasau 'da' i'r dim, a diawlineb y cymeriadau 'drwg' mewn modd digrif ond credadwy. Defnyddir cyweiriau iaith yn dda ac mae'r ddeialog yn llifo'n braf gyda rhythmau iaith lafar naturiol. Mae'r trosiad hwn yn agos iawn i'r brig ond, gwaetha'r modd, ni chyfieithwyd tudalen gyntaf y ddrama, gan hepgor yr olygfa gyntaf (sy'n dangos tad Danny yn potsian ffesantod yn y goedwig) a chyfarwyddiadau llwyfan yr olygfa ddilynol. Mae hyn yn drueni gan fod hiwmor ac ysgafnder Dahl yn bresennol yma, mewn trosiad a fyddai'n gweithio'n dda ar lwyfan. Mae modd gwneud newidiadau beiddgar mewn trosiad, wrth gwrs, ond ni chredaf mai penderfyniad golygyddol sydd y tu ôl i hepgor y dudalen gyntaf fan hyn.

Tess: Ceir trosiad cyflawn iawn gan *Tess*, sy'n cynnwys cyfieithiad o ragarweiniad David Wood, rhestr cymeriadau, awgrymiadau castio, ystyriaethau cynllun a set, rhestr dilyniant y golygfeydd a syniadau yn dilyn y cynhyrchiad gwreiddiol. *Tess* yw'r unig ymgeisydd i gyfieithu hyn oll ac, at ei gilydd, mae'n wybodaeth anhepgor i'r sawl a fyddai'n dymuno cynhyrchu'r ddrama. Er bod ambell wall yma a thraw, mae hwn yn gyfieithiad arbennig o dda ac yn drosiad sy'n llwyddo i ddal ysbryd y gwreiddiol, tra bo'n teimlo'n Gymreigaidd gyfarwydd. Mae'r iaith yn ogleddol ond heb fod yn or-dafodieithol ac fe ellid ei newid yn rhwydd er mwyn ei pherfformio mewn unrhyw dafodiaith, unrhyw le yng Nghymru. Mae'r Gymraeg yn safonol heb ormod o dinc llenyddol. Nid wyf yn hollol siŵr a yw trosi *Danny the Champion of the World* yn 'Gari, Gorau'r Byd' yn gweithio, gan mor bwysig yw'r cysyniad o bencampwr sy'n trechu'r gormeswr yn llinellau olaf y ddrama.

Twtmot: Mae gan *Twtmot* drosiad clir iawn ac mae rhyw symlrwydd yn perthyn i'r ddeialog sy'n peri bod hwn yn fersiwn cyfforddus a rhwydd i'w ddarllen; tipyn o gamp i'w chyrraedd wrth drosi. Mwynheais ddarllen y trosiad hwn ond mae ambell wall yma ac ambell benderfyniad annoeth wrth gyfieithu geiriau penodol sy'n effeithio ar deithi iaith naturiol y trosiad.

Dr Pwy?: Wynebodd *Dr Pwy?* dalcen caled wrth drosi *The Mad Millenium*. Mae'r gwreiddiol yn frith o idiomau a chyfeiriadau a berthyn i draddodiadau diwylliannol Seisnig. Drama episodig ydyw, sy'n cynnal diddordeb y gynulleidfa gyda geiriau mwys digrif. Mae'n gamp trosi'r llinellau chwim gyda'r un egni a'r un sydynrwydd â'r gwreiddiol. Defnyddir tafodiaith plant ysgol yn nhrosiad *Dr Pwy?* ac er bod ymdrech i gyflwyno ieithwedd gyfoes gydag acenion amrywiol, mae anghysondeb yn y dafodiaith, ac mae hyn yn effeithio ar ansawdd y ddrama. Ar yr un pryd, ceir cyffyrddiadau effeithiol iawn yma sy'n Cymreigio'r testun a rhoi ychydig o berchnogaeth ar ddrama sy'n olrhain hanes Prydeinig.

Yn sicr, mae potensial ar gyfer perfformio ym mhob un o'r trosiadau er bod angen mwy o waith ar ambell un. O safbwynt perfformio, mi fyddwn yn dewis trosiad *Tess*, a hwnnw felly sy'n mynd â'r wobr.

Llunio Sgript. Gofynnir am sampl deng munud o hyd a disgrifiad o gymeriadau a thrafodaeth lawn ar gynnwys a datblygiad sgript. Dylid canolbwyntio ar thema a rhediad golygfeydd

---

BEIRNIADAETH CEFIN ROBERTS

Gan mai dyma'r math o sampl y gofynnir amdano gan awduron wrth gyflwyno syniad i gwmnïau'r dyddiau hyn, roeddwn yn falch o weld y gystadleuaeth hon yn y *Rhestr Testunau* eleni. Mae'r math yma o abwyd i gwmni yn haws i'w baratoi na cheisio llunio drama orffenedig nad oes neb, efallai, yn mynd i fod ag awydd ei llwyfannu. Fframwaith yw'r hyn y gofynnir amdano i osod eich syniad arno a gweld a oes rhywun yn mynd i'w lyncu, a hynny heb orfod rhedeg y farathon gyflawn a'ch lladd eich hun yn y broses. Siom, felly, oedd derbyn dim ond un ymgais, sef yr un o eiddo *Rhosyn*. Gobeithio'n wir na fydd hyn yn arwain at ddiddymu'r gystadleuaeth yn *rhy* fuan, gan mai dyma'n union y math o '*pitch*' yr ydym yn chwilio amdano yn y theatr.

Gwaetha'r modd, nid yw'r cystadleuydd wedi darllen y testun yn ddigon manwl. Prin hanner tudalen o ddatblygiad sgript a geir ganddo, pan ofynnwyd am 'drafodaeth lawn'. Brawddeg yr un hefyd a geir o ddisgrifiad i bob cymeriad nad yw'n rhoi hanner digon o gyfle inni weld y potensial yn natblygiad y berthynas rhwng y naill berson â'r llall yng ngwead y plot.

Er bod y ddeialog yn llifo'n eitha' naturiol ganddo, nid yw *Rhosyn* eto wedi ystyried ei gyfrwng yn ddigon dwys. Mae dylanwad ysgrifennu teledu yn drwm ar y ddrama ar hyn o bryd o safbwynt tempo a strwythur, ac er bod y caru trwsgl, naïf sy'n digwydd rhwng yr amrywiol gyplau yn eitha' digri, mae'r deunydd sydd yma ar hyn o bryd yn fy nharo i fel rhywbeth a fyddai'n fwy addas i'w gyfleu ar gyfer ffilm fer gan bobl ifanc. Rwy'n siŵr fod *Rhosyn* yn awdur eitha' newydd, ac er bod peth addewid yn y cynnwys nid yw, y tro yma, wedi llwyddo i gyflawni'r hyn yr oedd y testun yn gofyn amdano. Mae hefyd wedi hepgor tudalen saith o'r pecyn ac felly ni chefais ddarllen y gwaith yn ei gyfanrwydd. Er y byddwn yn annog y cystadleuydd i ddal ati, ni allaf ddyfarnu ei fod yn deilwng o'r wobr ar y cynnig anghyflawn yma.

BEIRNIADAETH SIAN SUMMERS

Dyma gystadleuaeth a allai finiogi syniadau ambell sgwennwr sy'n prifio, heb ei orfodi i fynd ati i lunio drama lawn, sy'n gallu bod yn orchwyl brawychus. O'r herwydd, hoffwn longyfarch y Panel Drama ar eu menter, gan obeithio y datblyga'r gystadleuaeth ac ennill ei phlwyf gyda hyn.

Un ymgais a gafwyd eleni, gwaetha'r modd, a hynny oherwydd y newydd-deb efallai, ond diolch i *Rhosyn* am gystadlu. Cyflwynodd glwstwr o olygfeydd cyntaf 'Mr Perffaith', sy'n croniclo helyntion carwriaethol gŵr a gwraig ifanc yn chwilio am eu partner perffaith. Llyffethair Mari yw ei bod wedi'i dallu gan ddelweddau Hollywood-aidd tra mae Llwyd yn ŵr ifanc braidd yn swil a lletchwith. Hoffais y cliw bach am ddiweddglo'r stori yn enwau'r cymeriadau, ac nid oes fawr o amheuaeth na fydd y ddau yma'n glanio yng nghol ei gilydd yn hwyr neu'n hwyrach. Nid yw'n stori newydd ond pa ots am hynny? Yr hyn sy'n bwysig yma, fel mewn sawl *romcom* dros y blynyddoedd, yw sut y mae'r ddau'n canfod ei gilydd, yn hytrach na bod rhywbeth annisgwyl yn digwydd iddynt. Y mae'r awdur yn dadlau bod prinder o ddramâu 'ysgafn, rhamantaidd a chyfoes' yn y Gymraeg ac mae ganddo bwynt, ond mae'n rhaid i'r stori gynnwys cymeriadau lliwgar, deialog gredadwy, llithrig a phlot sy'n gafael. Er bod yma ambell fflach, ni theimlais fod digon o botensial yn yr un ardal i wobrwyo. A theimlais hefyd nad oedd ymgais i greu sgerbwd drama lwyfan. Yn sicr, mae angen gwaith digrif a rhamantaidd ar y theatr, ond does neb ar ei elw os ydi'r ddrama honno'n fwy addas i deledu neu ffilm.

Llwyddodd *Rhosyn* i gyfleu embaras chwithig cariad ifanc yng ngolygfa Llwyd a Michelle ac i ddangos rhwystredigaeth unigolion sy'n methu deall pam eu bod nhw'n sengl. Ond nid yw wedi ateb gofynion y gystadleuaeth yn llawn. Yn gyntaf, mae peth o'r gwaith ar goll, sy'n ei gwneud yn anodd iawn i feirniadu. Ond, hefyd, gofynnwyd am drafodaeth lawn ar gynnwys a datblygiad y sgript ond braslun tenau iawn a gafwyd. Ac er bod yr awdur yn sôn am ffawd fel ei brif thema, nid oes ymgais i gynnwys hynny yn llwybr y stori. Byddwn wedi dychmygu i'r ddau yma fethu ei gilydd ar sawl pwynt gwahanol cyn cyfarfod ar hap efallai, ond ni cheir trafodaeth ar y modd y daw'r cymeriadau at ei gilydd na'r hyn a ddysgant ar y ffordd.

Mae cyfoesedd ac asbri yn nweud *Rhosyn* a byddwn yn ei annog i feithrin y rheini ac i ddal ati i ysgrifennu. Ond, gwaetha'r modd, ni theimlaf fod syniad a llwybr digon pendant i'r stori na`r cymeriadau i wobrwyo y tro yma.

Cyfansoddi Monolog hyd at 3 munud o hyd

BEIRNIADAETH GWION HUW A JENNIFER VAUGHAN

Derbyniwyd 17 o gynigion ac fe ddymunwn yn dda i bob un ohonynt yn y dyfodol wrth ddatblygu eu doniau ym maes ysgrifennu creadigol.

Ein 'Lliw' Olaf: Ceir syniad gwreiddiol iawn yn y darn hwn. Dyma ffoadur sydd yn ennyn ein diddordeb o'r cychwyn cyntaf drwy egluro ei fod yn 'dianc o'u gafel nhw' cyn mynd ymlaen i egluro mai fo yw'r Cymro olaf a'i fod wedi ei gaethiwo gan 'y Saeson' fel 'The last specimen of the Welsh in existence'. Golwg i'r dyfodol sydd yma, lle mae *Ein 'Lliw' Olaf* yn rhag-weld y bydd 'hi'n anodd cael gafel yn rhywun i gal sgwrs fach deidi gyda fe yn y Gymrag'. Mae'r dafodiaith yn llifo'n rhwydd ac mae'r cymeriad yn rhannu ei brofiadau gyda'i gyfeillion mewn ffordd naturiol. Mae gan *Ein 'Lliw' Olaf* ddawn dweud stori gyffrous, dychymyg bywiog a'r gallu i greu darluniau clir. Gwaetha'r modd, mae'r monolog ychydig hwy na thri munud ac felly mae'n rhaid i ni ei ddiystyru.

Ci Du: 'Y Ddynas Llnau'. Roedd yn bleser darllen y darn digri yma. Mae'r ddynas llnau yn ennyn ein diddordeb o'r eiliad y mae'n ymddangos yn ei marigolds ac yn yngan ei llinell gyntaf: 'Job ddigalon 'di llnau toilet'. Mae'r *Ci Du* wedi creu nid yn unig brotagonist diffuant ond llu o gymeriadau lliwgar a chredadwy. Cawsom ein hunain yn chwerthin yn uchel pan fo'r lanhawraig yn ateb llinellau fel 'We're vegans' gyda 'I'm a methodist myself'. Cryfder yr ysgrifennu yw'r ffordd naturiol y mae'r cymeriad yn rhannu ei phrofiadau a hefyd ei manylder wrth greu darluniau byw – er enghraifft: 'wrthi'n rhoi joch o'r toilet duck rownd yr u-bend yn yr en-suite o'n i ...' Ceir tro difyr ar y diwedd, hefyd, wrth i'r £200 droi'n 'cruise' rownd y byd. Mae potential i ddatblygu'r cymeriad yma a dychmygwn hi'n rhannu ei *gossip* ar Noson Lawen. Gwaetha'r modd, nid oes modd darllen y monolog mewn llai na thri munud ac felly, er cystal yw'r gwaith, ni chadwodd yr awdur at amodau'r gystadleuaeth.

Madog Pen y Gelli (1): 'Gwneud Argraff'. Mae'n amlwg fod gan yr ymgeisydd hwn ddawn ysgrifennu greadigol. Defnyddir tafodiaith naturiol, ac mae'r cymeriadu'n fanwl iawn er, efallai, y dylid gochel rhag i Chantelle droi'n stereoteip. Braf yw gweld o'r cyfarwyddiadau llwyfan fod y cystadleuydd wedi gwneud penderfyniadau pendant ynghylch y cymeriad, o'i hymddangosiad a'r 'gormodedd o dlysau aur' i'r ffordd y mae hi'n ei hastudio'i hun yn y drych. Mae strwythur diddorol i'r darn, gyda Chantelle yn cynnig pytiau o'i meddyliau tra bo'n trio gwahanol ffrogiau, ond efallai bod angen sicrhau mai'r stori yw'r peth pwysicaf a pheidio â gadael i'r chwarae droi'n or-ddibynnol ar y *props*. Anodd yw cynnal monolog sy'n edrych ymlaen at ddigwyddiad, ond cynhelir ein diddordeb gan y manylion a gynigir gan Chantelle – er enghraifft, ei mam yn cymryd tabledi 'Sealegs' a'r BMW (y mae ei thad wedi ei fenthyca) 'hefo blacked out windows' ac, wrth gwrs, brwdfrydedd cymeriad hoffus Chantelle ei hun, Dyma ymdrech deilwng i greu cymeriad difyr sy'n llawn hiwmor ysgafn.

Madog Pen y Gelli (2): 'Pan Fo'r Rhieni'n Cwrdd'. Yn y monolog hwn, mae'r cystadleuydd yn dangos dawn arbennig i ddweud stori. Mae Chantelle yn adrodd ei hanes gyda manylder a hiwmor sydd yn cynnal diddordeb y gynulleidfa hyd y diwedd. Mae'r darluniau sy'n cael eu creu o'r cymeriadau eraill – y fam yn ei 'sailor suit' a'i chi dan ei chesail, John yn '[g]afael yn ei thin hi' a gweiddi 'Howdy Sailor!', a William sydd wrth ei fodd efo 'dramatics y diwrnod' – i gyd yn ddigri tu hwnt. Roedd yn bleser darllen y darn.

Rhosmari: 'Rhown Garreg ar Garreg ...' Ceir syniad gwreiddiol yn y monolog yma sy'n dechrau gyda darlun byw o fan transit John Prydderch Evans, yna atgof o ddigwyddiad a barodd i Gwil ddianc i Brighton, ac yna gorffen unwaith eto gyda'r fan. Mae strwythur taclus i'r darn a cheir cymalau gwreiddiol a sylwgar – er enghraifft, pan mae'r ferch yn 'sylwi ar yr hiraeth 'na yn 'i sgwydde fe'. Ceir hefyd gyffelybu rhwng bywyd teuluol a'r broses o adeiladu wal gerrig: 'Mae lle i bob carreg a phob carreg yn 'i lle. Sdim ise siment'. Er nad yw'n glir beth yw perthynas y ferch a'r teulu (y ferch yn forwyn, efallai?), mae hi'n gymeriad hoffus a diffuant ac rydym yn cydymdeimlo â hi yn ei rhwystredigaeth. Efallai y byddai'r monolog yn manteisio o gael digwyddiad mwy cyffrous yn arwain at ymadawiad Gwil yn hytrach na ffrae arferol wedi i Gwil 'adael i garreg gwympo'. Ceir ymdrech deilwng yma i greu cymeriadau difyr ac i ddisgrifio sefyllfa o safbwynt gwyliwr rhwystredig.

Yma o Hyd: 'Oes 'na seren yn y nen?'. Cawsom bleser mawr wrth ddarllen y cynnig hwn. Mae'r dafodiaith yn llithrig a hawdd yw derbyn bod y cymeriad yn cyffesu ei theimladau'n naturiol wrth ffrind neu mewn dyddiadur. Cawn gymeriadu clir: 'Ma'n hormons i'n un coctel o hunan-dosturi', ac adegau o hiwmor gwreiddiol iawn: 'Mae hi'n job trio peidio edrych yn amlwg pan ma'r Magic Knickers yn mynnu dringo fyny'r goes'. Gwaetha'r modd, derbyniwyd sawl monolog yn trafod bywyd sengl mewn ffordd 'Bridget-Jones-aidd'. Efallai y byddai'r darn wedi manteisio o ganolbwyntio ar un neu ddwy o storïau penodol. Ceir ymdrech deilwng yma i greu cymeriad difyr a hoffus.

Ffreshar: 'Dyds neu Styds'. Cawsom bleser mawr wrth ddarllen y monolog hwn. Mae'n amlwg fod gan *Ffreshar* ddawn ysgrifennu naturiol. Er hynny, mae'r darn yn fwy addas ar gyfer colofn olygyddol mewn cylchgrawn yn hytrach na'r llwyfan. Cawn syniadau gwreiddiol o ran y cyfeirio cyson at ffilmiau rhamantaidd a'r posibiliadau comig o sut y byddai'r cymeriad yn cyfarfod ei dyn delfrydol: 'Beth petaech yn ei fwrw i lawr oddi ar ei feic tra'n rifyrsio'r car mewn ffordd lletchwith? ...' Gwaetha'r modd, nid yw'r syniad yn un gwreiddiol, ac nid oeddem yn teimlo bod y darn yn cynnig unrhyw stori neu ddigwyddiad arbennig a fyddai'n dal sylw'r gynulleidfa. Ceir yma ymdrech gymeradwy i greu cymeriad byw a chynnes ac i ddifyrru'r gynulleidfa gydag iaith naturiolaidd a synnwyr digrifwch.

Y Bore Godwr: 'Monolog Steve'. Meddyliau Steve a gawn am ei hen ffrind coleg, Jeff. Y mae'r iaith a ddefnyddir yn llifo'n rhwydd ac mae'n hawdd credu bod Steve yn siarad yn naturiol gydag un o'i ffrindiau. Yn anffodus, mae'r portread o Jeff yn un amwys ac weithiau mae Steve yn ei wrthddweud ei hun. Mae'n disgrifio Jeff fel person 'bonheddig' ac yn dweud bod ganddo 'lot o barch at y boi'. Er hynny, mae'n dweud bod Jeff yn 'tueddu i ddilyn y ffasiwn fel dynion sydd dipyn iau nag ynte', 'gall e ddim fod yn naturiol', a'i fod yn falch nad oedd yn bresennol pan oedd Jeff wedi llefain un noson ar ôl bod mewn bwyty gyda'i ffrindiau. Gwaetha'r modd, nid yw Steve yn cael ei bortreadu mewn ffordd hoffus ac erbyn diwedd y monolog mae gan y gynulleidfa fwy o gydymdeimlad â Jeff na chyda Steve. Mae'r monolog braidd yn ailadroddllyd a chwynfanllyd ac nid oes datblygiad o'r syniad bod Steve yn anfodlon ar ffordd Jeff o fyw.

Myrddin: 'Ein Llecyn Ni'. Mae'r monolog yn dechrau'n dda, gan ennyn diddordeb y gwrandäwr a pheri iddo ysu am glywed mwy. Mae manylder 'Nant Gwynant yn y Gwanwyn . . . o strydoedd y dre at y llethra gwyrdd' yn gwneud i ni feddwl ein bod am fynd ar antur. Gwaetha'r modd, unwaith yr ydym 'ym mhlyg aelodau'r hen gewri', mae'r stori'n un amwys iawn ac nid yw Bryn yn disgrifio'r un digwyddiad penodol ond sawl atgof aneglur. Faint oedd oed y criw? Pa hwyl oedd i'w gael o dan 'ddistiau du y dafarn'? Mae tri munud yn amser byr iawn ar lwyfan ac felly mae angen dweud y stori mewn ffordd gywrain a chynnil gyda chymaint o fanylder ag y bo modd ac, yn anffodus, dydi Bryn 'ddim yn cofio pob manylyn rŵan'. Trueni am hyn gan fod yr iaith a ddefnyddir yn farddonol ac yn effeithiol, ac mae'n amlwg fod gan *Myrddin* ddawn dweud. Ceir ymdrech dda iawn i fod yn wreiddiol a chreadigol.

Yr Eliffant Gwyn: 'Adre'n Ôl'. Ceir syniad diddorol a dewr; cyflwynir cymeriad sydd yn pardduo'r gymuned cefngwlad ac sy'n trafod ei siom ers iddo ddychwelyd i Gymru lle nad yw ei freuddwyd am y gymuned berffaith yn bodoli mwyach. Dylid cofio bod yn ofalus wrth greu cymeriad negyddol rhag i'r darn ei hun droi'n gwynfanllyd ac yn undonog. Efallai y byddai cyflwyno mymryn o hiwmor neu eironi wedi helpu i greu cymeriad ychydig mwy hoffus ac ennyn cydymdeimlad y gynulleidfa. Mae'r iaith a ddefnyddir yn briodol ac yn eithaf ffurfiol sydd o gymorth i greu darlun o Alwyn ym meddwl y gwrandäwr, ond gellid honni'r un pryd fod y ffurfioldeb hwn yn pellau'r gynulleidfa oddi wrth Alwyn. Efallai mai dyma'r bwriad ond, yn anffodus, nid yw hyn yn ein galluogi i uniaethu â'r cymeriad.

Balaclafa: 'Fflat-Pac'. Cynigir syniad gwreiddiol wrth i Gethin gymharu'i briodas â'r dodrefnyn o Ikea y mae'n ei adeiladu. Ar yr un pryd, gorddefnyddio'r syniad yma yw un o wendidau'r monolog. Efallai y byddai'r cyfeiriad cyntaf at y tebygrwydd – 'Rhian oedd A, fi oedd B ac roedd y cysylltiad yn un da yng ngolwg pawb' – wedi bod yn ddigon. Mae *Balaclafa* wedi creu cymeriad credadwy sydd yn amlwg yn teimlo gwewyr mawr ond, gwaetha'r modd, gan ei fod yn eithaf ailadroddllyd yr ydym yn colli cydymdeimlad ag o, ac felly'n colli diddordeb. Mae teitl y monolog yn awgrymu darn comig, ac er nad oes dim o'i le ar fonologau difrifol, byddai pytiau o hiwmor neu eironi yn ysgafnhau'r darn ac felly'n gwneud y cymeriad yn fwy hoffus.

Cwm Llwydrew: 'Y Clyweliad'. Mae'r monolog yma wedi ei ysgrifennu mewn modd naturiolaidd ac mae'r iaith yn llifo'n rhwydd. Braf yw gweld syniadau gwreiddiol a difyr – er enghraifft: 'Dw i'n ama' fasa fo'n medru torri drw'r prifets i drws nesa – ac ma' hwnna'n fylcha i gyd ...' Mae'r cymeriadu'n glir ac yn fanwl ac mae cyfle gwych yma i'r actor ddynwared gwahanol aelodau'r teulu. Gwaetha'r modd, nid yw *Cwm Llwydrew* wedi cyflwyno syniad gwreiddiol a dyna wendid y monolog. Nid syniad newydd yw bod rhieni'n pryderu am eu plant ac, yn anffodus, unwaith y mae'r syniad yna wedi ei grybwyll nid oes datblygiad i'r stori. Wedi dweud hynny, mae'r cymeriad yn un hoffus, sydd yn ennyn cydymdeimlad y gynulleidfa. Mae'n amlwg fod gan *Cwm Llwydrew* ddawn ysgrifennu naturiol a synnwyr digrifwch.

Pry ar y Wal: 'Miss Rowlands'. Dyma syniad gwreiddiol: athrawes yn clirio ysbwriel hen athro y mae hi'n tybied sydd yn ddiflas tu hwnt, dim ond i ddarganfod ar y diwedd un fod ganddo, efallai, fywyd personol dirgel wedi'r cwbl. Gwaetha'r modd, nid yw'r syniad yn ddigon cyffrous i gynnal diddordeb y gynulleidfa am dri munud. Pe bai'r cystadleuydd wedi cyflwyno'r llythyr yn gynt, efallai y byddai cyfle wedyn i Miss Rowlands ddychmygu sut fywyd oedd gan yr athro mewn gwirionedd a'i gymharu â'r dyn yr oedd hi'n ei adnabod. Byddai hefyd yn gyfle i wneud ei chymeriad hi'n llai beirniadol ac felly'n fwy hoffus. Weithiau, mae tueddiad i fod yn or-ffurfiol, efallai'n annaturiol o ffurfiol. Serch hynny, roedd yn fonolog difyr gyda thro annisgwyl ar y diwedd.

Carla: '*Phone a friend ... ?*'. Ceir syniad gwreiddiol yma, gydag ymdrech dda i gymeriadu ond rywsut nid yw'n taro deuddeg. Gwelwn syniadaeth syml ond effeithiol wrth i'r hen fenyw wylio rhaglen gwis ar y teledu sy'n ei hatgoffa o sefyllfa yn y gorffennol. Ni theimlwn fod y digwyddiad gyda'r babi a'r fenyw yn yr het yn ddigon trawiadol i gynnal diddordeb. Mae'r olygfa ar y stryd yn un amwys a braidd yn ddryslyd ac nid oedd yn glir sut yr oedd Gwyneth yn teimlo tuag at y ddynes yn yr het, a pha effaith a gafodd yr achlysur arni. Mae'n amlwg fod gan *Carla* ddawn dweud stori, ond mae angen bod yn fwy manwl wrth ddatblygu'r themâu fel bod bwriad y stori'n hollol glir i'r gynulleidfa. Efallai y byddai'r monolog ar ei ennill pe bai *Carla* wedi manteisio ar y tri munud llawn i fynd i fwy o fanylder.

Y tri ymgeisydd a ganlyn yw goreuon y gystadleuaeth.

Botwm: 'Hen Ffrindie'. Ceir syniad gwreiddiol a difyr. Credem i ddechrau fod yr athro'n ceisio ennyn cydymdeimlad y llenorion ar y wal drwy eu hatgoffa, 'Chi gyd yma yn dystion i'r celwydde', ond yr eironi dramatig yw mai'r athro sydd wedi dweud celwydd ac sydd nawr yn ceisio cyfiawnhau ei ymosodiad ar fachgen ysgol. Mae *Botwm* yn creu uchafbwynt dramatig drwy ddyfynnu'r ddeialog a arweiniodd at yr ymladd. Mae'r ffaith fod y bachgen yn ailadrodd 'Twll dy din di ...' ond yn ychwanegu 'Syr' herfeiddiol, yn ennyn ein cydymdeimlad ac yn cyfleu rhwystredigaeth yr athro. Mae'r manylion a ddefnyddir i ddisgrifio'r achlysur – er enghraifft: 'ana'l gwm-cnoi-a-ffags ... yn crafu'r synhwyrau' yn creu darlun penodol iawn ym meddwl y gynulleidfa. Mae presenoldeb gorthrymus yr haul, sydd wedi melynu'r posteri ac sy'n 'isel a thwym' yn yr atgof, yn ychwanegu naws clawstroffobig i'r darn. Y mae gan *Botwm* ddawn i greu cymeriad credadwy sy'n defnyddio iaith naturiol ond priodol o fewn sefyllfa wreiddiol.

Crysalis: 'Crysalis'. Ceir syniad gwreiddiol eto gan *Crysalis*. Mae naws anrhagweladwy i'r darn, nid yn unig oherwydd bod Del yn sefyll ar ymyl clogwyn yn y gwynt ond am fod ei meddyliau'n neidio o un lle i'r llall wrth iddi sgwrsio â'i nain sydd wedi marw. Mae cymeriad Del yn byrlymu gydag egni ac mae ei meddwl yn rasio o un atgof i'r llall sydd yn gwneud y trosiad 'gyrru a brecio' yn un addas iawn. Ar adegau, mae'r disgrifiadau'n hyfryd farddonol ac yn creu darlun clir ym meddwl y gynulleidfa – er enghraifft: 'ei wallt o'n glynu at ei wynab o fatha dwylo cariad'. Dilynir hyn gan gyfeiriadau modern: 'ddaru fi sdopio jysd o'i flaen o 'fatha 'swn i'n un o'r celebs ar Top Gear ...' Credwn mai'r gallu yma i ddefnyddio gwahanol arddulliau ieithyddol i greu effaith yw cryfder y darn. Mae yma hefyd gymeriad hoffus sydd yn ennyn ein diddordeb gyda'i brwdfrydedd naïf.

Enlli: 'Moment'. Mae strwythur pendant i'r darn sy'n dechrau gyda gwewyr Meriel wrth iddi siarad â'i mam yng nghyfraith ymadawedig, yna'r 'foment' gyda Glyn, ac wedyn drama'r geni ac eironi'r diweddglo. Mae Meriel yn gymeriad cymhleth sy'n cyfleu ei dicter drwy ailadrodd nid yn unig ei mantra ynglŷn ag anghofio'r gorffennol ond wrth siarad â Cari: 'Gas gin i'r sdafall 'ma. Gas gin i hi. Basdad o 'sdafall. Basdad'. Mae adegau barddonol hyfryd – er enghraifft, y disgrifiad o Ynys Enlli wedi i Meriel garu efo Glyn, 'fel cefn cariad yn y bora ... yn tanbeidio 'fatha haul y dyfodol'. Daw'r uchafbwynt dramatig gydag iaith fwy swrth wrth i Meriel ddisgrifio'r chwerwder o orfod rhoi genedigaeth ar ei phen ei hun gyda'r gerddoriaeth yn boddi'r sgrechfeydd a'r 'siswrn rhydlyd o drôr gegin'. Cawn gymeriad credadwy yma sy'n defnyddio iaith naturiol ond priodol o fewn sefyllfa ddramatig a diddorol. Llongyfarchiadau i *Enlli* ar ysgrifennu monolog gwreiddiol a theimladwy. I *Enlli* y dyfernir y wobr gyntaf.

Y Monolog

MOMENT

(MERIEL yn gwrando ar dâp hunan gymorth – mae cerddoriaeth ffuantus, ymlaciedig – e.e. panpipes *– i'w chlywed yn gefndir i'r troslais. Eistedda MERIEL gyda gwydryn a photelaid o win coch o flaen drych ac iddo dair rhan, sy'n golygu bod ei hadlewyrchiad i'w weld deirgwaith. O'i hamgylch, mae fflyd o ddillad a 'nialwch hen berson.)*

LLAIS SEISNIG: *Nothing ever happened in the past. It happened in the present ... Nothing will ever happen in the future. It will happen in the present ... The past we revisit is simply a memory trace stored in the mind ... Yet it has the power to corrupt the present with feelings of anger, sadness, shame or regret ...*

(MERIEL yn diffodd y peiriant yn fyrbwyll gan ddrachtio'r gwin.)

MERIEL: Caea dy hopran, ddynas.
(Anadla'n ddwfn er mwyn ei sadio'i hun. Adrodda fel mantra)

MERIEL: Rwy'n ffarwelio â'r gorffennol ac yn edrych tua'r dyfodol yn hyderus a llawen. Rwy'n ffarwelio â'r gorffennol ac yn edrych tua'r dyfodol yn hyderus a llawen.
(Dechreua ddidoli dillad CARI, ei mam yng nghyfraith, yn ddiamynedd. Mae'n synhwyro presenoldeb CARI yn yr ystafell.)

MERIEL: 'Dach chi'n mwynhau 'ngweld i ar fy nglinia, ydach chi, Cari? Ydach, mwn. Dydd Sadwrn 'di hi! A lle dw i? Ca'l *hot flushes* mewn cansar o dŷ. 'Ddyliwn i fod yn Howell's rŵan yn llosgi *credit cards* Gerwyn.

Be o'dd haru fi'n gwastraffu dyddia aur fy mywyd i yn fa'ma efo chi? 'Nghardyn *equity* i'n gorwadd 'fatha jôc greulon yng ngwaelod fy mhwrs i tra o'n i yn fa'ma yn golchi llestri budur eich twrists o Blackpool a Slough. Do'n i ddim isio bod yma! 'Dach chi'n dalld hynna? Do'dd gen i'm pres yn dŵad i mewn nunlla arall, nago'dd, dim dewis gen i yn y matar ... a Gerwyn yn rhy brysur efo'i fywyd coleg i ffwr' i hyd'n oed sylwi.

'Gas gin i'r sdafall 'ma. Gas gin i hi. Basdad o 'sdafall. Basdad.

Eich bai chi o'dd o, Cari – yn eich lle Gwely a Brecwast tair seran o ddiawl nesh i gwarfod o, dê? Glyn walad dew o Gaerdydd – yn goc i gyd ac eiddo, eiddo, eiddo yn llenwi'i fyd o 'fatha mantra. Ac mae o'n deud 'tha fi dros ei *Full English* cyn iddo fo checkio allan: 'Ma' gen i Canon yn fy mag i a ffilm ar ei hanner. 'Da chi ffansi?' Pwy o'n i i wrthod? *The customer is always right,* fel fysa chi yn 'i ddeud.

Modelu i lens ei gamera fo. Awr rydd ar lwybra Uwchmynydd … rhannu smôc yn y gwair uchal o'dd 'fatha cyllyll bach o dana' i ... Enlli a'i chefn atan ni, fel cefn cariad yn y bora, yn smotyn du 'fatha carrag emralld fy modrwy ddyweddïo fi – yn wincio'n slei arna' i, yn tanbeidio 'fatha haul y dyfodol. A Gerwyn yn wlad ddiarth yn fy meddwl wrth iddo fo orwadd yn drwm ar fy mhen i, a'r un foment yna yn newid pob dim.

'Chydig fisoedd wedyn, a dyna fi'n dechra chwyddo. O'ddach chi'n ama, Cari?

Be 'nesh i?
(Mae MERIEL yn emosiynol fwya' sydyn. Mae hi'n yfed rhagor o'r gwin.)

Rwy'n ffarwelio gyda'r gorffennol. Rwy'n ffarwelio gyda'r gorffennol. Rwy'n ffarwelio â'r gorffennol!

Y geni wedyn. Geni ddaru newid fy myd i! Yn fa'ma, yn y basdad sdafall yma!

Deffro yng nghanol y nos a'r fatras yn socian o dana' i. Ac mi ro'dd y Rolling Stones yn canu *You can't always get what you want* ar y radio, a 'nesh i godi'r sain fymryn lleia … 'misio i chi gl'wad fy sgrechian i, nag o'n? Mygu fy nadu ora medrwn i efo'n llaw, cwshin, 'ngwinadd i'n rhwygo i mewn i'r fatras. Ac mi o'dd y sdafall 'ma mor oer, y *storage heaters* yn flocia o rew ... mor uffernol o oer …

Pan wthiodd o'i hun ohona fi o'r diwadd, lwmp o waed a sgym drosdo fo, 'fedrwn i ddim aros am eiliad yn chwanag i'w wahanu fo oddi wrtha'i ... siswrn rhydlyd o drôr gegin 'na'th y job, ac mi foddish i ei sgrechian hyll o yn fy mronna fi.

Dim gobaith mul gin i o dwyllo Gerwyn mai ei fabi o oedd o, a fynta i ffwrdd yn g'neud ei ddoethuriaeth bondigrybwyll a phrin yn cyffwrdd blaen ei fys yno' i.

Pwy fysa'n cymryd fy hogyn i? Tri yn bora oedd hi a do'dd yr eglwys ddim yn bell ... Roish i o mewn blancad galad ar riniog y drws. Llechan oer fel carreg fedd; wedyn 'i g'leuo hi o'na rhwng cloria'r nos heb edrych yn f'ôl, ddim unwaith, a'r cloria'n cau'n glewt amdana' i cyn i mi newid fy meddwl.

A fedra' i ddim godda bod yn f'ôl 'ma. Pobol y pentra 'ma'n sbio'n sych reit drwydda fi wrth i ni eich claddu chi yn y glaw. Be os ydyn nhw'n gwbod be 'nesh i i'r babi bach dela fyw?

Ond mi dw i'n gweld yr hogyn 'ma heno ... dw i'n gweld y Gai 'ma ... ac ma' rhaid i mi edrych arna fo eto, ac eto, ac eto ... achos wrth i mi sbïo, dw i'n ca'l fy atgoffa o'r p'nawn poeth yna o garu blêr. Yr un hyder sy' ganddo fo, yr un carisma dynol ... 'Ma' gen i Canon yn fy mag i a ffilm ar ei hanner. 'Dach chi ffansi?' Fo 'di-o! Fo 'di-o, dw i'n gwbod mai fo 'di-o! Pwy arall fedrith o fod ond fy hogyn bach i?
(Y golau'n diffodd yn sydyn.)

Enlli

Creu rhaglen 5-10 munud o hyd ar unrhyw fformat – er enghraifft, ar ffôn symudol neu *dvd*

BEIRNIADAETH PAUL JONES

Un cystadleuydd yn unig a gynigiodd ac mae hynny'n siomedig o ystyried mor hawdd ydi mentro i'r maes hwn bellach gyda datblygiadau mewn systemau saethu a golygu. Ac mae'n rhyfedd hefyd nad yw gwobr o £150 wedi llwyddo i ddenu rhai o'r doreth o fyfyrwyr sy'n ymgeisio bob blwyddyn am swyddi yn y cyfryngau.

Hoffwn awgrymu'n garedig y dylai *Y Tri Phensiynwr* edrych ar saernïaeth eitemau syml ar raglenni megis 'Wedi 7' cyn mentro'r tro nesa'. Gwaetha'r modd, dyw un cyfweliad hir di-dor ddim yn ddigonol – heb sôn am fod yn syrffedus i'r llygad – ac mae'n rhaid cyhoeddi nad oes teilyngdod yn y gystadleuaeth hon eleni.

YSGOLORIAETH GERAINT MORRIS

Sgript drama deledu neu ffilm 10 munud o hyd

BEIRNIADAETH MEIC POVEY

Tri oedd yn y ras siomedig. Mae'n syndod, o ystyried yr oes dechnolegol, gyfryngol sydd ohoni, i'r gystadleuaeth ddenu cyn lleied o ymgeiswyr. Hwyrach i'r geiriau 'drama deledu' yn nheitl y gystadleuaeth wanhau ei hapêl, gan y cysylltir y gair 'drama' â'r theatr fyw yn bennaf oll; ac mae byd o wahaniaeth wedyn rhwng gramadeg teledu a ffilm. Yn ei hanfod, cyfrwng gweledol ydi ffilm: mwya' yn y byd o'r stori all gael ei dweud heb y defnydd o eiriau, neu ddeialog, gora' yn y byd. Mae saernïo – dw i'n gyndyn i ddefnyddio'r gair 'sgwennu' – ffilm ddeng munud yn grefft ar ei phen ei hun. Yn bersonol, hoffwn weld 'drama deledu' a 'ffilm ddeng munud' yn gystadlaethau ar wahân.

Mortar: 'William Edwards – Adeiladydd i'r Ddeufyd'. Dim ond naw tudalen o sgript. O leiaf mae *Mortar* wedi cadw o fewn y rheolau amser – trwy drugaredd. Mi fyddai gorfod darllen ychwaneg o'r ddeialog lafurus, lythrennol yn dreth ar amynedd Job, heb sôn am feirniad pitw fel fi. Fel pe na bai hynny'n ddigon, does dim arlliw o wrthdaro ar y cyfyl – cynhwysyn cwbl angenrheidiol i bob stori yn y byd erioed – na phwt o eironi chwaith. Mae'r stori – os medrwch chi ei galw'n hynny – wedi ei lleoli yn y ddeunawfed ganrif ac yn olrhain hanes William Edwards a oedd yn gyfrifol am adeiladu'r bont enwog dros yr afon Taf ym Mhontypridd. Adeiladodd bont dri bwa. Daeth yn storm enbyd a chwympodd y bont. Adeiladodd ail bont, un bwa. Daeth yn storm enbyd a chwympodd y bont. Adeiladodd drydedd bont, un bwa, cant saith deg pump o droedfeddi. Mae'n debyg ei bod hi'n dal yno.

Castell Coch: 'Gêm'. Hanes dau unig – sef Nain, nad yw'n cael ei gwerthfawrogi gan ei hwyrion, a Hywel, hogyn wyth oed heb fawr o ffrindiau. Mae'r ddau'n closio er bod blynyddoedd rhyngddynt. Digwydd hyn yn bennaf trwy barodrwydd y Nain i gofleidio'r gemau cyfrifiadurol sydd mor bwysig i'r genhedlaeth iau – agwedd sydd, ymhen sbel, yn ennyn parch yr wyrion sinigaidd. O leiaf ceir ymdrech yma i gyflwyno'r stori yn ffilmig: golygfeydd byrion, amryw yn allanol, ac ambell un hyd yn oed yn ddiddeialog; ac mae'r ddeialog ei hun ar y cyfan yn ddi-fai. Ond stori simpil a geir, dw i'n ofni. Popeth yn ddu a gwyn, ar y trwyn, heb unrhyw ddatblygiad gwirioneddol, na thro annisgwyl i'm synnu a'm swyno. Y ffaith noeth ydi hyn: medrwn ddyfalu'r canlyniad cyn cyrraedd Golygfa 5 ar yr ail dudalen.

Huwcyn: 'Pwy sy' 'na?'. Cwestiwn: pa fam yn y byd crwn fyddai'n gadael ei merch ddyflwydd oed yn cysgu ar ei phen ei hun mewn fflat, tra oedd hi'n gyrru i'r dre' i gludo'i gŵr meddw adra? Ar ben hynny, a dyfynnaf, 'mae'n rhoi'r tân trydan ymlaen cyn tynnu'r drws ar ei hôl a gadael y fflat'! Y fi sy'n hen ffasiwn, mae'n rhaid. Ta waeth, dyma amlinelliad byr: Cathy yn euog achos mai hi oedd wrth y llyw pan laddwyd ei gŵr, Rob. A hithau'n fethedig o ganlyniad i'r ddamwain, try at gynnig rhyddhad rhywiol i ddynion trist dros y ffôn. Ffrind gora' Cathy yw Elin; cariad Elin yw Dylan. Ydi'r darllenydd wedi dyfalu eto? Onid yw'r canlyniad mor amlwg â hoel ar bost? Daw bywyd cudd Cathy i'r wyneb pan sylweddola Elin fod Dylan yn gwneud defnydd o'r 'gwasanaeth' ar y slei. Er bod yma syniadau diddorol, ac ymgais wirioneddol i greu cymeriadau cofiadwy trwy gyfrwng llun yn ogystal â llais, mae strwythur y stori yn gwbl ragweladwy. Ac, yn anffodus, erbyn Golygfa 13 ar dudalen 24 (o tua 35 tudalen) mae rheol gyntaf y gystadleuaeth wedi ei thorri, gan fod y deng munud gofynnol wedi ei gyrraedd. Fodd bynnag, mi fyddwn yn annog *Huwcyn* i ddal ati, gan fod yma, heb os, ddawn sgwennu.

Gwaetha'r modd, mae'n rhaid atal y wobr y tro hwn.

ADRAN DYSGWYR

CYFANSODDI I DDYSGWYR

Cystadleuaeth y Gadair

Cerdd: Y Ddinas. Lefel: Agored

BEIRNIADAETH CYRIL JONES

Derbyniwyd pedwar ar ddeg o gyfansoddiadau – hanner y nifer a dderbyniwyd y llynedd. Efallai mai'r rheswm am hynny yw bod y testun braidd yn gyfyngedig ei apêl ac y byddai'n syniad cynnig nifer o destunau. Yn wir, does dim rhaid gosod testun o gwbl – gadewch i'r dysgwyr ddewis thema. Caerdydd yw'r ddinas a ysbrydolodd y rhan fwyaf o gerddi, wrth reswm, ond ceir cerddi i Pompei, Llundain, Rhufain, Cairo, Hiroshima, Effesus, ac yn y blaen. Dydw i ddim am ddilyn yr arfer eisteddfodol o ddosbarthu'r cerddi. Cynigiaf sylwadau byr ar bob un, fel y daethon nhw o'r amlen a dderbyniais o swyddfa'r Eisteddfod.

Marged: Cerdd gymharol hir am brofiadau merch yn symud i ddinas Llundain ac fel y mae'r ddinas honno'n 'bachu/ Enaid arall,/ A'i lyncu'n gyfan'. Mae *Marged* yn llwyddo i gyfleu cyffro a nerfusrwydd y ferch wrth iddi gerdded a 'gwau trwy'r llif/ Cyn llithro o'r golau/ Lawr staer symudol/ I'r gwynt ...' Yn awr ac yn y man, mae'n teimlo'i phoced er mwyn gwneud yn siŵr bod 'popeth yn ei le'. Mae hon yn gerdd wastad o ran ei safon a hoffaf rai disgrifiadau sy'n cyfleu awyrgylch – er enghraifft, 'llonyddwch caffi yr oriel fawr' a hithau'n bwyta 'sbageti llipa/ Gyda dail letys gwelw,/ Coffi drud,/ A chacen siocled'.

Bugeiles: Y ddinas sy'n siarad yn y gerdd hon. Mae'n ddigri pan sonnir amdani'n cael 'tymi-tycs a ffês-liffts/ Di-rif' a hithau'n 'ysu am orffwys ... Rhag pwysau y lluoedd/ Sy'n dawnsio ar fy mrest'. Dydi gafael *Bugeiles* ar gystrawen y Gymraeg ddim mor gadarn â chystadleuwyr gorau'r gystadleuaeth ond mae ei hymdriniaeth â'r testun yn eithaf gwreiddiol.

Sbrocsyn: Disgrifio hynt gŵr digartref yn gwthio troli archfarchnad sy'n cynnwys ei holl eiddo trwy ddinas Caerdydd a wneir yn y gerdd afaelgar hon. Gwrandewch arno'n agor ei gerdd: 'Wedi wyth: ac mae Caerdydd yn rhwbio'i llygaid, cribo'i gwallt/ ac ymlwybro, ymlusgo/ i'r gwaith'.

Dilynwn ei hynt yn taro ar stwmpyn sigarét, pasio'r colomennod a'r siop elusen cyn iddo fynd i'w wâl y 'tu ôl i hen sinema'r Glôb ... ei goesau ar led/ fel doli glwt'. Ac mae'r diweddglo'n adleisio'r dechrau yn wych 'mae Caerdydd yn codi'i harian, lapio'i chot amdani, a chloi/ drws y diwrnod cyn dechrau/ am adre, yn ddiarwybod'.

Enfys: Cerdd wych arall a ysgrifennwyd yn y mesur penrhydd cynganeddol – tipyn o gamp i ddysgwr. 'Adar gleision a dreigiau cochion/ yn cychwyn/ ehediad ar adain / gwynt tua hynt a helynt ulw/ yr oes a fu'. Ac ar ôl cyrraedd y gorffennol hwnnw, mae'n gweld 'Lludw du castell Caerdydd/ a llewyrch o fflam bell Owain/ sy'n tanio eto wrth bontio'r bae'. Yna, daw â ni'n ôl i'r presennol ac mae'r diweddglo'n gwbl gyfoes: 'Ond eleni daw i lanw/ gwyrddni meysydd Caerdydd â'u galwad o heddwch/ feirdd o bell i'r babell binc!/ Ehed un o'r pincod i ne' aur y pencerdd/ A daw eto i genedl/ awdl a chân, chwedl a cherdd'.

Golau: Cerdd ganmoladwy a ysgrifennwyd ar ôl gweld rhaglen ddogfennol am fywyd yng Nghairo. 'Dinas llawn llanast,/ Dinas llawn llawenydd.' Mae'n llawn disgrifiadau cignoeth o fywyd y domen: 'Dros y llanast/ rhed llygod mawr,/ llyfndew, newynog.' Ond er gwaetha'r disgrifiadau o'r llygod hyn yn crafu a chnoi clustiau'r 'plant cysglyd ... disgleiria goleuni'r byd/ gan roi/ gobaith yn lle anobaith/ cariad yn lle casineb'.

rhywun arall: Dyma fardd mwyaf uchelgeisiol y gystadleuaeth. Ysgrifennodd gerdd ar ffurf 'awdl' ddigynghanedd, tua dau gant a hanner o linellau. Ceir naws hynafol i'w waith. Gwrandewch ar ei 'englyn' agoriadol: 'Daeth haul trwy'r glaw maethlon yr haf hwyr/ Sy'n bendithio'r gŵyr gerbron/ Y garan, glesni dison,/ Hen weinidog y gornant hon'. Ces beth trafferth i'w ddilyn o Ddinas Brân i lawr i gymoedd y de ac i Lundain a ledled y byd – cyfeirir at ddinasoedd lu yn y gerdd. Ceir digon o dystiolaeth yn y gerdd hirfaith hon fod *rhywun arall* yn alluog ond mae'n ofynnol iddo ffrwyno'i egni a chanolbwyntio ar fod yn fwy cynnil – a chyfoes. Ond mae'n rhaid edmygu ei ymroddiad.

Blodyn y *Gwynt*: Ceir is-deitl i hon: 'Cerdd yn dilyn ymweliad â dinas Effesus, ble'r aeth Sant Paul ar ei deithiau cenhadol'. Mae'n llwyddo i gyfleu naws y ddinas yn effeithiol iawn: 'Mae'r *sicada* yn canu/ Ymhlith y prysgoed sych /A'r byd marmor yn huno/ Yn yr oriau euraidd'. Ar ôl disgrifio'r colofnau a'r 'llwybrau brithwaith hir' a'r 'theatr Rufeinig', cyfeirir at ddyfodiad Paul i'r ddinas – 'Ond roedd llef un yn llefain/ Ysbrydol lais y sant/ Yn yngan neges nerthol'. Cerdd wastad ei safon yn adrodd ei stori'n syml.

Jo Bach: Mae dawn ddiamheuol gan y bardd hwn i greu awyrgylch. Fel hyn y mae'n agor ei gerdd: 'Mae'r cymylau'n codi/ Mae'n dywyll yn y ddinas hon, heno/ Does dim sêr yn tywynnu trwy'r tywyllwch/ Mae'r lleuad yn loetran rywle tu ôl i gymylau duon'. Mae'n cymharu tynged dinas Pompei â'n cyfnod ni ac yn troi'r ddinas yn symbol o'n difaterwch, ein hanobaith a'n paganeiddiwch yn y gorllewin. Cyfeiria at gynhesu byd-eang mewn ffordd drawiadol iawn: 'Lilis yn y gaeaf/ Cesair drwy'r haf'. Ond 'Darfod wnaeth y ddinas ddel/ Mewn glaw o ludw a llygredd' ac mae'r bardd yn holi'n awgrymog, 'Beth yw enw dy ddinas di?'.

Gwendolyn: 'Cysgodion y Nos' yw'r teitl a roddodd y bardd i'w gerdd a'r unig arwydd o destun y gystadleuaeth yw'r geiriau 'wrth olau stryd'. Cerdd fer am golli câr yw hon. Byddai 'yn niwloedd amser' yn well nag 'Yn yr amser niwloedd'.

Pererin: Rhannodd y bardd hwn ei gerdd hir yn bum rhan – Golwg y Ddinas, Pobl y Ddinas, Sylfeini'r Ddinas, Barn y Ddinas a Dinas Duw. Dyma ddyfyniad o ddechrau'r gerdd er mwyn i chi gael syniad o'i waith: 'Wrth eistedd ar Fryn Wenallt bach,/ Ar fy wyneb, yr awel ffres,/ Ar fy nghorff, yr haul cynnes,/ Popeth yn teimlo iach'. Byddai'n llawer gwell pe bai *Pererin* wedi ysgrifennu cerdd fyrrach a chanolbwyntio ar fynegiant mwy trawiadol a chynnil.

Chwibanogl y Mynydd: Mae'r cystadleuydd hwn agor ei gerdd trwy gyfarch y ddinas: 'O ddinas gyda'ch goleuadau gloyw, oes sêr uwch eich pen? O ddinas gyda'ch synau prysur, oes adar o'ch cwmpas?' Mae'n gwrthgyferbynnu'r sŵn y tu allan i'r tafarnau â'r eglwys gan gyfeirio at 'y cocŵn o ddiwylliant a muriau meini'. Mae llinellau hirion y gerdd yn tueddu i fod yn rhyddieithol. Unwaith eto mae angen cynilo'r mynegiant.

Geraint: Mae hon braidd yn faith hefyd ond y tro hwn roedd hi'n braf darllen cerdd ar fesur ac odl. Dyma ddyfyniad ohoni ar ei gorau: 'Deuddyn dedwydd mewn cariad/ Yn crwydro, gwyn eu byd./Ac ar fainc yn cysgu'n drwm,/ Dyn digartref dryslyd.' Mae *Geraint* yn meddu'r ddawn i ganu'n drawiadol – gresyn na allodd gynnal y canu hwn trwy gydol y gerdd.

Gwernen Wen: Cerdd athronyddol ei naws sy'n cymharu'r ddinas â chwch gwenyn enfawr, gan holi nifer o gwestiynau. Hoffais y ddelwedd hon yn fawr ond dydw i ddim yn meddwl bod *Gwernen Wen* wedi llwyddo i'w chyfleu'n llwyddiannus drwy gydol y gerdd. Dyma fel y mae'n ei gorffen: 'Yn y dinasoedd enfawr, fel cychod amgaeedig,/ Am ba fath o fêl ydyn ni'n chwilio?/ Pwy ydy'r frenhines sy'n ein rheoli?/ A phwy ydy ceidwad ein cwch?'.

Paul Tibbets: 'Hiroshima' yw testun y gerdd drawiadol hon. Mae'n disgrifio peilot uwchlaw'r ddinas â'i fys ar y botwm mor bell yn ei gaban oddi wrth y trigolion islaw. Mae'r disgrifiad o'r trigolion hynny yn un o ddarnau gorau'r gystadleuaeth: 'Rhy bell i weld hen Mr Hokusai/ Yn bendrwm yn yr ardd,/ Blodau ceirios wrth ei draed,/ Yn cofio'r ychen ieuol/ Ym meysydd ei febyd'. Cerdd gynnil delynegol.

At ei gilydd, mae hon yn gystadleuaeth dda iawn a charwn longyfarch y beirdd yn fawr am fentro i ysgrifennu cerddi trwy gyfrwng eu hail iaith. Y goreuon yw *Jo Bach, Sbrocsyn, Enfys* a *Paul Tibbets.* Byddwn yn fodlon dyfarnu'r Gadair i unrhyw un o'r pedwar ond, gwaetha'r modd, mae'n rhaid dewis un. Bu'n dasg anodd a chystal cyfaddef fy mod wedi bod yn pendilio tipyn cyn dewis y buddugol. Yn fy marn i, dylid rhoi cyfle i'r pedwar bardd gyflwyno'u cerddi o flaen cynulleidfa ym Mhabell y Dysgwyr, yn ystod y Brifwyl, fel gwerthfawrogiad o'u camp.

Gwaith *Paul Tibbets* i ddinas Hiroshima sy'n mynd â hi am ei fod wedi llwyddo i gyfansoddi cerdd sy'n profi ei fod yn meddu ar ddychymyg byw a hydeiml. Un o wendidau nifer o gerddi'r gystadleuaeth yw diffyg cynildeb. Ond mae cerdd yr ymgeisydd hwn yn gwbl ddiwastraff ac yn peri i'r darllenydd ail-fyw un o eiliadau mwyaf erchyll yr ugeinfed ganrif, a hynny trwy gyfleu'n gwbl gredadwy i'r darllenydd deimladau'r peilot yn ei awyren a bywydau'r darpar ddioddefwyr islaw. Mae'n gwybod pryd i ymatal ac awgrymu – ac mae'r diweddglo'n effeithiol dros ben.

HIROSHIMA

Chwalwyd y ddinas
Islaw 'Enola Gay'
Fel papur newydd,
Du a gwyn, ar draws llawr y gegin
Yn llaith ar ôl mop a bwced.

Peth od a chartrefol i'w gofio,
Meddyliodd llywiwr yr awyren
Yn y fath le, a'i fys ar y botwm.

Rhy bell i weld hen Mr Hokusai
Yn bendrwm yn yr ardd,
Blodau ceirios wrth ei draed,
Yn cofio'r ychen ieuol
Ym meysydd ei febyd.
Rhy bell hefyd i weld Miss Ishiguro
Yn brysio at ei gwaith,
Ei breuddwydion ar glo yn ei chalon.
Rhy bell i glywed baban yn ei grud
A chân ei fam yn ei dawelu.

Cyweiriwyd cyflymder yr awyren,
Rŵan yr ehediad yn syth a diysgog,
Dros ganol y ddinas, dros y papur newydd.

Ac mi ddaeth y wawr
Am yr ail dro
Efo'r machlud a thragwyddoldeb,
Fraich-ym-mraich.

Paul Tibbets

TLWS RHYDDIAITH Y DYSGWYR

Darn o ryddiaith, hyd at 500 o eiriau: Gwrthdaro

BEIRNIADAETH CENNARD DAVIES

Mae gofyn am ddarn o ryddiaith hyd at 500 o eiriau ar y testun 'Gwthdaro' yn benagored iawn ac, yn ôl y disgwyl, cafwyd amrywiaeth mawr yn y cynigion a dderbyniwyd. O'r 13 a fentrodd i'r maes, dewisodd rhai ymdrin â'r pwnc yn ffeithiol wrthrychol, eraill yn ffantasïol, tra bo'r storïwyr yn y gystadleuaeth yn ymrannu'n ddau ddosbarth twt, sef y difrifol a'r doniol.

Rhaid canmol pob un o'r cystadleuwyr hyn ar feistroli'r Gymraeg i'r graddau eu bod yn teimlo'n ddigon hyderus i fentro i gystadleuaeth o'r safon hon, a'u llongyfarch hefyd ar eu gafael ar gystrawennau a phriod-ddulliau'r iaith. Yn naturiol, cafwyd iaith wallus ar brydiau, ond rhaid cofio bob amser bod gwneud camgymeriadau yn rhan annatod o'r broses o gaffael unrhyw iaith. Ar y lefel hon, mae'r gwallau iaith a welir o ddiddordeb arbennig i bawb sy'n ymwneud â'r maes. Dyma'r prif rai a nodwyd er gwybodaeth i diwtoriaid:

1. Ansicrwydd ynglŷn â chenedl enwau: 'torf mawr', 'ysgol Cymraeg', 'gêm cyntaf', 'y barti', 'y pregeth';
2. Ansicrwydd wrth ddefnyddio'r frawddeg gypladol: 'rong ydy eithaf anghywir yn Gymraeg';
3. Camddefnyddio arddodiaid: 'amddiffyn o', 'cymryd mantais o', 'chwarae erbyn', etc.

Dewiswyd dull traethodol o ymdrin â'r pwnc gan *Mari Llwyd* a *Bachgen Gobeithiol*. Mae *Mari Llwyd* yn trafod y berthynas gymhleth sy'n bodoli rhwng iaith, crefydd a chenedligrwydd a'r gwrthdaro a all ddeillio o hynny. Anghytunir â safbwynt yr Athro Robin Okey ar y pwnc a gwneir hynny mewn Cymraeg cywir sy'n llifo'n naturiol. Nid yw mynegiant *Bachgen Gobeithiol* cystal er ei fod yn trafod pwnc tebyg, gan ddadlau bod 'croestyniad yn rhan o fywyd'. Mae e'n ystyried y gwrthdaro rhwng crefyddau a chenhedloedd ac yn dod i'r casgliad bod cystadlu ar y maes chwarae yn well yn y pen draw nag ymladd ar faes y gad. Er bod arddull *Conion* yn fwy storïol ei naws, gellir ei gynnwys yn y grŵp hwn hefyd am ei fod yn trafod y tyndra sy'n bodoli rhwng y Saesneg a'r Gymraeg ar lefel bersonol pan fydd person yn dysgu'r iaith, yn enwedig pan fo'r person hwnnw'n ysgrifennwr creadigol. Er bod y trafod yn ddeallus a sensitif iawn, mae iaith *Conion* weithiau yn wallus.

Troedio llwybr mwy dychmygus a ffantasïol a wnaeth *Mab y Mynydd, Ceridwen* a *Gwendolyn*, gan dynnu ar gyfoeth ein llên gwerin a'n llenyddiaeth gyfoes. Mae dylanwad Islwyn Ffowc Elis i'w weld yn glir ar waith *Mab y Mynydd* wrth iddo gyflwyno dau ddarlun o Gymru yn null *Wythnos yng Nghymru Fydd*. Er gwaethaf nifer o wallau iaith, llwydda *Mab y Mynydd* i gynnal ein diddordeb hyd y diwedd. Defnyddio hanes Gwïon Bach a wna *Ceridwen* wrth sôn am ei ffrind, Marian, yn gwrthod dysgu Cymraeg ac yn cael profiad rhyfedd ar lannau Afon Teifi. Adroddir y stori'n gelfydd mewn iaith raenus. Yr olaf o'r triawd hwn yw *Gwendolyn*. Mae hi'n defnyddio'r dewin Myrddin i drafod y gormes a fu ar Gymru yn y gorffennol, ond yn y diwedd mae e'n darogan pethau gwell i ddyfod. Er bod y cyd-destun yn cynnig pob math o bosibiliadau, mae gwendidau mynegiant *Gwendolyn* yn llestair iddi ar brydiau.

Erys y storïwyr, a hwythau'n ymrannu'n daclus yn ddau ddosbarth, fel y nodwyd yn barod. Y tri sy'n ymdrin â phynciau difrifol neu drist yw *Tansi Gwyllt, Rhywun Arall* a *Glöyn*. Adrodd hanes y cecru cyson a fu rhwng dwy chwaer trwy gydol eu bywydau a wna *Tansi Gwyllt* a'r gwrthdaro hwnnw'n cyrraedd uchafbwynt adeg pen-blwydd eu tad yn 98 oed! Gwaetha'r modd, mae mynegiant gwan yn amharu ar lif y stori. Boddi pentref yw pwnc *Rhywun Arall* ac mae naws farddonol i'w gynnig. Gwêl ddiwylliant cyfan yn diflannu o dan y dŵr, ond unwaith eto mae Cymraeg gwallus yn rhwystro'r awdur rhag taro deuddeg. Ar y llaw arall, mae crap da ar yr iaith gan *Glöyn* sy'n disgrifio ymweliad â hen ffrind mewn cartref henoed. Cyflwynir tristwch colli cof ac adnabyddiaeth yn sensitif iawn ac mae'r llygedyn o obaith a geir tua diwedd y stori yn gymhelliant iddi ddyfalbarhau â'i hymweliadau.

Os difrifol yw naws y storïau a ystyriwyd hyd yma, mae'r rhai sy'n weddill yn ysgafnach eu cynnwys. Rygbi yw pwnc *Asgellwraig* sy'n gwrthdaro â'i gŵr o Sais am ei fod yn mynnu cefnogi ei famwlad yn erbyn Ffrainc. Ceir ysgrifennu llyfn ac mae gan *Asgellwraig* y gallu i ddatblygu sefyllfa mewn ffordd grefftus. Yr un pwnc sydd gan *Edie*. Disgrifia fel y mae hi a'i meibion yn cefnogi Cymru a'r hwyl a gawson nhw ar gorn ei gŵr, sy'n Sais, wrth i Gymru gael ei buddugoliaeth ysgubol yn Twickenham eleni. Er nad yw'r iaith yn ddi-wall, adroddir yr hanes yn fyrlymus gan gynnal ein diddordeb hyd y diwedd. Gêm o fath arall sydd gan *Gwyliwr* mewn golwg, sef telediad o Ymryson y Beirdd lle mae pethau'n mynd dros ben llestri a'r chwarae'n troi'n chwerw. Cyflwynir y darn fel adolygiad o'r rhaglen ac awgryma'r awdur fod y gwrthdaro corfforol a ddisgrifir yn ychwanegu at apêl y gwylio. Awgrym i Gerallt Lloyd Owen, efallai! Mwynheais y cynnig cellweirus hwn. I gloi, cawn *Jo Bach* sy'n trafod y defnydd difeddwl a wnawn o'r Saesneg wrth sgwrsio yn Gymraeg. Gwna hynny yng nghyd-destun ymarfer band pres, ac er nad yw ei waith heb ei wallau, mae'n adrodd ei stori'n rhwydd ac yn naturiol gan gynnal ein diddordeb hyd at yr ergyd olaf, anfarwol.

Rhaid canmol pawb a fentrodd i'r gystadleuaeth hon. Roedd y deunydd yn amrywiol, yn ddiddorol ac ansawdd y cynnyrch yn glod i'r awduron ac i bawb a fu wrthi yn eu hyfforddi. Ces i flas arbennig ar gyfansoddiadau *Mab y Mynydd, Corion, Asgellwraig, Edie, Ceridwen* a *Mari Llwyd,* ond yr un a roddodd y boddhad mwyaf imi, yn ddiamau, oedd *Jo Bach*. Pleser oedd darllen ei waith ac mae e'n llwyr deilyngu Tlws Rhyddiaith Eisteddfod Caerdydd a'r Cylch.

Y Darn Rhyddiaith

GWRTHDARO

Roedd tre fach wledig Brynoer yn falch iawn o'u band pres lleol. Roedd y band yn llwyddiannus yn y tri degau ond ar ôl y Rhyfel diflannodd yr hwyl. Yn 1997, daeth dyn o'r enw Brynmor Williams i'r ardal ac aeth y band o nerth i nerth, yn ymarfer bob nos Iau, yn cystadlu yn eisteddfodau'r ardal ac roedd popeth yn mynd fel wats tan un nos Iau ym mis Ebrill eleni.

Fel arfer roedd Brynmor Brynoer (fel roedd pawb yn ei alw) yno yn sefyll o flaen y band. Dechreuodd siarad: 'Ocê, bois bach, wan, tŵ, thri. Canodd yr utgyrn yn uchel ar unwaith ond stopiodd Bryn y band yn sydyn.
'Bois, bois bach, beth yn y byd sy'n bod nawr? Ble mae'r adran daro? Ble mae'r drymiau? Dere, Meic, deffra nawr, gwd boi!'
Pesychodd Meic, 'Brynmor, pa iaith wyt ti'n siarad?'
'Blydi Cymraeg, wrth gwrs, achan!'
'O,' atebodd Meic, 'Wel, beth am ddweud "Bechgyn", tê?'
'A "Merched", gwaeddodd Pauline, Lucy, Nia a Cathy.
'A pheth arall,' dywedodd Meic, 'mae'r geiriau "o'r gorau" yn swnio'n well nag "ocê".'
'Iawn,' meddai Brynmor, yn troi'n goch.
Pesychodd Meic eto.
'Beth am ddechrau o'r dechrau?'
'Iawn,' meddai Brynmor trwy ei ddannedd a bant â nhw i drio'r alaw newydd. Yn sydyn, chwifiodd Brynmor ei faton eto gan stopio'r band.
'Ocê, sori. Nawr dw i'n gallu clywed gormod o nodau rong.'
Chwifiodd Meic ei law yn yr awyr.
'Ie, Meic.'
'"Rong" ydi "eithaf anghywir" yn Gymraeg, ac un peth arall, dw i wedi newid fy enw nawr yn Mihangel'.
'Meic Jones, rwyt ti'n nytar!'
'I'r gwrthwyneb, Brynmor, a llai o "Jones", os gweli di'n dda, hefyd. Mihangel ap Siôn ydw i nawr – mae'n swyddogol – a chyda llaw, "gwallgoddyn" ydi "nytar".'
'Ocê, iawn, sori.'
Giglodd Pauline. 'Rhaid i ti ddweud, "Mae'n ddrwg gen i", Brynmor.'
'Neu "Mae'n flin 'da fi",' ychwanegodd Lucy.
Gwridodd Brynmor ond ar ôl eiliad dywedodd: 'Nawr, beth am drio "March from Aida"?
'Neu "Ymdaith o Aida",' mwmiodd Meic.
Roedd pawb yn chwerthin nawr a dywedodd Paul (un o'r trombôns): 'Da

iawn. A beth am "Ddoe" gan Paul McCartney neu "Tair merch fach o'r ysgol" o'r '"Mikado"?

'Digon nawr!' gwaeddodd Brynmor. 'Chi trombôns yn iwsles fel y mae hi!'

'"Annefnyddiol", gwaeddodd Meic/Mihangel yn ddistaw bach.

Dechreuon nhw ganu unwaith eto ac yn yr egwyl ar ôl trio "The Thieving Magpie" gan Rossini, roedd pawb mewn hwyliau da ac yn mwynhau'r tyndra rhwng yr arweinydd a'r adran daro. Roedd y merched yn pryfocio Meic ac yn gwneud sbort am ei ben. 'Hoffet ti ffrwchnedd neu ellygen, Mihangel?' gofynnodd Lucy, 'mae'n bwysig bwyta bwyd iach'.

'Diolch, Lleucu,' meddai Mihangel, 'mae brechdan afal cariad 'da fi ac mae'n ddigon.'

Roedd y trombôns yn siarad yn y gornel, 'Jôc yw jôc ond beth sy'n mynd ymlaen heno? Pam mae Meic yn chwarae lan, tybed? Fel arfer, does dim siw na miw ohono fe, ware teg. Mae'n siarad fel hen lyfr heno.'

Ar ôl yr egwyl, roedd Brynmor yn grac iawn ac yn sgrechian ar bawb. Roedd pawb yn mwynhau'r ymarfer ond heno roedd gwrthdaro yn y band, y merched yn erbyn y bechgyn, y cyrn Ffrengig yn erbyn y trombôns, ac roedd sŵn ofnadwy yn yr adran daro. O'r diwedd, taflodd Brynmor ei faton ar y llawr a sgrechiodd: 'Dw i'n gadael am byth, – cadwch eich blydi band!' Aeth pawb yn ddistaw.

'Heno fydd noson olaf Band Pres Brynoer?' gofynnodd Lucy.

Camodd Mihangel o'u blaen nhw. 'Does neb yma eisiau i ni golli ein seindorf, oes e? Fi yw'r arweinydd nawr.' Chwifiodd Mihangel faton Brynmor: 'Ocê, bois, o'r top – wan, tw, thri.'

Jo Bach

Darn o ryddiaith: Cyflwyno Ffrind (50-80 o eiriau). Lefel 1: Mynediad

BEIRNIADAETH GWILYM E. ROBERTS

Daeth 27 ymgais i law ac ar y cyfan roedd yr iaith yn lân a phob un ond ymgais *Pum* yn gwbl ddealladwy. Dewisodd nifer sgrifennu am gi fel ffrind ac roedd nifer yn sgrifennu brawddegau braidd yn ystrydebol a heb lawer o ddychymyg yn y dweud. Ond roedd rhaid derbyn hyn gan mai dysgwyr eitha dibrofiad oedd yr ymgeiswyr hyn ac felly'n haeddu canmoliaeth am gystadlu yn y lle cyntaf.

Ar ôl darllen y 27 ymgais fwy nag unwaith, medrais eu didoli'n ddau ddosbarth.

Yn yr Ail Ddosbarth, rhoddais *Gwylanod, Morwyn Mwmbwls, Dyn Mwmbwls, Y ddraig goch, Cath Fach Sinsir, Alonwy, Mam Kev, Scotslass, Lolfa, Y dyn o'r ddinas, Carreg Filltir, Gaillyn, Nyth, Bryn Hyfryd, Ffred, Milgi, Megan, Squishy, Craig y Llyn, Blodyn* a *Lilac Fizz.*

Yna, yn y Dosbarth Cyntaf, am eu bod yn dangos mwy o wreiddioldeb, gosodais *Gwlad yr Haf, Twm Siôn Cati, Meritmor, Gwallchmai* a *Pabi Coch.* Roedd cystrawennau amrywiol a geirfa eang gan *Gwlad yr Haf* a *Meritmor* ond roedd *Pabi Coch, Gwallchmai* a *Twm Siôn Cati* yn hawlio sylw hefyd am eu helfen o hiwmor a'u mynegiant.

Gwobrwyer *Twm Siôn Cati* am sgrifennu darn gogleisiol efo'r ergyd mai ci oedd y ffrind ar ddiwedd y darn.

Y Darn Rhyddiaith

FY FFRIND

Dyma fy ffrind, Henri Hopcyn Parri. Mae e'n byw yn Sgeti, Abertawe, ond mae e'n dod o Gaerfyrddin yn wreiddiol. Mae e'n un deg un oed. Mae gwallt byr, tywyll a llygaid brown gyda fe. Mae trwyn hir a mwstash gyda fe. Dydy e ddim yn gweithio a does dim arian gyda fe. Mae e'n hoffi mynd am dro, chwarae, rhedeg, bwyta ac ymlacio. Mae e mor llon â'r brithyll, ac mae e mor iach â'r gneuen. Fy nghi bach i yw e!

Twm Siôn Cati

BEIRNIADAETH GERAINT WILSON-PRICE

Derbyniwyd 28 ymgais a pheth braf iawn yw gweld cymaint am gystadlu yn y Brifwyl. Mae'n adlewyrchiad da o'r twf a'r brwdfrydedd a welir yn awr ym maes Cymraeg i Oedolion. Dylid eu canmol am fentro i gystadlu ac efallai y dylid canmol eu tiwtoriaid hefyd am awgrymu'r syniad! Heb amheuaeth, mae dylanwad tiwtor da yn gallu cynyddu'r niferoedd sy'n cystadlu.

Rhoddodd y testun gyfle i'r ymgeiswyr ddefnyddio'u dychymyg a'u sgiliau ieithyddol i lunio darn a fyddai'n mynegi'u rhesymau am ddewis eu hoff le a'u teimladau yn ei gylch. Disgwylid i safon yr iaith a'r eirfa fod yn gydnaws â dysgwr sy wedi bod wrthi unwaith yr wythnos ers tua thair neu bedair blynedd, neu'n llai ar gwrs dwysach.

Dewisodd y rhan fwyaf sôn am leoliad daearyddol tra dewisodd eraill leoliadau mwy haniaethol fel y meddwl neu hyd yn oed leoliad agosach at gartref, sef yr ardd. Llwyddodd pob un i'w fynegi ei hun yn ddigon clir ac effeithiol er bod rhai, wrth reswm, yn amlwg wedi cyrraedd safon uwch na'i gilydd.

Wrth feirniadu gwaith dysgwyr, disgwylir gan rai y dylid beirniadu ar sail cywirdeb ieithyddol yn unig ac yn wir cafwyd y gwallau cyffredin megis camdreiglo, camsillafu, camddefnyddio'r genidol, camddefnyddio arddodiaid ac, yn anad dim, y broblem gyffredin sef trosi'n llythrennol o'r Saesneg. Ond yn ogystal â chwilio am gywirdeb iaith a defnydd ystwyth o'r iaith o fewn cyfyngiadau'r lefel hon, roedd arnaf eisiau gweld darn a fyddai'n mynegi gwir deimladau'r awdur am hoff le. Roedd arnaf eisiau teimlo fy mod yn yr hoff le hwnnw!

Rhennais waith y 28 yn dri dosbarth.

Y TRYDYDD DOSBARTH

Cawn 11 ymgais yn y dosbarth hwn: *carlcymro, Deryn Du, Gwalch, Nessie, Mrs Gwenynen, Hal ap Owen, Raimundo, Enfys (1), Enfys (2), Abertawe Jack, Blodyn Bach*. Mae digon o bethau da i'w dweud am bob un ohonynt a cheir digon o ddisgrifiadau lleoliad crefftus wrth iddynt ddisgrifio'u hoff lefydd. Ymhlith y rhain roedd y rhai mwyaf gwallus o ran cywirdeb iaith gyda'r problemau y soniwyd amdanynt uchod. Y rhai mwyaf cyffredin oedd hepgor 'yn', camdreiglo, brawddegau anghyflawn ac, yn anad dim, trosi'n llythrennol o'r Saesneg. Ond, hefyd, nid oeddwn yn teimlo'n gwbl sicr fy mod yno gyda nhw'n mwynhau'r hoff le. Roeddent braidd yn brin o'r ansoddeiriau arbennig hynny a fyddai'n gwneud i mi adael i'm dychymyg ffurfio'r lleoliad yn fy meddwl. Ond heb amheuaeth roedd pob un wedi ymdrechu'n galed ac yn bendant 'ar y ffordd'.

YR AIL DDOSBARTH

Ceir 9 ymgais yn y dosbarth hwn: *Mair, Constance, Pedr ap Gwent, Collen, Gefail, Chwarelwr, MISS SA1, Y crys du, Edie.* Dyma'r garfan a oedd wedi mynd gam ymhellach na'r dosbarth blaenorol gan ymestyn eu disgrifiadau i gynnwys llawer mwy o ansoddeiriau a oedd yn rhoi darlun llawer cliriach o'u hoff le. Yn ogystal, ceir yma flas o'r rhesymau am ddewis y lle a'r hyn yr oedd yn ei olygu iddynt. Peth braf oedd gweld ambell briod-ddull Cymraeg yn dechrau ymddangos yn eu gwaith, sy'n arwydd clir bob amser bod dysgwr yn dechrau gweld a sylweddoli pwysigrwydd y cyfoeth o briod-ddulliau Cymraeg sy i'w cael. O ran cywirdeb, mae'r dosbarth hwn yn llawer sicrach eu gafael ar ramadeg er nad oeddwn am i hynny fod yn ffactor rhy bwysig, ond erys rhai gwallau cyffredin.

Y DOSBARTH CYNTAF

Gosodir 8 ymgais yn y dosbarth hwn: *Rhosyn, Lili Wen Fach, Bethan Jones, Llygad Ebrill, Cefnnant, Lew Jones, Merch o'r Abertawe, Mwmian.* Teimlaf fod yr ymgeiswyr hyn wedi mynd gam eto ymhellach na'r ddwy garfan flaenorol yn eu disgrifiadau a'r rhesymeg sydd ganddynt dros ddewis y llefydd hyn. Defnyddir geirfa ehangach sy'n helpu i ddisgrifio'r lleoliadau'n well o lawer na'r rhai hynny yn y dosbarthiadau is. Maen nhw wedi creu darluniau a delweddau clir yn fy meddwl o'r llefydd a'r golygfeydd dan sylw. Defnyddir ansoddeiriau â llawer mwy o ystyr ac mae'r goreuon yma wedi llwyddo i greu delweddau llawn lliw i mi. Yn ogystal â hynny, gallaf deimlo fy mod yno yn eu cwmni'n edrych ar eu hoff le. Wrth reswm, erys rhai gwallau gramadegol. Yn eu plith y mae camddefnyddio'r genidol sy'n achosi problemau lu hyd yn oed ar y lefelau uchaf ond teimlaf nad yw'r gwallau hyn yn amharu'n ormodol ar y disgrifiadau a geir. Ac, yn sicr, rwyf o'r farn y bydd y rhain yn diflannu, gyda rhagor o waith, gofal ac ymdrech.

Hoffwn ddiolch i bawb a gystadlodd eleni a mawr obeithiaf y byddant i gyd yn dal ati gyda'r Gymraeg ac y byddant, o fod wedi cael blas ar gystadlu, yn sicr o gystadlu eto. Yn yr un modd, hoffwn ddiolch i'r tiwtoriaid hynny sy wedi annog eu dysgwyr i gystadlu. Mawr obeithiaf y bydd rhagor yn eu dilyn yn y blynyddoedd sy i ddod. Cefais gryn bleser yn darllen pob ymgais ac yn bendant mae wedi bod yn fraint beirniadu cymaint o gystadleuwyr brwd.

Mae'n anodd penderfynu ar enillydd ac mewn byd delfrydol gallwn wobrwyo pob un, ond rheolau yw rheolau. Felly, gyda *Rhosyn* yn ail a *Llygad Ebrill* yn drydydd, dyfarnaf y wobr gyntaf, o drwch blewyn, i *Lili Wen Fach*. Llongyfarchiadau gwresog iddi.

Y Darn o Ryddiaith

FY HOFF LE

Heddiw, roedd y tywydd yn braf. Felly, fe es i am dro bach i'm hoff le, fy ngardd. Mae'n llecyn hyfryd iawn, gan gynnwys llwyni, rhedyn, blodau o bob lliw a llun, a choedwig fach.

Mae'r planhigion yn dechrau blodeuo yn y gwanwyn. Bysedd cochion, cennin Pedr, briallu, rhododendronau, lelog, cwyros, a phabïau (*meconopsis cambrica,* wrth gwrs). Ym mis Awst, mae'r afalau ysgarlad, y ceirios dugoch, a'r llus glas yn pefrio fel gemau yn yr haul, tra mae'r blodau'n dawnsio yn yr awel.

Beth fydd yn digwydd yn ystod yr hydref a thros y gaeaf? Ffrwydradau o liwiau ... dail coch, dail oren, dail euraid. Wedyn, fe fydd fy hoff le'n baradwys dawel, wen ar ôl y stormydd eira.

Dydw i byth yn teimlo'n unig yn fy llafur cariad. Mae cwningod, gwiwerod, a cheirw gyda'u helanedd yn ymweld yn eitha' aml, ac mae adar o bob math yn canu'n llon trwy gydol y dydd yn yr ardd, hefyd.

Does dim rhaid i mi deithio'n bell i'm hoff le! *Fan hyn* mae e, gartref.

Lili Wen Fach

Llythyr neu e-bost i ysgol eich plentyn neu at ffrind. Lefel 2: Canolradd

BEIRNIADAETH NIA PARRY

Hoffwn ddiolch i'r cystadleuwyr a aeth ati i roi cynnig ar y gystadleuaeth hon. Gyda chynifer o bobl yn mynd ati i ddysgu Cymraeg y dyddiau hyn, siomedig oedd cael dim ond chwe ymgais. Roeddwn yn croesawu ymgais *Stryd oer y ddinas, Pry bach tew* a *rhywun arall* i gynnwys hiwmor, dychymyg ac elfen o fyd ffantasi. Fodd bynnag, roedd hyn yn golygu ar adegau nad oedd y dweud yn llifo'n rhwydd, ac roedd yr adrodd yn ddryslyd, cymhleth a digyfeiriad. Roedd safon iaith *Stryd oer y ddinas* yn dda a'r dechrau'n addawol iawn ond ni lwyddodd i gynnal y safon honno hyd y diwedd. Diolch i *Pry bach tew* am y sylwadau personol am 'y ddynas sy'n cyflwyno Welsh in a Week a Cwpwrdd Dillad'! Dw i'n sicr bod gan *rywun arall* synnwyr digrifwch sych iawn gyda phob math o straeon anffodus am ddamwain car ac estrys, rocedi a 'pianos yn cwympo' ar ben pobl!

Mae llythyr *Gwylan yn hedfan* yn ceisio argyhoeddi ysgol ei blentyn/ei phlentyn y byddai'n syniad da i gyflwyno drama'r Geni ym mis Gorffennaf. Mae'n ddarn o waith trefnus sy'n dangos hyder mynegiant yng ngwahanol amseroedd y ferf. Roedd yn llwyddo i gynnal diddordeb ac yn ategu'r gwirionedd bod yr 'Eisteddfod Genedlaethol yn ffordd arbennig i ddathlu ein gwlad a'n hiaith ni'.

Profiad cofiadwy oedd estyn gwaith *Ali Lliwgar* o'r amlen! Fe ddaeth y gwaith ar ffurf sgrôl gyda'r papur wedi ei liwio'n frown (gyda phowdwr cyri, dw i'n tybio, o'r arogl!) er mwyn rhoi'r argraff ei fod yn hen. Fe wnaeth hyn i mi wenu a diolch iddo am y fath ymdrech. Roedd darn o waith gan *Ali Lliwgar* yn adrodd hanes Iesu Grist dros gyfnod y Pasg. Mae'r cystadleuydd hwn yn amlwg yn gyfarwydd â'r Beibl. Roeddwn yn edmygu'r ffaith ei fod wedi dewis pwnc mor uchelgeisiol ac wrth ddarllen roeddwn yn synhwyro gwir gyffro wrth i'r llythyrwr ddweud wrth ei ffrind mai 'Iesu yw'r Meseia'. Fodd bynnag, ar brydiau roedd rhai trafferthion wrth ddefnyddio amser anghywir y ferf.

Pedwar oen bach sy'n dod i'r brig am nifer o resymau. Mae'r cystadleuydd hwn wedi meistroli'r grefft o ysgrifennu llythyr syml ond effeithiol. Roedd yma gywirdeb iaith a dw i'n hoff o natur sgyrsiol, rugl, gynnes a chyfeillgar y llythyr yn ogystal â'r cyffyrddiadau tafodieithol. Mae'r gwaith hwn yn rhagori oherwydd ei symlrwydd a'i naturioldeb. Llongyfarchiadau. Gosodaf *Ali Liwgar* yn ail a *Gwylan yn hedfan* yn drydydd.

Y Llythyr

Annwyl Rachel,

Shwmae! Sut wyt ti? Dw i'n gwybod fy mod i ddim wedi ysgrifennu am sbel, ond dw i wedi bod yn brysur iawn gyda fy mywyd newydd yng Nghymru.

Mae cymaint o bethau wedi newid ers i mi adael Efrog Newydd.

Prynon ni dyddyn bach naw milltir y tu fas i Landeilo – tre fach yn Sir Gaerfyrddin. Mae tŷ tair ystafell wely gyda ni, ond bydd rhaid i ni wneud llawer o ailadeiladu! Mae pedair erw gyda ni, ac rŷn ni'n cadw defaid, ieir, a hwyaid. Hefyd, mae gardd ffrwythau a llysiau gyda ni ac, yn y diwedd, gobeithio y byddwn ni'n tyfu ein llysiau i gyd ein hunain.

Ambell waith, mae'r tywydd yma yn hyfryd, a dw i'n hapus iawn, ond ambell waith, mae hi'n gallu bwrw glaw am wythnosau, a dw i'n gallu colli gobaith! Fel arfer, so'r gaeaf rhy oer, a so'r haf rhy boeth.

Y peth gorau am fyw yma yw'r boddhad sy gyda ni. Mae byw yn y ddinas yn anodd iawn – mae cymaint o straen – ac i beth? Yma, rŷn ni'n gweithio'n galed iawn – ond mae rhywbeth gyda ni i'w ddangos yn y diwedd.

Hoffen ni dy wahodd di a dy ŵr di i ddod yma a gweld sut rŷn ni'n byw. Dw i'n gwybod dy fod di wedi bod yn ddiflas iawn yn ddiweddar, a dw i'n meddwl y bydd newid yn dda i ti. Mae tŷ mawr gyda ni, ac os dach chi'n hoffi'r lle, efallai yr hoffech chi ddod yma i fyw gyda ni a'n helpu ni ddechrau bywyd newydd?

Dw i'n edrych ymlaen at glywed oddi wrthot ti cyn bo hir.

Jessica.

Pedwar oen bach

Gwaith Grŵp: chWElota. Gwaith prosiect ar y thema 'Bwyta'n Iach' yn seiliedig ar wybodaeth a godwyd o'r we, gan gydnabod ffynonellau. Lefel: Agored

---

BEIRNIADAETH NIA REES WILLIAMS

Wrth ystyried ystadegau sydd yn darogan y bydd 50% o blant Cymru yn ordew erbyn 2020 (Llywodraeth Cynulliad Cymru 2003), y mae'n galonogol i weld cystadleuaeth yn ymwneud â bwyta'n iach yn cael ei chynnwys ymysg *Rhestr Testunau*'r Eisteddfod Genedlaethol.

Braf hefyd gweld y pwnc pwysig yma'n cael ei blethu i mewn i gyfrwng sydd yn gyfarwydd ac yn cael ei ddefnyddio gan lawer, sef y We Fyd-Eang. Ond mi fyddai wedi bod yn braf petai mwy o gystadleuwyr; dim ond un ymgais a ddaeth i law.

Y Malwod Penderfynol: Mae ymgais amrywiol a threfnus gan y grŵp hwn. Mae'r gwaith wedi'i rannu'n chwe phennod yn trafod y rhesymau dros fwyta'n iach a sut y dylid gwneud hynny. Yna mae'n symud ymlaen i ystyried ffactorau eraill fel y gost o fwyta'n iach ac argaeledd bwyd iach yn yr ardal leol. Mae pob pennod yn cynnwys ystod gymharol eang o wefannau addas i gefnogi'r pwnc dan sylw, er nad oedd pob gwefan yn hollol berthnasol.

I gyfoethogi'r gwaith, hoffwn pe bai'r grŵp wedi cyfeirio at y gwefannau a ganlyn:

Cynllun Plât Bwyta'n Iach yr Asiantaeth Safonau Bwyd
Her Iechyd Cymru Llywodraeth Cynulliad Cymru
Labeli Bwyd yr Asiantaeth Safonau Bwyd
Gwefan *Weight Wise* Cymdeithas Deietegwyr Prydain

Er hynny, mae'r gwaith wedi'i gyflwyno mewn ffordd ddealladwy a diddorol. Mae'n adnodd hawdd ei ddarllen sydd yn annog y darllenwyr i ymchwilio ymhellach i'r arfer o fwyta'n iach.

Mae'r grŵp yn llawn haeddu'r wobr o £100.

PARATOI DEUNYDD AR GYFER DYSGWYR

Agored i ddysgwyr a siaradwyr Cymraeg

Creu casgliad o weithgareddau papur amlgyfrwng i gefnogi'r dysgu
(o leiaf un i bob lefel – Sylfaen, Mynediad a Chanolradd)

BEIRNIADAETH GINA MORGAN

Dim ond un pecyn a gyflwynwyd a siomedig iawn oedd derbyn cyn lleied o ymgeiswyr o ystyried y twf amlwg sydd yn digwydd ym maes dysgu Cymraeg i Oedolion yng Nghymru. Dylem annog ein dysgwyr / tiwtoriaid i gymryd rhan mewn cystadleuaeth berthnasol a defnyddiol tu hwnt o ran paratoi defnyddiau iaith ymarferol i hybu sgiliau ail iaith yn y sector Cymraeg i Oedolion.

Cadno: Cyflwynwyd amrywiaeth deg o weithgareddau papur aml-gyfrwng. Dewiswyd testunau perthnasol i fyd y dysgwr, gan roi ffocws i agweddau fel Cymru ac ardal, patrymau dechrau siarad, berfau a geirfa'r corff. Trefnwyd yr adnoddau'n glir yn ôl eu lefel ieithyddol, a dangoswyd dealltwriaeth o lefelau iaith gwahanol y gynulleidfa. Paratowyd cyfres o gemau gwahanol, gan gynnwys gemau cysylltu, gemau brawddegau a pharau – gweithgareddau dilys iawn yn y dosbarth ail iaith. Rhoddwyd sylw i broblemau ynganu yn y tasgau Sylfaen, a chynigiwyd canllawiau ynganu defnyddiol ar gyfer y dysgwyr pur. Rhaid canmol y cystadleuydd am y defnydd cywir o'r iaith yn y pecyn ac yn y canllawiau sydd yn cyd-fynd â'r tasgau gwahanol. Roedd ôl gofal mawr a chafwyd tystiolaeth glir o ymdrechion arbennig *Cadno* wrth fynd ati i gynhyrchu cyfres ddefnyddiol o dasgau ail iaith. Fodd bynnag, roedd lle i roi sylw pellach i bwysigrwydd datblygu cystrawennau yn y pecyn o fewn y lefelau, a chynnig ymarferion i atgyfnerthu technegau holi ac ateb. Hefyd roedd angen symleiddio rhai esboniadau gramadegol a thermau technegol anodd dianghenraid yn y canllawiau er mwyn peidio â drysu dysgwyr. Yn olaf, byddai'r defnydd o dechnoleg wybodaeth wedi mireinio diwyg y pecyn, a rhoi gwedd fwy cyfoes, a phroffesiynol, i'r adnoddau.

O ganlyniad, hoffwn ddyfarnu'r wobr o £75 i *Cadno* i gydnabod ei ymdrechion canmoladwy a diolch iddo am gystadlu eleni.

ADRAN CERDDORIAETH

CYFANSODDI

Emyn-dôn i eiriau'r Parchedig Denzil Ieuan John

BEIRNIADAETH EUROS RHYS EVANS

Cyfansoddi emyn-dôn i eiriau penodol o waith y Parchedig Denzil John oedd y dasg a osodwyd eleni. Mae'n emyn cyfoes sy'n ymdrin â nifer o themâu cyfredol – rhai moesol, amgylcheddol a Christnogol. Mae mydr y geiriau'n gymesur ac yn gwbl gyson – yn dechnegol, ni ddylai'r cyfansoddwyr fod wedi cael trafferth mawr i'w gosod i gerddoriaeth. Mae'n debyg yr adlewyrchir hynny yn y ffaith fod 45 wedi ymgeisio – nifer hynod galonogol, ac fe hoffwn ddiolch i bob un am fwrw ati i wynebu'r her ac i ymateb yn greadigol i'r geiriau a osodwyd.

Rwyf eisoes wedi sôn bod themâu cyfoes i'w gweld yn y geiriau ac yn naturiol, felly, roeddwn yn chwilio am ryw newydd-deb a ffresni cyfatebol yn y dôn. Dyma fu'r maen tramgwydd i drwch yr ymgeiswyr gan fod nifer helaeth o'r emyn-donau braidd yn drwm o ran cynnwys cynganeddol a gwead ac yn or-ddibynnol weithiau ar batrymau rhagdybus ac arwynebol. Serch hynny, y mae rhinweddau'n perthyn i bob ymgais, bron.

Ymgeisydd gwannaf y gystadleuaeth, heb os, yw *Martel* ac fe'i hanogaf i geisio dysgu ychydig am elfennau sylfaenol cynghanedd cyn bwrw ati i gystadlu eto.

Mae nifer helaeth o donau yn y dosbarth nesaf: cyfansoddiadau o waith *Camwedd, Gwyn Gorfai Gruffydd, Dicw o Fôn, Peter Ap Afan, Siarl, Iago, Cwm Derw, Owain, Cedwyn Ifan, Ffynhonnau, Mynach 1, Mynach 2, Ogarth, Ewyn-y-Don, Perth-y-Paen, Pen y Mynydd, Emrys 1, Emrys 2, Emrys 3, Emrys 4, Gwas Bach 2, Codwr Canu, Catrin, Glyndwr, Dyfnallt, Wyn, Golygfor, Trefor, Leah, Angorfa, Cymyran, Swci, Ffred, Bedwen, Coedlas,* a *Pen-y-lan.* Mae tonau ardderchog ymhlith yr uchod ond mae gwendidau gramadegol gan rai tra bo arddull ychydig yn drwm ac anaddas gan eraill. Fe hoffwn ganmol *Ogarth, Dicw o Fôn, Cedwyn Ifan, Catrin* a *Leah* a'u hannog i geisio cynnwys eu tonau mewn Detholiadau Cymanfa er y dylent, efallai, ystyried dewis geiriau gwahanol – y mae mân wallau'n tynnu oddi ar rai o'r tonau'n ogystal.

Y mae saith cyfansoddwr yn dod yn agos iawn at y brig, sef tonau gan *Cantor, Gwas Bach 1, Dinesydd, Glain, Dwylan, Grace* ac *Elli,* a gellid bod wedi gwobrwyo sawl un ohonynt. Mae tonau *Cantor, Dwylan* ac *Elli* yn rymus a chadarn, a'u hunig wendid yw eu bod ychydig yn or-draddodiadol o ran arddull ac nid yw'r briodas rhwng y gair a'r dôn yn taro deuddeg bob tro. Mae *Dinesydd* wedi creu alaw hyfryd ond mae'r gynghanedd yn rhy soffistigedig a phrysur, ac ni fyddai cynulleidfa'n ei chael hi'n hawdd i'w chanu. Y mae tôn *Glain* yn hyfryd ond mae'r frawddeg olaf yn rhy frysiog a sillafog (un cwafer i bob sill o'r geiriau). Wedi dweud hynny, mae ei fframwaith a'i strwythur yn odidog. Yn yr un modd, mae *Grace* wedi llwyddo i greu tôn afaelgar, bwerus, ond efallai fod tinc ychydig yn 'gyfarwydd' i ambell gymal – e.e. adran yr uchafbwynt a'r trawsgyweiriad i D feddalnod fwyaf.

Heb os, tôn orau'r gystadleuaeth yw 'Gelliwastad' o waith *Johannes.* Mae 'na ffresni'n perthyn i'r dôn; mae'r gynghanedd yn gafael ac mae elfennau rhythmig gafaelgar a diddorol, gan gynnwys trawsacennu pwrpasol a thripledi. Mae'r dôn ben ac ysgwydd uwchlaw pob un arall yn y gystadleuaeth ac fe'm swynwyd ganddi o'r darlleniad cyntaf. Mae'r alaw'n gyffrous ac wedi ei llunio'n hynod gerddorol – mae'n dôn ddiddorol ac mae ei hadeiladwaith mor gywrain. Efallai fod y defnydd o dripledi ychydig yn ormodol ar y diwedd, a bydd angen peth ymarfer wrth i ran y tenoriaid a'r alto gyd-symud mewn tripledi. Mae'n gweddu'n berffaith i'r geiriau ac mae 'na briodas gwbl gyffyrddus a naturiol rhyngddynt.

Heb os, dyma enillydd cwbl deilwng ac fe edrychaf ymlaen yn eiddgar at glywed cynulleidfaoedd yn canu'r gwaith buddugol. Er gwybodaeth, gosodaf emyn-dôn *Glain* yn ail ac, yn drydydd agos, *Grace.*

Yr Emyn-dôn Fuddugol 2008

(i eiriau'r Parchedig Denzil Ieuan John)

GELLIWASTAD

Yn urddasol ond heb fod yn rhy araf

Johannes

Ceisiwn, Arglwydd, dy faddeuant,
Am wenwyno'r môr a'r tir
Heb ystyried ein hamgylchedd
A'r effeithiau tymor hir.
Dyro inni ddeall newydd
Sut i ddangos parch at fyd
Sydd yn greadigaeth sanctaidd,
Rhodd dy etifeddiaeth ddrud.

Ceisiwn, Arglwydd, dy drugaredd
Am ddallineb dyn at drais
Pan fo rhyfel a chasineb
Yn gormesu'r gwan di-lais.
Yn ein cyfoeth a'n moethusrwydd
Nid yw'n rhoi ond ymdrech dlawd,
I uniaethu gyda'r angen
Heb ddarganfod gwerth ein brawd.

Ceisiwn, Arglwydd, dy arweiniad
Wrth wynebu her ein hoes;
Gwelwn blant sy'n gaeth i gyffur,
Gwelwn fyd di-hid o loes.
Iesu, gelwaist ni i berthyn
Megis teulu yn dy dras,
Ac i arddel pobloedd daear
Yn gymuned hedd a gras.

Trefniant o alaw werin neu emyn-dôn ar gyfer côr meibion TTBB

BEIRNIADAETH ALWYN HUMPHREYS

Daeth saith o drefniannau i law yn y drefn a ganlyn:

Siôn: Trefniant o'r alaw werin 'Y Cardotyn'. Nid hon yw'r felodi fwyaf diddorol erioed ac felly mae'n gryn sialens i greu trefniant sy'n gallu ysgogi digon o apêl. Gwaetha'r modd, nid yw symud yr alaw o'r Tenor 1 yn y pennill cyntaf i'r Bas 2 yn yr ail bennill ac yna i'r Tenor 2 (mewn cywair gwahanol) yn y trydydd yn creu digon o amrywiaeth a chyferbyniad, ac mae'r cyfan yn swnio braidd fel tiwn gron yn troi yn ei hunfan. Er bod y gynghanedd yn bur gywir ar y cyfan, braidd yn elfennol yw'r cordiau.

Dylan: 'Bugeilio'r Gwenith Gwyn' yw'r alaw ac y mae yma ymgais dda i ddefnyddio'i nodweddion yn thematig yn y rhagarweiniad a'r mesurau cyswllt. Mae'r harmonïau hefyd yn eitha amrywiol a diddorol er bod ambell ran yn hynod anodd ac afrosgo i'w chanu (er enghraifft: Bas 1, mesurau 13-15; Tenor 1, mesurau 30-32 yn erbyn rhan Tenor 2).

Dicw o Fôn: Yn ddewr iawn mae'r awdur yn ymddiried prif alaw'r trefniant yma o 'Tra bo dau' yn gyfan gwbl i'r Tenor 2. Yma eto mae ymgais lwyddiannus i weu nodweddion cymal cynta'r alaw i mewn i'r gwaith yn thematig, ac y mae'r dosbarthu lleisiol yn creu cywaith effeithiol. Efallai y dylid bod wedi cael ychydig o amrywiaeth cynghanedd yn rhan ola'r darn yn hytrach nag union ailadrodd yr hyn a ddigwyddodd yn gynharach.

Ffynhonnau: Mae'r trefniant yma o 'Si hei lwli 'mabi' yn creu awyrgylch hyfryd gyda'r llinellau telynegol a'r cordiau hiraethus yn anwesu geiriau syml ac awgrymog y gân yn berffaith. Mae'n gweddu'n ardderchog i'r cyfrwng côr meibion er mai suo-gân mam i'w phlentyn sydd yma. Yr unig amheuaeth sydd gen i yw'r dilyniant harmoni ym mesur 15, sydd braidd yn lletchwith.

Emrys: Yr unig ddewis o emyn-dôn yn y gystadleuaeth, sef 'Hermon'. Dyma drefniant grymus a chyfoethog sydd yn gorwedd yn effeithiol i'r lleisiau ac yn cynnwys llinellau naturiol a chanadwy ym mhob llais. Gwaetha'r modd, nid yw'r cyfeiliant yn cyd-fynd â'r rhannau lleisiol bob tro (e.e. mesurau 12-13, 19-20, 52) ac y mae peth amheuaeth ynglŷn ag union fwriad yr awdur yn yr wyth mesur olaf. Er hynny, gydag ychydig o fân welliannau, dyma drefniant a allai fod yn eitem gyngerdd effeithiol iawn.

Hawys: Er bod 'Mae 'nghariad i'n Fenws' yn alaw werin ardderchog, mae unrhyw drefniant ohoni'n gorfod gochel rhag gadael i'r rhythm trawsacen ynddi fynd yn fwrn. Dim ond i raddau y mae *Hawys* yn gallu goresgyn y broblem hon ac y mae'r trefniant yn tueddu felly i fod yn sillafog. Fodd bynnag, y brif broblem yma yw'r dosbarthiad lleisiol – yn aml iawn mae'r Bas 1 (a hyd yn oed Bas 2 weithiau) yn canu nodau uwchlaw'r tenoriaid. Dylid sylweddoli bod y rhannau tenor yn swnio wythfed yn is na'r hyn sydd ar bapur.

Ffred: Trefniant arall o 'Mae 'nghariad i'n Fenws'. Y tro yma mae'r alaw (yn Bas 1) yn llifo'n fwy naturiol o gael cyfeiliant hymian yn y lleisiau eraill. Fodd bynnag, er bod trawsgyweiriad i C yn rhan ganol y darn, braidd yn unffurf yw'r cyfan gyda phatrwm cynghanedd elfennol iawn.

Wedi pwyso a mesur, rwy'n credu mai'r trefniant gorau yw eiddo *Ffynhonnau*.

Gosodiad o unrhyw Salm (neu adnodau o Salm) ar gyfer côr SATB

BEIRNIADAETH ERIC JONES

Daeth pum ymgais i law ac roedd rhywbeth diddorol yn perthyn i bob un o'r darnau a gyflwynwyd.

Taid Alys 1: Gosodiad o Salm 100, digyfeiliant. Mae'r agoriad trawiadol yn hoelio sylw'n syth, gyda'r iaith gerddorol yn adleisio anthemau gwych William Mathias. Ond yn gerddorol, chwythu ei blwc a wna'r darn hwn, nad yw ond 23 o farrau, ac ni fyddai'n para ond oddeutu munud a chwarter mewn perfformiad. Gellir edrych am gyfleoedd i ailadrodd geiriau ac i weithio tuag at ddiweddglo mwy gafaelgar. Gwelir peth esgeulustod o ran y geiriau – tair sillaf yw'r gair 'bendithiwch', er enghraifft.

Taid Alys 2: Adnodau allan o Salm 24, digyfeiliant. Yr un gwendidau a welir yn y gosodiad hwn gan yr un cyfansoddwr. Mae cyfle yma i ddatblygu darn mwy estynedig ond, gwaetha'r modd, ni ddewiswyd ond dwy adnod o'r Salm. Serch hynny, maent yn eiriau grymus, ond llipa braidd yw'r gosodiad ohonynt, ac mae'r darn hwn eto yn colli'r cyfle i weithio at uchafbwynt yn y diweddglo.

Orcwm: Salm 13 gyda chyfeiliant i'r piano. Mae hwn yn ddarn sydd wedi ei saernïo'n grefftus gydag adrannau gwrthgyferbyniol yn adlewyrchu'r geiriau wrth iddynt symud o'r digalon i'r gobeithiol. Mae'r arddull a'r iaith gerddorol yn gyson, gyda'r gerddoriaeth yn llifo'n naturiol, ac mae yma ddealltwriaeth gadarn o faterion technegol, a sicrwydd yn y defnydd ohonynt. Hwyrach y gellir dadlau y byddai'r darn yn fwy effeithiol gyda chyfeiliant organ, a byddai modd gwneud hynny heb ddim ond ychydig o adrefnu. Er nad yw'n syrthio'n llwyr i'r fagl, mae yma hefyd berygl o undonedd cerddorol.

Edwin: Salm 100, digyfeiliant. Yma eto mae syniadau da gyda'r ysgrifennu antiffonaidd, er enghraifft, yn gweithio'n effeithiol ar ddechrau a diwedd y gosodiad. Serch hynny, mae llawer o'r ysgrifennu yn ddiddychymyg ac, ar adegau, yn ddigyfeiriad gan amharu ar rediad, llif a momentwm y darn. Weithiau, mae'r harmonïau'n adleisio cerddoriaeth eglwysig y dadeni ond heb gyrraedd yr un uchelfannau.

Ceidiog: Gosodiad digyfeiliant o Salm 61, gan hepgor yr adnodau olaf. Mae yma syniadau diddorol, megis yr agoriad sydd yn dychwelyd mewn gwisg newydd i gloi'r darn, ymgais i greu gwrthbwynt pur effeithiol ac adrannau lle ceir unsain afaelgar yn y lleisiau uchaf dros ostinato rhythmig yn llais y bas. Ond, er hynny, gwelir ar adegau osodiadau braidd yn drwsgl o eiriau, ynghyd ag ymdrechion i adlewyrchu'r geiriau mewn ffyrdd gor-amlwg, fel yn y defnydd o symud cromatig pan ddychwela'r geiriau 'fy nghri'. Teimlaf hefyd fod ymddangosiad sydyn cordiau mwyaf yn y gwead yn wrthun yng nghyd-destun cyffredinol digywair y darn.

Er bod yna rinweddau'n perthyn i bob un o'r ymdrechion, ychydig yn siomedig yw ansawdd y gystadleuaeth drwyddi draw. Er hynny, rwy'n hapus i roi'r wobr i *Orcwm*.

Tri symudiad gwrthgyferbyniol ar gyfer unrhyw gyfuniad o offerynnau (hyd at naw mewn nifer)

BEIRNIADAETH GARETH WOOD

Nid gwaith hawdd yw beirniadu cystadleuaeth fel hon. Derbyniwyd deg o gyfansoddiadau, i gyd yn amrywio o ran arddull, cerddorfaeth ac iaith gerddorol. Bu dod o hyd i gyfansoddiad buddugol yn waith anodd. Yn y pen draw, euthum ati i ddod o hyd i gyfansoddiad ac ynddo rannau unigol wedi'u hysgrifennu'n dda, yn ogystal ag adeiladwaith a thechneg gyfansoddi dda. Roedd amrywiaeth fawr ym mhob un o'r cyfansoddiadau o ran hyd ac, felly, roeddwn yn chwilio am waith â chydbwysedd yn y tri symudiad. Doedd dim adeiladwaith tri symudiad amlwg yn ambell un o'r gweithiau ac, o'r herwydd, ni ellid eu hystyried yn gynigion dilys.

Roedd y sgorau i gyd wedi eu cyfansoddi ar gyfrifiadur a chreodd hynny rai problemau o ran traw a nodiant i rai offerynnau. Bu'n anodd cael trefn ar rai o'r harmonïau ac roedd nifer o enghreifftiau o amwysedd yn y sgorau.

Rhoddais hefyd ystyriaeth i ba mor anodd fyddai perfformio'r cyfansoddiadau. Roedd ambell waith yn cynnwys rhannau anodd iawn, ac anymarferol i raddau, ar gyfer yr offerynnau.

Rhoddaf ychydig sylwadau ar waith pob cystadleuydd.

Iwan: 'Tocata'. At ei gilydd, dyma waith wedi'i ysgrifennu'n dda ar gyfer pedwarawd llinynnol. Mae'r darn wedi'i strwythuro'n dda ac mae'r symudiadau'n gwrthgyferbynnu. Yr un sylw yr hoffwn ei wneud yw bod y pedwar offeryn yn chwarae drwy gydol yr amser bron a gallai hynny fod braidd yn undonog. Gallaf weld bod y darn yn llawn angerdd ond byddai gymaint â hynny'n fwy effeithiol pe bai'r gweadau'n ysgafnach o bryd i'w gilydd. Mae'r gwaith wedi'i ysgrifennu'n dda ymhob ffordd arall, ond credaf fod rhai o'r marciau dynameg wedi'u hepgor yn y symudiad olaf. Byddai cael y pedwarawd yn chwarae *mp* drwy'r amser braidd yn ddiflas, yn enwedig gyda gweadau mor gyfoethog yn bresennol. Ond pwyntiau bychain yw'r rhain mewn darn sy'n dda iawn.

Gwas Bach: 'Tri Symudiad Gwrthgyferbyniol'. Mae hwn, drwodd a thro, yn ddarn dymunol. Caf yr iaith gerddorol braidd yn syml ond mater o chwaeth yw hynny. Byddai'r gwaith yn swnio'n dda mewn perfformiad ac mae wedi'i gyfansoddi'n dda ar gyfer yr offerynnau. Mewn gwirionedd, mae ynddo gyffyrddiadau o Bach bron yn y diweddglo, ac ni all hynny fyth fod yn beth drwg. Mae'r cyfansoddwr wedi dangos llawer o fedrusrwydd wrth ddod â'r cyfan at ei gilydd ac fe ddylai ymfalchïo yn ei waith (er y gallai ychydig o sbeis greu mwy o ddiddordeb yn y gerddoriaeth).

Taid Alys: 'Pedwarawd Llinynnol'. Mae'r gwaith hwn wedi'i ysgrifennu'n dda ar gyfer pedwarawd ond does dim meddwl gwirioneddol wreiddiol ynddo. Bydd y darn yn perfformio'n dda ac rwy'n sicr hefyd y bydd yn effeithiol o safbwynt y gynulleidfa. Mae ysgrifennu â chyfrifiadur yn gallu creu problemau – er enghraifft, yn y bar cyntaf dylai'r feiolin cyntaf fod ag arwydd naturiol pan fo gan yr ail feiolin lonnod. Mae hyn y peri dryswch wrth fynd drwy'r sgôr! Credaf y bydd yr ail symudiad yn atmosfferig, gyda'r cyfansoddwr yn dangos empathi â'r offerynnau llinynnol. Dyma waith addawol, a dylai'r cyfansoddwr fod yn falch ohono!

Dyfrdwy: 'Mewn Blanced o Freuddwydion'. Mae'n anffodus nad yw gwaith a ysgrifennwyd mor dda â hwn wedi cadw at amodau'r gystadleuaeth sydd, yn gwbl benodol, yn gofyn am dri symudiad gwrthgyferbyniol. A bod yn hollol onest, ni allwn ddod o hyd i dair adran benodol yn y darn hwn. Ac mae hynny'n drueni gan mor dda yw'r cyfansoddi a'r gerddorfaeth. Mae yn y darn awyrgylch arbennig ac fe hoffaf y cyfuniad o offerynnau a ddefnyddiwyd. Fel darn o waith, mae wedi'i ffurfio'n briodol a dylai swnio'n dda mewn perfformiad. Gall y cyfansoddwr hwn ymfalchïo yn ei ymgais.

Ceidiog: 'Taith Gyfarwydd: Caerdydd: prysurdeb y ddinas fawr'; 'Haul yn T'wynnu ar Fannau Brycheiniog'; 'Mynyddoedd y Berwyn: Hanner Nos'. A siarad yn gyffredinol, dyma waith sydd wedi'i ysgrifennu'n dda. Mae'r gerddorfaeth yn amlygu medrusrwydd y cyfansoddwr, yn dangos ei fod yn deall yr offerynnau, ac mae llawer o wreiddioldeb yn y gwaith. Fodd bynnag, cafwyd un neu ddwy o broblemau gyda'r sgôr, megis arwyddion amser wedi'u hepgor a thraw dryslyd y clarinét yn yr ail a'r trydydd symudiad. Mae'n werth edrych drwy sgorau cyfrifiadurol i ganfod yr anghysondebau hyn. Ar yr ochr gadarnhaol, credaf y byddai'r gwaith yn effeithiol wrth ei berfformio a dylai swnio'n dda. O ran strwythur, mae'r cyfan yn gweithio'n eithaf da a dylai'r cyfansoddwr fod yn falch o'i ymdrech.

O! Chwyth!: 'Tri Symudiad Gwrthgyferbyniol'. Dyma gyfuniad anghyffredin iawn o offerynnau! Anaml iawn y defnyddir y clarinét E mewn cerddoriaeth siambr ac un rheswm dros hynny yw y gall fod yn anodd rheoli'r donyddiaeth, yn enwedig yn y nodau isaf. Efallai na fydd y sain fain iawn yn asio'n dda, ond mae'n bosib mai dyma'r effaith yr oedd y cyfansoddwr yn anelu ato. Fel darn o gyfansoddiad, mae wedi'i lunio'n eithaf da, ond byddai angen chwaraewr gwych i ganu rhai o rannau'r piano! Mae'n debyg mai'r ail symudiad yw'r mwyaf llwyddiannus, lle crëir llawer o naws. Ac eto, mae'n dangos llawer o addewid, a dylai'r cyfansoddwr fod yn falch o rywfaint o'r gerddoriaeth hon!

Ffynhonnau: 'Tri Symudiad Gwrthgyferbyniol'. Mae pedwarawd llinynnol yn gyfrwng a ddefnyddir yn aml gan gyfansoddwyr ac mae'r darn hwn yn dangos cryn fedrusrwydd a gwybodaeth dda o'r *genre*. Roedd y symudiad araf yn eithaf byr at ei gilydd. Ond nid diffyg mo hynny, mewn gwirionedd, dim ond sylw. Hefyd, dylid bod yn ofalus wrth ddyblu nodau rhwng yr offerynnau. Gall problemau tonyddiaeth godi ac mae'n ddiangen (e.e. yr ail feiolin a'r feiola yn y ddau far cyntaf un). Mae'r cyfansoddwr hwn yn dangos addewid mawr, medrusrwydd a meddylgarwch. Mae'r gwaith wedi'i strwythuro'n dda ac roedd gen i feddwl mawr o'r cyfansoddiad hwn.

Gband: 'Gwrthgyferbyniadau'. Gwaith y mae llawer o wreiddioldeb yn perthyn iddo, yn enwedig yn y dewis o offerynnau. A dyna un o'r pethau sy'n peri pryder i mi. Byddai dewis y tiwba yn creu problemau cydbwysedd wrth berfformio'r darn – byddwn i wedi dewis basŵn, er nad yw nodau is y tiwba ganddo. O ran y cyfansoddiad ei hun, mae'r gwaith wedi'i ysgrifennu'n dda iawn ar y cyfan. Gellid ysgrifennu rhai o'r barrau ychydig yn wahanol er mwyn ei gwneud hi'n weledol haws i'r perfformiwr (e.e. bar 127 yn y ffliwt a'r obo). Gallai siarad â chwaraewyr helpu yn hyn o beth. Mae'r cyfansoddwr yn dangos addewid mawr, a dylai'r gwaith swnio'n dda wrth ei berfformio, unwaith y bydd y problemau cydbwysedd wedi'u datrys.

Llygad y Bwgan: 'Tair Cerdd i Idris George: Idris yn Dawnsio, Colli Ted, Hwiangerdd i Idris George'. Mae gan y darn hwn gyfuniad deniadol o offerynnau (daw Rhagarweiniad ac Allegro Ravel i'r cof) ac, at ei gilydd, mae wedi'i ysgrifennu'n dda, er bod yr iaith gerddorol braidd yn blaen. Mater o chwaeth yw hynny, wrth gwrs, ond tybed a oes digon yn digwydd i ddal sylw'r gwrandäwr drwy gydol y perfformiad. Does dim llawer o feddwl gwreiddiol yma ond nid yw hynny'n golygu bod y gwaith yn wael. I'r gwrthwyneb yn llwyr. Yn gyffredinol, byddai'n swnio'n dda wrth ei berfformio, er bod gennyf un neu ddwy o amheuon ynghylch rhan y delyn. Mae'r cyfan yn bosibl ond gallai treulio munud neu ddau gyda thelynor fod yn fuddiol.

Mwnci: 'Tri o Argraffiadau o Barc Pont-y-pŵl'. Mae llawer o bethau gwreiddiol a diddorol yn y gwaith hwn. Roedd y symudiadau unigol yn atmosfferig iawn, gan ddangos cyfansoddwr sy'n meddwl am y sain a grëir ganddo ac nid dim ond cael y gwaith i edrych yn dda ar bapur. Hoffwn awgrymu y dylai'r cyfansoddwr fwrw golwg dros y sgôr i weld lle mae dau nodyn yn ymddangos mewn offerynnau gwahanol yn yr un bar ond gydag un nodyn naill ai'n llonnod neu'n feddalnod yn erbyn nodyn naturiol. Does dim angen ysgrifennu *molto sul ponticello* yn llawn gan fod *ponticello*'n ddigon da ar ei ben ei hun. Fodd bynnag, mae'n ddarn da.

Wedi ystyried y deg cystadleuydd, penderfynais roi'r wobr gyntaf i'r gwaith ac ynddo wreiddioldeb barn, gwybodaeth dda o'r offerynnau, a digonedd o awyrgylch. Doedd o mo'r mwyaf cymhleth o ran sgôr ond dyma'r un, yn fy marn i, a fyddai'n swnio orau wrth gael ei berfformio. Gwobrwyer *Mwnci*.

Ymdeithgan i'r Organ

BEIRNIADAETH JEFFREY HOWARD

Wrth feirniadu cystadleuaeth gyfansoddi fel hon, fe ystyriais y meini prawf o safbwynt beth yw Ymdeithgan. Darn o gerddoriaeth â threfn benodol iddo ydyw, gyda nodweddion rhythmig cryf a churiad pendant, wedi'i seilio'n hanesyddol ar guriadau cryf y drymiau yr arferai'r milwyr orymdeithio iddynt. Wrth inni fwrw golwg ar y gwahanol ymdeithganau sydd wedi'u cyfansoddi yn y gorffennol, gwelwn fod nodweddion eraill wedi dod i'r amlwg ochr yn ochr â'r pwysigrwydd rhythmig hwn. Mae'r rhain yn cynnwys alaw gref a chofiadwy, dwy adran allanol sy'n debyg i'w gilydd neu'n union yr un fath, gydag adran ganol wahanol, amrywiaeth harmonig sy'n berthnasol i gyfnod y cyfansoddiad, a naws o rwysg a seremoni.

Y nodweddion hyn, ynghyd ag ysgrifennu da ar gyfer yr organ ac ymdeimlad o'r hyn yr hoffai cynulleidfa wrando arno (neu gael ei ddiddanu ganddo) fu sail fy meirniadaethau y tro hwn. A oedd y gwaith yn swnio fel Ymdeithgan?

Er ein bod yn ymwybodol fod yr organ â safle hollbwysig yn myd cerddoriaeth Eglwys a Chapel, mae hefyd yn ymddangos ar lwyfannau eraill a gall fod yn offeryn o amrywiaeth a diddanwch mawr.

Gyda'r datblygiadau arloesol ym maes technoleg gyfrifiadurol, mae gennym erbyn hyn ddulliau soffistigedig ar gyfer cysodi cerddoriaeth sy'n llawer haws nag ysgrifennu â llaw. Ond mae arnaf ofn fod llawer o gyfansoddwyr y dyddiau hyn yn creu eu cyfansoddiadau ar y cyfrifiadur, gan anghofio bod angen perfformiad gan unigolyn yn y pen draw. Er y gall cyfrifiadur chwarae rhywbeth yn ôl heb gamgymeriad, a gwneud i'r darn swnio'n wych, gall wneud gwaith y perfformiwr go iawn yn anodd iawn os nad yw'r cyfansoddwr wedi ystyried cyfyngiadau corfforol yn ogystal â chyflwr ac amrywiaeth yr offerynnau yn y byd perfformio.

Gwas Bach: Darn rhythmig cryf gan mwyaf, gyda ffurfweddau trawsacennog pendant drwyddo draw. Mae'n amlwg i'r cystadleuydd benderfynu mai hyn fyddai nodwedd gyffrous y darn. Datblygwyd y themâu'n dda drwy efelychu, yn enwedig ym mar 53. Fodd bynnag, mae'n rhaid i mi ofyn pam y rhoesoch gymalau'r pedal mewn dwy set 3-bar gan ddefnyddio'r un motiff melodig ond gan newid y drefn yn y llaw dde? Credaf y byddai'r gwrandäwr yn awyddus i archwilio efelychiad uniongyrchol y thema hon. Cefais y motiff hwn yn ddiddorol gan nad yw ond bar a hanner o hyd ac yn torri ar draws prif guriad a rheoleidd-dra'r ymdeithgan. Roedd bar 35 braidd yn gynnar i gyflwyno teimlad a gwead newydd adran ganol – roeddwn am weld yr adran gyntaf yn datblygu ychydig mwy i ddechrau. Gallai fod yn anodd chwarae'r diminuendo ym marrau 10-14 yn enwedig os yw'r droed dde ar y chwyddbedal a'r droed chwith yn unig yn chwarae'r nodau!

Morgan: Mae curiad rhythmig da yma a gwneir defnydd da o weadau amrywiol rhwng pedalau a seingloriau. Mwynheais y newid yn y gwead ym mar 31. Byddwn wedi hoffi clywed y brif thema'n cael ei hailadrodd ar ôl yr adran ganol. Os oes prif thema yma, teimlaf mai dim ond un bar o hyd ydyw ac mai dyna'r nodwedd rythmig a glywir ar ddechrau'r darn. Byddai'n eithaf anodd chwarae ffurfwedd y pedalau ym mar 87 yn gywir. Hoffwn wybod pam y dewisasoch ddiweddu'r darn mor gadarn yn G fwyaf pan na chanolbwyntir yn y darn ar un cywair penodol? Mae'r ysgrifennu ym mar 75 yn gyffrous serch hynny, a chredaf eich bod yn gwybod hynny ac i chi ddewis dychwelyd ato ar sawl achlysur. Efallai y gallasai hwn fod wedi bod yn brif ffigur yr Ymdeithgan gyda chordiau'r seinglawr ar wahân yn hytrach na legato.

Taid Alys: Cyfansoddiad wedi'i gysodi'n glir a'i gyflwyno'n dda – mewn arddull sy'n ein hatgoffa o William Mathias. O ran y naws gyffredinol, teimlwn y byddai'r darn hwn wedi bod yn fwy addas ar gyfer 'Ffanffer' neu rywbeth tebyg. I mi, mae'r teitl Ymdeithgan yn awgrymu curiad 4/4 mwy pendant drwy gydol y darn, yn enwedig yn y pedalau. Sylwais yn eithaf buan fod hyn yn absennol, er i mi dderbyn y gallai'r barrau agoriadol fod yn rhyw fath o ragarweiniad. Byddwn wedi hoffi gweld adran ganol wedi'i diffinio'n fwy pendant gyda newid yn y lliw, y cyweiredd a'r diddordeb rhythmig. O far 44 ymlaen, cyflwynwyd ffurfwedd newydd yn y pedalau a oedd yn chwa o awyr iach, ond mewn mannau byddai'n anodd ei chwarae a bod yn glywadwy, yn enwedig y nodau o'r un traw a ailadroddir. Yn anaml iawn y mae pibau'r pedalau i'w clywed mor fanwl-gywir â hynny; wrth gwrs, ar organ electronig ni fyddai hynny'n broblem. Er fy mod yn cydnabod bod amrywiaeth fawr mewn techneg gyfansoddi fodern, byddwn wedi hoffi clywed rhyw fath o 'brif thema' eto yn ddiweddarach yn y darn. Mae'r brif thema (os oes un) fel pe bai'n ailymddangos ym mar 41 ond dim ond am ddau far! Rhaid i mi ganmol agwedd hynod ofalus y cystadleuydd at ynganu a chymalu – yn sicr mae'r cyfansoddwr yn gwybod beth y mae am ei glywed gan mai dim ond dau gord yn y llaw dde sydd heb farc ynganu. Ymddengys fod y gwaith cyfan yn seiliedig ar C fwyaf ac nid wyf yn siŵr pam y bu newid cyfeiriad gymaint yn y diwedd un.

Pibydd: Ysgrifennu rhythmig da. Roedd yn swnio fel Ymdeithgan! Dylid gofalu rhag ysgrifennu nodau ailadroddol o'r un traw yn y pedalau. Yn anaml iawn y mae pibau'r pedalau i'w clywed mor fanwl-gywir â hynny; wrth gwrs, ar organ electronig ni fyddai hynny'n broblem. Mwynheais y ffaith fod yr ymgeisydd wedi archwilio'r cywair lleiaf yn yr adran ganol – yn sicr dyma chwa o awyr iach mewn darn fel Ymdeithgan. Roeddwn yn hoffi'r teimlad a'r naws gyffredinol ond, ar brydiau, teimlwn ei fod yn ddisymud o ran melodi a chywair. Doedd dim marciau dewis stopiau i roi syniad i organydd arall pa fath o sain y bwriedid ei gael. Byddai braidd yn anodd chwarae G llonnod ar ddiwedd y rhediad ym mar 8 yn enwedig i mewn i'r cord ar ddechrau'r bar nesaf. Gellid bod wedi'i adael fel G naturiol yn unol â chywair y darn. Mae'r bar olaf, yn fy marn i, yn gwbl ddiangen. Nid yw'n golygu dim. Roedd y darn yn f'atgoffa o gyfansoddiad o gyfnod cynnar yr 20fed ganrif.

Yn nhrefn teilyngdod, gosodaf *Pibydd* yn bedwerydd, *Gwas Bach* yn drydydd, *Taid Alys* yn ail, ond yr enillydd ydi *Morgan*.

Cylch o ganeuon ar gyfer unrhyw lais ar eiriau gan fardd cyfoes

BEIRNIADAETH PWYLL AP SIÔN

Proses anodd oedd gwahanu'r ddau gyfansoddiad a gyflwynwyd ar gyfer y gystadleuaeth hon. Fe fyddai wedi bod yn demtasiwn rhannu'r wobr petai hynny'n bosibl ond, yn y pen draw, bu'n fater o ddewis y gorau o blith dau gystadleuydd cyfartal iawn o ran safon.

Taid Alys: Defnyddiodd gerddi Rhydwen Williams er mwyn cyfleu naws addas ar gyfer ei gyfansoddiad, 'Pedair Cân o'r Cymoedd'. Mae dylanwad cyfansoddwyr Ffrengig, megis Ravel a Messiaen, i'w clywed yn y cylch – y naill yn amlwg yng nghordiau toredig y gân olaf, 'Senghenydd', tra ceir awgrym o'r llall yn harmoni'r gân gyntaf, 'Y Cymoedd'. Mae *Taid Alys* yn hoff o ddefnyddio *ostinati* – ffigyrau byr, ailadroddus – ac mae'r egni o ganlyniad i hyn yn effeithiol iawn ar brydiau. Efallai fod lle i gynnwys mwy o wrthgyferbyniadau mewn mannau, fodd bynnag. Gwelir hyn yn y gân agoriadol, er enghraifft, sydd yn or-ddibynnol ar un patrwm cordiol, a hefyd o ddefnyddio gwead lle mae'r llais a'r piano yn symud am yn ail. Yn sicr, mae gan *Taid Alys* y ddawn i ddatblygu ar y rhinweddau amlwg sy'n perthyn i'r cylch yma, ond daw ychydig o naïfrwydd i'r amlwg yn y ffaith nad yw rhai rhythmau wedi eu prosesu'n gywir yn y gerddoriaeth, ac nad yw'r cyfansoddwr wedi nodi yn unrhyw le ar gyfer pa lais y mae'r cylch wedi cael ei gyfansoddi.

Ffred: Nid yw arddull yr ymgeisydd hwn, gyda'i gylch o ganeuon i eiriau Emyr Lewis, mor ddyfeisgar ag eiddo *Taid Alys* ond mae mwy o aeddfedrwydd ac amrywiaeth yn perthyn i'r gosodiadau lleisiol. Yn ogystal â hynny, mae *Ffred* wedi cynllunio'r cylch gydag undod clir mewn golwg, gan ailadrodd ffigwr agoriadol y gân gyntaf ar ddiwedd y gân olaf. Mae 'na duedd yma, fel yn achos *Taid Alys*, i ddibynnu'n ormodol ar rai seiniau harmonig, megis cordiau wedi eu hadeiladu ar gyfyngau'r pedwerydd a'r pumed, ond nid oes amheuaeth nad oes gan y cyfansoddwr reolaeth gref dros ei adnoddau creadigol. Dyma lais sy'n aeddfed, hyderus a hunanfeddiannol. Rhoddir y wobr gyntaf i *Ffred*.

Darn gwreiddiol ar gyfer band jazz/combo ysgol uwchradd

BEIRNIADAETH EINION DAFYDD

Dylem ddiolch i Banel Cerddoriaeth y Brifwyl am gynnwys y gystadleuaeth hon yn yr Adran Gyfansoddi. Gallai fod wedi bod yn ysgogiad i gyfansoddwyr i ddarparu sgorau ar gyfer bandiau jazz neu 'combos' (band bach), sgorau y gellid bod eu defnyddio ni waeth pa wobr a gynigid am y gwaith.

Ffynhonnau: Teitl y darn yw 'Bwgi Brycheiniog' ac fe'i cyflwynir yn ddigon destlus ond heb ran i drombôn na drymiau. Mae'n hepgor sacsoffon bariton ond yn cynnwys offeryn nas gwelir yn aml mewn ysgolion, sef sacs soprano. Mae elfennau cerddorol digon derbyniol yma ac awgrym fod y cyfansoddwr yn lled gyfarwydd ag arddull jazz. Eto i gyd, ceir mannau gwan megis llaw chwith y piano yng nghleff y trebl (bar 11, rhifo'r barrau'n anghywir!) a'r alaw ei hun (yr *head*, ys dywed jazzwyr).

Gwas Bach: Mae *Jimbo's Blues* yn ddarn *blues* 12-bar ac yn ddigon canadwy er ei chymalau 3-bar. Mae'r darn hwn hefyd yn awgrymu cryn ddealltwriaeth o'r arddull ac eto mae gwendidau megis rhan y piano sy'n hepgor curiadau 1 a 3 cleff y bas. Mi fyddai hyn yn anodd i'r pianydd dibrofiad. Nid yw rhan y drymiau a nodir o lawer o gymorth i ddrymiwr ifanc.

Ceidiog: Ymgais yw *Dawns y Sgerbydau* ar gyfer ffliwt, clarinét, ffidil, cello a phiano sy'n gyfuniad anarferol fel combo jazz. Ceir tameidiau jazzaidd yma ac mae'r cyfarwyddiadau yn y sgôr yn awgrymu bod *Ceidiog* yn gyfansoddwr profiadol. Serch hynny, gwan yw'r deunydd cerddorol; dydi'r *flutterzunge* yn cyfrannu fawr ddim i'r darn ac mae cordiau yma ac acw nad ydw i'n siŵr eu bod yn fwriadol (e.e. bar 22, CΔ).

O fod wedi datgan fy nymuniad yn y paragraff agoriadol, nid wyf i o'r farn fod y tri ymgeisydd wedi cyrraedd safon dderbyniol ac felly, gwaetha'r modd, rwy'n teimlo rheidrwydd i atal y wobr.

Tlws y Cerddor

Cyfansoddiad gwreiddiol rhwng 4 a 6 munud o hyd i bedwar llais SATB gyda chyfeiliant piano neu organ, a fyddai'n addas i'w gynnwys yng nghystadlaethau'r Eisteddfod Genedlaethol. Y geiriau Cymraeg o ddewis y cystadleuydd.

BEIRNIADAETH ROBAT ARWYN A BRYAN DAVIES

Cystadleuaeth ddiddorol, er gwaetha'r ffaith mai dim ond saith ymgais a dderbyniwyd. Roeddem yn croesawu cyfeiriad y gystadleuaeth, yn enwedig wrth dystio i'r dadeni diweddar ym myd canu corawl ymysg yr ifanc, ac roeddem yn awyddus iawn i dderbyn cyfansoddiad a fyddai'n addas i'w ddefnyddio naill ai fel darn gosod yn yr Eisteddfod Genedlaethol, neu fel hunan-ddewisiad i'w gynnwys mewn rhaglen gystadleuol. Roeddem ein dau â meddwl agored ond yn gytûn y dylai'r cyfansoddiad buddugol arddangos crefftwr wrth ei waith, beth bynnag ei arddull a'i iaith gerddorol.

Mwnci: Gosodiad o 'CV', Twm Morys, a hynny, o ystyried natur y geiriau, yn ogystal â'r rhagarweiniad chwareus i'r piano, yn argoeli'n dda at gyflwyniad hwyliog a thafod-yn-y-boch i gyfoethogi repertoire unrhyw gôr. Ond unwaith y cyflwynir y lleisiau, nid yw'r cyfansoddwr yn llwyddo i gynnal ein diddordeb, ac mae'r hyn sy'n dilyn braidd yn ddigyfeiriad a mympwyol. Er nad oes canolbwynt tonyddol i sawl agwedd o'r darn, mae'r rhannau corawl yn ddigon traddodiadol o ran rhythmau, ac yn eitha ymarferol oherwydd cymorth y cyfeiliant piano, sy'n bodloni'n ormodol ar ddyblu'r lleisiau trwy'r rhan fwyaf o'r gwaith. Roedd yr adran 6/8 ym mar 40 yn cynnig cyfeiriad newydd i'r darn, ond ni wireddwyd yr addewid, a braidd yn ddiamcan yw'r gweddill, heb lwyddo i ddal naws ac ysbryd y geiriau. Mae'r llawysgrif hefyd yn frith o gamsillafu, gyda sawl enghraifft o gamddehongli acenion y farddoniaeth.

Cadi: 'Hon'. Cerdd fawr T. H. Parry Williams yw dewis eiriau *Cadi*, ac er bod dylanwad idiomau roc a phop ar yr arddull gerddorol, mae naws a chynfas y darn yn perthyn yn nes at anthemau'r bedwaredd ganrif ar bymtheg. Er mor ymarferol yr ysgrifennu, a'r ymdrech i amrywio gwead y lleisiau trwy ddefnyddio gwrthbwynt ac efelychiant yn ogystal ag adrannau cordiol, gwendid penna'r darn yw ei ymlyniad llwyr at un cyweirnod, sef C leiaf, o'r dechrau i'r diwedd. Ysgrifennwyd llaw chwith y piano mewn wythfedau trwy gydol y gwaith, ac mae mawr angen ei ystwytho i'w wneud yn ymarferol i'w chwarae ac yn ddiddorol i'r glust. Credwn mai cyfansoddwr ifanc sydd yma, ac fe'i hanogwn i wrando'n eang ar gerddoriaeth gorawl gyfoes ac i arbrofi gyda thrawsgyweirio a newid cyfeiriad o fewn ei gerddoriaeth.

Siocled: Gosodiad eglwysig o'r geiriau 'Dyro i ni dangnefedd' allan o'r Offeren Ladin. Mae'r syniad agoriadol yn effeithiol, a'r arddull gorawl yn ymarferol a chanadwy gyda nifer o linellau unsain cofiadwy yn ogystal â chordiau bendigedig. Gwendid penna'r darn yw ei ddiffyg datblygiad, ac mae llawer o'r syniadau cerddorol braidd yn gryno, a'r uchafbwynt amlwg ym mar 58, yn ogystal â'r diweddglo, yn ymddangos yn llawer rhy gyflym. Er hynny, dyma ddarn deniadol iawn, nad yw'n dioddef ond ychydig oherwydd anghysonderau o fewn yr arddull gerddorol. Ceir peth blerwch yn y sgôr gydag enghreifftiau o gamddehongli acenion a chamosod geiriau ond o'i ddiwygio gall y darn brofi'n effeithiol dros ben.

O'r galon: Gosodiad o 'Môr' gan Gwyn Thomas, a'r cyfansoddwr yn amlwg wedi gweld cyfle i greu awyrgylch. Mae'r cyfeiliant piano a'r defnydd helaeth o bedal yn argraffiadol iawn, a'r arddull gorawl yn dwyn i gof gyfansoddwyr megis Herbert Howells a Dilys Elwyn-Edwards. Ysgrifennwyd y rhannau lleisiol mewn modd ymarferol, a cheir sawl dilyniant effeithiol ac enghreifftiau o gordio trawiadol, yn enwedig wrth agor a chloi, er nad yw pob cord yn yr adran biano yn hollol gyson ei arddull, ac o ganlyniad nid lwyddir i gynnal yr awyrgylch hwyrol arbennig trwy gydol y darn. Nid oes rhaid hepgor erwydd llaw chwith y piano ym marrau 26 i 28, hyd yn oed os nad yw'r llaw chwith yn chwarae ar y pryd, ac awgrymwn i'r cyfansoddwr ailedrych ar y trawsgyweirio i D fwyaf ym marrau 34 i 38. Er hynny, dyma ddarn hyfryd ei naws a fyddai, o'i dacluso, yn werth ei gyhoeddi.

Clwyd o'r Bryn: Gosodiad o 'Emyn i'r Galarus' gan Euron J. Walters, mewn arddull eithaf traddodiadol. Llwyddir i gynnal awyrgylch tawel a sensitif o'r rhagarweiniad piano hyd at y diweddglo, a cheir llif cerddorol braf i'r brawddegau. Mae'r ysgrifennu lleisiol yn dechnegol sicr, a'r arddull yn ganadwy iawn, er efallai'n or-ddibynnol ar gymalau unsain ac wythfedau. Braf gweld y cyfeiliant yn magu ei gymeriad ei hun ac yn ychwanegu at awyrgylch y darn. Gellir tacluso edrychiad ambell gord, a defnyddio B llonnod ym mar 36 yn hytrach nag C naturiol ond, ar y cyfan, dyma ddarn gorffenedig a thaclus, sy'n haeddu cael ei gyhoeddi.

Volnay: Gosodiad o 'Mawl i'r Drindod' allan o Lyfr Du Caerfyrddin (y casgliad ysgrifenedig hynaf o farddoniaeth Gymraeg), a cherdd wedi ei hysgrifennu mewn Cymraeg cynnar yn ogystal â Lladin, nodwedd ynddi'i hun sy'n tanlinellu arwahanrwydd y cyfansoddiad. Mae'r gwaith yn dechnegol astrus ac yn defnyddio arddull amlgyweiredd yn ogystal ag arddull gromatig sy'n adleisio iaith gerddorol Bela Bartok ar brydiau. Cryfder y gwaith yw'r cyfeiliant piano cyhyrog, sy'n dechnegol fentrus, yn her eithriadol i unrhyw gyfeilydd, ond eto'n gorwedd yn ddigon naturiol i'r bysedd. Ond gyda chymeriad mor lliwgar, tuedda'r cyfeiliant i dra-arglwyddiaethu uwchlaw datganiadau'r côr, gan greu gwrthdaro anghysurus ar brydiau. Yn uchelgeisiol o ran gweledigaeth, ac yn hyderus o ran arddull, nid yw'r cyfansoddwr yn dangos llawer o gydymdeimlad tuag at leisiau ac, o'r herwydd, nid yw'r cyfanwaith yn taro deuddeg.

666: O ystyried sawl defnydd o'r trithon (sef cyfwng y 4ydd estynedig) a wneir o fewn y darn, does ryfedd yn y byd mai 666 yw'r ffugenw ac mai 'Ydi? A? Fo?' o waith Ceri Elen yw'r testun (gyda'r 'l' angenrheidiol yn cael ei hychwanegu ymhellach ymlaen wrth gyflwyno'r 'diafol' fel gwrthrych y gerdd). O'r agoriad digyfeiliant a'r cyfarwyddyd i fod 'yn llyfn a sinistr', hyd at y sgrech olaf a'r gorchymyn i roi 'pennau i lawr yn sydyn', cawn ein tywys trwy isfyd cerddorol lle caiff hyd yn oed y cyfeilydd a'r arweinydd eu cynnwys o fewn y coreograffi. Dyma gyfansoddwr mentrus a hyderus, sy'n dangos meistrolaeth lwyr o'r idiom gyfoes a heriol a ddaeth yn gyfarwydd ar lwyfannau diweddar trwy gampweithiau corawl Brian Hughes. Mae 'Ydi? A? Fo?' yn fywiog, lliwgar, byrlymus a chwareus, ond rhaid wrth dechneg gadarn a phersonoliaeth allblyg i'w berfformio. Mae yma fesurau amrywiol, trawsacennu uchelgeisiol a chyfeiliant piano hollol bryfoclyd, ond tybed nad oes angen ailedrych ar gyfeiliant barau 67-70? Dyma ddarn trawiadol gan gyfansoddwr sy'n meddu ar weledigaeth bendant, techneg gadarn, a phersonoliaeth gyfansoddi gwbl ddireidus.

Mae'r ddau ohonom yn hollol gytûn fod *666* yn llwyr deilyngu Tlws y Cerddor eleni, a'n braint ni fel beirniaid yw cael cydnabod dawn cyfansoddwr mor arbennig a chyffrous.

IEUENCTID

Cystadleuaeth i ddisgyblion ysgolion uwchradd a cholegau trydyddol 16-19 oed

Cyflwyno ffolio sydd yn cynnwys dau waith gwreiddiol, cyferbyniol o ran arddull a chynnwys cerddorol. Cyfanswm amser y ddau gyfansoddiad i fod rhwng 4 ac 8 munud o hyd a gellir cyflwyno'r gwaith ar gryno ddisg, *MD* neu gyfarpar technegol addas.

BEIRNIADAETH IWAN LLEWELYN-JONES

Dau ffolio yn unig a dderbyniwyd – ymateb siomedig iawn, ac anghredadwy, yn wir, o feddwl am y *miloedd* o blant sydd wedi bod yn paratoi ffolios cyfansoddi ar gyfer arholiadau cerdd TGAU, UA ac A2 yn ysgolion a cholegau'r genedl, a'r dyddiadau cau ar gyfer y gwaith cwrs a'r gystadleuaeth hon yn digwydd bron yr un pryd – yr un hen bregeth o flwyddyn i flwyddyn, gwaetha'r modd!

Diolch i *Gwas Bach* a *Wil* am eu cyfraniadau, y ddau wedi cyflwyno'u gwaith yn dwt a chlir ac wedi llwyddo i gadw o fewn gofynion y gystadleuaeth.

Gwas Bach: Wythawd llinynnol ac 'Ymdeithgan' i driawd piano (yr offeryniaeth heb ei datgelu ar y sgôr ond mi dybiaf o'r cwmpawd a'r cordiau mai ffidil a sielo ydynt) a gyflwynwyd gan *Gwas Bach*. Cyfansoddiad dramatig yw'r wythawd – mae'r alaw agoriadol yn gromatig ei naws ac yn rhoi digon o gyfle i'r cyfansoddwr greu cyfalawon o'i ddeunydd. Dangosir cryn sgil yma wrth greu gweadau cynnil sy'n symud yn gyfforddus ymysg ei gilydd – y defnydd o seibiau'n arbennig o dda a'r cyfuniad o themâu sy'n 'estyn a gostwng' a rhai 'un nodyn' (ond mewn rhythmau trawsacennog) yn feistrolgar. Mae'n gallu datblygu'r syniadau'n rhwydd ac yn adeiladu gydag awdurdod tuag at yr uchafbwynt. Teimlaf ar brydiau fod yr harmonïau'n or-gymhleth, ond dyma gyfansoddwr addawol dros ben sydd wedi llwyddo i greu cyfansoddiad gwreiddiol gyda llwyr ddemocratiaeth rhwng yr wyth offeryn.

Darn syml yw'r 'Ymdeithgan', gyda'r rhan piano yn cadw'r curiad tra bo'r ddau offeryn (llinynnol) yn cynnal sgwrs ganonaidd. Fel yn y cyfansoddiad arall a dderbyniwyd, mae'r ddawn i greu gweadau cyferbyniol sy'n amrywio'n naturiol o adran i adran yn amlwg.

Wil: Carol Nadolig mewn arddull sioe gerdd yw prif gyfansoddiad *Wil*, sef 'Dim ond Seren' (geiriau Selwyn Griffith) ar gyfer côr SATB a chyfeiliant piano, gitarau a chit drymiau, a rhan *obligato* i ffidil. Mae'r strwythur yn un cyfarwydd iawn – pennill-cytgan yn cael ei ailadrodd ac yna'r gytgan olaf yn cael ei chyflwyno wedi'i thrawsgyweirio dôn yn uwch. Nid oeddwn yn siŵr iawn pam oedd angen troi i'r cyweirnod lleddf (D leiaf) tua'r diwedd wrth ganu'r geiriau 'foliannu enw'r Iôr'. Hefyd roedd rhai o'r gweadau braidd yn drwsgl a gor-ddyblu yn y cyfeiliant yn creu sain gawlaidd. Serch hynny, roedd yr alaw'n cydweddu'n dda â'r geiriau.

Yna 'Twist yn y Walts', ar gyfer ffliwt a phiano, wedi ei seilio ar 'Gymnopedie' enwog Erik Satie. Ystyr y 'Twist' yw fod amseriad y Walts, sef tri yn y bar, yn newid o bryd i'w gilydd gan gynnwys barrau o ddau neu bedwar curiad. Hoffais y syniad gan fod yr alaw'n newid ei siâp rhythmig ar bob ymweliad. Teimlais fod yma ormod o ddyblu nodau/harmonïau yn y rhan piano (e.e. yn yr adran leddf), ac fe ddylid cadw at y gwead syml agoriadol.

Hoffais gyfansoddiadau *Wil* ond mae *Gwas Bach* wedi cyflwyno ffolio arbennig iawn ac, o'r herwydd, dyfarnaf y wobr i *Gwas Bach*.

ADRAN DAWNS

CYFANSODDI

Cyfansoddi dawns i'r tonau 'Castell Morlais'/'Pen Pŷch', Nicholas Bennett, *Alawon fy Ngwlad*

BEIRNIADAETH EDDIE JONES

Cystadlodd wyth. Roedd rhai cyfansoddiadau'n syml iawn, gydag angen gwaith ar y rhan fwyaf ohonynt cyn meddwl am eu cyhoeddi.

Nain: 'Dolwar', sef uned sgwâr i bedwar cwpl ar yr alaw 'Pen Pŷch'. Dawns fer unwaith drwy'r alaw ac yna ailadrodd yr alaw ar gyfer cytgan. Does dim amrywiaeth yn y ddawns ac mae Cyplau 2, 3 a 4 yn segur am gyfnod hir. Dawns fach syml iawn yw hon heb fawr o symud ynddi gyda'r un ffigur yn cael ei ailadrodd deirgwaith yn y ddawns, a'r cytgan, mewn gwirionedd, ond yn un ffigur syml.

Cerddor y Llys: 'Yr Arglwydd Morlais'. Dawns uned hir neu gylch dwbl gyda'r cyplau odrif yn anghywir. Ceir hefyd addasiad ar gyfer pedwar cwpl. Dawns fer syml yw hon unwaith drwy'r alaw. Byddai mwy o ddiagramau i ddangos safleoedd y dawnswyr o gymorth ac mae rhai gwallau iaith. Dawns braidd yn ddifywyd yw hon i'r dawnswyr ac i'r gwylwyr.

Het Slic: Cafwyd tair dawns ddigon syml unwaith drwy'r alaw 'Pen Pŷch' heb fawr ddim cymysgu rhwng y dawnswyr. Yn 'Polca Pen y Garth', sy'n gylch sisilian, ceir ychydig o gyd-ddawnsio rhwng cyplau 1 a 2. Yn 'Polca Llysfaen', sy'n gylch dwbl, does dim cymysgu rhwng y cyplau ac yn 'Polca Pant y Berllan' cawn gylch dwbl eto heb unrhyw gyd-ddawnsio rhwng gwahanol gyplau. Mae angen gwella ar y cyfarwyddiadau. Yn unigol, dawnsiau syml ar gyfer twmpath dawns yw'r rhain ond, gyda rhai newidiadau, byddai'n bosibl uno'r tair yn un ddawns a fyddai'n ei gwneud yn ddawns fwy diddorol i'w llwyfannu.

Het Trichornel: Yma cafwyd dawns set sgwâr i'w dawnsio ar yr alaw 'Castell Morlais'. Fe'i gelwir yn 'Mympwy'r Arglwydd Plymouth'. Dawns syml, hawdd ei dawnsio, gyda digon o symud a'r dawnswyr yn cydweithio a chyd-ddawnsio. Mae'r cyfarwyddiadau'n glir a hawdd eu deall ac yn ieithyddol gywir. Byddai cael un symudiad arall i gloi'r ddawns a chyfarch y gynulleidfa cyn gadael y llwyfan yn werth ei gael ac yn ychwanegu at gyfanrwydd y ddawns. Da iawn.

Noa: Mae 'Ribidi Res' yn ddawns i uned sgwâr o 4 cwpl ar yr alaw 'Pen Pŷch'. Dawns fach ddigon syml wedi ei sylfaenu ar nifer fach o batrymau. Mae'r cyfarwyddiadau'n rhy gymhleth ac mae angen diagramau neu well eglurhad i ddangos i ba gyfeiriad y mae'r dawnswyr yn teithio. Mewn un man dywedir D4 yn lle D3. Dylid nodi barrau'r gerddoriaeth i ddangos ble mae'r dawnswyr. Mewn ffigur 8, un person (neu gwpl) sydd fel arfer yn dawnsio rhwng dau sy'n segur. Os oes mwy nag un yn symud, yna pleth ydyw. Mae tipyn o waith symleiddio ar y ddawns hon.

Dewi: Mae 'Dawns Alwyn Prys' yn uned hir i dri chwpl yn wynebu pen yr uned. Mae'r ddawns yn defnyddio'r alaw 'Castell Morlais' unwaith ac yna'n ailadrodd deirgwaith gyda newidiadau i'r wyth bar cyntaf yn unig. Dawns dawel syml iawn heb fawr o ddychymyg ynddi.

Morgi: Yma cawsom ddawns gymdeithasol fywiog iawn ar yr alaw 'Pen Pŷch' i uned o bedwar cwpl. Mae mewn tair rhan, gan ddefnyddio'r alaw ddwywaith ym mhob rhan ac unwaith drwy'r alaw i orffen y ddawns drwy gydnabod y gynulleidfa. Mae angen gwella rhai o'r cyfarwyddiadau drwy ychwanegu sawl diagram i ddangos sut y mae'r dawnswyr wedi newid lle. Byddai defnyddio 'gyda'r cloc' a 'gwrthgloc' yn ddefnyddiol i ddangos y ffordd i gylchu. Mae angen cywiro sawl gair yn y rhan olaf un. Ond mae hon yn ddawns i barti profiadol sy'n hoffi camu a stepio, a digon o gyfle i'r dawnswyr gyfathrebu gyda'i gilydd wrth berfformio. Byddai'n brawf da i barti yn yr Eisteddfod Genedlaethol.

Dwrgi: Dawns Lys a gawsom yma ar yr alaw 'Castell Morlais' ar gyfer uned hir o bedwar cwpl. Ni ddywedir ai ar draws y llwyfan ynteu'n wynebu pen y llwyfan y mae'r uned. Nodir yn A1: 'Pawb yn arwain ymlaen ac yn ôl'; ai ymlaen at ei gilydd ynteu at y gynulleidfa? Mae rhai camgymeriadau iaith sydd angen eu cywiro – e.e. 'Mae pleth cario ymlaen tan cwpl 1 cwrdd a'r cymar eto' – 'Mae'r bleth yn cario ymlaen nes bo cwpl 1 yn cwrdd â'r cymar eto'. Byddai'n dda cael mwy o ddiagramau i ddangos lleoliad y dawnswyr – e.e. ar ddiwedd rhan A2 1-4 a B2 1-4 a gwell eglurhad ar gyfer B1 i 1-6 yn rhan 3. Ond mae'r ddawns yn un ddiddorol gyda llawer o amrywiaeth yn y ffigurau a digon o gyfle i'r dawnswyr ymateb i'w gilydd a chael mwynhad wrth ddawnsio.

Dwy ddawns sy'n sefyll allan, sef *Dwrgi* a *Morgi*. Ond oherwydd ei bod yn ddawns gymdeithasol, fywiog gyda digon o amrywiaeth yn y ffigurau a'r camau, *Morgi* sy'n ennill y gystadleuaeth eleni.

ADRAN GWYDDONIAETH A THECHNOLEG

CYFANSODDI

Erthygl wyddonol

BEIRNIADAETH ROBIN WILLIAMS A DYLAN IORWERTH

Roedd y manylion yn gofyn am erthygl yn ymwneud â phwnc gwyddonol ar gyfer cynulleidfa eang ac yn addas i'w chyhoeddi mewn cyfnodolyn Cymraeg. Roedd gwahoddiad i ddefnyddio diagramau, tablau a lluniau amrywiol a phwrpasol.

O safbwynt gwyddoniaeth, byddem wedi croesawu gosodiad pendant o'r pwnc dan sylw, ffeithiau cywir wedi eu cyflwyno'n ddiamwys, a dadansoddiad gwreiddiol yn arwain at ddiweddglo clir a chytbwys. Gwaetha'r modd, nid oedd yr un o'r pum erthygl yn cyrraedd y nod nac yn cwrdd â'r gofynion. Prin iawn oedd y defnydd o dablau a diagramau ac er bod y ffeithiau gwyddonol yn gywir, ar y cyfan, pur wael oedd y broses o ddadansoddi ac yr oedd gwreiddioldeb yn brin iawn.

Roedd y newyddiadurwr o blith y ddau ohonom yn chwilio am yr un math o grefft ysgrifennu ag a ddylai fod mewn unrhyw ddarn arall o lenyddiaeth newyddiadurol – adeiladwaith cryf, arddull gynnil a defnydd o enghreifftiau ac achosion i roi ffocws i'r gwaith ac i ddod â'r pwnc yn fyw. Ac yntau hefyd yn lleygwr, roedd yn gobeithio am ddarn a fyddai'n agor drysau ar syniadau newydd ac yn ysgwyd ei fyd.

Ioda: Trafodaeth led-athronyddol a chrwydrol braidd yn awgrymu mai 'rhith yw'r cyfan a dim ond ynni sydd'. Y ddau brif ysbrydolydd yw Einstein ac Ioda o ffilmiau *Star Wars* a'r arddull farddonol yn golygu bod hon yn groes rhwng erthygl a phregeth. Yn ei eiriau ei hun, 'yn weddol wyddonol (mewn ystyr llac)'.

Dysgwr o Gilffriw: Mae'r ffugenw'n achub y blaen ar unrhyw feirniadaeth o gywirdeb iaith ac mae'n ymdrech lew i fynd i'r afael â phwnc digon astrus: datblygiad graddol dealltwriaeth dyn o'r cosmos a'r gwrthdaro rhwng hynny a chrefydd. Cofnodi'r hanes y mae heb weithio erthygl gron, gyflawn, na chwaith (mwya'r piti) ddangos perthnasedd yr hanes i'r drafodaeth am y cosmos heddiw.

Neifion: Dadl tros ddefnyddio ynni'r llanw ond ei fod yn sleifio ati wysg ei ochr braidd yn hytrach na bwrw iddi. Ysgrifennu clir a chadarn, mewn darn sy'n groes rhwng erthygl a thraethawd, ond heb y newydd-deb na'r creadigrwydd yn ei agwedd i danio 'cynulleidfa eang'. Mae'n crybwyll y gwrthdaro rhwng awydd am ynni a chadwraeth byd natur, ond heb fynd i'r afael ag o.

24 Electron: Dechrau addawol, yn defnyddio hen rifynnau o'r *Gwyddonydd* a *Cymru'r Plant* i ddangos y dirywiad yn nealltwriaeth wyddonol (a diddordeb) y rhan fwyaf ohonom. Mae'n dadlau'n effeithiol ond wrth ddatblygu'r syniad yn ddarn sy'n groes rhwng erthygl ac araith, mae'n colli mymryn ar ei ffordd ac yn methu manteisio'n llawn ar y ddyfais ar y dechrau er mwyn rhoi siâp a ffurf i'r gwaith.

Cennin Pedr: Adroddiad am daith gan fyfyriwr ysgol i fforwm gwyddonol rhyngwladol, gan gyffwrdd ag un neu ddau o bwyntiau gwyddonol a sôn llawer mwy am y profiad cymdeithasol. Fel y dywed ef ei hun, 'nid y gweithgareddau gwyddoniaeth ... oedd agwedd bwysica'r Fforwm'.

Neifion a *24 Electron* sy'n dod agosaf ati o ran erthyglau gorffenedig cyflawn. Pe bai modd rhannu neu roi rhan o wobr, byddai hynny'n ystyriaeth. Ond mae angen rhagor o waith a saernïo arnyn nhw i haeddu £500 a chael eu cyhoeddi mewn cyfnodolyn cenedlaethol. Gyda gofid y mae'n rhaid i ni, felly, atal y wobr.

Nodiadau

Nodiadau

Nodiadau

Nodiadau

Nodiadau

Nodiadau

Nodiadau

Nodiadau